이산화

근대 괴물 사기극

일러두기

1. 다른 항목에서 소개한 괴물을 각 항목 내에서 처음 언급할 경우 볼드체로 표기하였습니다.
2. 모든 길이 단위는 미터법을 기준으로 환산하여 표기하였습니다.
3. 회화, 사진, 음악, 영화, TV 프로그램, 팸플릿, 보고서 등의 제목은 홑화살괄호(〈 〉), 신문, 잡지는 겹화살괄호(《 》), 논문, 시, 희곡, 단편소설은 홑낫표(「 」), 단행본, 장편소설은 겹낫표(『 』)로 표기하였습니다. 기사 제목은 큰따옴표(" ")로 표기하였습니다.
4. 맞춤법과 띄어쓰기, 인명과 지명은 국립국어원의 〈표준국어대사전〉과 〈한국어 어문 규범〉을 기준으로 하였고, 〈표준국어대사전〉과 〈한국어 어문 규범〉에 맞추기 어려운 경우 현지 발음에 최대한 가깝게 한글로 표기하였습니다.

근대 괴물 사기술

거짓말,
실수, 착각,
그리고
괴물 퇴치의
연대기

거짓말,
실수, 착각,
그리고
괴물 퇴치의
연대기

이산화 지음
최재훈 그림

갈매나무

1735: 서장

●

린나이우스가 함부르크에서
히드라를 퇴치하다

그 괴물은 실로 무시무시한 모습을 하고 있었다.

　일곱 개나 되는 뱀의 머리, 면도날처럼 날카로운 이빨과 발톱, 길고 구불구불한 몸통. 비록 살아 움직이는 생물이 아니라 오래 묵은 박제에 불과했고 크기도 별로 크지는 않았지만, 그래도 그 생김새만큼은 그리스신화에서 영웅 헤라클레스를 애먹였던 머리 여럿 달린 뱀 히드라Hydra와 꼭 닮아 있었기에 문제의 박제에는 자연스레 '히드라'라는 이름이 붙었다. 원래 프라하의 한 교회에 놓여 있다가 30년전쟁 막바지였던 1648년 스웨덴 군대에 의해 노획되어 쾨니히스마르크 백작의 손에 들어갔다고 전해지는 이 히드라 박제는, 1730년대엔 당시 함부르크 시장의 소유물이 되어 있었다. 당대 네덜란드의 저명한 진품 수집가 알베르투스 세바Albertus Seba의 화첩에 묘사되기도 했던 이 박제를 시장은 비싼 값에 팔고 싶어 했다. 덴마크 국왕이 제시한 거액마저 성에 차지 않아 거절했다는 소문이 나돌 정도였다.[1]

물론 '함부르크의 히드라'는 유럽인들을 매혹시켜 온 여러 괴물 중 하나에 지나지 않는다. 15세기에 만들어진 아름다운 금속제 세계지도인 '보르자 지도Borgia map'를 살펴보면 러시아에는 새와 사자를 합쳐놓은 짐승인 그리핀, 이집트에는 스스로를 불살라 다시 태어나는 새 피닉스, 에티오피아에는 개 머리를 한 사람들이 산다고 되어 있다.[2] 이처럼 '문명' 너머 미지의 땅Terra incognita에 괴물이 득시글거린다는 발상은 결코 드물거나 괴팍한 것이 아니었다. 아직 알려지지 않은 머나먼 나라에는 제아무리 환상적이고 터무니없어 보이는 괴물일지라도 얼마든지 존재할 수 있으리라고 옛 유럽인들은 오래도록 믿어왔다.

현대인의 관점에서는 이러한 믿음이 그저 어리석게만 느껴질지 모르지만, 과거에는 허구와 현실을 구분하려는 시도 자체가 쉽지 않았음을 이해해야 한다. 교통과 통신 기술이 발달하기 이전에는 먼 땅의 소식을 접할 방법이 제한적이었으며, 정보가 전해지고 기록되는 과정에서는 필연적으로 왜곡이 일어났다. 종교적인 신조와 묵은 통념이 대중의 인식을 지배했기에, 무엇이 사실이고 또 무엇이 거짓인지를 면밀히 따져 검증한다는 발상 자체가 보편적이지 못했다. 그랬기에 신화와 전설 속 괴물들은 실존하는 소나 돼지처럼 태연히 유럽인들의 인식 속 세계를 활보할 수 있었다. 함부르크의 히드라 박제에 매겨진 가치는 그런 인식에서 나온 가치이기도 했다. 함부르크 시장이 일확천금의 꿈을 꿀 수 있었던 것은 당대까지도 전설 속 히드라가 실존할지도 모른다고, 문제의 박제가 그 진귀한 괴물의 실제 표본일지도 모른다고 여긴 사람들이 결코 적지 않았기 때문일 테니까.

하지만 시대는 점점 변하고 있었다. 항해술의 발달 덕에 한때 아득히 멀게만 여겨졌던 미지의 땅은 어느새 충분히 닿을 수 있는 거리로 옮겨졌다. 항해에 쓰이던 망원경을 밤하늘로 돌린 천문학자들의 연구는 오래도록 세상을 이해하는 보편적 체계였던 천동설을 산산이 조각 냈다. 그러는 과정에서 전통의 권위에 기대는 대신 기존의 상식을 하나하나 의심하고 검증하여 사실과 논리에 기반한 체계를 쌓아 올리는 사고방식, 이른바 '과학'이 그 형태를 갖추었다. 이 새롭고도 효과적인 사고방식은 비단 몇몇 학문 분야에서만 활약하는 데 그치지 않고 지식의 모든 영역을 빠르게 지배해 나갔다.

1646년 영국 학자 토머스 브라운Thomas Browne이 펴낸 책 『세간의 오류들Pseudodoxia Epidemica』은 이러한 사실과 논리의 잣대를 자연과학에서부터 역사학과 종교학에 이르는 폭넓은 분야에 적용하여 당시에 널리 통용되던 잘못된 속설들을 바로잡으려 시도한 기념비적인 대중서이다. 이 책의 세 번째 장에서 브라운은 코끼리에게 관절이 없다든가 오소리의 왼쪽 다리와 오른쪽 다리 길이가 다르다는 등 동물과 관련된 각종 통념을 하나하나 깨뜨리는 한편, 그리핀이나 피닉스에 얽힌 전설의 진위에 대해서도 강한 의심을 드러낸다.[3] 기나긴 유럽인들의 인식 속에서 태연히 자리 잡고 살아가던 괴물들에게도 마침내 근대과학이라는 심판의 칼날이 다가오기 시작한 것이다. 그리고 역사에 기록된 바에 따르면, 함부르크의 히드라는 그 칼날을 가장 먼저 맞닥뜨린 괴물 중 하나였다.

‡

1735년 4월, 무시무시한 히드라와 맞설 운명을 짊어지고 함부르크에 당도한 심판관은 그때 겨우 20대 후반에 불과했던 한 의학도였다. 스웨덴 스몰란드의 시골 마을 로스훌트Råshult 출신인 이 젊은이는 당시 의학 박사학위 과정을 끝마치고자 고국의 명문인 웁살라대학교를 떠나 네덜란드로 향하는 중이었다.[4] 하지만 그의 진짜 꿈은 의사가 아니었다. 그가 어린 시절부터 관심을 둔 주제는 다름 아닌 식물학이었고, 새로운 땅을 밟을 때면 그의 시선은 언제나 풍경 곳곳에 숨어 있을 갖가지 동식물을 찾아 두리번거렸다. 함부르크에서도 마찬가지였다. 자신이 나고 자란 땅과는 전혀 다른 대도시의 풍경에 놀라면서도, 그는 지금껏 본 적 없는 기이한 동물의 박제를 직접 조사할 기회만큼은 결코 놓치지 않으려 했다. 그의 이름은 칼 린나이우스Carl Linnaeus. 훗날 기사 작위를 받으면서 스스로 붙인 칼 폰 린네Carl von Linné[5]라는 이름으로도 널리 알려질 인물이었다.

비록 당시에는 아직 그 이름을 떨치기 전이었지만, 젊은 린나이우스에게는 이미 스웨덴 곳곳의 자연을 탐사하며 단련된 예리한 관찰력이 있었다. 덕분에 마침내 함부르크 시장이 자랑하는 박제와 마주한 순간 린나이우스의 눈은 즉시 그 정체를 꿰뚫어 보았다. 박제의 이빨과 발톱은 족제비의 것과 똑같았지만 몸통은 뱀가죽으로 덮여 있었다. 그리고 린나이우스가 그때까지 자연을 관찰해 온 바에 따르면, 족제비와 뱀처럼 서로 완전히 다른 두 짐승의 특징이 한데 합쳐진 괴물

따윈 존재할 수 없음이 분명했다. 다시 말해 함부르크의 히드라는 여러 동물의 사체를 기워 붙여 만든 가짜였다. 아마도 「요한계시록」에 등장하는 일곱 머리 용을 실제로 만들어 대중을 겁주고 싶었던 수도사들의 소행이리라는 것이 린나이우스의 결론이었다. 이러한 결론 내용이 언론을 통해 퍼져나가자, 박제의 가치를 떨어뜨렸다며 시장이 자신에게 보복하지 않을까 두려워진 린나이우스는 황급히 짐을 싸서 도망치듯 함부르크를 떠났다.

하지만 린나이우스가 괴물로부터 영영 도망친 것은 결코 아니었다. 목적지였던 네덜란드에 도착하여 문제없이 박사학위를 받은 그는, 몇 개월 뒤 자신이 그때까지 자연과학에 대해 궁리해 온 내용을 총정리해 『자연의 체계 Systema Naturæ』라는 제목으로 세상에 내놓는다.[6] 비록 겨우 열한 쪽밖에 되지 않는 얇은 책자였지만 여기에 담긴 린나이우스의 야심은 결코 얄팍하지 않았다. 관찰과 문헌조사를 통해 얻은 지식을 단순히 나열하는 대신 그는 자신이 아는 모든 자연물, 즉 동물과 식물과 광물 전체를 커다란 표 안에 차곡차곡 정리해 넣고자 했다.

이 책자 속의 동물 분류표를 보면, 한가운데의 양서류 항목 아래에 따로 마련된 '모순적인 동물 Paradoxa'이라는 칸이 곧바로 눈에 띈다. 이 칸은 린나이우스가 생각하기에 상상이나 착각의 산물임이 분명하기에 개나 돼지처럼 명백히 실존하는 종과 함께 분류해선 안 될 '괴물' 열 가지를 따로 몰아넣고서 그 실체를 낱낱이 해부하기 위한 공간이었다. 개구리에서 물고기로 변하는 개구리물고기 Rana-Piscis, 유니콘, 피닉스,

용······. 자연의 체계에서 탈락한 이들 괴물의 목록 맨 위에는 다름 아닌 함부르크의 히드라가 실려 있었다. "자연은 초지일관이며 결코 몸 하나에 머리 여럿을 절로 만들어 내지 않는다"라는 냉정한 선언과 함께.[7] 이렇게 하여 함부르크의 히드라는 한때의 영광을 모조리 잃어버린 채, 린나이우스의 책 속에서 황당한 괴물의 본보기로나 들먹여지는 신세가 되었다. 다시 말해 함부르크의 히드라는 린나이우스에 의해 완전히 '퇴치'당한 셈이다.

‡

1735년의 히드라 퇴치 일화는 단지 의학도 한 사람의 이름값이 올라가고 함부르크 시장이 보기 좋게 망신당한 데에서 그친 일이 아니었다. 이 사건에 담긴 역사적 의미를 제대로 이해하려면, 먼저 『자연의 체계』에 담긴 린나이우스의 야심을 조금 더 자세히 들여다볼 필요가 있다. 콘라트 폰 게스너Konrad von Gesner와 존 레이John Ray 같은 선대 학자들의 분류학 연구를 한층 확장[8]하여, 그는 자연계에 존재하는 온갖 동식물과 광물을 가능한 한 합당한 기준에 따라 비슷한 것들끼리 차례차례 묶어나갔다. 단지 보기 좋으라고 한 일은 물론 아니었다. 자연물을 분류하기에 가장 적합한 논리적 기준들을 찾아냄으로써, 린나이우스는 궁극적으로 자연에 내재된 구조 그 자체를 알아낼 작정이었다.

『자연의 체계』 초판에서 린나이우스는 자연물을 광물(자라는 것), 식물(자라고 살아 있는 것), 그리고 동물(자라고 살아 있으며 지각력을 지닌 것)로 나누었다.⁹ 이 중에서 동물은 다시 피부 형태와 다리 개수 및 생식 방법 등을 기준 삼아 사족류Quadrupedia·조류Aves·양서류Amphibia·어류Pisces·곤충류Insecta·벌레류Vermes로 나뉘는데, 이를테면 털로 덮여 있고 다리가 넷이며 새끼를 낳아 젖을 먹이는 동물은 전부 사족류로 분류된다. 사족류를 세분하는 주된 기준은 치아와 발의 형태로, 여섯 쌍의 앞니 및 발가락과 발톱이 모두 달린 발 등을 지닌 사족류는 야수목Feræ에 속한다. 각각의 목은 발가락과 젖꼭지의 개수를 주요 기준 삼아 재차 쪼개져, 야수목 중에서도 앞발가락이 다섯이고 뒷발가락이 넷이며 젖꼭지가 열 개인 생물은 개속Canis에 배정된다.¹⁰

이러한 분류법을 이용하면 개가 늑대나 여우와 특히 가깝고, 사자나 호랑이와는 조금 덜 가까우며, 까치와는 꽤 멀고 라벤더와는 더더욱 까마득히 먼 생물이라는 사실을 쉽게 파악할 수 있다. 이는 미지의 땅에서 새로운 동물이 발견되었을 때도 마찬가지이다. 그 동물이 털로 덮인 몸, 여섯 쌍의 앞니, 발톱이 달린 다섯 개의 앞발가락과 네 개의 뒷발가락 등을 지녔다면 틀림없이 개와 가까운 종일 테니까. 이것이 바로 린나이우스가 알아내려 했던 자연의 구조, 즉 이미 세상에 알려졌고 또 앞으로 알려질 온 자연물 사이의 논리적인 관계도였다. 그리고 이러한 관계도를 완성하기 위해서는, 먼저 당대까지 알려진 모든 자연물 가운데서 실존하는 것과 그렇지 않은 것을 명확히 구별해 낼 필요가 있었다.

린나이우스의 바로 이전 시대를 살아간 과학자 아이작 뉴턴이 하늘의 행성에서 뒷마당의 사과에 이르기까지 모든 자연물의 운동을 설명할 일관된 물리법칙을 찾아낼 수 있었던 것은, 코페르니쿠스와 갈릴레이를 비롯한 천문학자들이 밤하늘을 상세히 관측함으로써 옛 통념을 부정하고 지구를 우주의 중심에서 태양계 변방까지 내쫓아 둔 덕택이었다. 린나이우스가 관계도의 기틀을 잡는 과정에서 굳이 '모순적인 동물' 항목을 따로 마련한 이유도 이와 같은 맥락에서 이해할 수 있다. 린나이우스는 '진짜' 동물과 '가짜' 괴물을 명확히 구분한 뒤, 후자를 전부 몰아냄으로써 실존하는 질서를 드러내고자 했다. 면밀한 관찰을 통해 자연 속 동식물의 형태에 대한 기준을 확립하여, 거기에 들어맞지 않는 사례는 무엇이든 의심을 피할 수 없도록 만들었다. 존재하지 않는다고 결론 내린 괴물에 대해서는 어째서 존재하지 않는지, 왜 이런 거짓말이 만들어졌는지 등의 설명도 나름대로 제시했다. 그야말로 괴물들이 이전까지 직면한 적 없었던 종류의 위협, 말하자면 근대적 의미의 괴물 퇴치였다. 1735년에 함부르크에서 일어난 일은 그 서곡에 지나지 않았다.

린나이우스는 일생 동안 『자연의 체계』를 열 번 이상 개정해 새로 펴냈다. 세계 각지에서 신종 동식물이 끊임없이 발견된 덕택에 그 두께는 순조롭게 불어나, 초판에서는 표 하나를 겨우 채웠던 동물의 종 수가 1758년에 출간된 제10판 1권에 이르러서는 책 전체를 차지할 정도였다. 물론 그러는 동안 괴물과의 사투도 계속되었다. 『자연의 체계』 제2판을 펴낼 때는 '모순적인 동물' 항목에 만티코어나 인어 등을 추가했다가[11], 제6판에서는 이미 퇴치한 괴물들에게 굳이 자리를 내줄 필요가 없다는 듯 항목을 통째로 없애버렸다. 한편

제10판에서는 그렇게 퇴출된 괴물 중 하나인 개구리물고기가 알고 보니 남아메리카에 실존한다는 사실이 밝혀져서 양서류 항목에 정식 등재되는 극적인 금의환향을 이루기도 했다.[12] 올챙이 때는 몸집이 크다가 개구리로 성장하면 평범한 크기가 되는 독특한 생활사[13] 때문에 그만 오해가 빚어졌던 것이다.

이처럼 끊임없이 괴물과 싸우며 발전해 나간 『자연의 체계』는 린나이우스 시대 이후의 생물학에까지 결정적인 영향을 끼쳤다. 자연물 하나하나를 따로 관찰하는 것이 아니라 서로의 관계를 따져 체계적으로 분류하려 시도한 린나이우스의 방법론은 후대 학자들에 의해 계승되며 갈수록 정교하게 가다듬어졌고, 결국에는 동식물 연구의 가장 보편적인 도구로 자리매김하였다. 이는 지금도 마찬가지이다. 비록 린나이우스 시대와 비교하면 훨씬 세분화되었지만, 현대 생물 분류학의 밑바탕에는 여전히 『자연의 체계』가 있다. 그러니 어떻게 보면, 오늘날의 생물학은 괴물 퇴치의 기록을 토대 삼아 세워진 셈이다.

‡

그리고 린나이우스의 괴물 퇴치로부터 시작된 근대 생물학이 발전하면 발전할수록, 사람들의 인식 속 세계에서 괴물이 설 자리는 점점 줄어들 수밖에 없었다. 함부르크의 히드라처럼 신화와 전설을 그대로 본뜬 괴물은 너무나도 간단히 '비과학적'인, 그렇기에 '불가능한' 존재로 전락했다. 하지만 그렇다고 괴물들이 지구상에서 완전히 자취를 감춘 것은 아니었다. 과학이 헤게모니를 장악한 시대에 그들은 다만 과거에는 전혀 필요하지 않았던 생존 전략을 채택했을 뿐이었다. 이제 괴물들은 사람의 의심을 피해야만, 즉 사람을 속여 넘겨야만 살아남을 수 있었으니까.

바로 이것이 근대사에 모습을 드러낸 괴물들의 가장 중요한 특징이다. 근대 이전의 괴물들이 멋지고 무시무시한 겉모습과 일화를 이용해 사람들의 마음을 홀렸다면, 과학과 이성의 시대를 살아가는 괴물들은 그럴듯한 형태와 설득력 있는 이야기로 스스로를 둘둘 감싸 위장하는 길을 택했다. 여기에 자못 '과학적'인 설명이 덧붙는 경우도 적지 않았다. 다시 말해 이들에게는 존재한다는 증거가 있고, 자연의 체계에 끼어들기 위한 저마다의 논리도 마련되어 있다. 이와 같은 '믿을 만함'이야말로 근대 괴물들을 특히 흥미로운 이야깃거리로 만드는 요소이기도 하다.

이 책에서 다루고자 하는 대상도 바로 그런 '믿을 만한' 괴물들이다. 말인즉슨 린나이우스가 히드라를 퇴치하고 『자연의 체계』 초판을 펴낸 1735년에서부터 괴물 연구의 중요한 기점인 1948년에 이르는 200여 년간의 근대사에 걸쳐 나타났던, 다양한 방법으로 사람들을 깜박 속였으나 늦든 빠르든 결국에는 사실과 달랐던 것으로 밝혀져 퇴치당한 각종 동식물 이야기의 주역들이다. 그 가운데서도 특히 유명하거나 역사적으로 중요한 것, 큰 반향을 불러일으킨 것, 당대의 사회상을 잘 보여주는 것, 그리고 잘 알려지지는 않았지만 충분히 흥미로워 빼놓기 아까운 것 29가지를 골라 책에 실었다.

이들 중에는 공룡처럼 거대하고 무시무시한 녀석도 있지만 노랑나비처럼 작고 사소한 녀석도 있다. 어떤 괴물은 금방 정체가 들통난 반면 또 어떤 괴물은 명줄이 길었다. 단순한 착각의 산물이 있었는가 하면 의도적인 사기극을 위해 만들어진 경우도 있었다. 다만 중요한 공통점이라면 이 괴물들에게 근대인들의 이성을 기만하고 의심을 피할 방법이 저마다 하나씩은 반드시 있었다는 사실이다.

따라서 단순히 괴물의 겉모습이나 출처가 불분명한 목격담 따위를 흥미 본위로 늘어놓는 데에서 그치는 대신, 이 책에서는 이들이 세상에 나타나서 크고 작은 화젯거리가 되었다가 마침내 퇴치되기까지의 과정을 출처와 함께 꼼꼼히 실었다. 동시에 이들 괴물이 어떻게 당대의 믿음 속으로 파고들 수 있었는지, 여기에 어떠한 사회적 배경이 기여했는지에 대한 분석도 덧붙이고자 했다. 이렇게 정리한 각각의 괴물 이야기를 시대순으로 나열함으로써 이 책을 하나의 '근대 괴물 연대기'로 완성하는 것이 나의 목표였다. 처음부터 끝까지 거짓말과 실수와 착각으로 점철된 이 연대기를 읽으며 괴물 이야기가 근대 역사 속에서 어떻게 변화해 왔고 이후로는 어떻게 변화해 갈지, 미래에는 또 어떤 괴물이 나타나서 어떻게 퇴치당할지를 생각해 보는 것도 뜻깊은 일이 될 것이다.

‡

유니콘과 피닉스가 『자연의 체계』에서 쫓겨났듯, 이 책에서도 몇몇 괴물들은 어쩔 수 없이 동시대의 다른 괴물들에게 자리를 내주어야만 했다. 자신의 체계에 '모순적인 동물' 칸을 따로 마련했던 린나이우스의 선례를 따라, 나 또한 고심 끝에 연대기에서 빠진 괴물들의 탈락 이유를 여기에 간략히 밝혀두고자 한다. 책에 싣지 않은 괴물 대다수는 근대가 아닌 현대의 산물이거나, 정체가 속 시원히 밝혀지지 않았거나, 혹은 신뢰할 만한 참고 자료를 충분히 확보하지 못해 글을 마무리하기가 곤란한 경우였다. 더 인지도가 높은 유사 사례와 차별화할 이야깃거리가 부족한 경우도 과감히 배제했는데, 예를 들어 세계 전역의 호수에서 보고된 괴물 목격담 가운데 대다수는 설령 근대의 목격담이 남아 있다고 해도 결국에는 **네스호의 괴물** 이야기의 연장선상에서 논할 수 있다고 보아 굳이 책에 싣지 않았다.

 한편 이야기할 거리는 충분함에도 근대 생물학이라는 주제에 집중하기 위해 어쩔 수 없이 한쪽으로 밀어두어야 했던 사례도 있다. 흥미진진한 허구의 괴물 이야기가 유행하기는 했으나 그 본질이 어디까지나 유령, 범죄자, 혹은 초자연적 존재에 가까웠던 경우가 이에 속한다. 잘 알려진 스프링힐드 잭Spring-heeled Jack이나 말하는 몽구스 제프Gef the Talking Mongoose 등의 사례를 싣지 않은 이유가 이것이다. 다만 유명한 **코팅리 요정** 사건만큼은 초자연적 존재와 관련된 소동의 대표 격으로서 예외적으로나마 한 번쯤 짚고 넘어가기로 하였다. 이 외의 각종 흥미진진한 괴물 이야기들은 설령 이 책에서 아깝게 소개하지 못했더라도 언젠가 다른 지면에서 다룰 기회가 있을 것이다.

✢

　괴물은 매혹적인 이야깃거리이다. 옛날 사람들은 물론 어렸을 적의 나 역시 괴물이라는 주제에 한껏 빠져들었고, 나아가 몇몇 괴물들의 존재를 굳게 믿기도 했다. 이처럼 열광했던 대상의 정체를 스스로 낱낱이 파헤쳐서 책으로 엮어 내자니 조금 복잡한 기분이 들기도 한다. 어쩌면 내가 굳이 괴물들을 해부하고 거짓이라는 낙인까지 찍음으로써 괴물 이야기의 재미를 망친다고 생각할 사람이 있을지도 모른다. 하지만 나는 아무리 시시하고 허탈한 진실에조차 가장 달콤한 거짓을 한없이 능가하는 가치가 있다고 확신한다. 우리가 황당한 괴물 이야기를 얼마나 굳게 믿을 수 있는지, 한번 뿌리내린 잘못된 믿음에서 벗어나기가 얼마나 힘든지, 역사를 수놓은 각종 소문과 거짓말 뒤에 감춰진 진실은 과연 무엇이었는지를 하나라도 더 많이 깨달을 때마다 우리는 분명 세상과 우리 자신을 한층 똑바로 이해하게 될 테니까.

　그리고 무엇보다 동서고금의 서사 전통이 증명하듯이, 괴물 퇴치 이야기는 얼마든지 괴물 이야기 이상으로 흥미진진해질 수 있는 법이다. 바라건대 독자 여러분도 우선은 그 사실을 가슴에 품은 채로 이제부터 이어질 연대기를 즐겨주기 바란다. 근대 괴물 연대기의 첫 번째 장은 린나이우스가 히드라를 퇴치한 날로부터 꼬박 20여 년이 흐른 뒤에, 그가 심혈을 기울여 쌓아 올린 자연의 체계 속 기이한 항목 하나로부터 본격적으로 그 막을 연다.

차례

서장
1735 · 린나이우스가 함부르크에서 히드라를 퇴치하다 ····· 4

1부
【 1700년대 】

1758 · 너 자신을 알라 ─ 동굴인간 ··················· 22
1758 · 정체불명의 고통 ─ 지옥분노벌레 ············· 31
1763 · 남겨진 유산 ─ 찰턴멧노랑나비 ················ 40
1770 · 미래를 향한 청사진 ─ 튀르크인 ··············· 50
1784 · 괴물의 얼굴에 비치는 것은 ─ 파과 호수의 괴물 ······ 72

2부

【 1800년대 】

1808 •	해변에 떠밀려 온 시간 여행자 — 스트론사 짐승	88
1822 •	지상 최대의 쇼 개막하다 — 피지 인어	99
1835 •	세상에서 가장 솔깃한 거짓말 — 달의 박쥐인간	109
1840 •	챔피언과 도전자 — 미주리움	124
1845 •	성서 속 괴수의 부활 — 히드라르코스	136
1854 •	처음에는 누구나 실수하게 마련 — 수정궁의 이구아노돈	149
1857 •	작은 착각과 거대한 도약 — 황제벼룩	162
1864 •	누가 씨앗을 심었을까 — 오르괴유 운석	169
1869 •	쇼는 계속되어야 한다 — 카디프 거인	181
1874 •	숲속의 달콤한 미끼 — 마다가스카르의 식인 나무	199
1891 •	떠도는 유령처럼 끈질긴 것 — 크로포즈빌 괴물	211
1892 •	명탐정이 남긴 수수께끼 — 늪살무사	229
1896 •	죽은 크라켄이 꿈꾸며 기다리니 — 세인트오거스틴 괴물	238
1899 •	태고의 생존자를 찾아서 — 콘라디 매머드	252

3부
【 1900년대 】

1904 • 사람이 동물만큼 똑똑했더라면 — 영리한 한스 ······ 266

1912 • 범인은 이 안에 있다 — 필트다운인 ················ 282

1917 • 어른들을 위한 동화 — 코팅리 요정 ················ 298

1919 • 용은 마음의 어둠 속에 — 콩고의 브론토사우루스 ····· 317

1926 • 아는 것이 독이다 — 보스로돈 ···················· 339

1929 • 사진에는 찍히지 않은 진짜 괴물 — 드 루아의 유인원 · 348

1933 • 환상은 영원하리니 — 네스호의 괴물 ············· 368

1937 • 괴물을 부풀리는 방법 — 낸터킷 바다 괴물 ········· 387

1938 • 세상이 뒤집힌다 — 〈우주전쟁〉 속 화성인 ·········· 397

1939 • 가능한 괴물, 불가능한 괴물 — 로우 ··············· 415

종장

1948 • 샌더슨이 스와니강 가에서 발자국을 마주하다 ····· 429

감사의 말 445

주 449

찾아보기 494

1부

1700년대

1758 • 동굴인간

1758 • 지옥분노벌레

1763 • 찰턴멧노랑나비

1770 • 튀르크인

1784 • 파과 호수의 괴물

1758

†

너 자신을
알라

동굴인간

Homo troglodytes

『자연의 체계』에서 그때까지 유럽인들에게 알려진 모든 동물을 논리적 기준에 맞춰 분류하는 동안, 린나이우스는 항상 인간을 목록의 맨 첫 번째에 두었다. 사족류의 하위 분류인 인간형목Anthropomorpha에, 원숭이속Simia 바로 위에. 인간을 다룬 항목 서두에는 언제나 "너 자신을 알라Nosce te ipsum"라는 유명한 경구가 적혀 있었다. 비록 인간을 동물의 일종으로 분류했다는 이유 때문에 당대인들의 숱한 비난을 듣기는 했지만,[14] 린나이우스가 보기에 자연계에서 우리가 어떤 위치에 서 있는지 똑바로 파악하는 일은 대단히 중요했다. 그의 체계에서 인간은 원숭이와 가장 닮았으나 명백히 구분되는 특별하고도 유일무이한 종이었으며, 동물 중 단연 으뜸가는 존재였다.

하지만 『자연의 체계』의 열 번째 개정판을 펴낼 무렵, 린나이우스는 인간의 특별함에 대한 그때까지의 신념을 약간 수정하기로 마음먹었다. 그는 어쩌면 우리 인류가 그토록 유일무이한 종은 아닐지도 모른다고, 우리와 아주 가까운 자매가 세상 어디에 숨어 살아가고 있을지도 모른다고 생각했다. 새하얀 피부와 금빛 눈을 지닌, 밤의 어둠 속에서 우리의 자리를 호시탐탐 노리는 자매가.

‡

1758년의 새해 첫날에 출간된 『자연의 체계』 제10판 1권은 동물학에서 특히 중요한 판본으로 손꼽힌다. '사족류'가 젖가슴을 지닌 동물이라는 뜻의 포유류Mammalia로 바뀐 것도, 이전까지는 어류로 분류되었던 고래가 포유류로 자리를 옮긴 것도 이 개정판부터였다. 가스파르 바우힌Gaspard Bauhin 등이 고안하여15 린나이우스도 식물을, 칼 클레르크Carl Clerck는 거미를 분류하는 데에 이미 사용한 바 있던16 이명법이 동물 전체에 도입된 것도 빼놓을 수 없는 변화이다. 동식물의 학술적 공식 명칭인 '학명'을 자기 자신의 종명과 그 종이 속한 속명의 짝으로 나타내는 방식인 이명법은, 이름만 가지고도 동물의 분류를 어느 정도 알 수 있고 언어에 구애되지도 않는다는 장점 때문에 오늘날까지도 생물학계에서 보편적으로 쓰인다. 다시 말해 『자연의 체계』 제10판에서 린나이우스는 모든 동식물에 이름을 붙일 수 있는 생물학의 공용어를 만들어낸 셈이다.

린나이우스가 이 새로운 공용어로 맨 처음 명명한 동물은 물론 인간이었다. 이젠 '인간형목'이 아닌 영장목Primates에 속하게 된 인간에게 그는 '지혜로운 사람'이라는 뜻으로 호모 사피엔스Homo sapiens라는 익숙한 학명을 붙여주었다. 한편 "지혜로운 사람"이 구체적으로 어떤 특징을 지닌 동물인지 설명하기 위해 그가 바로 다음으로 가져온 단어는 다소 낯설다. '낮의 사람H. diurnus.'17 린나이우스는 인간의 가장 대표적인 특징으로 낮에 돌아다닌다는 점을 꼽은 것이다.

당연히 인간은 주로 낮에 활동하는 동물이지만, 그런 동물이 자연계에 한둘도 아닌데 어째서 린나이우스는 이처럼 모호한 특징을 첫손가락에 꼽은 것일까? 그 이유는 간단하다. 인간과 매우 닮았지만 주로 밤에 활동하는 동물, 즉 '밤의 사람H. nocturnus'과 구분할 필요가 있었으니까. 린나이우스는 그들을 호모 트로글로디테스Homo troglodytes, 즉 '동굴인간'이라고 명명했다. 이 동굴인간은 인간에 이어 두 번째로 학명이 지어진 동물이었으며, 린나이우스의 분류법에 따르면 인간과 가장 가까운 동족이기도 했다. 린나이우스는 그들을 이렇게 묘사했다.

"몸은 희고, 서서 걸으며, 키는 사람의 절반보다 작다. 머리카락은 희며 곱슬거린다. 눈은 둥글고 눈동자는 금빛이다. 속눈썹 뒤로는 막이 눈을 덮고 있다. 곁눈질로 보며 밤눈이 밝다. 수명은 25년. 낮에는 눈이 보이지 않아 숨고, 밤에는 눈이 보이기에 밖으로 나가 약탈한다. 쉭쉭거리며 말한다. 여행자들에 따르면 이들은 세상이 자신들을 위해 만들어졌으며, 언젠가 다시 세상을 지배할 날이 올 것이라 생각하고 또 믿는다 한다."[18]

☦

함부르크의 히드라에 대해서는 한없이 냉정했던 린나이우스가 정작 이처럼 기이한 동물의 존재는 받아들였단 사실이 이상하게 느껴질지 모른다. 하지만 그가 『자연의 체계』 제10판에 동굴인간을 포함시킨 데에는 그럴 만한 이유가 있었다. 적어도 린나이우스가 생각하기에, 명백한 가짜였던 히드라와는 달리 동굴인간은 실존한다는 증거가 충분했으니까.

예를 들어 기원전 5세기의 헤로도토스나 기원후 1세기의 대★ 플리니우스 같은 고대 그리스·로마 학자들은 에티오피아 지역의 '땅굴을 파고 살아가며 뱀을 잡아먹고 박쥐 같은

땅굴을 파고 살며 뱀을 잡아먹는다는 전설 속 동굴인간.
린나이우스가 인간에 이어 두 번째로 학명을 붙인 동물은
이처럼 기이한 괴물이었다.

소리를 내는 부족'에 대해 기록한 바 있었다.[19] 그로부터 세월이 한참 흐른 17세기 초에는 인도네시아 자바섬에서 의사로 일하던 네덜란드인 야코뷔스 본티뉴스Jacobus Bontius가 놀랍도록 사람과 닮은 신기한 야생 유인원 이야기를 유럽에 전해왔는데, 그의 보고에 따르면 자바 원주민들은 '숲의 사람'이란 뜻의 '오랑 우탕'이라 불리는 그 유인원이 심지어 말까지 할 수 있다고 믿었다.[20] 한편으로는 아프리카의 흑인들 사이에서 흰 피부와 금빛 눈을 가진 사람을 목격했다는 이야기도 유럽에 종종 돌곤 했다.[21] 소문에 따르면 이들은 흑인과도 유럽인과도 닮았지만 동시에 그 어떤 사람과도 닮지 않았으며, 신기하게도 햇빛에 유난히 약한 듯했다.

『자연의 체계』 제10판에 실린 동굴인간은 린나이우스가 이 모든 정보를 나름대로 종합한 끝에 내린 논리적 결론의 산물이었다. '오랑 우탕'처럼 인간과 아주 비슷하지만 훨씬 야만적인 동물의 존재는 옛 학자들의 문헌에도 등장하니 의심할 여지가 없었다. 이들이 기록대로 땅굴을 파고 사는 종이라면 피부도 분명 창백할 테고, 어둠에 익숙한 눈을 지닌 대신 대낮에는 제대로 보기가 힘들어 밤에만 굴 밖으로 나와 돌아다닐 수 있을 터였다. 이러한 추측은 '하얀 흑인'에 대한 소문과도 놀랍도록 잘 들어맞았다.

린나이우스는 야생인간, 유럽인, 아메리카인, 아시아인, 아프리카인, 그리고 키가 아주 크거나 특수한 신체를 지닌 "괴물 같은" 인간을 전부 호모 사피엔스로 분류했지만 이 동굴인간만큼은 완전한 야행성 동물이라는 점에서 분명한 차이가 있다고 판단했다. 정말로 인간이 동물의 일종이라면, 인간과 지극히 비슷한 친척뻘의 동물도 얼마든지 존재할 수 있지 않겠는가? 린나이우스가 보기에 동굴인간은 여러 사람의 보고를 통해 그 존재가 입증된, 얼마든지 자연의 질서 속에 자리가 마련될 만한 동물이었다.

  그 판단을 입증할 기회가 마침내 찾아왔을 때 린나이우스는 조금도 주저하지 않았다. 『자연의 체계』 제10판이 출간된 직후인 1758년 2월, '하얀 흑인'이 실제로 런던에 나타났다는 소식을 들은 린나이우스는 그 정체가 동굴인간인지 확인하기 위해 그 즉시 지인에게 편지를 보내 자세한 정보를 요구했다. 피부색과 키, 시력, 목소리, 치아와 성기의 형태 등을 샅샅이 캐묻는 이 편지에서 린나이우스는 흥분을 감추지 못하고 다음과 같이 썼다.

> "실력이 출중하신 에드워즈 씨가 그 동굴인간의 그림을 그려주었으면 하네. 인간을 제외하면 이 세상에 그것보다 더 놀라운 동물은 없으니까."[22]

‡

물론 우리는 린나이우스의 판단이 잘못되었음을 알고 있다. 일단 본티누스가 전한 놀라운 '오랑 우탕' 이야기는 그저 원주민 전설일 뿐이었다. 오늘날 흔히 '오랑우탄'이라고 불리는 오랑우탄속 *Pongo*의 유인원들은 모두 '숲의 사람'이라는 이름이 어울릴 만큼 인간과 닮은 동물이지만, 그래도 엄연한 유인원이며 당연히 말을 하지도 못한다. 한편 유럽인들을 어리둥

절하게 만들었던 '하얀 흑인'은 단지 선천성 질환인 백색증을 앓는 사람이었다. 백색증 환자는 멜라닌 색소를 생산하는 과정에 문제가 생겨, 피부와 머리카락이 희어질 뿐 아니라, 멜라닌이 자외선을 막아주지 못해 햇빛에 특히 예민해지기도 한다.

1758년 런던에 나타난 흰 피부의 흑인 역시 이러한 사례였다. 그는 키가 특별히 작지도 않았고, 밤눈이 밝지도 않았으며, 심지어는 영어도 유창했다. 린나이우스가 살아 있는 동굴인간의 표본이라고 여겼던 사람의 정체는 사실 동굴인간도 오랑우탄도 아닌, 백색증을 지닌 채 식민지에서 노예의 딸로 태어났다는 이유로 영국에 팔려 가 대중의 구경거리가 되어야 했던 자메이카 태생의 어린 흑인 여성에 지나지 않았다.[23]

린나이우스 사후에 그의 제자인 요한 프리드리히 그멜린Johann Friedrich Gmelin이 펴낸 『자연의 체계』 제13판에서, 한때 동굴인간의 종명이었던 트로글로디테스troglodytes는 원숭이속의 다른 동물 항목으로 옮겨진다.[24] 현재도 그 이름은 침팬지의 학명인 판 트로글로디테스Pan troglodytes라는 형태로 같은 자리를 지키고 있다. 한편 런던의 '하얀 흑인'은 계속 구경거리 신세를 전전하다가 아멜리아 할리퀸Amelia Harlequin이라는 이름으로 세례를 받았고, 이를 계기로 자신이 자유를 얻었다고 여겨 주인을 떠난 뒤 뉴샴Newsham 혹은 류샴Lewsham이라는 성을 가진 남자와 결혼해 여섯 아이를 낳았다. 비록 이후로도 계속 구경거리로서 생계를 유지하기는 했지만 적어도 그는 스스로 자신의 삶을 개척했으며, 또 인간으로서 사회에 받아들여졌다.[25] 린나이우스의 동굴인간을 구성했던 형체들은 이렇게 각각 합당한 자리를 찾아 떠나갔다. 한쪽은 동물의 자리로, 한쪽은 인간의 자리로.

‡

동굴인간의 정체가 밝혀지기까지의 이야기는 린나이우스가 『자연의 체계』에 적은 경구대로 "너 자신을 알"기 위한 여정이었다. 어디서부터 인간이고 어디서부터 인간이 아닌지, 인간은 다른 동물들과 과연 어떻게 구분되는 존재인지 결론짓기 위한 그 여정은 동시에 우리가 우리와 조금 다르게 생겼을 뿐인 사람들에 대해 무심코 지녀왔던 편견이나 혐오를 직면하는 뼈아픈 행군이기도 했다. 린나이우스의 동굴인간을 마주함으로써 인류는 끝이 보이지 않는 그 컴컴한 길의 첫 발짝을 겨우 떼었을 뿐이다.

    동굴인간이 자연의 체계 속 본래 자리로 돌아간 뒤에도 사람들은 여전히 '인간과 아주 닮았지만 결코 인간은 아닌 존재'가 등장하는 이야기에 매혹되었다. 그러한 이야기 속에는 언제나 우리가 무엇을 인간의 기준이라고 여기는지, 그 기준을 통해 우리와 다른 사람들을 어떻게 배제하려 드는지가 고스란히 반영되어 왔다. 한때 인류의 조상이라고 믿어졌던 **필트다운인**에서부터 섬뜩한 인종주의를 품은 **드 루아의 유인원**에 이르기까지, 어둠 속에서 눈을 번뜩이며 우리의 가장 추악한 모습을 고스란히 비추는 괴물 같은 자매들의 이야기는 앞으로도 얼마든지 계속된다.

1758

†

정체불명의
고통

지옥분노벌레

Furia infernalis

근대 생물 분류학의 기념비적인 출발점, 『자연의 체계』 제10판에 실린 괴물은 **동굴인간** 하나가 아니었다. 비록 모든 동물 중에서 두 번째 자리를 당당히 차지한 동굴인간만큼 눈에 띄지는 않지만, 기이하기로는 그보다 한층 더한 생명체가 벌레류 항목 구석에 똬리를 틀고 숨어 있다. 북유럽의 늪지대에 잘못 발을 들인 사람에게 피할 수 없는 고통과 죽음을 선사한다고 알려졌던 문제의 생물에게 주어진 학명은 푸리아 인페르날리스*Furia infernalis*, 즉 '지옥의 분노'였다. 이름부터 으스스하기 그지없는 이 '지옥분노벌레'에 대해 린나이우스는 이렇게 썼다.

> "몸은 실과 같고 두께는 일정하다. 양끝에는 섬모가 달렸고 휘어진 침이 몸에 붙어 있다. (……) 서식지는 스웨덴 보트니아만 북부의 늪지. 가장 끔찍한 점은, 하늘로부터 동물의 몸에 떨어져서 재빨리 파고들어, 극심한 고통과 함께 15분 내로 절명시킨다는 사실이다."[26]

동굴인간이 '인간도 동물의 일종이니 인간과 아주 비슷한 동물도 얼마든지 존재할 수 있을 것'이라는 논리로 책에 실린 것이라면, 하늘을 날아다니다가 동물의 피부를 뚫고 들어가 고통스럽게 죽이는 가느다란 실 모양 벌레는 같은 논리로는 도무지 정당화할 수 없어 보인다. 『자연의 체계』에 이런 생물은 오로지 지옥분노벌레 하나밖에 실려 있지 않으니까. 하지만 동굴인간의 경우와 마찬가지로, 린나이우스에게는 이런 벌레의 존재를 믿을 근거가 충분했다. 이번에는 옛 학자들의 기록이나 먼 땅에서 날아온 소문 따위가 아니었다. 린나이우스는 지옥분노벌레의 공포를 몸소 겪은 적이 있었다.

✝

아직 **함부르크의 히드라**를 퇴치하기도 전이었던 1728년, 당시 룬트대학교 신입생이던 린나이우스는 학교 근방의 늪지를 탐사하던 도중 팔에 갑작스러운 따끔함을 느꼈다. 이 따끔함은 곧 팔이 붓는 심한 염증으로 발전해서 그의 목숨을 위협할 지경에 이르렀다.[27] 죽음의 위기에서 간신히 살아 돌아온 이후에도 이때의 경험은 오래도록 그의 기억에 남았음이 분명하다. 그리고 훗날 자신의 제자인 다니엘 C. 솔란데르 Daniel C. Solander가 스웨덴 및 핀란드 북부에서 사람의 살을 파고드는 무시무시한 벌레에 대한 각종 민담과 사례를 수집해 왔을 때, 린나이우스는 자신을 죽일 뻔했던 고통의 정체를 마침내 알아냈다고 여겼을 것이다.

솔란데르가 전해온 이야기에 따르면 문제의 벌레는 머리카락 정도 굵기에 길이는 1.3센티미터 정도였고, 붉은색 또는 누르스름한 흰색을 띠었으며 끄트머리는 검은색이었다. 몸에 달린 날카로운 가시는 살을 파고들어가는 데에, 그리고 파고든 살에서 빠져나가지 않도록 몸을 고정하는 데에 쓰였다. 벌레의 습격은 주로 봄이나 여름에 일어났다. 팔이나 목처럼 살이 드러난 부위에 파고들면 바늘에 찔린 듯한 통증과 함께 까만 점 같은 상처가 남았고, 이후 가려움증에서 시작해 염증과 발열 및 섬망 등의 증상이 시작되곤 했다. 현지에서 "스코트Skått"라 불리는 이 질병에 걸린 대다수의 환자는 며칠에서 짧게는 수 시간 만에 숨을 거두었다. 환자를 살리려면 재빨리 살을 절개해서 벌레를 빼내거나, 혹은 상처 부위에 치즈 커드를 바르는 등의 민간요법에 기댈 수밖에 없었다.[28]

솔란데르의 보고 속 질병은 린나이우스가 겪은 고통과 거의 완벽하게 일치했다. 그러니 당연히 린나이우스는 그 질병을 일으킨다는 벌레의 존재도 믿을 수밖에 없었다. 몸소 겪은 경험이 있었고, 그 경험을 뒷받침하는 현지인들의 증언도 있었으며, 이를 수집해 온 사람이 믿음직한 제자이기까지 하다면 더 이상의 증거가 필요하겠는가? 이렇게 하여 하늘을 날아다니는 공포의 지옥분노벌레는 『자연의 체계』에 당당히 자리를 잡게 되었다.

‡

솔란데르와 린나이우스가 그 존재를 학계에 널리 알린 이래, 지옥분노벌레는 걸핏하면 북유럽의 민담을 빠져나와 당대의 문헌 속에 흔적을 남기곤 했다. 예를 들어 영국의 성직자 에드워드 클라크Edward Clarke는 1799년 스웨덴 순스발로 향하는 마차에서 린나이우스의 일대기를 읽으며 지옥분노벌레의 존재를 의심하다가, 마침 바로 그 벌레에게 공격당하는 바람에 왼팔의 격통으로 심하게 고생한 끝에 현지인들의 민간요법으로 치료받은 경험을 자신의 여행기에 적었다.[29] 그 이듬해인 1800년 《필로소피컬 매거진The Philosophical Magazine》에 실린 동물학자 페터 팔라스Peter Pallas의 글은 솔란데르의 조사 내

사람의 몸속으로 순식간에 파고들어 고통스러운 죽음을 불러오는 지옥분노벌레. 『자연의 체계』 제10판에 실린 또 하나의 두려운 괴물이다.

용을 충실히 소개하면서, 문제의 벌레가 제힘으로 하늘을 날 리는 없으니 아마 지푸라기나 나뭇잎에 실려 바람을 타고 떠올랐다가 동물에게 떨어지는 것이리란 추측도 함께 제시한다.[30] 1823년 라플란드에서 순록을 비롯한 가축들이 떼죽음을 당한 사건 역시 지옥분노벌레의 탓으로 돌려졌다. 한 소녀는 죽은 양을 만지다가 손가락에 따끔함을 느꼈는데, 고통이 점점 커지자 지옥분노벌레로부터 목숨을 건지고자 어쩔 수 없이 손가락을 잘라내야 했다고 전해진다.[31]

하지만 린나이우스의 경험에도, 솔란데르가 수집한 증언에도, 이후에 보고된 모든 사례에도 실은 한 가지 중요한 요소가 빠져 있었다. 바로 벌레 그 자체였다. 지옥분노벌레는 언제나 몸에 내려앉자마자 순식간에 몸을 파고들어갔기에 실제로 눈에 보이는 건 상처뿐이었고, 환자의 몸에서 벌레를 뽑아내는 순간을 직접 본 과학자는 전무했다. 비록 린나이우스가 핀란드의 케미에서 보내진 말라붙은 벌레 표본을 받아본 적은 있었지만, 이것이 진짜 지옥분노벌레임을 입증할 방도는 없었다.[32] 심지어는 스웨덴 왕립과학아카데미에서 지옥분노벌레 표본을 가져오는 사람에게 큰 보상을 약속하기까지 했음에도 진짜 벌레는 한 마리도 나타나지 않았다.[33] 그 결과 1810년대쯤에는 이미 지옥분노벌레의 존재에 대한 의심이 학술지에서 공공연히 논의되기에 이른다.[34]

그럼 지옥분노벌레가 실존하지 않는 동물이라면, 대체 린나이우스나 클라크 등이 느낀 고통의 원인은 과연 무엇이란 말인가? 스코틀랜드 출신의 여행작가 헨리 데이비드 잉글리스Henry David Inglis가 1829년 출간한 북유럽 여행기에서 그 단서를 찾을 수 있다. 과거 클라크가 쓴 경험담을 먼저 소개한 뒤, 잉글리스는 자신의 여행 길잡이를 맡아주던 농부가 작은 회색 날파리에게 손을 쏘이고서 클라크와 똑같은 증상을 호소했다고 말한다.[35] 이는 잉글리스가 지옥분노벌레의 실체를 의심하게 만들기 충분한 사건이었다. 이처럼 살갗을 드러낸 채 야외에서 활동하던 사람이 벌이나 모기 또는 진드기 등에 쏘여 심각한 알레르기 반응이라도 일으킨다면, 그 모습은 분명 민담 속 지옥분노벌레의 희생자와 일치할 것이다. 한편 가축의 떼죽음 역시 전염병, 그중에서도 뇌에 감염되는 조충條蟲에 의한 질병으로 얼마든지 설명할 수 있었다.[36]

이처럼 더 합리적이고 말이 되는 설명이 속속 등장하자, 하늘을 날아다니다가 눈에 보이지도 않을 정도로 빠르게 살을 파고들어 사람을 죽이고 흔적도 없이 사라지는 벌레처럼 기이한 주장을 믿을 필요는 이내 사라졌다. 오늘날에는 그 누구도 자신이 지옥분노벌레에 쏘였다는 말을 하지 않는다. 솔란데르가 그토록 많이 수집했던 실제 사례가 무상하게도, 지옥분노벌레는 세상에서 완전히 박멸되고 만 것이다.

☦

갑작스러운 병이나 재난이 닥쳤을 때, 사람들은 그 원인을 명쾌하게 알고 싶어 한다. 뚜렷한 인과관계를 갈구하고, 만족스럽게 들리는 설명을 찾아낸 뒤엔 얼마든지 믿으려 한다. 북유럽의 농부들부터 외지에서 온 여행자들까지, 심지어는 당대의 여러 저명한 학자들까지도 지옥분노벌레의 존재를 거리낌 없이 받아들인 것은 아마 그 때문이었으리라. 린나이우스는 자신을 거의 죽일 뻔했던 증상의 원인을 알고 싶어 했기에 솔란데르의 보고를 철석같이 믿었다. 여행 도중 원인불명의 질병이 덮쳐오자 클라크는 마침 읽고 있던 린나이우스의 일대기 속 해답을 받아들일 수밖에 없었다. 고통의 원인을 알 수 없다는 감각은 때로 고통 자체보다 더욱 견디기 힘들기도 하니까. 어떤 잘못된 믿음은 바로 그 틈을 노려 우리의 머릿속으로 파고들곤 한다. 지옥분노벌레가 18세기의 관점에서도 지나치게 황당한 괴물이었기에 대중의 믿음 깊은 곳까지 뿌리를 내리지는 못한 것은, 덕분에 더 나은 설명이 나오자 이내 자취를 감춰서 지금은 옛날 책에서나 겨우 찾아볼 수 있게 된 것은 실로 다행스러운 일이다.

하지만 모든 벌레가 이렇게 간단히 머릿속에서 빠져나와 주는 것은 아니다. 오늘날 캐나다의 싱어송라이터 조니 미첼Joni Mitchell을 비롯한 수천 명의 사람들은 피부 속에서 섬유가 자라나 극심한 가려움을 불러일으키는 미지의 질병 '모겔론스Morgellons'가 자신을 덮쳤다고 주장한다.[37] 2001년에 메리 레이타오Mary Leitao가 아들의 피부병을 직접 진단하면서 '발견'된 이 괴질을 대다수의 전문가는 실존하는 감염성 질환이 아니라 기생충 망상증의 산물이라고 단언하며,[38] 미국 질병통제예방센터Centers for Disease Control and Prevention가 2011년에 내놓은 대규모 조사 결과도 이러한 결론을 뒷받침한다.[39] 그러나 아무리 저명하고 뛰어난 연구자라도 자신이 모겔론스에 걸렸다고 믿어 의심치 않는 무수한 사람들을 단번에 설득할 수는 없을 것이다. 지옥분노벌레가 퇴치당한 지 장장 2백 년 가까운 세월이 흘렀건만, 살을 파고드는 정체불명의 고통과 과학 사이의 치열한 싸움은 앞으로도 기약 없이 이어질 예정이다.

1763

†

남겨진 유산

찰턴멧노랑나비

*Charlton Brimstone
Butterfly*

동굴인간과 **지옥분노벌레**가 『자연의 체계』 제10판에서 함께 데뷔한 1758년으로부터 몇 년이 지났을 무렵, 세 번째 괴물이 마찬가지로 린나이우스의 의심을 감쪽같이 피해서 생물학의 역사에 그 이름을 새기는 데에 성공했다. 다만 이번 괴물은 앞선 둘에 비해서 훨씬 시시하고 사소한 녀석이었다. 린나이우스가 이 괴물의 존재를 믿은 이유는 단 하나였다. 의심할 이유가 전혀 없었으니까.

‡

이 사소하기 그지없는 괴물 이야기의 시작은 1700년대 초로 거슬러 올라간다. 영국의 약제사이자 당대의 저명한 표본 수집가이기도 했던 제임스 페티버James Petiver는, 어느 날 죽음을 앞둔 친구 윌리엄 찰턴William Charlton에게서 나비 표본을 선물로 받는다. 그중에는 유럽과 아시아 전역에 흔한 곤충인 멧노랑나비Gonepteryx rhamni와 똑같이 생겼지만, 날개의 검은 점과 푸른 초승달 무늬가 박힌 것이 특징적인 표본도 있었다. 페티버는 소중한 친구가 숨을 거두기 직전 자신에게 건네준 이 신기한 선물을 고이 간직했으며, 1702년 펴낸 자신의 수집품 목록 『자연과 예술의 보고Gazophylacii Naturæ&Artis』에도 포함시켜 그 특징과 획득 경위를 자세히 밝혀두었다.[40] 이것이 바로 훗날 '찰턴멧노랑나비'라 불리게 될 표본이었다.

1718년 페티버가 세상을 떠난 뒤, 그의 소장품은 또 다른 수집가인 한스 슬론 경Sir Hans Sloane이라는 인물이 통째로 사들였다. 슬론은 진귀한 물건이라면 무엇이든 손에 넣어야

직성이 풀리는 인물이었다. 그의 수집가 인생은 1687년, 제2대 앨버말 공작 크리스토퍼 멍크Christopher Monck가 당시 영국의 식민지였던 자메이카에 부임할 때 주치의 자격으로 따라가며 시작되었다. 그곳에서 1년이 조금 넘는 시간을 보내며 슬론은 온갖 동식물과 진기한 물건을 수집했을 뿐 아니라 향후의 수집 행위를 크게 도와줄 인연도 만들었다. 런던으로 돌아와 몇 년을 보낸 뒤인 1694년 자메이카에서 사탕수수 농장을 경영하던 노예무역의 큰손 풀크 로즈Fulke Rose[41]가 사망하자, 그의 부인이었던 엘리자베스가 슬론의 새 아내가 된 것이다. 그 덕분에 풀크 로즈의 유산인 사탕수수 농장의 수익 중 3분의 1까지 단숨에 거머쥔 슬론은 돈 걱정 없이 수집 취미를 만끽해 나갔다.

    수많은 탐험가가 대영제국의 식민지 곳곳과 그 너머를 여행하며 진귀한 물건들을 잔뜩 가져오던 시대였다. 슬론은 직접 여행을 떠나기보단 주로 막대한 자금력을 무기 삼아 다른 사람이 수집한 물건을 한꺼번에 사들여서 소장품의 규모를 불렸다. 페티버는 물론 윌리엄 찰턴의 유산도 어느새 전부 그의 손에 들어와 있었다. 이렇게 평생 모은 소장품 가운데는 동전과 메달 3만 2천여 개, 책과 필사본 5만여 권, 식물 표본집 334권 및 1,125개의 고대 유물 등이 포함되어 있었다. 1753년에 슬론이 92세의 나이로 숨을 거두자 그의 보물들은 유언에 따라 단 2만 파운드 가격으로 영국 정부에 넘겨져, 이후 영국박물관·영국 자연사박물관·영국도서관을 설립하는 토대 중 하나가 되었다.[42] 찰턴이 친구에게 남긴 신비로운 점박이 멧노랑나비도 그 토대 사이에 조용히 끼어들어 가 있었다.

이처럼 찰턴, 페티버, 슬론과 같은 당대 수집가들이 남긴 소장품과 기록들은 후대의 연구자들에게도 중요한 자료로 활용되었다. 1753년 이래 온 삶을 분류학에 바치는 중이었던 린나이우스도 마찬가지였다. 린나이우스가 1763년에 보아스 요한손Boas Johansson의 학위논문으로서 발표했다고 알려진[43] 「백 가지 진귀한 곤충Centuria Insectorum Rariorum」은 세계 각지에서 보고된 95종의 곤충과 7종의 갑각류를 정리해 이름을 붙인 글인데, 여기에서 새로이 명명된 곤충 중 67번째인 파필리오 에클립시스Papilio ecclipsis의 묘사는 바로 다음과 같다.

> "형태는 멧노랑나비와 똑같으나, 앞날개 중앙에는 타원형의 어두운 자국이 있고, 그 안에는 두 개의 검은 점이 있다. 뒷날개에는 검은 점이 있고, 바깥쪽 가장자리에는 푸른 눈동자 무늬가 있다."[44]

린나이우스는 이 나비를 남미에서 찰스 드 기어Charles De Geer가 찾아 보고한 종이라고 적었지만, 기어가 이런 나비에 대해 언급한 적이 없다는 사실로 미루어 보아 모종의 착오가 있었을 가능성이 높다.[45] 아마 실제 출처는 페티버의 기록 또는 영국박물관에 소장되어 있던 표본이었을 것이다. 이후 파필리오 에클렙시스는 린나이우스가 생전 마지막으로 관여한 『자연의 체계』 개정판인 제12판에도 더 간략한 설명과 함께 그대로 실린다.[46] 이렇게 당대 가장 권위 있는 분류학자의 인증까지 받으며, 찰턴멧노랑나비는 앞으로도 학문의 세계를 자유롭게 날아다닐 수 있을 듯 보였다.

‡

하지만 이 점박이 나비의 비행은 얼마 지나지 않아 막을 내리고 만다. 그것도 자신에게 이름을 붙여준 바로 그 사람, 린나이우스가 남긴 유산에 의해. 린나이우스는 1778년에 70세를 일기로 사망하지만, 그에게서 시작된 생물 분류학의 전통은 제자들에 의해 계속해서 이어졌다. 그 제자 중 하나가 바로 네덜란드의 곤충학자 요한 크리스티안 파브리치우스Johan Christian Fabricius였다. 파브리치우스는 스승보다도 세 배 이상 많은 1만여 종의 신종 곤충을 학계에 보고했으며, 나아가 곤충 분류에 새로운 기준을 도입하는 등 뛰어난 업적을 쌓아 "곤충학의 린나이우스"라고까지 불린 인물이었다.[47]

과연 곤충학이라는 분야 하나에 집중한 만큼 그는 곤충에 대해서만큼은 스승보다도 훨씬 꼼꼼했다. 1793년 그는 페티버로부터 슬론을 거쳐 영국박물관에 소장된 원본 찰턴멧노랑나비 표본이 실제로는 멧노랑나비와 전혀 구별되는 종이 아니었다는 관찰 결과를 만천하에 알렸다. 파브리치우스에 따르면 자신의 스승이 특징으로 꼽았던 날개의 검은색 점은 누군가가 그려 넣은 것에 불과했다.[48]

뻔뻔하면서도 시시한 날조였다. 사건의 전모는 아마 찰턴이 친구를 골려주려고 인생 마지막 장난을 쳤든지, 혹은 신종 나비를 발견한 사람으로서 영원히 기억되고자 사기극을 벌였든지 둘 중 하나이리라. 진실이 어느 쪽이든 찰턴의 날조가 드러나기까지는 거의 90년의 세월이 걸렸다. 어째서 고작 점을 몇 개 찍었을 뿐인 표본이 이토록 오래, 심지어 린나이

날개에 점이 찍힌 노랑나비처럼 사소한 '괴물'이 또 있을까?
하지만 찰턴멧노랑나비라는 이름의 이 괴물에 얽힌 뒷이야기는
결코 사소하지만은 않다.

우스 같은 학자에게조차 진짜 나비로 받아들여질 수 있었을까? 간단한 일이다. 찰턴멧노랑나비는 얼마든지 세상에 존재할 수 있는 곤충이니까.

나비의 날개 무늬는 종에 따라 지극히 다양하고도 변화무쌍하다. 노르웨이의 사진작가 셸 샌베드Kjell Sandved는 온갖 나비의 날개를 촬영한 끝에 A부터 Z까지의 모든 알파벳과 0부터 9까지의 아라비아숫자 무늬를 전부 찾아냈을 정도다.[49] 이에 비하면 까만 점이 찍힌 멧노랑나비는 그다지 눈에 띈다고 할 수도 없다. 이런 나비가 **함부르크의 히드라**처럼 자연의 질서를 거스르지도 않음은 물론이다. 그러니 애당초 린나이우스에게는 이 나비의 존재를 의심할 이유가 없었다. 만일 파브리치우스처럼 표본을 직접 보는 대신 그림으로 접했다면 의문을 가지기는 더더욱 쉽지 않았을 것이다. 이처럼 알아채기 어려웠던 거짓말이 90년 뒤에나마 밝혀질 수 있었던 이유는, 분명 파브리치우스가 뛰어난 관찰력을 지닌 데에 더불어 존경하는 스승의 업적까지도 얼마든지 의심할 수 있는 사람이었던 덕택이리라.

‡

1753년에 함부르크의 히드라를 쓰러뜨린 이래 린나이우스가 계속해 온 괴물 퇴치 작업은 겉보기론 대단히 성공적이었다. 그가 고안해 낸 자연의 체계는 학계에 성공적으로 뿌리를 내려 생물학의 기본 지침이 되었고, 새로운 체계에서 설 곳을 잃어버린 전설 속 괴물들은 빠르게 역사의 뒤안길로 사라졌다. 하지만 머리를 자르면 그 자리에 새로 머리가 둘 자라나는 신화 속 히드라와의 싸움처럼, 이 표면적인 승리 뒤에서 근대 생물학은 여전히 괴물과 끊임없이 사투를 벌이는 중이었다.

동굴인간은 과거의 문헌과 당대의 현실을 넘나들며 실존할 수밖에 없다는 근거를 쌓아 올린 끝에 린나이우스의 검증을 통과했다. 지옥분노벌레는 그 황당함에도 불구하고 실제 경험이라는 강력한 무기 덕택에 존재를 인정받을 수 있었다. 찰턴멧노랑나비는 의심할 필요조차 없는 소박한 겉모습 덕에 성공적으로 의심을 피해갔다. 그러나 이들 괴물도 시간이 흐른 뒤에는 결국 그 정체가 밝혀져 전부 완전히 퇴치되었다. 선대의 업적을 숭상하기보다는 무자비하게 공격해 더욱 사실에 가까운 것으로 대체하길 거듭하는 근대과학의 방법론이 낳은 성과였다. 비록 린나이우스의 괴물 퇴치는 결코 온전하지 못했지만, 그가 평생에 걸쳐 만들어 낸 체계조차 지금은 낡고 해진 유물에 지나지 않지만, 괴물 퇴치의 전통이라는 그의 마지막 유산만큼은 오늘날에도 여전히 살아 숨 쉬고 있다.

반면에 찰턴멧노랑나비 표본은 오늘날까지 전해지지 못한 듯하다. 날조의 산물임이 밝혀진 뒤 당시 영국박물관 관리자였던 에드워드 휘터커 그레이Edward Whitaker Gray에게 무참히 짓밟혀 조각나고 말았다는 것이 역사에 남은 마지막 기록이다. 현재 런던 린나이우스학회The Linnean Society of London의 소장품 중에는 당대 묘사와 일치하는 찰턴멧노랑나비 표본 두 점이 남아 있지만, 이는 원본 표본을 관찰하고 그림으로 그려

두었던 곤충학자 윌리엄 존스William Johns가 나중에 재현해 낸 결과물로 추측된다.⁵⁰ 이 추측이 사실이라면 찰턴이 만들어 낸 '진짜' 가짜 멧노랑나비는 영영 이 세상을 떠나 원래의 서식지인 이야기 속 세계로 되돌아간 셈이다.

찰턴멧노랑나비 말고도 제자리로 돌아간 물건이 하나 더 있다. 미국 미니애폴리스에서 흑인 남성 조지 플로이드George Floyd가 경찰의 폭력에 목숨을 잃으면서 시작된 이른바 '흑인의 목숨은 중요하다Black Lives Matter' 시위가 전 세계로 번져가던 2020년 여름, 영국박물관은 한스 슬론 경의 흉상을 받침대에서 끌어내려 한층 덜 영예로운 자리로 옮기겠다는 결정을 발표한다. 흉상의 새 보금자리는 전 세계에서 수집품을 긁어모아 만든 영국박물관이 어떻게 영국의 제국주의와 결부되었는지, 그 과정에서 슬론이 어떻게 식민지 자메이카의 노예노동으로부터 부를 축적했는지 설명하는 유리 전시장 안쪽이었다.⁵¹

이 결정이 수많은 유물을 대중에게 공개한 너그러운 수집가에 대한 모독이라며 비난하는 목소리가 있었음에도, 박물관 측은 "우리는 스스로의 역사를 이해할 필요가 있다"라는 입장을 밝혔다.⁵² 어쩌면 슬론의 흉상이 옮겨진 일과 찰턴멧노랑나비가 자연의 체계에서 추방당한 일은 그리 크게 다르지 않을지도 모른다. 린나이우스가 손수 이름 붙인 나비에 검은 점이 찍혀 있었단 사실을 제자인 파브리치우스가 모른 척하지 않고 밝혔듯, 아무리 귀중하고 영광스러운 유산이라 한들 오점이 찍혀 있다면 감추지 않고 드러냄으로써 사실을 올바르게 바로잡아야 하는 법이니까. 그것이야말로 린나이우스가 일생에 걸쳐 남긴 괴물 퇴치법의 진정한 첫걸음일 테니까.

1770

†

미래를 향한 청사진

튀르크인

The Turk

1770년 봄, 오스트리아 빈의 쉰브룬궁전에서 역사적인 체스 시합이 그 막을 올렸다.[53] 합스부르크제국의 통치자인 마리아 테레지아 황후를 포함한 명망 높은 관객들이 지켜보는 가운데 당당히 자원하여 흑을 잡은 사람은 이름이 전해지지 않는다고도 하고,[54] 코벤츨 백작이라는 궁정 가신이었다고도 한다. 한편 백을 잡은 선수가 누구였는지는 훨씬 명확하게 알려져 있다. 동방의 마술사를 연상시키는 터번과 모피 망토를 두르고 콧수염을 기른, 훗날 '튀르크인'이라 불리게 될 무뚝뚝한 남자였다.

언제나 백이 먼저 말을 움직이는 체스의 규칙대로, 커다란 나무 캐비닛 위의 체스판을 사이에 두고 벌어진 이날의 시합에서 첫수를 둔 쪽은 튀르크인이었다. 상대는 이에 응수해 대국을 이어갔으나 끝내 패배한 듯하다.[55] 그리고 적어도 당시의 관객들이 보기에, 이 패배는 단지 선수로 나선 한 사람의 패배에서 그치는 사건이 아니었다. 왜냐하면 '튀르크인'은 실제 사람이 아니라 사람처럼 움직이는 정교한 기계, 즉 자동인형Automaton이었으니까.

튀르크인의 정체는 전혀 비밀이 아니었다. 애초부터 사람으로 착각할 만큼 사실적인 인형이 아니었을뿐더러, 튀르크인의 제작자인 볼프강 폰 켐펠렌Wolfgang von Kempelen은 시합이 시작되기 전 관객들에게 그 안쪽을 손수 보여주기까지 했다. 튀르크인 인형과 그 앞에 놓인 나무 캐비닛은 한 몸이었고, 캐비닛 앞에 달린 문을 열면 바퀴와 실린더 등으로 이루어진 복잡한 기계장치가 드러났다. 기계장치가 없는 빈 공간은 인형의 팔을 받칠 쿠션이나 서판 등을 보관하는 용도였다. 캐비닛에는 바퀴가 달려 있었기에 켐펠렌은 자신의 발명품을 이리저리 돌리거나 관객들 사이로 밀고 다니며 그 구조를 더 자세히 확인시킬 수도 있었다. 혹시라도 보이지 않는 공간에 어린아이가 들어가 조종하는 것일지 모른다는 의심을 불식시키기 위함이었다.

시합이 진행되는 동안 켐펠렌은 튀르크인을 거의 건드리지 않았고, 단지 10~12수마다 캐비닛 왼쪽으로 다가가 태엽을 감아줄 뿐이었다. 이 외에 켐펠렌이 한 일이라고는 사전에 캐비닛에서 꺼내 작은 탁자에 따로 놓아둔 나무 상자 안쪽을 이따금 확인하는 것이 전부였다. 튀르크인과 상자는 무엇으로도 연결되어 있지 않았으니, 튀르크인은 정말로 어떠한 외부 조작 없이 스스로 체스를 두는 것이 틀림없는 듯했다.

이 사실을 깨달은 관객들이 받았을 충격을 상상하기란 어렵지 않다. 바로 직전 해에 펠티에Pelletier라는 프랑스인이 쇤브룬궁전에서 공연을 선보이는 도중, 신뢰받는 공무원이자 뛰어난 기술자이기도 했던 켐펠렌은 자신이라면 이보다 훨씬 놀랍고도 교묘한 기계를 만들어 낼 수 있다고 황후에게 호언장담한 바 있었다. 그로부터 6개월 후 켐펠렌이 자신의 기계를 통해 황후의 눈앞에서 선보인 것은 다름 아닌 인간의 첫 패배였다. 인간이 만든 게임에서 인간이 만든 기계가 사상 최초로 인간을 꺾는 광경이었다.

‡

서장에서 설명했듯이, 『자연의 체계』 초판에서 린나이우스

인간을 꺾을 만큼 뛰어난 체스 실력을 지녔던 18세기의 자동인형 '튀르크인'.
그 비밀은 첫 등장으로부터 80년이 넘게 지난 뒤에야 비로소 명백히 밝혀졌다.

는 모든 자연물을 크게 광물·식물·동물로 나눔으로써 분류학의 기틀을 잡고자 했다. 즉 동식물과 광물, 동물과 식물을 가르는 구분선이야말로 린나이우스의 체계를 떠받치는 들보인 셈이었다. 하지만 이러한 구분은 과연 얼마나 절대적인 것일까? 만일 나무와 금속으로 아주 정교하게 만들어져 동물의 행동을 똑같이 모방할 수 있는 기계가 만들어진다면, 그것은 대체 자연의 체계 어디쯤에 놓여야 할까? 기념비적인 『자연의 체계』 제10판에서도 린나이우스가 광물과 동식물을 나눈 기준은 여전히 '살아 있는지'의 여부였으며, 동물은 식물과 달리 지각력을 지니고 자발적으로 움직일 수 있는 존재라고 정의되었다.[56] 즉 기계가 살아 움직인다면, 나아가 외부 환경을 지각하고 이에 따라 스스로 행동할 수 있다면 린나이우스의 체계에서는 동물로 분류되어도 전혀 이상하지 않았다.

현대 기준에서도 다소 공상처럼 들리는 이야기이지만, 사실 린나이우스가 활동하던 시대에 이러한 기계의 존재를 가정하는 일은 그다지 황당한 생각이 아니었다. 이미 16세기에 유럽 곳곳은 인간이나 동물을 흉내 낸 갖가지 자동인형으로 가득했다. 교회 시계가 정각을 알릴 때면 장식용 미니어처도 함께 작동해 성서 속 장면을 묘사했고,[57] 귀족과 부유층의 정원에서는 수력으로 움직이며 손님에게 물을 뿌리는 조각상이 인기였다.[58] 이처럼 정교한 기계장치의 유행은 당대의 사상에도 큰 영향을 끼쳤다. 작고 단순한 부품이 무수히 모여 시계처럼 정교한 장치를 이루듯, 우주와 자연의 온갖 경이도 전부 기초적인 물리법칙으로 환원될 수 있으리라는 발상이 퍼져나갔다. 프랑스의 철학자 르네 데카르트는 나아가 살아 있는 동물조차도 단지 아주 복잡한 기계에 지나지 않는다고 보았다. 물론 인간의 몸도 마찬가지였다. 데카르트의 사상에서 인간과 동물의 차이는 단지 영혼의 유무뿐이었다.[59]

그리고 데카르트의 말대로 동물의 몸이 그저 복잡한 기계일 뿐이라면, 기계 부품을 짜맞추어 살아 움직이는 동물을 만들어 내지 못할 이유가 어디에 있겠는가? 자동인형 기술의 발전이 데카르트의 기계론적 사상에 영감을 주었듯, 데카르트의 사상은 자동인형 제작자들이 더욱 그럴듯한 인형 제작에 도전할 계기를 제공했다.[60] 그중에서도 가장 주목할 만한 성공을 거둔 이는 프랑스의 발명가 자크 드 보캉송 Jacques de Vaucanson이었다. 1730년대 말에 보캉송이 선보인 자동인형들은 펌프 장치를 이용해 실제로 숨을 내쉬어 플루트를 불 수 있었는가 하면, 북을 치며 피리를 연주할 수도 있었다.

이보다 놀라운 작품은 '소화하는 오리'였다. 이 오리 인형은 진짜 오리처럼 날개를 치고 먹이를 먹을 뿐 아니라 꽁무니에서 찌꺼기를 배설하기까지 했는데,[61] 보캉송은 이것이 인형 내부에 설치된 "작은 화학 실험실" 덕분이라고 주장했다.[62] 비록 오리 인형이 실제로 먹이를 소화시키는 것이 아니라 단지 미리 만들어진 가짜 배설물을 내보낼 뿐이라는 사실이 훗날 밝혀졌으나[63], 실제로 숨을 쉬고 음식을 소화하는 것처럼 보이는 보캉송의 자동인형들은 곧 파리에서 큰 화제가 되었다.

물론 아무리 정교했다 한들 보캉송의 자동인형은 미리 정해진 일련의 동작을 반복하는 기계일 뿐, 지각력과 의지를 지닌 '동물'은 결코 아니었다. 하지만 당대 사람들이 정말 동물처럼 살아 움직이는 기계를 꿈꾸도록 만들기에는 충분했다. 그리고 린나이우스의 말대로 인간 또한 동물의 일종이라면, 동물의 움직임을 똑같이 구현한 기계가 언젠가 인간의 지성마저도 모방할 수 있으리라고 꿈꾸는 것도 자연스러웠다. 실제로 프랑스 철학자 쥘리앵 오프루아 드 라 메트리Julien Offray de La Mettrie는 1748년에 펴낸 『인간기계론L'homme machine』에서 데카르트의 사상을 동물이 아닌 인간에게까지 확장하며 보캉송을 언급한다. 먹이를 먹고 악기를 연주하는 기계라면 이미 만들어졌으니, 언젠가는 "또 다른 프로메테우스의 손에 의해" "말하는 사람"이 만들어지는 일도 불가능하다고 볼 수 없다는 논리였다.[64]

1770년 쇤브룬궁전에 나타난 자동인형 '튀르크인'은 그러한 예측이 실현된 결과물이라고 할 만했다. 체스는 무수히 많은 경우의 수가 존재하는 게임이기에, 순간순간의 상황을 파악하고 적합한 수를 두지 않으면 결코 이길 수 없다. 지각력과 자발적 움직임, 그리고 무엇보다도 인간에 맞먹는 판단력이 필요하다는 뜻이다. 나아가 튀르크인은 상대가 일부러 잘못된 수를 두었을 때는 고개를 저어 반응했고, 나이트 하나로 체스판의 모든 칸을 방문하는 유명한 체스 퍼즐인 '나이트의 여행'이 제시되면 멋지게 풀어냈다. 심지어 켐펠렌은 금빛 글자가 새겨진 서판을 써서 튀르크인이 관객의 질문에 답하는 모습을 보여주기까지 했다. 이처럼 튀르크인은 당시 유럽인들이 상상하던 살아 있는 기계, 지성을 지닌 기계의 조건을 모두 충족시키는 듯 보였다. 튀르크인의 승리는 틀림없이 관객들에게 깊은 인상을 남겼지만, 그건 누구도 예상하지 못한 일이기 때문이 아니었다. 누구나 한 번쯤은 상상해 본 일이기 때문이었다.

‡

오스트리아의 궁정에서 화려하게 데뷔한 자동인형 체스 선수 이야기는 곧 유럽 전역으로 퍼져나갔다. 그해에 켐펠렌의 저택을 방문해 튀르크인을 관찰하고 직접 대국까지 한 루이 뒤탕Louis Dutens의 덕이 컸다. 뒤탕의 증언은 프랑스에서는 《메르퀴르 드 프랑스Mercure de France》에, 영국에서는 《젠틀맨스 매거진Gentleman's Magazine》에 실리며 튀르크인의 인기에 불을 지폈다. 한편 창조주인 켐펠렌은 어째서인지 이러한 인기를 달가워하지 않는 듯했다. 온 유럽을 열광시킨 발명품을 한때의 여흥 정도로 취급하며, 그는 쇤브룬궁전의 폭포 장치처럼 자신이 더욱 진지하게 여긴 새로운 과제로 시선을 돌렸다. 그럼에도 튀르크인에 대한 세간의 관심이 수년 동안이나 사그라지지 않자 켐펠렌은 더욱 강경한 수단을 동원하기에 이르렀다. 튀르크인을 해체해 버린 것이다.

해체된 튀르크인은 이후로도 오래도록 먼지를 뒤집어쓴 채 널브러져 있었다. 그대로 시간이 지났더라면 이 놀라운 자동인형은 켐펠렌이 원한 대로 영영 잊혔을지도 모른다. 하지만 1780년에 마리아 테레지아가 서거하며 아들인 요제프 2세가 제국의 유일한 통치자로 발돋움하자, 정치적 필요가 은퇴 선수를 다시금 치열한 체스 시합의 세계로 끌어냈다. 러시아의 파벨 1세 대공 일행을 접대하는 자리에 튀르크인을 선보이라는 새 황제의 지시에 켐펠렌은 따를 수밖에 없었다. 튀르크인에 깊은 감명을 받은 파벨 1세 일행이 제안한 유럽 순회공연에 요제프 2세가 찬성했을 때도 마찬가지였다. 황제는 켐펠렌에게 순회공연 기간 동안의 휴직을 제안했고, 켐펠렌은 황제의 제안이란 명령이나 마찬가지임을 알았다.

　1783년 봄부터 2년 동안, 튀르크인은 켐펠렌 가족과 동행하며 유럽의 여러 주요 도시에서 체스 시합을 벌였다. 튀르크인과 체스를 둔 사람 중에는 당시 프랑스 주재 미국 대사였던 벤저민 프랭클린도 있었다. 모든 선수가 그렇듯 튀르크인도 매번 승리를 거두지는 못했다. 마리아 테레지아의 딸인 마리 앙투아네트 왕비의 거처이기도 했던 베르사유궁전에서는 부용 백작에게 꺾였고, 파리에서 당대 최고의 체스 선수였던 앙드레 필리도르André Philidor와 벌인 시합 역시 패배로 끝이 났다. 필리도르의 아들이 남긴 기록에는 켐펠렌이 자신의 유일한 생계 수단이 된 튀르크인의 흥행을 위해 일부러 져달라고 필리도르에게 부탁했으며, 필리도르는 너무 티 나지 않는 선에서 최대한 노력하겠다는 약속을 했다는 언급이 나온다. 만일 이 일화가 사실이라면 튀르크인의 당시 실력으로는 일부러 져주려 하는 정상급 선수의 약점조차 찌를 수 없었다는 뜻이 된다.

　하지만 튀르크인이 몇 차례 패배했다고 해서 그 경이가 퇴색된 것은 결코 아니었다. 튀르크인이 인간과 동등하게 체스를 두는 자동인형이란 점은 여전히 변함이 없었으니까. 파리에서도, 런던에서도, 독일 곳곳에서도 튀르크인은 지식인들의 이목을 끌며 온갖 추측과 논쟁을 불러일으켰지만 누구도 그 작동 원리를 명확히 규명할 수는 없었다. 한편 런던에 머무르는 동안 튀르크인은 성직자이자 발명가인 에드먼드 카트라이트Edmund Cartwright가 세계 최초의 자동화 베틀을 고안하는 계기가 되기도 했다. 베틀을 자동화하는 것이 체스를 두는 인형을 만드는 것보다 어려울 리는 없다고 생각하게 된 덕택이었다.

화려한 순회공연을 마치고 빈으로 돌아온 켐펠렌은 비로소 튀르크인에게서 해방되었다. 체스 두는 자동인형의 주인으로만 살아가기에 그는 취미와 야망이 너무 많은 사람이었다. 과거 라 메트리가 예측했 바 있던 '말하는 기계', 즉 일종의 음성 합성 장치를 발명하려는 도전도 그중 하나였다. 튀르크인을 처음 만들던 무렵부터 이 주제에 흥미가 있었던 켐펠렌은 실제로 상당한 성과도 거두었으며, 1791년에는 자신의 연구 내용을 정리한 책을 출간하기에 이른다.[65] 그러는 동안 튀르크인은 다시금 잊혀갔다. 적잖은 가격에 팔아넘기려던 말년의 시도마저 무산되자, 1804년 70세의 나이로 숨을 거둘 때까지 켐펠렌은 튀르크인을 그저 방치해 둔 것으로 보인다. 유럽을 뒤흔든 체스 선수의 두 번째 은퇴였다.

‡

하지만 시합은 이제 막 중반부에 접어들었을 뿐이었다. 창조주를 잃은 자동인형 앞에 금방 새 주인이 나타난 덕택이었다. 바로 요한 네포무크 멜첼Johann Nepomuk Mälzel이라는 독일인 기술자였다. 오르간 제작자의 아들답게 멜첼은 음악과 공학

양쪽에 조예가 깊었으며, 1804년에서 1808년에 걸쳐서는 온갖 악기를 동시에 연주할 수 있는 기계식 오케스트라 장치인 판하르모니콘Panharmonicon과 트럼펫을 부는 실제 사람 크기의 자동인형을 연이어 선보여 큰 명성을 쌓았다. 켐펠렌의 아들에게서 튀르크인을 사들인 것도 그즈음이었다.[66]

한동안 멜첼은 튀르크인을 무대에 올리기보다는 수리하고 개선하는 데에 힘썼다. 하지만 1809년 벌어진 제5차 대프랑스 동맹 전쟁 도중 빈이 프랑스군에 점령당했을 때는 예외였던 듯하다. 당시 합스부르크 가문의 궁정 기술자였던[67] 멜첼은 이 사태를 위기가 아닌 기회로 여겨, 프랑스 황제 나폴레옹 보나파르트와 튀르크인의 전설적인 대국을 주선했다고 알려져 있다. 다른 모든 전설과 마찬가지로 이 대국 이야기 역시 무수한 버전이 있어 정확히 어떤 일이 일어났는지는 알기 힘들지만, 한 버전에 따르면 나폴레옹은 생전 처음 보는 상대를 시험하고자 일부러 계속 잘못된 수를 두었다고 한다. 튀르크인은 처음에는 잘못 놓인 말을 원래대로 되돌려 놓았고, 다음에는 체스판 밖으로 빼버렸으며, 그러고도 황제가 자신을 계속 도발하자 팔을 휘둘러 체스말을 전부 쓸어버렸다. 이 불경한 돌발 사태에 나폴레옹은 껄껄 웃고서 다음 대국을 청했고, 이번에는 규칙을 지켜가며 두어서 패배했다고 전해진다.

나폴레옹과의 시합 이후 튀르크인은 잠시 멜첼의 손을 떠난다. 나폴레옹의 의붓아들이자 장군인 외젠 드 보아르네Eugène de Beauharnais에게 3만 프랑이라는 거금을 받고 팔아넘겼기 때문이었다. 튀르크인이 외젠의 수집품 신세로 시간을 보내는 동안 멜첼은 본업인 음악에 집중하며 다시 여러 성과물을 세상에 내놓았다. 1812년 위대한 작곡가 루트비히 판 베토벤과 친분을 맺은[68] 그는 베토벤에게 나팔형 보청기를 만들어 주는가 하면,[69] 판하르모니콘을 위한 교향곡을 의뢰하기도 했다. 제1대 웰링턴 공작 아서 웰즐리Arthur Wellesley가 나폴레옹의 군대를 꺾은 것을 기념하는 곡인 〈웰링턴의 승전Wellingtons Sieg〉이었다.[70] 하지만 멜첼이 음악계에 남긴 가장 큰 유산은 뭐니 뭐니 해도 메트로놈일 것이다. 1815년에 멜첼이 발명한 피라미드 모양 메트로놈은 베토벤을 비롯한 음악가들에게 신속히 받아들여져, 이내 악곡의 박자를 가늠하는 표준으로 자리 잡았다. 오늘날까지도 악보의 박자 표기에서 종종 찾아볼 수 있는 'MM'은 '멜첼의 메트로놈Mälzel's Metronome'을 뜻한다.

이처럼 많은 업적을 남기면서도 자신이 팔아버린 놀라운 자동인형에 대한 미련을 떨치지 못한 멜첼은, 결국 외젠에게 튀르크인을 돌려받기로 결심한다. 물론 공짜로 받을 수는 없었다. 튀르크인을 통해 벌어들인 수익으로 원래 가격인 3만 프랑을 갚아야 한다는 조건이 붙었고, 해외로 가지고 나가서도 안된다는 조항도 따라왔다. 그렇다면 남은 방도는 하나뿐이었다. 멜첼은 튀르크인의 제2차 유럽 순회공연을 기획했다. '오케스트리온Orchestrion'이라고 새로이 명명한 판하르모니콘과 트럼펫 부는 오토마톤, 그리고 나폴레옹이 일으킨 전쟁의 비극을 묘사한 기계식 디오라마 〈모스크바의 참화Conflagration of Moscow〉까지 함께하는 화려한 공연이었다.

첫 번째 순회공연에서처럼 튀르크인은 먼저 파리를, 다음에는 런던을 방문했다. 새 주인 아래서도 튀르크인의 시합은 여전히 큰 화젯거리였다. 멜첼이 튀르크인의 기능과 작동 방식을 개량한 덕택도 컸다. 사실 멜첼은 타인의 성과를 살짝 손봐서 자기 것으로 삼는 데에 이골이 난 사람이었다. 멜첼의 메트로놈은 디트리히 빙켈Dietrich Winkel이 만든 디자인을 피라미드 형태로 바꾼 것뿐이었고, 〈웰링턴의 승전〉의 소유권이 자신에게 있다고 주장하며 독자적으로 연주회를 열었다가 베토벤에게 소송을 당한 적도 있었다.[71] 판하르모니콘마저 요제프 그루크Joseph Gurk가 멜첼보다 뒤늦게 만든 연주 기계의 이름을 가져온 것이라는 추측이 있다.[72] 튀르크인 역시 자신의 발명품이라고 주장한 바 있는 멜첼이 켐펠렌의 원래 설계를 충실히 재현하는 데에 만족하지 않은 건 당연한 일이었다.

이전부터 자동인형 공연을 해온 만큼 그는 관객의 눈길을 끌 방법을 켐펠렌보다 훨씬 잘 알았다. 켐펠렌이 튀르크인 옆의 테이블에 놓아두던 수수께끼의 상자를 없애버린 대신 멜첼은 인형이 "체크Check"를 외치는 기능을 더했고, 파리로 돌아갔을 때는 발성을 프랑스어 "에세크échec"로 바꿨다. 폰 하나가 부족한 채로 시작해 첫수까지 양보하는 페널티 체스도 둘 수 있게끔 했다. 이러한 페널티에도 불구하고 1819년부터 1820년까지 한 해 동안 영국에서 튀르크인은 50전 45승 2무 3패라는 놀라운 전적을 거두었다. 멜첼은 이들 시합의 기보가 실린 책자까지 팔아가며 추가 수익과 흥행을 노렸다.

성공 가도를 달리던 튀르크인의 진짜 적수는 따로 있었다. 바로 새 주인의 업보였다. 과거 베토벤에게 고소당한 일은 시작에 지나지 않았다는 듯 멜첼은 잇달아 분쟁에 휘말렸다. 네덜란드에서 빙켈은 멜첼의 메트로놈이 자신의 발명을 도용한 것이라는 판결을 받아냈고,[73] 프랑스에서는 외젠이 빚을 독촉하며 일을 법정까지 끌고 갔다. 전자의 판결은 네덜란드 국내에서만 효력이 있었기에 별다른 문제가 아니었지만 문제는 후자였다. 낭비벽이 심해 튀르크인이 벌어온 돈을 물 쓰듯 썼던 멜첼은 외젠에게 약속한 돈을 갚을 수가 없었다. 다시 한번 튀르크인을 팔려던 시도까지 실패한 그에게는 상황을 반전시킬 묘수가 절실했다. 그리하여 1825년 12월, 멜첼과 튀르크인은 다른 여러 자동인형과 함께 미국 땅으로 향하는 배에 올랐다. 튀르크인 일대기의 최종 국면, 체스 용어로 말하자면 '엔드게임'이 벌어질 땅이었다.

‡

유럽에서와 마찬가지로 미국에서도 튀르크인은 여전히 놀라운 구경거리였다. 비록 뉴욕에서 열린 첫 공연의 규모는 기대 이하였지만, 그리고 튀르크인은 어째서인지 시합 전체가 아닌 엔드게임밖에 진행하지 못하는 상태였지만 입소문이 퍼지기에는 부족함이 없었다. 1824년에 사망한 외젠의 유가족들이 빚을 독촉하러 뉴욕까지 손을 뻗쳤을 때 멜첼이 제대로 돈을 지불한 것으로 보아 수익도 나쁘지 않았으리라고 짐작할 수 있다.

이국 땅에서 잠시 겪었던 실력 문제는 금방 해결되었다. 파리에서 멜첼과 알고 지냈던 뛰어난 체스 선수 윌리엄 슐룸베르거William Schlumberger가 보스턴에서 일행에 합류해, 튀르크인이 다시 제대로 체스를 두도록 도운 덕택이었다. 제 솜씨를 되찾은 튀르크인의 대국 상대 중에는 미국 독립선언서에 서명한 56인 중 가장 마지막까지 생존했던 찰스 캐럴Charles Carroll도 있었다. 캐럴과 시합을 치른 해인 1827년에는 튀르크인을 모방한 인형도 등장했으나 실력으로도 인기로도 원본을 능가하지는 못했다. 멜첼과 슐룸베르거는 이후로도 10년 동안 튀르크인을 데리고 미국 전역을 돌며 순조로이 공연을 이어갔다.

하지만 멜첼은 욕심이 많은 사람이었다. 1837년 뉴올리언스 전시를 마치고서 필라델피아로 향하던 길에 그는 쿠바의 수도 아바나에서도 짧지만 성공적인 공연을 진행했다. 진기한 구경거리에 열광하는 아바나 시민들의 모습은 멜첼에게 큰돈을 벌 기회를 약속하는 것처럼 보였다. 이미 팔아버린 〈모스크바의 참화〉를 더 멋지게 다시 만들어서 가져오겠다는 약속까지 한 멜첼은 친구인 존 올John Ohl에게 돈을 빌려가며 새 디오라마를 완성했고, 그해 11월에 올의 배를 타고서 다시 쿠바에 발을 디뎠다.

처음에는 멜첼의 안목이 적중한 듯했다. 비록 튀르크인이 쿠바까지 동행했는지는 확실치 않으나 공연 자체는 틀림없이 흥행 가도를 달렸다. 그러나 재난은 전혀 예기치 못한 형태로 찾아왔다. 슐룸베르거가 그만 황열병으로 사망한 것이다. 낯선 땅에서 일을 크게 벌이던 와중에 핵심 인재를 허망하게 잃어버린 것은 회복 불가능한 치명타였다. 실의에 빠진 멜첼은 이듬해 7월 필라델피아로 돌아오는 올의 배에 올라탔지만, 다시 땅을 밟지는 못했다. 선실에 틀어박혀 과음으로 날을 보내다가 끝내 숨을 거두었기 때문이었다. 멜첼의 시신은 전통에 따라 바다에 수장되었다.

천부적인 흥행사 주인을 잃은 튀르크인에게도 이내 최후가 다가왔다. 멜첼에게 빌려준 돈 대신 유품을 양도받은 올은 공개 경매를 열어 튀르크인을 400달러에 직접 구매했다. 더 비싸게 팔아 차익을 남길 속셈이었지만 일은 뜻대로 되지 않아, 그는 의사 존 커즐리 미첼John Kearsley Mitchell에게 400달러라는 가격 그대로 판매하는 데에 만족해야 했다. 한동안 미첼은 튀르크인을 복원해 자신의 사무실에 전시하며 잠시 공연을 벌이는가 하면, 돈을 받고 그 비밀을 알려주기도 했다. 하지만 튀르크인을 보려는 사람들로 본업이 힘들어지자 그는 이내 찰스 윌슨 필Charles Willson Peale과 네이선 던Nathan Dunn의 중국박물관Chinese Museum에[74] 인형을 양도해 버렸다. 그곳에서 점점 줄어드는 방문객들을 상대하던 튀르크인은 언젠가부터 살아 움직이지도, 체스를 두지도 않는 단순한 전시품이 되어 묵묵히 박물관 한구석을 지킬 뿐이었다.

체스에서 킹이 목숨을 위협받는 '체크' 상태가 되면 모든 말은 킹을 구하기 위해 움직여야 하고, 어떠한 방법으로도 킹을 구할 수 없음이 확실해지면 '체크메이트'가 선언되어 즉시 시합이 끝난다. 운명의 1854년 7월 5일, 인접한 극장에서 시작된 화재가 중국박물관을 덮치자 미첼의 아들 사일러스Silas는 귀중한 자동인형을 구해내려 박물관에 돌입했다. 하지만 이미 화마는 한때의 체스 대가를 지척에서 위협하고 있었다. 사일러스의 회고에 따르면 바로 그 찰나 화염을 뚫고 어떤 소리가 울려 퍼졌다고 한다. 나무가 쪼개지는 소리였는지 유리창이 깨지는 소리였는지, 그 소리는 기이하게도 프랑스어로 '체크'를 뜻하는 "에세크! 에세크!"를 외치는 듯했다. 허나 체크를 당한 킹을 구할 방도는 어디에도 없었다. 완벽한 체크메이트였다. 그토록 무수한 승리를 거두어 온 튀르크인의 마지막 패배였다.

†

쇤브룬궁전에 처음 모습을 드러낸 1770년부터 한 줌의 재로 사라진 1854년까지 80년이 넘는 세월 동안, 사람처럼 체스를 두는 자동인형 튀르크인의 행보에는 충격과 경탄만큼이나 숱한 의심 또한 따라다녔다. 첫 시합 전부터 캐비닛 문을 열어젖히고 망토를 들춰 보이며 어떠한 속임수도 없음을 강조한 켐펠렌의 노력에도 불구하고, 튀르크인이 진짜로 살아 움직이는 기계가 아니라 단지 교묘한 속임수의 산물이리라는 추측이 잦아든 적은 없었다. 하지만 이러한 추측 대다수는 기계가 살아 움직일 수 있다는 발상만큼이나 무리한 가정의 산물이었다.

예컨대 튀르크인의 첫 유럽 순회공연이 한창이던 시기 프랑스인 마술사 앙리 드크레 Henri Decremps는 각종 마술의 트릭을 밝힌 책 『백마법 드러나다 La Magie Blanche Dévoilée』를 출간했는데, 여기에는 "난쟁이"가 인형의 옷 속에 숨어 있다가 캐비닛에 기어들어 가 기계를 조종하는 것이 튀르크인의 비밀이라는 주장이 실려 있었다.[75] 같은 시기에 영국의 작가 필립 시크니스Philip Thicknesse는 『말하는 인형과 자동인형 체스 선수: 폭로되고 간파되다The Speaking Figure and the Automaton Chess-player: Exposed and Detected』에서 튀르크인의 캐비닛이 열 살에서 열네 살 사이의 어린아이 정도라면 충분히 숨길 수 있는 크기라고 썼다.[76]

비범한 난쟁이나 체스 신동보다도 더욱 황당한 주장도 있었다. 근대 마술의 아버지로 알려진 장외젠 로베르우댕Jean-Eugène Robert-Houdin이 1858년에 펴낸 회고록에 따르면, 튀르크인은 사실 반란을 일으켰다가 포탄에 맞아 다리를 절단해야 했던 한 러시아 군인을 구하고 싶었던 켐펠렌의 기발한 책략이었다. 체스 실력이 특출했던 군인을 러시아 밖으로 도망치게 해주고자 체스를 두는 자동인형 속에 숨겼다는 이 극적인 이야기에는 물론 어떠한 근거도 없었다.[77]

더욱 논리적인 방법으로 튀르크인의 신비를 벗겨내려 나선 지식인도 물론 많았다. 그중 가장 영향력이 컸던 인물을 꼽자면 단연 미국의 작가 에드거 앨런 포일 것이다. 훗날 「모르그가의 살인사건The Murders in the Rue Morgue」으로 근대 추리소설의 문을 열어젖힐 작가답게, 1835년 튀르크인의 시합을 직접 본 포는 곧 주특기인 논리적 추측을 동원해 수수께끼 풀이에 나섰다. 이듬해 4월 잡지 《서던 리터러리 메신저Southern Literary Messenger》에 실린 「멜첼의 체스 선수Maelzel's Chess-Player」가 바로 그 결과물이었다.

이 글에서 포는 먼저 난쟁이나 어린아이 가설을 포함한 이전 저자들의 황당한 추측을 반박한 다음, 그럼에도 튀르크인이 순수한 자동인형이 아니라 인간이 조종하는 장치일 수밖에 없는 이유 17가지를 조목조목 열거해 나갔다.[78] 비록 이러한 분석이 당대와 후대에 걸쳐 여러 찬사를 받기는 했으나, 사실「멜첼의 체스 선수」는 1832년에 데이비드 브루스터 David Brewster가 펴낸 주장을 그대로 가져왔을 뿐[79] 대단히 독창적이거나 논리적으로 정확한 글은 아니었다. 컴퓨터에 익숙한 현대인이라면 포가 열거한 이유 중 첫 번째인 '기계라면 상대가 어떻게 행동하든 언제나 일정한 시간 간격으로 수를 두었을 것'이라는 주장[80]에서부터 이미 고개를 갸웃할 것이다. 그럼에도 저자의 명성 덕택에「멜첼의 체스 선수」는 오래도록 튀르크인의 작동 방식을 가장 합리적으로 해명한 글 중 하나로 받아들여졌다.

자동인형 체스 선수가 품은 비밀을 진정으로 밝힌 사람은 따로 있었다. 바로 튀르크인을 마지막으로 구입했던 존 미첼의 아들인 사일러스였다. 아버지가 튀르크인을 직접 조립하고 사무실에서 공연까지 벌였던 만큼 사일러스는 그 구조와 작동 방식을 누구보다 잘 알았다. 그가 1857년《체스 먼슬리 The Chess Monthly》에 기고한「베테랑 체스 선수의 최후 The Last of a Veteran Chess Player」는 튀르크인의 일대기를 아주 정확히 소개한 글은 분명 아니었다. 하지만 한낱 기계에 불과한 튀르크인이 체스를 둘 수 있었던 비법을 가장 정확히 설명한 글인 것만은 틀림없었.

오랜 의심은 옳았다. 튀르크인은 진짜 자동인형이 아니라 사람이 들어가 움직이는 꼭두각시에 지나지 않았다. 이처럼 시시한 진실로 관객들을 속이는 데에는 심지어 난쟁이나 체스 신동조차 불필요했다. 필요한 것은 기계로 가득 찬 듯 보이지만 실제로는 공간이 충분한 캐비닛, 미끄러지듯 움직이는 의자, 그리고 일부러 문을 열어 보여서 의심을 불식시키는 고전적인 마술 트릭뿐이었다. 캐비닛 안의 조종자는 자석과 스프링이 장치된 체스판과 촛불 조명에 힘입어 말의 움직임을 확인한 뒤 정교한 기계 팔을 움직여 묵묵히 수를 두었다. 튀르크인의 실력이 들쭉날쭉했던 것은 조종자가 종종 바뀌었기 때문이었고, 슐룸베르거가 멜첼에게 그토록 중요한 동료였던 것은 그가 튀르크인의 마지막 조종자였기 때문이었다. 높은 공학적 이상을 품었던 켐펠렌이 튀르크인을 한낱 여흥거리 취급한 것도 당연했다. 비록 정교한 자동인형 제작 기술이 없었다면 불가능했을 걸작임은 분명하나, 인간처럼 움직이고 생각하며 체스를 두어 세상을 뒤흔들었던 자동인형은 결국 얄팍하기 그지없는 속임수에 불과했으니까.

‡

하지만 그처럼 얄팍한 속임수였던 만큼, 튀르크인에는 18~19세기 서구 사회가 과학기술에 품었던 기대가 가장 솔직히 반영되어 있기도 했다. 이러한 기대는 단순히 우스운 사기극에서 그치지 않았다. 튀르크인의 일대기가 장장 85년에 걸쳐 이어지는 동안 살아 움직이는 기계, 말하는 기계, 악기를 연주하는 기계, 생각하는 기계에 대한 인류의 상상 또한 함께 이어지며 발전해 나갔다.

멜첼이 미국을 돌며 공연을 벌이던 것과 같은 시기에, 영국에서는 찰스 배비지Charles Babbage가 차분기관과 해석기관을 고안하며[81] 현대의 컴퓨터로 이어질 기나긴 길의 기틀을 닦았다. 포는 정해진 계산의 답을 내놓기만 하면 되는 배비지의 기계와 매번 무수히 많은 선택지를 직면하는 튀르크인 사이에 비교 불가능한 차이가 있다고[82] 분석했지만 과학자와 공학자 들의 생각은 달랐다. 체스로 인간을 꺾는 기계를 만드는 일은 언젠가부터 과학기술이 이루어야 할 지상 목표 중 하나가 되어 있었다. 그것은 틀림없이 켐펠렌의 사기극이 정한 목표였다. 단지 황후에게 여흥을 제공할 작정으로 체스를 두는 자동인형이라는 장난 같은 발상을 떠올린 순간, 켐펠렌은 자기도 모르는 사이 미래를 향한 일종의 청사진을 인류에게 제시한 셈이다.

사람의 조종 없이 스스로 체스를 두는 기계를 발명한 최초의 인물은 스페인의 발명가이자 무선조종 기술의 개척자 레오나르도 토레스 케베도 Leonardo Torres Quevedo로 알려져 있다. 케베도가 1912년에 만든 기계는 한때 튀르크인이 그러했듯이 엔드게임, 그중에서도 킹과 룩만으로 두는 제한된 형태의 엔드게임밖에 두지 못했다.[83] 하지만 수십 년 뒤인 1957년 알렉스 번스타인 Alex Bernstein이 개발한 프로그램은 아주 초보적인 수준으로나마 시합 전체를 진행할 수 있었고,[84] 1960년대에는 드디어 체스 프로그램이 토너먼트에서 인간과 대결을 펼치기에 이르렀다.[85] 약속된 미래는 시시각각 다가오고 있었다.

그리고 1996년 2월, 과거 튀르크인이 불길 속에서 최후를 맞이했던 필라델피아 땅에서 또 하나의 역사적인 체스 시합이 그 막을 올렸다. 이날 인류를 대표하여 당당히 흑을 잡은 사람은 세계 챔피언으로 군림하던 체스 천재 가리 카스파로프Garry Kasparov였고, 백을 잡은 선수는 IBM이 개발한 체스 컴퓨터 '딥 블루Deep Blue'였다. 당대 최강의 체스 선수와 37수 동안 공방을 주고받은 끝에,[86] 튀르크인만큼이나 무뚝뚝했던 이 기계는 마침내 226년 전 그려졌던 청사진을 현실로 만드는 데에 성공했다. 카스파로프의 기권패, 그리고 공식 경기와 동일한 조건에서 컴퓨터가 세계 챔피언을 상대로 거둔 첫 승리였다. 동시에 과거 튀르크인에 속아 넘어간 사람들이 결국 어느 정도는 옳았음이 입증된 순간이기도 했다. 아주 정교하게 만들어진 기계는 정말로 체스판 위에서 인간을 이길 수 있었다. 그런 일이 정말로 일어나려면 단지 시간이 조금 더 필요했을 뿐이었다.

1784

†

괴물의 얼굴에 비치는 것은

파과 호수의 괴물

Monster of Lake Fagua

1784년 10월 중순의 프랑스 파리는 새로운 화젯거리로 한창 떠들썩했다. 카페며 살롱에 삼삼오오 모인 사람들은 누가 먼저라 할 것도 없이 똑같은 소식을 입에 올렸고, 집에 돌아가서는 일기장을 펼쳐 저마다의 추측과 논평을 또박또박 적어내렸다. 화제의 주인공은 즉위한 지 10년이 막 넘은 국왕 루이 16세도, 오스트리아에서 온 왕비 마리 앙투아네트도 아니었다. 1리브르 4수[†]란 가격표를 달고 팔려나가던 판화 속의 낯선 괴물이었다. 판화 아래에 적힌 설명을 통해, 혹은 판화를 광고하는 일간지 기사를 통해 파리 시민들에게 전해진 이야기는 조금씩 차이는 있었을지언정 대체로는 이러한 내용이었다.

"이 괴물은 페루의 칠레주州 산타페왕국, 프로스페르 보스톤Prosper Voston의 소유지인 파과 호수에서 발견되었다. 녀석은 밤에 돼지와 소를 포식하고자 나타났다. 그 몸길이는 약 3.4미터였으며, 얼굴은 사람과 흡사했고, 얼굴 끝에서 끝까지 벌어진 입에는 5센티미터 길이의 이빨이 돋아나 있었다. 60센티미터 길이의 두 뿔은 황소와 닮았고, 머리카락은 지면까지 늘어졌으며, 10센티미터 길이의 귀는 당나귀와 닮았다. 박쥐 같은 날개 한 쌍이 달렸고, 허벅지와 다리 길이는 64센티미터였다. 꼬리는 두 개인데, 하나는 매우 유연하여 사냥감을 붙잡는 데에 쓰였고, 다른 하나는 끄트머리가 화살처럼 되어 있어 숨통

[†] 당시 프랑스의 화폐 단위. 정확한 가치는 시기에 따라 다르지만 일반적으로 1리브르Livre는 은화, 1수Sou는 동화 한 닢에 각각 해당한다.

을 끊는 용도였다. 온몸은 비늘로 덮여 있었다.

이 괴물은 여러 사람이 함께 판 함정에 빠져 붙잡혔고, 그물에 묶여 산 채로 총독에게 보내졌다. 총독은 괴물에게 매일 소 한 마리와 돼지 서너 마리를 먹이로 주었는데 괴물은 아주 잘 먹었다. 총독은 이 진귀한 괴물을 온두라스만까지 차근차근 행진시키는 동안 필요한 것을 제공하도록 이미 육로 전체에 명령을 내려두었다. 그곳까지 가서 괴물은 아바나로, 다시 버뮤다†로, 다시 아소르스‡로 향해 3주 내에 카디스†‡로 떠난 뒤 그곳으로부터 왕실을 향해 조금씩 이송될 것이다. 유럽에서 이 종족의 명맥이 이어질 수 있도록 암컷을 붙잡으려는 계획도 있다. 이 괴물은 지금까지 허구의 짐승이라 여겨졌던 하피의 일종으로 보인다."[87]

여러 동물을 마구잡이로 섞어놓은 겉모습, 무시무시한 사냥 수법, 게다가 끝을 모르는 식성까지. 근현대에 모습을 드러낸 괴물을 통틀어서도 이 '파과 호수의 괴물'처럼 이상하고도 드라마틱한 사례는 찾기 힘들다. 괴물이 그리스신화 속 반인반조 '하피'에 비견된 것도 무리는 아니었다. 신화와 전설 속에나 간신히 존재할 법한 동물이 현실에 갑자기 튀어나온 셈이었으니까. 물론 그런 동물의 존재를 단호히 거부하는 목소리도 있었다. 예를 들어 10월 23일 자 《메르퀴르 드 프

---

† 북대서양의 영국령 제도이다.
‡ 북대서양의 포르투갈령 제도이다.
†‡ 스페인 남서부의 항구도시이다.

랑스》에는 괴물 이야기의 허점과 모순을 조목조목 짚는 논평이 실렸다. 스페인 신문에는 괴물 소식이 보도되지 않았고, 칠레는 페루에 속한 지역이 아니고, 산타페는 왕국이 아니라 도시이며, 괴물의 이송 경로도 말이 되지 않으니 무작정 믿기보다는 일단 기다려 보자는 것이 논평의 요점이었다.[88]

하지만 그림 속 괴물이 곧 유럽에 도착할지도 모른다는 흥미진진한 소식 앞에서, 그 정체가 단지 아메리카 대륙의 습지에서 흔히 발견되는 거대한 뱀일지도 모른다는 《메르퀴르 드 프랑스》의 조심스러운 추측이 힘을 얻기는 쉽지 않았다. 판화는 불티나게 팔려나갔고 괴물의 인기는 식을 줄 몰랐다. 그리고 유행의 도시 파리에서 대중의 인기를 이만큼 끌어모았다면 다음으로 향할 곳은 정해져 있었다. 바로 패션계였다.

✢

파과 호수의 괴물이 상륙한 18세기 후반의 프랑스 파리는 마침 당대 유럽 패션의 중심지이기도 했다. 새로운 복식과 스타일에 대한 욕망이 얼마나 뜨거웠는지 1770년대에는 패션잡지가 열흘마다 발간되기에 이르렀고,[89] 파리의 여성들은 패션 리더인 마리 앙투아네트 여왕의 사소한 변덕조차 그대로 뒤따르며[90] 급변하는 유행의 파도에 거리낌 없이 올라탔다. 이를 단지 더 예쁜 드레스를 걸치려는 사치스러운 풍조의 결과라고 폄하하기는 섣부르다. 당시에 패션은 사회 이슈와 정치 현안에 대한 의견을 표명하는 수단이기도 했으니까. 최신 유행이 열흘마다 갈아 치워지는 세상에서 디자이너들은 종종 세간의 가장 뜨거운 화제로부터 영감을 얻어 패션을 만들어 냈고, 이를 몸에 두름으로써 파리 시민들은 자신의 관심사를 만천하에 확연히 드러내 보일 수 있었다.

예를 들어 말버러 스타일à la Marlborough은 영국의 군인인 제1대 말버러 공작 존 처칠John Churchill에 대한 노래 〈말버러는 전장으로 떠났네Marlborough s'en va-t-en guerre〉가 프랑스에서 갑자기 선풍적인 인기를 얻은 일로부터 탄생했고,[91] 피가로 스타일à la Figaro은 피에르 보마르셰Pierre Beaumarchais의 희곡 「피가로의 결혼Le Mariage de Figaro」이 흥행하자 만들어졌다.[92] 미국의 독립이나 루이 16세의 성공적인 천연두 백신 접종을 기념하는 패션도 등장했다.[93]

그러니 장안의 화제였던 파과 호수의 괴물을 본뜬 패션, 이른바 '하피 스타일à la Harpie'이 나온 것은 당연한 수순이었다. 괴물의 날카로운 이빨과 발톱, 뿔과 날개를 연상시키는 삼각형 무늬가 특징인[94] 하피 스타일은 여성들 사이에서 금방 선풍적인 인기를 끌었는데, 이를 탐탁지 않게 여긴 극작가 프랑수아베르누이 호프만François-Benoît Hoffman은 1784년 12월 〈패션Les Modes〉이라는 시를 발표하여 당시의 세태를 아래와 같이 비꼬려 들기도 했다.

말버러는 자리를 물려줬네	A Malborough on vit succéder
경애하는 우리의 피가로에게	Ce Figaro que l'on admire;
피가로도 대장 노릇 하기에	Figaro, las de commander,
지쳐서 제국을 떠나간다네	A son tour va quitter l'empire,
하피에게 다 넘겨준다네	Qu'à la Harpie il va céder.

프랑스혁명 직전의 파리를 강타한 소문의 주인공인 파과 호수의 괴물.
황소의 뿔과 박쥐의 날개, 두 종류의 꼬리와 무시무시한 이빨이 돋보인다.

모조리 하피 스타일 되겠네	A la Harpie tout va se faire.
리본에 드레스에 보닛에	Rubans, lévites & bonnets;
숙녀분들 취향 찬란도 하네	Mesdames votre goût s'éclaire,
개성 강한 옷 하나 때문에	Vous abandonnez vos colifichets
장신구를 포기할 정도일세	Pour les habits de caractère.[95]

‡

하지만 과연 이 모든 인기 뒤에, 화려한 드레스와 모자 뒤에 감춰져 있던 괴물의 진짜 얼굴은 무엇이었을까? 보고타의 콜롬비아 국립문서보관소와 마드리드의 스페인 국립도서관에 각각 소장된 괴물 그림 및 그 아래 적힌 설명이 파리에서 팔린 판화의 내용과 꼭 닮은 것으로 보아, 적어도 '파과 호수의 괴물' 이야기가 프랑스인들의 창작물이 아니란 것만큼은 확실하다.[96] 그런데 이 그림들에 따르면 1784년 초에 괴물이 나타났다고 알려진 땅은 '프로스페로 보스톤'이 아닌 돈 프로스페로 엘소Don Prospero Elso의 소유였으며, 호수의 이름 역시 '파과'가 아니라 타과Tagua였다. 그리고 프랑스에 잘못 전해진 이 호수 이름이야말로 실은 괴물의 정체를 밝힐 결정적인 단서라 할 수 있다.

괴물 소동으로부터 수십 년이 흘러 1830년대가 되면 "타과 호수", 즉 칠레의 타과타과Tagua Tagua 호수는 괴물이 아닌 '떠다니는 섬'이 있는 곳으로 유명해진다. 식물학자 클로드 게이Claude Gay가 기록하고 찰스 다윈이 유명한 '비글호 항해' 도중 목격한 이 신비로운 지형은 사실 식물의 잔해가 수면에서 서로 얽히고 그 위에 새로운 식물이 뿌리를 내려 만들어진 것이었는데, 이러한 "섬"은 바람이 불면 호수를 가로질러 움직이면서 위에 잘못 올라탄 소나 말까지 실어가 버리기도 했다.[97] 아마 1784년 초에 타과타과 호수에서 나타나 가축을 마구 잡아먹었다는 괴물은, 단지 머나먼 신대륙의 식민지 땅에서 이처럼 낯선 현상을 맞닥뜨린 스페인 정착민들의 미지에 대한 공포로부터 빚어진 허깨비에 불과했으리라.

한편 이렇게 태어난 '타과타과 호수의 괴물'이 프랑스에서 '파과 호수의 괴물'로 탈바꿈해 유행한 데에는 또 다른 사정이 있었다. 파리에 퍼진 괴물 이야기의 출처는 〈바르셀로나 백작이자 뉴멕시코 총독인 프란치스코 하비에로 데 뮨리오스에 의해 산타페 근방 파과 호숫가에서 생포된 상징적인 괴물에 대한 역사적 설명 Description Historique D'Un Monstre Symbolique, Pris vivant sur les bords du Lac Fagua, près Santa-Fé, par les soins de Francisco Xaviero de Meunrios, Comte de Barcelonne & Vice-Roi du Nouveau Mexique〉이라는 제목을 단 팸플릿이었는데, 남아메리카에서 일하는 상인이 파리의 친구에게 보낸 편지 형태를 취한 이 팸플릿은 타과타과 호수의 괴물에 대한 원래의 소문에 살을 잔뜩 붙이고 없던 이야기를 집어넣어 30여 장 분량으로 부풀린 물건이었다. 그리고 이 팸플릿의 인쇄에 관여했다고 추측되는 사람이 바로 당시 프로방스 백작이자 국왕 루이 16세의 남동생, 즉 훗날의 루이 18세인 루이 스타니슬라스 그자비에 Louis Stanislas Xavier였다.

이는 팸플릿에 등장한 총독의 이름만 봐도 명백했다. "하비에로"는 "그자비에"를 스페인풍으로 바꿔놓은 것뿐이고, "뮤리오스Meunrios"는 왕의 가장 나이 많은 형제에게 주어지는 호칭인 무슈Monsieur의 애너그램Anagram†에 지나지 않으니까.[98] 칠레에서 스페인으로 전해진 괴물 이야기에다가 상상력을 한껏 더해 고국에 소개하면서, 그자비에는 자기 자신을 괴물 생포에 혁혁한 공을 세운 총독으로서 슬쩍 소문에 등장시킨 셈이다.

교묘하다고는 빈말로도 평하기 힘든 수작이었다. 그자비에의 손길이 닿은 팸플릿의 문체는 딱딱하고 어색했으며, 후대의 작가인 오스카 드 폴리Oscar de Poli의 표현을 빌리자면 "애너그램은 바보와 속아 넘어가길 원한 사람밖에 속이지 못했다".[99] 하지만 파리에 가장 널리 퍼진 버전의 이야기는 팸플릿 내용이 아니라 도판 아래의 짤막한 설명이었고, 여기에는 그자비에가 부풀린 장황한 거짓말 대부분은 물론 총독의 이름조차 완전히 생략되어 있었다. 빤히 보이는 말장난에도 불과하고 파과 호수의 괴물 이야기가 대중에게 의심 없이 받아들여진 것은 이 덕분이었다.

그러므로 1784년 프랑스에 나타난 '하피'는 참으로 근본 없는 존재였던 셈이다. 존재하지 않는 나라의 존재하지 않는 호수에서 이름 없는 총독에게 사로잡힌 이 모호한 짐승에게는 스페인 정착민들이 맞닥뜨린 신비로운 호수의 공포도, 괴물에게 새 생명을 불어넣은 높으신 분의 야심도 제대로 반영되어 있지 않았다. 하지만 바로 그랬기에 녀석은 파리 시민들을 그토록 열광시킬 수 있었는지도 모른다. 창조자들의 온갖

† 단어나 문장을 구성하는 글자의 순서를 재배열하여 다른 단어나 문장으로 바꾸는 일을 말한다. 어구전철語句轉綴이라고도 한다.

의도로부터 해방된 채 파리라는 대도시에 당당히 입성한 파과 호수의 괴물에게는, 이제 자신을 둘러싼 대중의 흥미와 욕망만이 고스란히 비치고 있었을 테니까.

☦

이처럼 파과 호수의 괴물이 공포의 대상 대신 순수한 인기 상품으로서 세간에 받아들여지자, 그 겉모습에도 금방 뚜렷한 변화가 나타났다. '하피'를 하나 더 붙잡아 유럽에서 번식시킬 계획이라는 소문에 호기심이 동한 프랑스인들은, 아직 붙잡히지도 않은 암컷 괴물을 상상해 그리는 데에 적잖은 힘을 쏟았다. 여기에는 그리스신화의 '하피'가 원래 여성 괴물이라는 사실도 물론 영향을 끼쳤을 터이다. 결과적으로 갑옷처럼 빽빽한 비늘과 날카로운 이빨을 자랑하던 원본 '타과타 호수의 괴물'과는 달리, 프랑스에서 '하피'는 종종 여성의 얼굴을 하고 가슴을 훤히 드러낸 모습으로 그려졌다.[100] 당대에 부도덕한 여성의 상징으로 여겨졌던 길게 늘어뜨린 머리카락[101]도 빠지지 않았다. 자극적이고 선정적인 구경거리에 걸맞은 변화였다. 그리고 이렇게 여성의 모습으로 바뀐 괴물에게, 18세기 말의 프랑스 사회는 곧 더욱 무거운 역할도 요구하기 시작했다.

팸플릿 인쇄에 다른 사람도 아닌 그자비에가 관여했다는 사실이 드러나자, 사람들은 인기 있는 괴물 이야기가 실은 정치적 목적을 띤 우화였을지도 모른다고 의심했다. 한때 국왕 루이 16세의 남동생으로서 왕위 계승 예정자였다가 왕비 마리 앙투아네트가 아들을 낳는 바람에 순위에서 밀려난[102] 그자비에에게는 정치적 라이벌이 얼마든지 있었으니까. 실제로 그는 《가제트 드 프랑스Gazette de France》나 《저널 드 파리Journal de Paris》 등의 지면에 익명으로 기사를 실어 정적들을 헐뜯기도 했다.[103] 파과 호수의 괴물이 남아메리카에 정착하기 전 프랑스의 로렌, 릴, 플랑드르 지방에서 먼저 차례로 소동을 일으킨 토종 짐승이라는 팸플릿의 장황한 주장[104]도 눈여겨볼 만하다. 어쩌면 그자비에는 칠레에서 시작된 괴물 소문을 빌려와 동시대 프랑스 사회의 다른 '괴물'들을 풍자하고 싶었을지도 모른다.

그자비에가 풍자한 '괴물'의 정체로 가장 많이 지목된 사람은 당시 재무총감 샤를 알렉상드르 드 칼론Charles Alexandre de Calonne, 그리고 마리 앙투아네트 왕비였다.[105] 여성의 얼굴을 한 '하피'는 그중에서도 특히 후자를 풍자하기에 적절한 소재였다. 팸플릿에 담긴 실제 의도야 어쨌든 마침 왕정에 대한 불만을 차곡차곡 쌓아가던 시민들은 이를 놓치지 않았다. 가축을 하루에도 몇 마리씩 집어삼키는 괴물의 식욕은 민중을 수탈해 호사스럽게 살아가는 특권층의 행태를 연상시켰고, 여성의 부도덕을 암시하는 듯한 괴물의 외관은 외국 출신 왕비의 온갖 문란한 사생활을 꾸며내 묘사하던 당대의 유언비어[106]와 잘 맞아떨어졌다.

쌓이고 쌓인 불만이 마침내 혁명이라는 형태로 터져 나온 1789년의 판화 속에서, 파과 호수의 괴물은 어느새 뭇 여성이 아닌 마리 앙투아네트의 얼굴을 한 채였다. 날카로운 발톱은 이제 가축 대신 〈인간과 시민의 권리 선언Déclaration des droits de l'homme et du citoyen〉을 무자비하게 짓밟는 중이었고, 배경에는 남아메리카의 호수가 아니라 국왕 가족이 유폐되었던 튀일리궁전이 그려져 있었다.[107] 괴물을 파리에 불러들인 장본인 그자비에가 진작 국외로 망명한 것과는 달리[108] 괴물이 되어버린 왕비는 혁명의 불길로부터 도망치지 못했다. 파과 호수의 괴물이 태어난 지 10년도 지나지 않은 1793년 10월 16일, 마리 앙투아네트는 결국 단두대 위에서 생을 마감한다.[109]

‡

한편 이 장대한 괴물 이야기의 발원지인 타과타과 호수는, 19세기에 이루어진 배수 공사 때문에 지금은 역사의 뒤안길로 사라진 지 오래다. 말라버린 호수에서는 마스토돈과 같은 거대한 신생대 포유동물들의 화석과 함께 과거 사람이 살았던 흔적도 여럿 발견되었지만,[110] 괴물의 자취만큼은 그 어디에서도 찾을 수 없었다. 칠레 땅에서 탄생해 프랑스 파리에서 전성기를 누리며 18세기 말 유럽인들의 공포와 관심사, 그리고 정치적 화두를 차례로 비추듯 변화해 갔던 '하피'의 전설은 이렇게 조용히 막을 내렸다.

하지만 어쩌면 파과 호수의 괴물은 사라진 것이 아니라, 그저 늘 하던 대로 얼굴을 바꾸었을 뿐일지도 모른다. 1784년에 칠레 이주민들이 가축 실종 사건을 겪고서 떠올렸을 괴물이 파리에서 새로운 패션을 낳았듯, 1995년 푸에르토리코에서 일어난 수상쩍은 가축 변사 사건은 흡혈 괴물 '추파카브라스Chupacabras'라는 하나의 문화 아이콘을 탄생시켰다.[111] 1789년에 프랑스혁명 세력이 마리 앙투아네트를 '하피'에 빗대 비난했듯이, 2003년 캐나다 온타리오주 총선에서는 진보보수당 어니 이브스Ernie Eves 후보 진영에서 자유당의 달턴 맥긴티Dalton McGuinty 후보를 "다른 행성에서 온 고양이 잡아먹는 파충류 인간"이라고 칭하는 보도 자료를 내 물의를 빚었다.[112] 이처럼 타과타과 호수가 말라붙은 오늘날에도 괴물의 얼굴은 여전히 과거와 같은 방식으로 사회를 반영하고 있다. 그렇게 생각하면 파과 호수의 괴물은 아직 죽지 않은 셈이다.

2부

1800년대

1808 • 스트론사 짐승

1822 • 피지 인어

1835 • 달의 박쥐인간

1840 • 미주리움

1845 • 히드라르고스

1808

†

해변에 떠밀려 온 시간 여행자

스트론사 짐승

Stronsa Beast

1808년 가을 어느 날, 스코틀랜드 북쪽 오크니제도에 속한 섬인 스트론사Stronsa[†] 연안에 이상한 사체가 하나 나타났다. 물고기를 잡으러 배를 타고 나갔다가 사체를 가장 먼저 목격한 농부 존 피스John Peace에 따르면, 섬에서 약 370미터 떨어진 곳의 암초에 걸쳐진 채 바닷새들에게 둘러싸여 있던 그것은 처음엔 꼭 죽은 고래처럼 보였다. 하지만 배를 더욱 가까이 몰아가자 꼭 팔처럼 생긴 지느러미나 억센 갈기처럼 고래와는 확연히 다른 특징들이 하나둘씩 피스의 눈에 띄었다. 정말이지 생전 처음 보는 짐승이었다.

그로부터 열흘쯤 뒤 불어닥친 돌풍에 사체가 로디즈홈Rothiesholm만의 해변까지 떠밀려 오자, 피스를 비롯한 섬사람들은 훗날 "스트론사 짐승"이라 불릴 이 기이한 구경거리를 더욱 자세히 관찰하고자 몰려들었다. 이들이 남긴 증언에 의하면 그 사체는 몸길이 대략 17미터에 둘레 3미터가량의 날씬한 생김새를 하고 있었으며, 목은 특히 길어서 4.6미터에 달했다. 가장 눈에 띄는 특징은 몸통에서 꼬리까지 돋아난 약 36센티 길이의 빳빳한 은색 갈기, 그리고 날개나 지느러미를 닮은 세 쌍의 발이었다. 발끝에는 대여섯 개의 부드러운 발가락이 달려 있었지만 물갈퀴는 없었다. 탄력 있는 회색 피부에는 비늘이 없었고, 머리에서 꼬리 방향으로 쓸어내릴 땐 매끄러웠지만 그 반대로는 거칠게 느껴졌다. 척추를 제외한 전신의 뼈는 연골이었고, 배 부분은 찢어져서 내장이 다리 사이로 빠져나와 있었으며, 아래턱과 유연한 꼬리 일부도 떨어져 나

[†] 현재는 스트론세이Stronsay라고 불린다.

간 채였다.[113]

사체가 떠밀려 온 해변은 길버트 랭 미즌Gilbert Laing Meason이라는 사람의 사유지였다. 비록 그는 스코틀랜드의 대도시 에든버러에서 변호사로 일하는 중이었으나, 오크니제도의 본섬 메인랜드Mainland에 머물던 그의 형제인 역사학자 맬컴 랭Malcom Laing에게는 괴물에 대한 소문이 곧 전해졌다. 호기심이 동한 랭은 사체를 직접 조사하길 원했지만 이내 문제가 생겼다. 풍랑이 거세지는 바람에 스트론사까지 갈 수가 없게 된 사이, 괴물의 사체가 그만 폭풍에 휩쓸려 산산이 조각나고 만 것이다. 목격자 가운데 하나인 조지 셰러George Sherar가 랭의 조력자로 활약해 준 것이 불행 중 다행이었다. 그는 사체의 두개골과 다리뼈 및 척추 일부를 랭에게 보내주었을 뿐만 아니라, 랭이 괴물을 스케치하라고 보낸 페트리 씨Mr. Petrie라는 사람이 그림을 정확히 그릴 수 있도록 열심히 돕기까지 했다.[114]

셰러 덕택에 괴물의 표본과 스케치까지 전부 얻어낸 랭은, 일단 그때까지 알아낸 내용을 형제인 길버트에게 알렸다. 길버트는 다시 에든버러의 베르너자연사학회Wernerian Natural History Society에서 일하던 패트릭 닐Patrick Neill에게 소식을 전했다. 그리고 1808년 11월 19일, 닐은 마침내 스트론사 해안에 떠밀려 온 짐승 이야기를 정식으로 학회에서 발표하기에 이른다. 이날의 발표는 문제의 짐승이 "라무스, 에게데, 폰토피단에 의해 기술된 바 있으나 소위 과학적이고 분석적이라 하는 자연과학자들이 지금껏 거짓이고 상상이라 치부하며 받아들이길 거부해 온 바로 그 종류의 동물임은 의심할 여지가

없다"라는 선언으로 마무리되었다.[115]

닐이 언급한 "바로 그 종류의 동물"이란 과연 무엇이었을까? 해답은 명백하다. 북유럽의 차가운 바닷물 속에 도사리고 있다는 소문만이 무성했던, 여러 학자가 문헌에 남겼지만 실존한다는 증거만큼은 결코 드러나지 않았던 전설상의 바다 괴물. 닐은 스트론사 짐승의 정체가 다름 아닌 큰바다뱀 Sea Serpent이라고 못 박을 작정이었다.

‡

적어도 17세기 말부터 스칸디나비아반도 주민들은 뱀처럼 긴 몸통에 말과 같은 갈기를 지닌, 선박을 칭칭 감아 가라앉힐 수 있을 만큼 거대한 괴수 '큰바다뱀'의 존재를 속삭여 왔다. 비록 대니얼 록스턴Daniel Loxton에 따르면 그 실체는 고대 그리스신화에 등장하는 말의 상반신과 어류의 하반신을 지닌 동물 히포캄푸스Hippocampus의 이미지가 변형되어 생긴 아류작에 불과했지만,[116] 그래도 매력적인 아류작이었고 현지에서는 믿는 사람도 제법 많았다. 역사학자 요나스 라무스Jonas Ramus는 1687년에 노르웨이 드람스피요르덴Dramsfjorden에서 여러 사람에게 목격된 큰바다뱀 이야기를 자신의 책에 적었고,[117] 성직자 한스 에게데Hans Egede는 1734년 항해 도중에 거대한 뱀을 닮은 "가장 무시무시한 괴물"이 물 밖으로 튀어나왔다는 목격담을 기록한 바 있다.[118](2005년에는 에게데가 기록한 괴물이 실은 생식기를 드러낸 수컷 고래일지도 모른다는 주장이 제기되었다.)[119]

하지만 당시까지만 해도 지역적인 괴물이었던 큰바다뱀의 존재를 유럽 전역에 알린 사람은 따로 있었다. 바로 노르웨이의 주교 에리크 폰토피단Erich Pontoppidan이었다. 폰토피단이 1752년 펴낸 『노르웨이 자연사The Natural History of Norway』 제2권에는 라무스와 에게데의 기록을 포함한 여러 큰바다뱀 목격담이 실려 있었는데,[120] 바로 이 책으로 인해 큰바다뱀의 존재가 널리 퍼져나가자 큰바다뱀을 보았다는 사람의 수도 갑자기 껑충 늘어났다.[121] 물론 목격자만 있을 뿐 물증이라고는 하나도 없었으니 당연히 대다수의 동물학자는 큰바다뱀의 존재를 받아들이지 않았다.

그러던 와중에 마침 전설 속 큰바다뱀의 묘사 그대로 긴 몸과 갈기를 지닌 짐승의 사체가 스트론사에 떠밀려 온 것이다. 닐은 이 사체야말로 폰토피단이 옳았음을 입증하는 마지막 퍼즐 조각이라고 믿어 의심치 않았음이 분명하다. 그 증거로 1809년 1월 14일에 열린 베르너자연사학회 회의에서, 닐이 스트론사 짐승에게 붙여준 학명은 '폰토피단의 바다뱀'을 의미하는 할시드루스 폰토피다니Halsydrus pontoppidani였다.[122]

‡

여기까지의 경위를 읽고서 뭔가 이상한 점을 느낀 독자가 있을지도 모르겠다. 만일 스트론사 짐승의 사체가 오늘날의 해변에 떠밀려 왔다면, 그걸 보고서 북유럽의 큰바다뱀을 가장 먼저 떠올릴 사람은 아마 없을 것이다. 우리는 큰바다뱀 따위보다도 훨씬 스트론사 짐승과 닮은 동물이 먼 옛날에 정말로 바닷속을 헤엄쳐 다녔다는 사실을 알고 있기 때문이다. 바로 수장룡이다. 긴 목과 여러 쌍의 지느러미를 지닌 스트론사 짐승의 실루엣은 중생대에 살았던 이 독특한 바다 파충류를 상당히 닮았다. 그 유명한 **네스호의 괴물**도 목이 긴 호수 괴물이라는 이유 때문에 종종 살아남은 수장룡이라고 일컬어질 정도인데, 어째서 19세기 초의 학자들은 스트론사 짐승을 두고서 아무도 수장룡 이야기를 꺼내지 않았을까? 그 이유는 간단하다. 당시에는 아무도 수장룡의 존재를 알지 못했으니까. 가장 유명한 수장룡인 플레시오사우루스Plesiosaurus는 1821년에야 비로소 학계에 보고되었으니까.[123]

스트론사 짐승이 나타난 1808년은 참으로 아슬아슬한 시기였다. 태곳적의 바다를 헤엄쳐 다녔던 온갖 낯선 동물들의 뼈가 본격적으로 세상의 빛을 보기까지는 고작 4년 남짓밖에 남아 있지 않았다. 그때가 되면 열두 살의 메리 애닝Mary Anning이 오빠와 함께 어룡 화석을 발견하며 이름을 알리고, 1823년에는 완전한 플레시오사우루스 화석을 발굴해 내기에 이를 예정이었다.[124] 그러나 스트론사 짐승이 해변에 도착했을 시점에는 무엇 하나 불확실한 미래에 불과했다. 만일 사체가 조금만 늦게 떠밀려 왔더라면 스트론사 짐승은 태곳적의 괴물이 깊은 바닷속에 생존해 있다는 증거로 역사에 남았을지도 모른다. 하지만 그러지 않았기에, 스트론사 짐승은 단지 옛 전설 속의 큰바다뱀으로 기록되어야만 했다.

‡

그리고 그 큰바다뱀으로서의 지위도 오래가지는 못했다. 스트론사 짐승에 대한 증언을 더욱 꼼꼼히 수집하고자 맬컴 랭은 그랜트 박사Dr. Grant라는 외과의와 함께 치안판사 자격으로 목격자들을 면담해 길고 상세한 진술서를 받아냈는데, 이 진술서는 닐에게 전달되어 1809년 2월 11일에 학회에서 발표된 한편으로 조셉 뱅크스Joseph Banks를 거쳐 의사이자 동물학자인 에버러드 홈Everard Home의 손에도 들어갔다.[125] 얼마 뒤에 메리 애닝이 발견한 어룡 화석을 애닝에 대한 언급조차 없이 학계에 보고하며 명성을 쌓게 될[126] 홈은 당시에 마침 아주 큰 상어의 일종인 돌묵상어Cetorhinus maximus를 연구하는 중이었다. 홈이 목격자들의 증언 속에서 몇 가지 중요한 단서를 포착해 낼 수 있었던 것은 바로 그 덕택이었다.

예를 들어 진술서에는 스트론사 짐승의 피부가 한쪽 방향으로 쓸어내릴 때만 거칠었다고 적혀 있었는데, 이는 상어 피부의 전형적인 특징이었다. 여섯 개의 다리는 앞지느러미와 뒷지느러미, 그리고 수컷 상어에게 달린 한 쌍의 생식기로 설명 가능했다. 목격자들이 뻣뻣한 갈기라고 생각했던 것도 실은 상어 지느러미 끝의 섬유질이 틀림없었다. 랭에게 실제 표본을 요청해서 직접 살펴보니 스트론사 짐승의 정체는 더욱 명백히 드러났다. 척추와 연골 등을 비롯한 여러 부위가 돌묵상어의 것과 전부 정확히 일치했던 것이다.[127] 그렇다면 긴 목은 어떨까? 이는 발견 당시에 이미 사체가 심하게 훼손되어 있었기 때문에 일어난 착시였다. 만일 돌묵상어의 아

스트론사 짐승이 진짜 큰바다뱀의 사체였을 경우를 상상해 그린 그림.
하지만 스트론사 해변에 떠밀려 온 괴물의 정체는 훨씬 평범했다.

래턱 부분이 부패로 인해 떨어져 나가 작은 두개골과 척추만 남았다면, 그 모습은 마치 목이 긴 플레시오사우루스처럼 보일 테니까.[128]

스트론사 짐승이 단지 썩은 돌묵상어 사체에 불과했다는 홈의 결론은, 폰토피단의 큰바다뱀을 두 팔 벌려 환영할 준비가 되어 있던 베르너자연사학회 사람들에게는 청천벽력과도 같았다. 그중에는 존 바클레이John Barclay처럼 홈에게 반박하고자 분연히 떨쳐 일어난 사람도 있었다.[129] 안타깝게도 바클레이의 반박은 성공적이지 못했다. 그는 돌묵상어의 두개골이 머리 크기에 비해 한참 작다는 사실도 알지 못했고, 부패해서 늘어진 사체의 몸길이와 살아 있는 동물의 몸길이가 다를 수 있다는 지극히 당연한 사실조차 간과했다.[130] 이후로도 거의 수십 년에 걸쳐서 여러 학자가 1808년에 나타난 사체의 정체에 대해 새로운 가설을 내놓으려 시도했지만, 거대한 은상어나 산갈치 등의 온갖 바다 생물을 후보로 내세운 그 어떠한 가설도 홈의 결론보다 더 큰 설득력을 갖지는 못했다.[131] 기껏 받은 학명조차 도로 빼앗긴 채, 큰바다뱀은 다시 어두컴컴하고도 차가운 심연 속으로 되돌아가야 했다.

‡

스트론사 짐승의 사례에서 특히 흥미로운 부분은, 이 괴물이 수십 년 뒤에 대중적으로 엄청난 인기를 끌며 근대 괴물의 역사를 새로 쓸 고생물의 모습을 한 채로 너무 일찍 표류해 왔다는 사실이다. 마치 근대 괴물의 역사를 거슬러 올라가다가 과거에 난파하고 만 시간 여행자이기라도 한 것처럼. '먼 과거에는 우리가 상상도 하기 힘들 만큼 거대하고 무시무시한 괴물들이 살았다'라는 고생물학적 발상과 '그 괴물들 일부는 아직까지도 살아남아 있을지 모른다'라는 근대 괴물 이야기의 가장 익숙한 내러티브가 유행하기 직전의 시대에서, 이 불운한 시간 여행자는 어설프게 전설 속 괴물 행세를 할 수밖에 없었다.

시간이 흘러 1833년, 영국의 지질학자 로버트 베이크웰Robert Bakewell은 19세기 초 미국 대서양 연안에서 목격된 큰바다뱀†의 정체가 살아남은 어룡일 것이라고 주장함으로써 비로소 스칸디나비아 근해의 괴물과 중생대 파충류를 한데 묶었다.[132] 얼마 뒤인 1841년에는 독일의 하인리히 라트케Heinrich Rathke가 마침내 스트론사 짐승과 플레시오사우루스를 연결 짓는 추측을 내놓기도 했다.[133] 먼 훗날인 1977년에 일본 어선 즈이요마루瑞洋丸호가 뉴질랜드 근해에서 끌어올린 사체 역시 그 생김새 때문에 '뉴 네시'로 불리면서 수장룡의 사체일지도 모른다는 추측을 불러일으켰지만,[134] 그 정체는 어김없이 돌묵상어로 밝혀졌다.[135] 같은 동물의 사체를 보는 시각이 1808년 이래로 이렇게나 크게 달라진 것이다.

2019년에 찰스 G. M. 팩스턴Charles G. M. Paxton과 대런 네이시Darren Naish가 발표한 논문에 따르면 플레시오사우루스의 존재가 대중에게 널리 알려진 이래 약 200년에 걸쳐 보고된 바다 괴물 목격담에서 큰바다뱀을 닮은 몸이 긴 괴물의 비중

† 19세기 초 미국의 큰바다뱀 목격담에 대한 더 많은 내용은 **'낸터킷 바다 괴물'** 항목을 참조하기 바란다.

은 점점 줄어든 반면, 수장룡처럼 목이 긴 괴물의 비중은 반대로 꾸준히 늘어났다고 한다.[136] 이는 인류가 오랜 세월 동안 바다에서 목격해 온 각종 괴물들이 어쩌면 실존하는 생명체가 아니라 단지 당대의 지식과 관념이 투영된 신기루에 불과했을지도 모른다는 것을 알려주는 흥미로운 단서이다. 스트론사 짐승 이야기가 우리에게 알려주는 바와 같이, 괴물은 결국 시대의 산물이다. 시대가 바뀌고 과학이 발전하면서 우리가 더 많은 것을 알게 될수록 괴물의 모습도 함께 바뀌어 갈 테니까.

1822

†

지상 최대의 쇼 개막하다

피지 인어

Fejee Mermaid

인류가 지금껏 상상한 모든 동물 가운데서도 인어처럼 꾸준히 세상을 매혹한 존재는 드물 것이다. 고대 메소포타미아의 아시리아 문명이 남긴 유물에는 인간의 상반신과 물고기의 하반신을 지닌 인어 쿨룰루Kulullû가 묘사되어 있고,¹³⁷ 중국과 한국의 전설에도 사람을 닮은 것부터 물고기에 가까운 것까지 다양한 모습의 인어가 등장한다.¹³⁸ 한편 중세 유럽에는 뭍의 동물 각각마다 바다에도 같은 종류의 동물이 살리라는 믿음이 널리 퍼져 있었는데,¹³⁹ 17세기에 출간된 『세간의 오류들』에도 실려 있을 만큼¹⁴⁰ 오래도록 사라지지 않았던 이 믿음은 유럽인들이 인어의 실존 가능성에 더욱 열려 있게끔 했다.

1493년에 크리스토퍼 콜럼버스는 카리브해에서 인어 셋이 솟아 나오는 모습을 목격하고서 그 용모가 전설만큼 아름답지 않음에 실망했는데, 오늘날에는 그가 본 생물이 바다소의 일종인 매너티†였으리라고 추측한다.¹⁴¹ 린나이우스 또한 인어의 존재를 완전히 부정하지는 못해, 1749년에 인어 목격 소식이 스웨덴 언론에 오르내리자 그 진위를 의심하면서도 스웨덴 왕립과학아카데미에 표본을 얻기 위한 사냥을 촉구한 바 있다.¹⁴² 이처럼 인어가 실존할지도 모른다는 생각은 근대과학의 시대까지도 완전히 사라지지 않은 채였다.

그리고 인어에 대한 믿음이 둥지를 튼 곳에는 으레 '물증'도 나타나게 마련이었다. 가짜 인어 박제는 어쩌면 인어 전설만큼이나 전 세계적인 문화이다. 유럽에서는 죽은 가오

---

† 더 정확하게는 서인도제도매너티*Trichechus manatus*이다.

리를 뒤틀고 말려 악마나 용 모양으로 가공한 박제인 제니 하니버Jenny Haniver가 16세기부터 꾸준히 만들어졌다.[143] 한편 일본에서도 18세기 말에 전래된 박제 기술의 영향을 받아 생선 가죽과 다양한 동물의 뼈, 종이 등을 재료로 한 여러 가짜 인어가 제작되었다.[144] 이러한 인어 박제 중 일부는 아직까지도 일본의 사찰에 유물로서 안치되어 있다.[145]

반면 어떤 인어들은 절에서 조용한 삶을 보내길 거부하고 바깥 세상으로 용감히 뛰쳐나오기도 했다. 그중 일부는 절 대신 네덜란드 국립민족학박물관이나 영국박물관 등에 소장되는[146] 정도로 만족해야 했지만, 단 하나의 인어만큼은 쇼 비즈니스의 화려한 무대에 입성해 유명세를 떨침으로써 역사에 그 이름을 남겼다. 태어난 곳은 일본이지만 오늘날에는 남태평양의 섬나라 이름을 따 '피지 인어'라고 알려진, 단연 괴물계의 스타라고 할 만한 인어이다.

‡

개코원숭이를 닮은 머리에 듬성듬성 난 검은 털, 사람의 이목구비와 팔, 뾰족한 이빨과 물고기의 하반신. 마치 고통과 공포로 절규하는 듯 뒤틀린 약 90센티미터 길이의 이 인어 박제가[147] 처음 역사에 모습을 드러낸 것은, 1822년 영국 상선 피커링Pickering호의 선장 새뮤얼 배럿 이드스Samuel Barrett Eades가 어느 네덜란드 상인에게서 수천 스페인 달러에 사들이면서였다.[148] 당시 네덜란드는 쇄국정책을 고수하던 일본과 교역하는 유일한 서양 국가였다.[149] 멀고 폐쇄적인 땅에서 온

비록 동화 속 아름다운 인어와는 완전히 딴판일지언정,
피지 인어는 영국과 미국 양쪽에서 인기 몰이를 한
19세기 괴물계 최고의 스타다.

진기한 박제에 큰 가치가 있으리라고 확신한 이드스는 돈을 마련하고자 피커링호를 과감히 팔아넘겼는데, 사실 그 배는 선장의 온전한 소유물이 아니었다. 피커링호의 지분 8분의 7은 아무것도 모르던 런던의 선주 스티븐 엘러리Stephen Ellery가 갖고 있었다.

 다른 배를 타고 런던까지 돌아오는 동안, 이드스 선장은 당시 영국의 식민지였던 케이프타운[150]에 잠시 들러 인어를 전시함으로써 홍보 효과를 톡톡히 보았다. 생전 처음 보는 박제에 잔뜩 흥분한 케이프타운 런던 선교회의 대표 존 필립John Philip 목사가 영국 내 여러 언론에 글을 기고해 준 덕택이었다.[151] 인어가 런던에 입성한 9월 무렵에 입소문은 이미 쫙 퍼진 뒤였고, 세관에서 밀수품 취급을 받아 몇 주 동안 압류당하는 수모를 겪기는 했으나 인기를 끄는 데에 지장은 없었다. 런던의 터프 커피하우스Turf Coffeehouse 방 하나를 빌려 개최된 전시회는 연일 3~400명의 관람객을 끌며 문전성시를 이루었다. 언론과 지식인 들도 곧장 장안의 화제에 동참해, 리즈 프라이스Rees Price 박사는 인어를 검사해 본 뒤 신종으로 인정하는 글을 《젠틀맨스 매거진》에 싣기도 했다.

 하지만 순풍은 곧 잦아들었다. 인어의 흥행을 가로막은 첫 번째 난관은 이드스 선장이 멋대로 팔아치운 피커링호의 선주 엘러리였다. 선장은 엘러리에게 돈을 갚길 거부했고, 전시회 수익을 나누려고 하지도 않았으며, 소송을 걸면 박제와 함께 해외로 떠나버리겠다고 협박까지 함으로써 선주를 분노케 했다. 엘러리는 자식이 부모의 동의 없이 결혼하지 못하도록 대법관을 후견인으로 지정해 신상을 제약할 수 있던 당대의 법안을 끌어들여 이에 대응했다. 이 초유의 '인어 재판'은 엘러리의 승리로 끝이 났다. 자신의 배를 팔아서 산 인어이니 자신에게도 권리가 있다는 엘러리의 주장이 받아들여져, 이드스는 대법관이 허락하지 않는 한 인어를 마음대로 처분할 수 없게 되었다.

두 번째 난관은 과학의 세계로부터 왔다. 런던에 도착했을 당시 이드스는 **스트론사 짐승**의 정체를 규명한 동물학자 에버러드 홈에게 인어를 검사해 달라고 부탁했다. 결과를 학술지에 발표할 독점적인 권한을 줄 테니 다른 곳에는 유출하지 말라는 것이 조건이었다. 홈은 조수인 헌터박물관Hunterian Museum의 윌리엄 클리프트William Clift에게 검사를 맡겼고, 클리프트는 당시 세관 압류 상태였던 인어를 면밀히 살펴본 끝에 그것이 유인원과 커다란 연어 종류의 물고기 시체를 교묘히 엮어 만든 가짜라고 결론지었다.

이 결론을 전달받아 알고 있었으면서도 이드스 선장은 1822년 11월에 홈이 인어를 진짜라고 인정했다는 광고를 해 버렸고, 이에 분개한 홈은 클리프트가 신문에 인어의 정체를 폭로하게끔 했다. 이는 세간의 관심이 인어로부터 더 빨리 떠나도록 만들었다. 이드스의 필사적인 홍보에도 불구하고 터프 커피하우스에서의 전시는 1823년 1월에 그 막을 내렸다. 이후 1825년까지 영국 곳곳에서 순회전시되는 동안 인어는 별다른 주목을 받지 못했고, 이드스는 빚을 갚기 위해 도로 엘러리 밑에서 일하는 신세가 되었다고 전해진다. 스타의 인기는 실로 한철인 듯했다.

하지만 거의 20년이라는 세월이 지난 뒤인 1842년, 퇴물이 된 왕년의 스타에게 기적처럼 두 번째 기회가 찾아왔다. 인어 박제를 유일한 유산으로 물려받은 이드스의 아들 앞에 미국 보스턴박물관을 소유한 모지스 킴벌Moses Kimball이 나타난 것이다. 박제를 사들인 킴벌은 이를 곧장 친구이자 업계 동료인 다른 박물관 소유주에게 선보였고, 매주 12달러 50센트라는 대여료에 관리인을 따로 두는 조건으로 빌려주겠다는 계약도 맺었다. 이렇게 하여 바다 건너편 미국 땅에서 인어의 새 보호자가 된 인물이 바로 당시 30대였던 전설적인 흥행의 귀재, 피니어스 테일러 바넘Phineas Taylor Barnum이다.

‡

당시에도 바넘은 결코 정직한 돈벌이로 이름난 사람이 아니었다. 코네티컷주의 작은 마을 출신인 그가 처음으로 쇼 비즈니스 업계에 발을 들인 것은 25세 때인 1835년, 필라델피아에서 구경거리로 전시되던 나이 든 흑인 노예 여성 조이스 헤스Joice Heth를 손에 넣으면서부터였다. 161세에 한때는 조지 워싱턴의 유모였다고 홍보되던 이 여성에게서 돈 냄새를 맡은 바넘은 헤스를 1천 달러에 과감히 사들인 뒤 그해 8월 10일 자신의 첫 쇼를 시작했다. 절반은 빚을 내 마련한 돈이었다.[152]

이드스가 인어를 사들였을 때와 비슷한 시작이었지만 바넘의 수완은 남달랐다. 인어의 진위가 폭로되어 타격을 입은 이드스와는 달리, 바넘은 전시의 인기가 떨어지자 지역 신문에 익명으로 직접 '헤스의 정체는 정교한 자동인형'이라는 가짜 폭로를 기고했다. 사람처럼 움직이는 자동인형 **튀르크인**이 미국에서 공연하던 시기였던 만큼 이 폭로는 대중의 이목을 성공적으로 헤스에게 다시 끌어모았다.[153] 이듬해 헤스가 사망했을 때조차 바넘은 돈벌이 기회를 놓치지 않았다. 160세가 넘은 노인의 진실을 궁금해하던 대중에게 부검 현장 입장료를 챙긴 것이다. 부검 결과 헤스의 진짜 나이는 고작 80세 정도였다.[154]

이처럼 바넘에게는 거짓도 진실도 똑같은 상품에 불과했다. 그러나 인어 감정을 의뢰한 과학자에게 가짜라는 결론을 들은 뒤에도 그가 눈 하나 깜짝하지 않은 건 당연했다. 바넘은 오히려 과학을 자신의 편으로 만들 장대한 쇼를 기획했다. 첫 타깃은 언론이었다. 이드스가 언론을 통해 실존 학자의 이름을 팔아 인어를 홍보하려다 역풍을 맞았다면, 바넘은 거꾸로 가짜 학자를 만들어 내 언론을 속이기로 마음먹었다.

먼저 런던 자연사학회 저명한 '그리핀 박사'가 피지섬에서 잡은 인어와 함께 입국한다는 이야기를 여러 신문사에 편지로 보낸 뒤, 바넘은 조수인 레비 라이먼Levi Lyman을 그리핀 박사 명의로 필라델피아와 뉴욕의 호텔에 투숙시켰다. 라이먼은 언론사 관계자들에게만 소문의 '피지 인어'를 못 이기는 척 슬쩍슬쩍 보여주었고, 이내 언론은 인어 박제 이야기로 후끈 달아올랐다. 그러는 동안 바넘은 자신이 그리핀 박사를 설득해 전시회를 열려고 한다는 이야기를 흘리는 한편, 인어 그림을 지면에 실을 '독점' 권한을 여러 언론사에 각각 팔기도 했다. 이 모든 수작의 목적은 그리핀 박사가 브로드웨이 콘서트홀에서 단 일주일 동안 개최할 전시회를 홍보하는 데에 있었다.

전시회 기간 동안 그리핀 박사, 즉 라이먼은 철저하게 과학자 흉내를 내며 관객들에게 자신의 모험기를 들려주었다. 믿지 못하는 관객을 위한 나름대로의 '과학적' 설명 또한 준비되어 있었다. 오리너구리가 물개와 오리 사이의 고리이고 날치가 새와 물고기 사이의 고리이듯이, 이른바 '존재의 위대한 사슬Great Chain of Being'에서 인간과 물고기 사이에 위치한 동물이 바로 인어라는 주장이었다. 찰스 다윈이 아직 『종의 기원On the Origin of Species』을 출간하지 않은 1842년에 이러한 주장은 제법 설득력 있게 들렸다. 이처럼 바넘의 교묘한 작전 아래서 한때 괴물을 퇴치하는 데 쓰였던 과학의 언어는 오히려 괴물의 아군으로 뒤바뀌었다.

브로드웨이 콘서트홀 전시를 성황리에 마친 뒤에도 바넘은 피지 인어를 돈벌이에 끈질기게 활용했다. 자신이 소유한 뉴욕의 미국박물관American Museum으로 옮겨 전시를 계속하다가 시민들이 질리기 시작한 이듬해에는 순회전시에 나섰고, 그런 뒤엔 킴벌의 보스턴박물관에 돌려주었지만 1859년에는 다시 빌려서 피지 인어가 데뷔한 도시인 런던에 가져가기도 했다. 바넘이 자신의 귀중 사업 파트너였던 인어 박제를 킴벌에게 마지막으로 돌려준 것은 그해 7월, 『종의 기원』이 마침내 세상에 나오기 겨우 몇 달 전의 일로 추정된다.

이후로 피지 인어의 행적은 불분명하다. 바넘의 미국박물관이 불타버린 1865년, 혹은 킴벌의 박물관이 화마의 습격을 당한 1880년대 초에 튀르크인의 뒤를 따라 한 줌 먼지로 변했을 가능성도 있지만 확신할 길은 없다. 하버드대학교 피보디박물관Peabody Museum에 소장된 유명한 인어 박제는 기록과 전혀 다른 모습이므로 피지 인어가 아님이 거의 분명하다. 미국 곳곳에서 바넘의 '진짜' 피지 인어라는 이름표를 달고 전시 중인 수많은 박제도 마찬가지이다.[155] 어쩌면 피지 인어는 마침내 거짓말과 속임수로 점철된 화려한 스타의 삶을 청산하고, 어느 어두컴컴한 수장고 안에서 비로소 고향 일본의 친척들처럼 안식을 찾아 긴긴 잠에 빠져들었는지도 모른다.

‡

피지 인어의 인생 역정은 19세기의 과학과 괴물이 맺은 복잡한 관계를 보여준다는 점에서 특히 흥미롭다. 린나이우스의 히드라 퇴치로부터 한 세기가 지난 이후의 과학은 기존의 상식에 뿌리 박혀 있던 괴물을 퇴치하는 가장 강력한 무기로 자리매김했지만, 동시에 필요에 따라 상식 밖의 괴물을 만들어 내는 수단이 되기도 했다. 과학을 신뢰하는 사람조차 '과학적'인 괴물에 속을 수 있는 한 바넘 같은 사람에게 괴물이나 과학의 진위 여부는 전혀 중요하지 않았다. 문제는 어떤 진실이 더 큰 인기를 끌 수 있는지, 즉 돈이 되는지였다. 과거보다 더욱 그럴듯한 괴물들이 등장하는 놀라운 무대, '지상 최대의 쇼'는 이렇게 그 장대한 막을 올렸다.

1835

†

세상에서 가장
솔깃한 거짓말

달의 박쥐인간

Vespertilio-homo

모든 소동의 시작은 1835년 8월 21일 뉴욕의 일간지 《선The Sun》 2면에 실린 한 문장짜리 단신이었다. 《에든버러 쿠런트 Edinburgh Courant》의 보도를 인용했다고 적힌, 천왕성을 발견한 영국 천문학자 윌리엄 허셜의 아들 존 허셜이 희망봉에서 최신식 망원경을 이용해 놀라운 천문학적 발견을 해냈다는 내용이 전부였던 이 뉴스는 화재와 익사를 비롯한 각종 사고 소식 사이에 얌전히 끼어 있었다.[156] 그러니 당시 뉴요커 대다수는 딱히 눈길조차 주지 않았을 테고, 평소 천문학에 관심이 많았던 독자조차 그해 돌아올 예정이던 핼리혜성[157]과 무슨 관련이 있으리라고 어렴풋하게 추측하는 정도였으리라. 자신들이 방금 읽은 기사가 언론 역사상 가장 대담했고 또 흥미진진했던 특종 보도의 예고편이었단 사실을 짐작조차 하지 못한 채로.

바로 그다음 주 화요일인 25일부터,[158] 《선》은 《에든버러 과학 저널Edinburgh Journal of Science》에 실렸다는 허셜의 놀라운 발견 이야기를 연달아 쏟아내기 시작했다. 첫 번째 기사는 무게가 7톤에 달하는 육중한 렌즈로 상을 42,000배까지 확대 가능한 허셜의 최첨단 망원경을 설명하는 데에 할애되었지만,[159] 이튿날부터는 허셜이 문제의 망원경으로 달을 관측함으로써 얻어낸 놀라운 발견 내용이 이어졌다. 알고 보니 달에는 생물이 살고 있었다. 그것도 아주 많이.

이틀째 기사에 따르면 망원경으로 본 달의 모습은 실로 화려하고도 풍요로웠다. 양귀비를 닮은 검붉은 꽃, 반원형 뿔과 두터운 모피를 지닌 들소, 뿔이 하나 달린 푸르스름한 빛깔의 염소, 재빠르게 데굴데굴 굴러다니는 둥근 양서류……

극한의 태양광과 어둠으로부터 눈을 보호하고자 사족보행 동물들은 눈 위에 모자챙 같은 두덩이를 발달시켜야 했지만, 이를 고려하더라도 달의 생태계는 낙원이나 다름없었다.[160] 세 번째 보도에서는 허셜이 달에서 무려 38종의 나무, 그 두 배나 되는 수의 풀, 9종의 포유류와 5종의 난생동물을 발견했다는 내용이 이어졌다. 그중에서도 가장 놀라운 종은 두 발로 걸으며 움막을 짓고 불을 피울 줄 아는 비버였다.[161] 그리고 대망의 금요일에 보도된 네 번째 기사에서는 드디어 이번 특종의 진짜 주인공이 모습을 드러냈다. 바로 달의 원주민, 이른바 '베스페르틸리오-호모(박쥐인간)'였다.

붉은 절벽으로 둘러싸여 '루비 콜로세움'이라 이름 붙은 곳에서 발견된 문제의 박쥐인간들은 얼굴을 제외한 몸 전체가 짧고 윤기 나는 구릿빛 털로 덮인 평균 1.2미터 키의 이족보행 동물이었는데, 어깨에서부터 장딴지에 걸쳐 피막으로 된 날개가 돋아나 있는 것이 특징이었다. 큰 오랑우탄을 닮은 누르스름한 얼굴에도 불구하고 이들이 인간과 같은 지적 생명체임은 분명했다. 허셜이 포착한 박쥐인간들은 대화를 나누며 감정을 표현할 줄도 알았고, 예술 작품을 만들 능력도 있었다. 한편 기사는 박쥐인간들이 강에서 멱을 감고 날개를 퍼덕여 물을 터는 모습, 가족이 함께 어둠 속으로 날아가는 모습 또한 상세히 묘사했다. "의심의 여지없이 순수하고 행복한 생물"이었다.[162]

물론 우리는 이 모든 내용이 실로 황당하기 그지없는 거짓말임을 알고 있다. 버려진 사파이어 사원을 언급한 다섯 번째 기사,[163] 더 크고 고등하며 당연하다는 듯이 피부색도 밝

1835년의 《선》 보도, 이른바 '장대한 달 사기극'의 하이라이트는
구릿빛 체모와 박쥐 같은 날개를 지닌 달의 원주민 '베스페르틸리오-호모'였다.

은 제2의 박쥐인간 종족이 등장한 여섯 번째 기사[164]는 말할 필요도 없다. 그러나 당대 뉴욕 사람들은 코웃음이 아닌 열광으로 이 놀라운 특종을 맞이했다. 몇몇 언론은 《선》의 보도를 재빨리 베껴 실으며 "핵심적 증거" "놀라운 발견" "그럴듯하고 가능하다" 따위의 평가를 보탰다.[165] 박쥐인간 이야기를 믿은 사람 중에는 나름대로 지식인이라 칭할 만한 예일대학교의 학생과 교수 들도 적잖았다.[166] 성직자들이 허셜에게 편지를 보내 달에 성경을 보낼 방법이 있는지 물었다는 이야기도 나왔을 정도다.[167] 망원경에 발생했다는 화재를 이유로 기사가 여섯 번째에서 마무리된 뒤에는 내용을 정리한 팸플릿이 따로 출간되어, 즉시 수만 부를 팔아치우며 인기를 이어갔다.[168]

　이처럼 선풍적인 인기에는 물론 기사가 그럴듯하게 쓰인 덕택이 컸다. 당시에 정말 희망봉에서 대형 망원경을 이용해 핼리혜성 관측을 준비하던 허셜,[169] 그리고 불과 2년 전 폐간된[170] 스코틀랜드의 실제 학술지 등을 언급하며 《선》은 황당무계한 이야기를 가능한 한 사실적이고 전문적으로 꾸미려 노력했다. 하지만 신문에 보도된 월면 생태계와 박쥐인간의 일상 풍경이 그토록 열렬히 받아들여진 이유를 단지 글의 그럴듯함에서만 찾을 수는 없다. 아무리 그럴듯한 이야기라도 믿고 싶지 않다면 사람은 일단 부정하고 보는 법이니까. 반면 믿고 싶은 내용이라면 사람은 어떤 터무니없는 이야기조차 쉽게 받아들이곤 한다. 다시 말해 1835년의 뉴욕 사람들은 언제든 지구 밖 생명체의 존재를 받아들일 준비가 되어 있었다.

‡

지구 바깥에 또 다른 세계가 존재하리라는 발상의 역사는 고대 그리스까지 거슬러 올라간다. 데모크리토스와 레우키포스, 더 후대의 에피쿠로스와 같은 철학자들은 우주에 무한히 많은 세계가 존재할 수 있다는 이른바 '다수우주론Plurality of worlds'의 기틀을 닦았고 로마의 루크레티우스 역시 이를 받아들였다. 이러한 발상은 13세기 유럽 철학자들을 거쳐 후대로도 충실히 계승되어, 코페르니쿠스의 태양중심설이 대두된 16세기부터는 조르다노 브루노 등의 더 많은 지지자를 얻었다.[171]

한편 다수우주론은 철학의 영역을 넘어 더욱 흥미로운 상상으로 나아가기도 했다. 예컨대 17세기의 천문학자 요하네스 케플러는 종종 최초의 과학소설로 일컬어지는 『꿈Somnium』에서 달에 사는 거대한 뱀 같은 생물을 자세히 묘사한 바 있다.[172] 18세기에 비약적으로 발전한 천문학은 이러한 상상에 더욱 큰 힘을 실어주었다. 은하수가 무수히 많은 별의 집합이고 그러한 별의 무리가 우주에 한없이 존재한다면, 그 가운데에 지구와 같은 행성을 거느린 별이 존재할 수 없다고 과연 누가 단언할 수 있겠는가?[173] 존 허셜의 아버지인 윌리엄 허셜도 달이나 화성에 생명체가 살지도 모른다고 생각한 천문학자 중 하나였다.[174] 나아가 독일의 천문학자 프란츠 폰 파울라 그뤼튀센Franz von Paula Gruithuisen은 1824년에 달에서 도로와 요새는 물론 별 모양의 사원까지 관측했다고 주장하는, 《선》의 기사와 내용이 놀랍도록 유사한 논문을 발표하기도 했다.[175]

이처럼 천문학이 외계 생명체의 존재 가능성을 점점 높게 점치자, 신학자들 또한 이를 무턱대고 부정하기보다는 종교적 믿음과 조화시키려 애썼다. 신이 전능하고 자애롭다면 다른 행성도 얼마든지 사람이 살 수 있도록 안배했으리라는 논리였다. 이와 같은 논리를 받아들인 신학자 중에는 1795년에서 1817년까지 예일대학교의 학장을 역임한 티모시 드와이트Timothy Dwight도 있었는데, 그는 한 설교에서 달에 지구인보다 더 행복한 삶을 구가하는 사람들이 있을지 모른다고 말했을 정도였다.[176] 한편 1820년대 당시 다수우주론을 가장 뜨겁게 역설하던 인물은 단연 스코틀랜드의 철학자 토머스 딕Thomas Dick이었다. 1823년에 출간되어 미국에서도 큰 인기를 끈 저서 『기독철학자The Christian Philosopher』에서 딕은 태양계의 다른 행성은 물론 태양 속에도 지적 생명체가 존재하며, 성경에도 다수우주론의 근거가 얼마든지 적혀 있노라고 웅변했다.[177]

오늘날 딕은 『천상의 풍경Celestial Scenery』에서 내놓은 기이한 주장으로 더 널리 기억되는 인물이다. 신학보다도 천문학에 한층 초점을 맞추어 내놓은 이 1837년 저서[178]에서 그는 지구를 뺀 태양계 전체에 무려 22조 명의 외계인이 거주한다는 계산을 내놓았는데, 이는 당시 영국의 인구밀도에 토성의 고리 표면과 가장자리까지 포함한 모든 행성·위성·소행성의 면적을 곱해 얻은 수치였다.[179] 달에 사는 박쥐인간 이야기가 이보다 특별히 더 믿기 힘들다고 말할 수는 없을 것이다. 그러니 《선》의 기사는 이전까지 없었던 황당무계한 이야기를 늘어놓은 것이 아니라, 이미 널리 인기를 끌던 유서 깊고 흥미진진한 주장에 그럴듯한 증거를 제시해 준 것이라고 할 수 있다. 과학적으로든 종교적으로든 외계인의 존재를 어느 정도 믿고 있었을 예일대학교의 지식인들이 냉큼 미끼를 문 것은 어찌 보면 당연했다.

여기에 언론의 역할 또한 빼놓을 수 없다. 1833년에 벤저민 데이Benjamin Day가 창간한 《선》은 인구 20만 명에 육박하는 대도시 뉴욕의 언론 지형을 뒤바꿔 놓은 신문이었다.[180] 6센트에 팔리던 기존의 신문과 달리 《선》은 단 1센트면 살 수 있었고, 정치나 경제 기사보다 사건·사고와 스캔들에 집중함으로써 지식인뿐만이 아닌 '보통 사람'을 위한 신문이라는 시장을 성공적으로 공략했다.[181] 1835년 5월에는 《선》의 후발 주자 《뉴욕 헤럴드New York Herald》까지 창간되며 본격적인 '페니 신문Penny Press'의 시대가 열렸다.[182] 한층 저렴해진 신문을 타고 자극적인 소식이 도시 구석구석까지 들불처럼 퍼지는 시대였다.

이러한 시대에는 대중도 매일 새로운 자극에 굶주리는 것이 당연했다. 허셜의 발견이 처음 보도된 1835년 8월은 바넘이 조이스 헤스를 전시하며 쇼 비즈니스 업계에서 첫발을 뗀 시기였다. 그즈음의 가장 뜨거운 사회적 화두가 노예제 반대라는 무겁고도 논쟁적인 주제였다는 사실[183]도 특기할 만하다. 월면의 낙원에서 살아가는 순수하고 행복한 박쥐인간 이야기야말로 모든 면에서 당시 뉴욕 시민들이 기대하고 또 기다리던 종류의 소식이었던 셈이다.

‡

그럼에도 정말로 모든 사람이 박쥐인간 이야기에 넘어간 것은 아니었다. 《선》의 보도를 무비판적으로 옮기며 유행에 편승하려 든 신문이 여럿 있었던 만큼, 동업자의 뻔뻔한 거짓말을 곧장 공격하고 나선 신문도 적지 않았다. 박쥐인간이 지면에 처음 모습을 드러낸 8월 28일에 이미 《뉴욕 이브닝 스타New York Evening Star》는 회의론의 포문을 열었고, 이튿날에는 《커머셜 어드버타이저Commercial Advertiser》와 《저널 오브 커머스Journal of Commerce》가 전선에 동참해 《선》의 기사를 '사기'라고 직설적으로 비난했다.[184]

한편 박쥐인간의 존재를 믿지 못한 사람 가운데는 에드거 앨런 포도 있었는데, 그 이유는 남들과는 조금 달랐다. 그해 4월 《서던 리터러리 메신저》에서 **튀르크인**의 정체를 폭로했던 포는 6월에 같은 지면에서 자신만의 야심찬 거짓말을 시도한 바 있었다. 열기구를 타고 달에 도달한 한스 팔Hans Phaall[†]이라는 사람에 대한,[185] 포 본인의 표현을 빌리자면 "반쯤은 그럴듯하고, 반쯤은 장난스러운"[186] 이 이야기는 안타깝게도 몇 주 뒤 뉴욕이라는 대도시의 주요 일간지에 실린 매우 비슷한 소식에 비해 대단한 반향을 이끌어 내지 못했다.[187] 한스 팔이 본 달의 풍경을 차차 묘사하려던 계획이 무의미해졌음을 깨달은 포는 연재를 포기할 수밖에 없었다.[188] 이런 상황이었으니만큼 형식도, 소재도, 시기조차도 겹치는

---

† 판본에 따라 Phall, Pfaal, Pfaall 등으로 표기되기도 한다.

거짓말에 넘어가기는커녕 그는 오히려 모종의 표절을 의심한 듯하다.[189]

결국 달의 박쥐인간에게 가장 큰 타격을 입힌 것은 《선》의 경쟁자 《뉴욕 헤럴드》였다. 바로 얼마 전 겪은 인쇄소 화재를 딛고 8월 31일에 간행을 재개하자마자, 성격이 불 같았던 《뉴욕 헤럴드》의 창립자 제임스 고든 베넷James Gordon Bennett은 "천문학 사기극 밝혀지다The Astronomical Hoax Explained"라는 기사를 시작으로 페니 신문 업계 동료의 황당한 거짓말을 집요하게 공격했다. 바로 이 31일 자 기사가 사실상의 결정타였다. 베넷은 《에든버러 과학 저널》이 이미 폐간되었음을 밝혔을 뿐만 아니라, 허셜의 발견 이야기를 꾸며낸 장본인을 지목하기까지 했기 때문이다. 바로 《선》의 기자 리처드 애덤스 로크Richard Adams Locke였다.[190]

1800년에 영국 서머싯에서 철학자 존 로크의 먼 방계 후손으로 태어난[191] 로크는 줄곧 언론과 문학에 뜻을 두었으나, 공화주의자라는 정치적 신념 탓에 계속해서 갈등을 빚다가 31세 때 미국으로 이민을 떠나온 결코 성공적이지 못한 작가였다.[192] 하지만 그런 그에게도 남부럽지 않은 특기가 하나 있었다. 바로 거짓말이었다. 자신이 존 로크의 직계라거나 케임브리지대학교 졸업생[193]이라는 등의 거짓말은 로크가 미국에서 입지를 다지는 데에 톡톡한 도움이 되어주었다. 최초의 대서양 횡단 전보선이 놓이기도 전이었던 당시에는 대서양 너머의 정보를 확인할 길이 마땅찮았기에 가능한 일이었다. 훗날 그가 허셜의 발견을 꾸며내며 스코틀랜드의 학술지 이름을 댄 것도 아마 이를 잘 알았기 때문이리라.

로크는 1835년 봄 '선지자 머사이어스Matthias the Prophet'를 자칭한 살인 용의자 로버트 매튜스Robert Matthews의 재판을 취재하면서 《선》과 처음 연을 맺었다. 당시 《커리어 앤드 인콰이어러Courier and Enquirer》에서 일했던 로크는 《선》에도 익명으로 기사를 제공해 큰 호응을 얻었고,[194] 5월에는 아예 《선》의 편집자로 이직했다.[195] 그렇게 주요 일간지 지면을 손에 넣은 로크의 다음 행보가 바로 훗날 '장대한 달 사기극The Great Moon Hoax'으로 알려질 일련의 특종 보도였다.

그렇다면 로크가 그토록 큰 사기극을 계획한 동기는 과연 무엇이었을까? 《뉴욕 헤럴드》의 폭로 뒤로도 한동안 자신이 박쥐인간 소동의 배후임을 공식적으로 인정하지 않았던 로크였지만,[196] 《선》을 떠난 뒤부터 그의 펜 끝에서는 조금씩 진실이 새어 나오기 시작했다. 1836년 신생 신문 《뉴 에라New Era》를 창간한 로크는 자신이 "달 이야기의 저자"라는 사실을 지면에 실었고,[197] 그곳에서도 퇴직한 1840년에는 비로소 지인의 주간지 《뉴 월드New World》를 통해 사기극의 자세한 전말을 고백하기에 이르렀다.

이에 따르면 로크는 돈이나 인기를 얻고자, 혹은 대중의 어리석음을 조롱하고자 거짓말을 지어낸 것이 아니었다. 심지어 독자를 속일 의도조차 없었다. 로크의 진짜 의도는 바로 풍자였다. 본래 천문학에 관심이 많았던 로크가 생각하기에, 성경이며 교리를 근거로 외계인의 존재를 강변하던 토머스 딕과 같은 신학자들의 주장은 과학의 탈을 쓴 유사 과학에 지나지 않았다. 달에 사람이 사는지 안 사는지는 정말로 관측해서 알아내야 하는 문제이지, 성경을 뒤적이다가 문득 깨달을 수 있는 문제가 아니었으니까. 로크는 바로 이 점을 지적하고자 했다. 딕이 주장하던 달 풍경을 더욱 황당무계하게 그려보임으로써, 그러한 주장이 얼마나 우스꽝스러운 것인지를 만천하에 드러냄으로써.[198]

만일 이 고백이 사실이라면, 《선》을 통해 가짜 특종을 보도함으로써 로크는 린나이우스와는 조금 다른 방식으로 일종의 괴물 퇴치를 시도했던 셈이다. 역설적이게도 스스로가 너무나 뛰어난 거짓말쟁이였기에, 풍자를 위한 거짓말을 할 때조차 그럴듯함과 꼼꼼함을 포기하지 못한 작가였기에 이 희대의 괴물 퇴치는 실패로 돌아갔다. 1852년 로크의 친구 윌리엄 그릭스 William Griggs가 사기극의 전말을 정리해 펴낸 책 『유명한 "달 이야기" The Celebrated "Moon Story"』에 의하면, 로크는 자신의 풍자가 받아들여진 방식에 큰 실망감을 드러내며 이렇게 말했다고 한다.

"만일 그 이야기가 참된 진술로 받아들여진다면, 혹은 거짓말로 여겨져 부정당한다면, 풍자로서의 목적 달성에 실패한 것임은 자명하지. 그리고 둘 중 어느 쪽이든, 나는 그 누구보다도 제대로 스스로에게 속아 넘어간 사람인 거야."[199]

‡

바넘이나 포처럼 대성공을 거둔 당대의 거짓말쟁이들과는 달리, 로크는 결국 작가로서 대단한 이름을 떨치지 못했다.

천문학과 자기력 등 여러 과학 분야에 관심을 보이기는 했지만 이쪽 분야에서도 역시 성과는 없었다. 다만 1842년 뉴욕 세관에 취직할 때 특유의 거짓말 솜씨를 발휘했으리라는 정황이 있을 뿐이다. 세관에서 일하려면 미국 시민권이 필요했고, 로크는 자신을 뉴욕 태생으로 소개했다.[200] 뉴욕 세관은 그의 마지막 직장이었다. 은퇴한 지 9년 만인 1871년에 사망할 때까지 그가 문학이나 언론의 세계에 남긴 다른 업적은 알려지지 않았다.[201]

하지만 다른 측면으로 보면 로크는 이론의 여지없이 성공한 작가이기도 하다. 비록 원하는 반응을 이끌어 내지는 못했을지언정 '장대한 달 사기극'은 얽힌 사람 전원에게 깊은 인상을 주었다. 1836년에 남긴 편지에서 허셜은 자신의 이름이 황당무계한 달 인간 이야기와 단단히 얽혀버린 데에 큰 당혹감을 표했고,[202] 풍자 대상이었던 딕은 『천상의 풍경』에서 로크의 거짓말이 "'진리의 하나님'이신 창조주의 법칙을 위반하는" 행위라며 강하게 비난했다.[203]

거짓말쟁이 동료들의 평가는 훨씬 호의적이었다. 바넘은 자신과 같은 시기에 사기꾼으로 데뷔한, 그리고 그 이듬해에는 조이스 헤스의 부검 결과를 보도하며 자신의 거짓말을 지적했던[204] 로크의 사기극이 "우리 세대가 아는 한 대중을 겨냥한 과학적 속임수 가운데 가장 경이로운"[205] 일이었다고 적었다. 포조차도 결국에는 로크의 재능을 인정하지 않을 수 없었다. 1846년 잡지 《고디스 레이디스 북Godey's Lady's Book》에 연재한 「뉴욕의 지식인들The Literati of New York City」에서[206] 그는 로크의 표절을 의심하고, 자신도 원래는 로크처럼 사실적인 글을 쓸 작정이었다고 주장하고, **튀르크인**을 공격할 때처럼 로크가 쓴 기사의 과학적 오류를 조목조목 지적한 끝에[207] 아래와 같은 찬사를 덧붙였다.

"그의 문체는 간결성, 명료성, 완결성이 모두 적절히 배치되어 있다는 면에서 두드러진다. 그의 기법은 천재성 그 자체라 할 만하다. 그가 쓰는 글은 모두 정확히 의도한 바만을 겨냥하며 군더더기가 없어, 기묘한 면으로나마 모범이 된다."[208]

포에게 로크의 글은 실제로 일종의 모범이었다. 1844년 4월 13일 자 《선》에는 비행선을 타고 웨일스에서 파리로 향하던 중 강풍에 휩쓸려 우연히 대서양을 건너버린 여덟 사람에 대한 기사가 실렸는데, 이는 사실 포가 통째로 지어낸 이야기였다.[209] 한때 로크가 표절했다고 여긴 한스 팔의 열기구 여행이라는 아이디어를 재활용하며, 포는 거꾸로 로크의 행적을 베끼려고 시도한 셈이다. "모방이야말로 가장 진심 어린 찬사"라는 예술계의 격언을 생각하면, 로크는 미국에서 가장 이름난 대문호에게 최상급의 극찬을 받았다고도 할 수 있으리라.

‡

물론 로크가 작가로서 거둔 가장 큰 성공을 꼽자면, 단연 세월이 지나도 잊히지 않고 영원히 이야기될 작품 한 편을 역사에 남겼다는 사실일 것이다. 1835년의 '장대한 달 사기극'은 페니 신문이 열어젖힌 대중매체의 전성기를 상징하는 가짜 뉴스로서, 천문학의 발전이 사회적 변화를 촉발하던 당대의 시대상이 낳은 소동으로서 오늘날까지 널리 회자된다. 나아가 로크가 본래 품었던 문제의식의 핵심만큼은 현대에도 여전히 유효하다고 말할 수 있다. 대중매체의 형태가 바뀌고 천문학이 한층 더 발전하는 가운데 끝까지 바뀌지 않은 것이 있기 때문이다. 바로 지구만이 유일한 세계는 아닐 것이라는, 우주 저편에 틀림없이 다른 생명체들이 살고 있으리라는 인류의 바람이다.

로크가 창조한 박쥐인간이 그러한 바람으로부터 생명력을 얻은 첫 번째 근대적 괴물이라면, 이 책에 실린 다른 여러 외계의 존재는 전부 박쥐인간의 후예나 마찬가지이다. 근대 이후의 사회가 줄곧 외계 생명체의 존재를 꿈꾸지 않았더라면 **1938년의 라디오방송 속 화성인**도, 더 먼 훗날의 언론과 대중매체를 요란하게 장식할 그 모든 외계인 이야기도 결코 나타나지 않았을 테니까. 즉 로크가 《선》의 특종으로 풍자하고자 했던 현실은 1835년 이래 단 한 번도 바뀐 적이 없는 셈이다. 우리는 언제나 황당무계한 외계인 이야기에 기꺼이 속아 넘어갈 준비가 되어 있고, 그때마다 달의 박쥐인간 이야기는 어김없이 지면에 호출되어 나오며 고전으로서의 생명력을 새로이 얻을 것이다. 비록 로크는 이 사실조차 그저 실망스레 여길지도 모르겠지만.

1840

†

챔피언과 도전자

미주리움

Missourium

알베르트 카를 코흐Albert Carl Koch[210]는 전문적인 과학교육을 받은 적이 단 한 번도 없는 사람이었다. 독일에서 태어나 1826년에 22세의 나이로 미국에 건너온 그는 처음에는 베를린 자연사박물관에 표본을 제공하며 돈을 벌다가 나중에는 미주리주 세인트루이스에서 직접 박물관을 운영하기에 이르렀으나, 정작 생물학이나 지질학에 대한 조예는 고작 주워들은 수준에 지나지 않았다. 그럼에도 박물관에 놓을 진기한 소장품을 발굴하고자 1838년부터 1840년까지 미주리주 곳곳을 탐사하던 도중, 설퍼스프링스Sulphur Springs와 남서쪽 폼드테르Pomme de Terre강 가의 샘터에서 거대한 짐승의 뼈 화석을 연달아 맞닥뜨렸을 때 코흐는 자신이 앞으로 해야 할 일을 똑똑히 안다고 믿었다.

얼마 뒤 코흐의 세인트루이스박물관St. Louis Museum에는 새로운 전시물이 등장했다. 이집트 미라, 밀랍 인형, 조류 박제와 공연장 따위의 온갖 두서없는 구경거리 사이로 우뚝 솟아난 그것은 코흐가 폼드테르강 가에서 찾은 화석을 하나하나 짜맞춰 완성한 네발동물의 온전한 골격이었다. 몸길이 9.8미터에 키 4.6미터라는 압도적인 덩치에다 좌우로 뻗친 77센티미터 길이의 상아 한 쌍까지,[211] 세인트루이스박물관의 뼈다귀 짐승은 그때까지 북미 대륙을 활보했던 어떤 육상동물보다도 크고 웅장한 괴수였다. 아득한 세월을 넘어 당당히 되살아난 이 괴수에게 코흐는 '미주리 레비아탄Missouri Leviathan' 또는 '미주리움'이라는 그럴듯한 이름까지 손수 붙여주었다.

미주리움은 단지 덩치만 큰 화석이 아니었다. 미주리움

을 세상에 선보임으로써 코흐는 당시 미국을 호령하던 다른 거대 괴수에게 도전장을 던지고자 했다. 쉽지 않은 도전이었다. 미주리움의 상대는 생물학의 새로운 장을 열어젖혔고, 우리가 세상을 보는 방식 그 자체를 뒤바꿨으며, 건국 초기 미국인들의 자긍심을 떠받치기까지 했던 괴수 중의 괴수였으니까. 유럽 학계에 존재가 처음 알려졌던 18세기에 문제의 괴수는 '오하이오 동물Ohio animal'이나 '아메리카의 미확인생물American Incognitum' 등의 다소 두루뭉술한 호칭으로 통했지만,[212] 미주리움이 등장했을 즈음에는 훨씬 번듯한 이름이 쓰인 지 오래였다. 프랑스의 동물학자 조르주 퀴비에가 1817년에 치아의 특징적인 모양새를 따서 정식으로 명명한 그 이름은, 다소 우스꽝스럽게도 그리스어로 '젖가슴 이빨'을 의미하는 마스토돈Mastodon이었다.[213]

‡

훗날의 도전자인 미주리움과는 달리, 마스토돈은 이름이 지어지기 전부터 이미 세상을 바꿔놓고 있었다. 1739년에 프랑스군 장교인 샤를 르 모인 드 롱괴이Charles Le Moyne de Longueuil가 오하이오강 근방에서 발견해 유럽 학계에 처음으로 알린[214] 마스토돈의 뼈는 코끼리를 연상시켰으면서도 실제 코끼리의 골격과는 어딘가 달랐다. 신대륙에서 그와 같은 동물을 본 사람은 아무도 없었기에, 18세기의 저명한 자연과학자인 윌리엄 헌터William Hunter나 조르주루이 르클레르 드 뷔퐁 등은 마스토돈이 한때 북미에 살았다가 지금은 전부 죽어 없어졌을

지도 모른다는 추측을 조심스레 제기했다.[215] 과거에는 엄연히 존재했던 생물이 오늘날에는 더 이상 존재하지 않을 수도 있다는 충격적인 발상, 즉 '멸종'이라는 개념이 근대과학계에 본격적으로 등장한 계기였다.

그리고 1796년, 퀴비에는 헌터와 뷔퐁의 추측보다도 한 발 더 나아간 주장을 펼침으로써 이전까지 없던 전혀 새로운 생물학 분야를 탄생시켰다. 꼼꼼한 해부학적 분석을 통해 현존하는 아시아코끼리*Elephas maximus*와 아프리카코끼리*Loxodonta africana*, 화석으로만 알려진 마스토돈과 시베리아의 **매머드**가 비슷하면서도 구분되는 종임을 밝혀낸 퀴비에는 세계 각지에서 발견되는 악어나 코뿔소 화석 등도 마찬가지로 현생종과 완전히 같지 않다는 사실을 토대로 한 가지 놀라운 결론에 도달했다. 바로 과거의 지구가 오늘날과 전혀 다른 생물들로 가득 차 있었으리라는 결론이었다. 이전의 과학자들과 달리 멸종을 드문 이례적 사건이 아니라 얼마든지 되풀이될 수 있는 자연현상으로 봄으로써, 퀴비에는 사라진 코끼리 한두 종이 아닌 태곳적의 생태계 자체를 생물학의 연구 대상으로 만들었다.[216] 오늘날 퀴비에가 종종 '고생물학의 아버지'[217]라 일컬어지는 이유다.

동시에 퀴비에는 19세기부터 오늘날까지 땅속에서 스멀스멀 기어 나온 무수한 괴물들의 아버지이기도 하다. 한때 괴물이 산다고 여겨졌던 '미지의 땅'이 탐험가들의 발길 아래 훤히 밝혀지며 신비를 잃어가는 가운데, 퀴비에로부터 탄생한 고생물학은 현실에서 쫓겨난 괴물들이 살아 숨 쉴 '잃어버린 세계'라는 새로운 서식지를 제공해 주었다. 지금은 존재하지 않는 그 어떤 생물이라도 과거에는 얼마든지 번성했을 수 있다는 상상의 여지가 활짝 열려버린 덕택이었다. 고작 옛 전설을 근거로 **스트론사 짐승**을 큰바다뱀으로 추측했던 시대가 저물고 있었다. 이제부터는 누구나 더 크고 멋지며 과학적으로도 그럴듯한 괴물을 새로이 만들어 낼 수 있는 시대였다. 마스토돈은 바로 그러한 시대의 기틀을 닦은 화석이었다.

‡

나아가 마스토돈은 한 나라의 자존심을 세우는 데에 기여한 화석이기도 했다. 멸종이라는 개념을 발전시킨 뷔퐁은 1749년부터 1788년 사망할 때까지 장장 36권에 달하는 백과사전 『자연사 Histoire Naturelle』를 편찬한 인물이기도 했는데, 이 일생의 역작에는 신대륙의 환경이 춥고 습하기에 그곳에서 나고 자란 생물은 구대륙의 동족에 비해 작고 열등할 수밖에 없다는 주장이 실렸다. 독립운동과 건국에 힘쓰던 당대 미국인들을 자극하기에는 충분한 주장이었다. 특히 미국의 국부 중 하나인 토머스 제퍼슨은 이런 폄하를 반박하는 데에 온 힘을 기울여, 한번은 북미 토착종인 거대한 말코손바닥사슴 Alces alces 표본을 직접 뷔퐁에게 보여주려 했을 정도였다.[218] 하지만 말코손바닥사슴보다도 더 큰 짐승이 한때 북미 땅을 활보했다면, 신대륙 열등론을 거꾸러뜨리는 데에 다른 증거는 필요 없지 않겠는가?

과연 제퍼슨은 뼈밖에 남지 않은 대형동물들에게도 큰 관심을 기울였다. 예컨대 그는 1796년 버지니아의 동굴에서

코흐가 짜맞춘 미주리움 골격을 바탕으로 한 복원도.
하지만 이 육중하고 경이로운 괴물은 오직 코흐의 상상 속에만 존재했다.

발견된 화석이 사자보다 세 배 이상 큰 포식동물의 뼈라고 주장했는데, 그가 '큰발톱'을 뜻하는 메갈로닉스Megalonyx라고 명명한 이 화석의 정체는 사실 나무늘보의 먼 친척인 땅늘보의 일종이었다. 대통령 임기 중이던 1803년에는 국토 탐사대를 이끌 개인 비서 메리웨더 루이스Meriwether Lewis에게 탐사 도중 "희귀하거나 멸종했다고 알려진" 동물을 눈여겨보라고 따로 지시한 일까지 있었다.[219] 이처럼 미국 땅에서 괴수의 흔적을 찾는 일은 한때 국가적 자존심이 걸린 문제이기도 했다.

그러니 1801년의 크리스마스 전날, 찰스 윌슨 필이 운영하는 필라델피아박물관에서 거의 온전한 모습의 마스토돈 화석이 처음 모습을 드러냈을 때[220] 미국인들의 눈에 비친 것은 단순한 화석이 아니었다. 세계에서 두 번째이자 미국 최초로 복원 전시된 화석이었던[221] 필라델피아박물관의 마스토돈은 북미 대륙이 결코 유럽에 비해 뒤떨어지는 땅이 아니라는 과학적 증거였으며, 자연히 미국의 국가적 정체성을 떠받치는 기둥 중 하나이기도 했다. 다시 말해 마스토돈은 당대 미국을 상징한 고생물, 즉 국가대표 화석인 셈이었다. 꼬박 40년이 지나 미주리움이 모습을 드러낼 때까지도 그 영예로운 지위는 여전히 마스토돈의 몫이었다.

※

코흐는 틀림없이 자신의 화석이 마스토돈만큼, 어쩌면 그 이상으로 유명해지기를 바랐다. 이는 그가 1841년 1월에 박물관을 팔고 미주리움과 함께 뉴올리언스행 배에 몸을 실었다는 사실로 미루어 짐작할 수 있다. 목적은 물론 순회전시였다. 미주리움 같은 구경거리가 유명해지기 위해서는 **튀르크인과 피지 인어**가 그랬듯 대도시 곳곳을 돌아다니며 흥행 몰이를 할 필요가 있었으니까. 문제는 미주리움이 아무리 진기한 구경거리였다 한들, 결국에는 40년 전에 미국인들의 마음을 사로잡았던 마스토돈과 마찬가지로 상아가 달린 네발짐승의 화석일 뿐이라는 사실이었다. 그러니 코흐의 화석이 마스토돈만큼 유명해지려면 먼저 마스토돈의 그림자에서 벗어나야 했다. 마스토돈보다도 한층 크고 멋진, 아무튼 마스토돈과는 뭐가 달라도 다른 괴수임을 증명함으로써.

1841년 켄터키주 루이스빌에서 코흐가 펴낸 홍보용 팸플릿 〈미주리움, 혹은 미주리 레비아탄에 대한 설명Description of Missourium, or Missouri leviathan〉은 이를 위해 미주리움이 마스토돈에게 던진 도전장 그 자체였다. 스무 장 분량의 이 팸플릿에는 미주리움 화석의 모습이나 발굴 과정과 더불어 코흐가 주장한 미주리움과 마스토돈의 차이점 역시 구구절절 적혀 있다. 코흐에 따르면 코끼리의 일종인 마스토돈과 달리 미주리움에게는 긴 코가 없었고, 발가락에는 발굽 대신 날카로운 발톱이 달려 있었으며, 척추뼈와 갈비뼈도 몇 개씩 더 많았다! 두 화석의 차이는 이뿐만이 아니었다. 코흐는 골격구조로 미루어 보아 미주리움이 하마처럼 주로 물에 살았으며, 넓적한 꼬리와 물갈퀴를 지녔을 것이고, 주로 육식을 했으리라고 주장하기까지 했다. 몸이 악어와 같은 갑옷으로 덮여 있었을지도 모른다는 짐작은 덤이었다.[222]

코흐가 묘사한 미주리움은 확실히 마스토돈과 전혀 달

랐지만, 한편으로는 퀴비에가 마스토돈의 정체를 해부학적으로 규명하기 이전에 사람들이 상상한 모습과 놀랍도록 닮아 있기도 했다. 예컨대 윌리엄 헌터는 마스토돈을 무시무시한 육식동물로 추측했으며,[223] 필은 마스토돈이 호수에 살면서 바다코끼리처럼 아래쪽으로 휜 상아를 이용해 조개 따위를 잡아먹었던 짐승이라고 주장한 바 있었다.[224] 즉 악어와 하마와 코끼리를 뒤죽박죽 섞어놓은 듯한 코흐의 미주리움은 과학에 의해 진짜 모습이 드러나기 전의, 상상 속 멋진 괴물로서 전성기를 누리던 시절의 마스토돈 그 자체였다. 코끼리의 친척인 온순한 초식동물로 밝혀진 지 오래던 당시의 마스토돈에게 도전하기에는 이보다 알맞은 모습이 있을 수 없다는 듯이.

이처럼 인상적인 설명을 무기 삼아, 코흐와 미주리움은 루이스빌을 거쳐 마스토돈 화석이 처음 전시된 필라델피아에서도 관객을 끌어모았다. 하지만 코흐의 진짜 야심은 미국 땅에 있지 않았다. 마스토돈이 헌터나 퀴비에와 같은 유럽 학자들의 연구에 의해 비로소 세상을 바꾼 화석으로 자리매김했듯, 미주리움도 미국이 아닌 유럽에서 이름을 떨쳐야 그 진가가 제대로 드러나지 않겠는가? 코흐의 생각은 놀랍게도 적중했다. 1841년 7월에 대서양을 건너 런던으로 향한 미주리움은 피커딜리의 이집션홀Egyptian Hall에서 화려하게 전시되었을 뿐만 아니라, 그곳에서 드디어 자신의 진가를 알아보는 사람을 만났으니까.

미주리움이 만난 사람은 퀴비에와 마찬가지로 유능한 해부학자이자 고생물학자였다. 나아가 그는 퀴비에가 가능

성을 연 태고의 괴물들에게 확고한 이름과 모습을 부여할 제
2의 아버지였으며, 또 그러한 괴물 중 하나인 미주리움을 퇴
치할 사나이이기도 했다. 1842년 2월 23일, 리처드 오언은
미국에서 건너온 거대 괴수의 진실을 밝히고자 런던 지질학
회의 지식인들 앞에 섰다.[225] 그가 화석으로만 발견되는 커다
란 파충류 무리를 일컫는 말로서 '무시무시한 도마뱀', 즉 '공
룡Dinosauria'이라는 단어를 처음으로 문헌에 기록한 것과 같은
해의 일이었다.[226]

‡

런던 지질학회에서 오언이 미주리움에게 한 일은 과거 퀴비
에가 마스토돈에게 한 일과 근본적으로 다르지 않았다. 퀴비
에가 마스토돈 화석을 현생 코끼리의 뼈와 비교함으로써 두
생물이 친척관계임을 알아냈듯이, 오언은 미주리움과 마스
토돈을 비교해 둘 사이의 관계를 알아내려 했다. 코흐가 뭐라
고 주장했든 커다란 상아가 달린 미주리움은 오언이 보기에
틀림없이 코끼리의 일종이었고, 상아의 방향이 좌우인 것은
복원 과정의 실수에 불과했다. 나아가 오언은 미주리움의 어
금니 모양이 마스토돈의 것과 일치한다는 사실도 밝혔다.[227]
코흐가 미주리움에게 척추뼈와 갈비뼈를 몇 개나 달아놓았
건, 화석에는 보이지도 않는 물갈퀴와 넓적한 꼬리에 대해 뭐
라고 썼건 숙련된 해부학자의 눈을 피할 수는 없었다. 오언에
게 미주리움은 단지 "가장 기괴하게 뒤틀리고 과장된" 마스
토돈 화석일 뿐이었다.[228]

미주리움의 본모습을 간파한 사람이 오언뿐은 아니었다. 화석이 미국에 있었을 때부터 이미 폴 고다드Paul Goddard나 리처드 할란Richard Harlan과 같은 학자들은 미주리움 화석의 해부학적 오류를 지적했으며, 해부학적 지식이라고는 없었던 코흐가 마스토돈의 골격에 뼈를 마구잡이로 덧붙여 더 크게 조립했음도 눈치챘다. 하지만 오언의 공격은 이전의 학자들이 내놓은 것보다 훨씬 꼼꼼했으며 또 치명적이었다. 게다가 오언에게는 괴물의 숨통을 끊기에 충분한 영향력도 있었다. 피커딜리에 나타난 구경거리 속에 귀중한 진짜 마스토돈 화석이 숨어 있었다는 사실을 저명한 고생물학자가 밝혀내자 영국 학계는 가만히 있지 않았다. 한동안 런던과 더블린에서 꿋꿋하게 전시를 이어나가던 미주리움이었지만 최후는 곧 다가왔다. 영국박물관이 코흐에게 결코 거절할 수 없는 제안을 내민 것이다.

1844년 5월, 코흐는 유럽에서의 전시를 성공적으로 마치고 미국으로 돌아가는 배에 올라탔다. 하지만 몇 년 전에 손수 땅에서 파내 조립한 자랑스러운 괴수는 그 곁에 없었다. 거금을 받고 영국박물관에 팔아버렸기 때문이었다. 이미 실체가 드러나 버린 미주리움이 그곳에서 잠시나마 버틸 리 만무했다. 영국박물관의 목적은 미주리움을 산산이 분해한 다음 해부학적으로 정확하게 재조립하는 것이었으니까. 오언도 직접 관여한 대수술 끝에 새로이 모습을 드러낸 것은 물론 또 하나의 온전한 마스토돈 화석이었다. 이후로도 몇 차례 옮겨지며 수리를 받은 끝에, 한때 미주리움이라 불렸던 마스토돈은 현재도 영국 자연사박물관 힌츠홀Hintze Hall에 굳건히 서서 관람객들을 굽어보고 있다.[229] 다른 마스토돈보다 특별히 더 크지도 멋지지도 않은, 그러나 과거에 비해 훨씬 정확한 모습으로.

☦

코흐가 단지 큰돈을 벌기 위해 화석을 짜깁기한 사기꾼인지, 아니면 정말로 한때 미국 땅에 미주리움이라는 괴수가 살았음을 믿었는지 오늘날 단정하기란 쉬운 일이 아니다. 다만 확실한 것은 코흐의 의도가 무엇이었든 그가 상상한 미주리움은 결국 마스토돈 없이는 태어나지 못했을 괴물이었다는 점이다. 마스토돈을 연구한 학자들이 '잃어버린 세계'라는 개념을 가능케 했기에, 마스토돈을 둘러싼 갖가지 추측 속에서 실제와는 전혀 다른 무시무시한 육식동물의 이미지도 함께 만들어졌기에 미주리움은 진짜 마스토돈보다 한층 인상적인 모습으로 세상에 나타날 수 있었다. 모든 면에서 마스토돈을 재료로 만들어진 괴물이었던 셈이다. 이러한 괴물을 퇴치해 본모습으로 되돌린 무기 역시 마스토돈 연구의 산물이었음은 참으로 공교로운 일이다.

한편 코흐는 자신이 창조한 괴물과 달리 과거를 청산하고 올바르게 거듭나지 못했다. 미주리움을 팔고 미국에 돌아온 지 얼마 지나지 않은 1845년, 그는 기어이 땅속에서 또 하나의 새로운 괴물을 발굴해 내고 만다. 미주리움보다도 더욱 낯설고 놀라운 모습으로 완성된 이 두 번째 괴물의 이름은 **히드라르코스**였다.

1845

†

성서 속
괴수의 부활

히드라르코스

Hydrarchos

코흐가 1841년에 펴낸 팸플릿 〈미주리움, 혹은 미주리 레비아탄에 대한 설명〉을 읽다 보면 신경 쓰이는 부분이 하나 있다. 바로 제목은 물론 본문 곳곳에서도 **미주리움**이 이따금 레비아탄Leviathan이라는 별칭으로 일컬어진다는 사실이다. 레비아탄은 구약성서의 「욥기」 41장에서 신이 욥에게 자신의 권능을 보이고자 예시로 드는 피조물 중 하나로, 단단하게 맞물려 투창과 화살을 튕겨내는 비늘과 불이 뿜어져 나오는 거대한 입을 지녔기에 그 어떤 용사라도 맞설 수 없는 바다 괴물이자 "모든 교만한 자들에게 군림하는 왕"[230]으로 묘사된다. 코흐는 자신의 화석 괴수가 성서 속 '레비아탄'에 비견될 만큼 거대한 짐승이었음을 강조하고 싶었던 것일까? 그렇지 않다. 그는 미주리움이 곧 성서 속 레비아탄의 정체라고 주장하려 했다.

미주리움과 마스토돈의 차이점을 설명한 것보다도 더 많은 분량을 할애해 가며, 코흐는 어째서 레비아탄이 일각의 주장처럼 고래나 악어 따위가 아닌 미주리움인지를 논증하고자 애썼다. 그가 생각하기에 작살로 얼마든지 사냥할 수 있는 고래나 성경에 언급된 강인한 "목덜미"가 존재하지 않는 악어는 절대 레비아탄일 리가 없었다. 반면 갑옷과 상아로 중무장한 거대 수생 괴수 미주리움은 천하무적의 피조물인 레비아탄과 꼭 들어맞았다. 「욥기」 41장의 구절 하나하나를 따져가며 미주리움과 레비아탄의 공통점을 집요하게 늘어놓은 끝에, 코흐는 코끼리가 아시아와 아프리카에 모두 서식하고 마스토돈과 같은 옛 코끼리의 화석도 세계 곳곳에서 발견되니 미주리움이 한때 아시아에도 살았을 가능성은 충분하다

는 말로 주장을 마무리한다.[231]

다시 말해 코흐의 목적은 단지 마스토돈보다 크고 멋진 괴수를 만들어 내는 것뿐이 아니었다. (린나이우스의 주장에 따르면)「요한계시록」에 등장하는 일곱 머리 용을 흉내 내 제작된 **함부르크의 히드라**처럼, 그는 화석을 짜맞춰「욥기」의 레비아탄을 손수 되살리고자 했다. 미주리움이 주로 물에 살았으리라고 주장한 것도, 화석에는 보이지도 않았던 물갈퀴나 넓적한 꼬리 따위가 달려 있었다고 단정지은 것도 어느 정도는 이 때문이었던 듯하다. 화석을 단서 삼아 누구도 알지 못하는 동물의 생태를 추측하려 애썼던 퀴비에나 오언 등의 고생물학자와 코흐는 애초에 가는 길이 달랐던 셈이다. 코흐에게 정답은 화석이 아닌 성경 구절 속에 있었다. 해야 할 일은「욥기」41장에 나온 모습 그대로 뼈와 가설을 솜씨 좋게 조립하는 것뿐이었다.

하지만 사실을 성경에 꿰맞추는 코흐의 솜씨가 대단했다고 평하기는 힘들다. 무엇보다도 코끼리의 친척쯤 되는 육지동물의 화석에 갈비뼈를 더 끼워 넣는다고 바다 괴물이 되지는 않는다. 코흐가 뭐라고 역설했든 미주리움은 레비아탄과 그다지 닮은 구석이 없으며, 차라리「욥기」40장에 등장하는 다른 괴물인 '베헤못Behemoth'과 훨씬 흡사하다. 어째서 코흐가 육중한 꼬리와 쇠막대기 같은 뼈를 지닌 초식동물로 묘사된 베헤못 대신 엉뚱한 레비아탄을 미주리움의 정체로 지목했는지는 수수께끼다. 단지 코흐에게 베헤못보다는 레비아탄이 훨씬 더 의미 있는 괴물이었으리라고 추측할 수만 있을 뿐이다. 미주리움을 영국박물관에 팔고 미국으로 돌아온 바로 이듬해인 1845년, 그는 더욱더 레비아탄과 닮은 괴물을 세상에 선보였으니까.

‡

코흐의 두 번째 괴물은 미주리가 아닌 앨라배마주 출신이었다.[232] 불과 10여 년 전에 마스토돈과는 전혀 다른 거대한 짐승의 척추뼈가 출토된 바 있는 장소인 앨라배마는, 당시 미국 각지를 돌며 화석 발굴에 매진하던 코흐에게 놓칠 수 없는 보물 상자였다. 과거 그곳에서 출토된 화석이 하필이면 레비아탄을 연상시키는 물건이었기에 더더욱 그러했다.

　미주리움의 오류를 지적한 사람 중 하나이기도 한 미국 고생물학자 리처드 할란은, 루이지애나주와 앨라배마에서 발견된 화석의 정체가 플레시오사우루스와 비슷하지만 몸길이가 24~30미터에 달하는 대형 수생 파충류라고 여겨 1834년에 '도마뱀의 왕'을 뜻하는 바실로사우루스_Basilosaurus_라는 이름을 붙였다.[233] 얼마 뒤인 1839년에 바실로사우루스의 턱뼈를 직접 조사해 본 리처드 오언은 이 생물이 파충류가 아닌 고래의 일종임을 밝혔지만,[234] 파충류든 고래든 태고의 바다 괴물임은 마찬가지였다. 1835년 1월 앨라배마에 도착해[235] 화석 탐사를 시작한 코흐는 이번에도 바로 그런 괴물을 찾아내고자 했다. 몇 개월에 걸친 탐사의 결과는 어김없이 대성공이었다. 비록 화석이 플로리다주에서 배와 함께 침몰했다가 천만다행으로 구조되는 가슴 철렁한 사고가 있기는 했지만, 두 번째 괴물은 성공적으로 뉴욕에 도착했고 그해

7월에는 조립까지 마무리되었다.[236] 이제 남은 건 관객을 맞이하는 일뿐이었다.

브로드웨이의 아폴로 살롱Apollo Salon에서 마침내 모습을 드러낸[237] 코흐의 화석은 과연 미주리움과는 모든 면에서 달랐다. 미주리움이 도무지 바다 괴물이라고 믿기 힘든 네발짐승의 모습이었던 반면, 이번 화석은 가장 유명한 바다 괴물 중 하나인 큰바다뱀을 꼭 닮아 있었으니까. 그 몸길이 역시 미주리움의 세 배를 훌쩍 넘는 장장 35미터였지만, 뼈 사이의 연골까지 고려하면 원래는 43미터 이상은 되었으리라는 것이 코흐의 주장이었다. 그가 상상한 괴물의 생전 모습은 커다란 턱으로 상어를 문 채 목을 물 위로 쳐들고 뱀처럼 좌우로 몸을 흔들며 헤엄치는 거대한 육식 파충류였다.[238]

처음에 코흐가 자신의 괴물에게 붙여준 학명은 히드라르고스 실리마니Hydrargos sillimanii였다.[239] 속명 '히드라르고스'는 '물 대장'을 뜻했고, 종명 '실리마니'는 예일대학교의 저명한 화학자이자 《미국 과학 저널American Journal of Science》의 창립자인 벤저민 실리먼Benjamin Silliman을 기리는 이름이었다. 실리먼은 코흐와 교류가 있었으며 큰바다뱀의 존재도 믿었으니[240] 바다 괴물 화석의 학명에 이름이 실려도 딱히 이상하지는 않았다. 하지만 그는 "과학적 정의를 위해" 바실로사우루스를 학계에 보고한 리처드 할란의 이름이 대신 붙어야 한다는 뜻을 코흐에게 전했고,[241] 속명 역시 조금 다듬어져서 괴물의 새 이름은 '할란의 물 지배자'를 뜻하는 히드라르코스 할라니Hydrarchos harlani가 되었다.

이름이 바뀐 것은 히드라르코스만이 아니었다. 여전히

전문적인 과학교육을 받은 적이 없었음에도 1845년에 코흐는 '코흐 박사'를 자칭하기 시작했다.[242] 어쩌면 미주리움을 성황리에 전시하다가 마지막에는 비싸게 팔기까지 한 경험이 그를 한층 더 흥행에 굶주린 사람으로 만들었는지도 모른다. 그러지 않았더라도 한때 **피지 인어**가 전시되었던 바넘의 미국박물관으로부터 겨우 몇 블록 떨어진 장소에서 진기한 구경거리를 전시하려면 대중의 눈길을 더욱 확실하게 끌 수단이 필요했으리라. 하지만 괴물의 창조주가 아마추어 화석 연구자에서 흥행사로 변신하는 와중에도 바뀌지 않는 것은 있었다. 뉴욕 시내에 나도는 전단지와 팸플릿 속에서, 히드라르코스는 자신의 선배 화석과 똑같이 「욥기」 41장의 레비아탄으로 일컬어졌다.[243]

‡

히드라르코스가 바로 구약성서에 나오는 레비아탄이라고 주장한 사람은 코흐 혼자만이 아니었다. 예컨대 의학 잡지 《뉴욕 디섹터New York Dissector》에는 히드라르코스야말로 "미주리움을 포함하여 지금껏 논평가들이 성서에 묘사된 대상이라고 제시했던 모든 동물을 완전히 대체할" "한층 적합한 모범 사례"라고 극찬하는 글이 게재되었으며,[244] 종교 주간지 《뉴욕 에반젤리스트The New York Evangelist》 역시 히드라르코스가 물을 마시러 온 미주리움을 잡아채 바닷속 동굴로 끌고 갈 수 있었을 만큼 무서운 짐승이자 "「욥기」에 묘사된 괴물 레비아탄 자체이거나 그 동족 가운데 하나"였음이 분명하다고 보도했다.²⁴⁵ 코흐는 이 두 기사를 홍보 팸플릿에 그대로 옮겨 실으며²⁴⁶ 이전보다 한층 성공적이었던 두 번째 레비아탄 부활 시도를 자축했다.

새로이 발견된 화석을 성서 속 괴물과 동일시하려 애썼던 당대 미국인들의 모습은 오늘날에는 다소 우스꽝스럽게 느껴질지 모른다. 하지만 기독교가 서구 사회 전반을 지배하던 시기에 이는 결코 하찮은 일이 아니었다. 성경은 태초의 7일 동안 온 세상과 인간을 포함한 모든 동식물이 함께 창조되었다고 말할 뿐, 인간이 세상에 등장하기도 전인 까마득한 과거에 낯선 괴물들이 지구를 활보했다는 말은 어디에도 나오지 않으니까. 천문학이 그랬듯 고생물학도 성경 구절만으로는 설명할 수 없는 발견을 속속 내놓으며 오래도록 공고히 이어져 온 기독교 세계관을 마구 뒤흔들었다. 그런 가운데서 과학적 사실과 종교적 믿음 중 어느 하나를 완전히 버릴 수 없었던 사람들은 대신 둘을 조화시킬 새로운 논리를 짜내고자 했다.

예를 들어 어떤 사람들은 멸종이라는 개념을 단호히 거부함으로써 퀴비에의 '잃어버린 세계'에 저항했다. 신이 세상을 완벽하게 창조했으니 그 구성물 중 하나가 영영 사라져 완전성을 잃는 일은 결코 일어날 수 없으며, 따라서 화석으로만 발견된 각종 기이한 동물들은 멸종한 것이 아니라 아직 찾아내지 못했을 뿐이라는 것이 그들의 주장이었다. 토머스 제퍼슨은 이러한 주장을 가장 마지막까지 밀어붙인 사람 가운데 하나였다. 유럽과 미국의 지식인 대다수가 퀴비에의 가설을 수용한 이후에도 그는 마스토돈이나 메갈로닉스 같은 태고의 짐승들이 미국 땅에 살아남아 있으리라는 믿음을 꿋꿋이 고수했다. 국토 탐사대에게 멸종동물을 찾아보라고 특별히 지시한 것도 바로 이 때문이었다.[247]

한편 새로운 세계관을 보다 자연스럽게 받아들인 사람도 적지 않았다. 태고의 생물들이 사라진 이유를 설명하고자 퀴비에는 대규모의 갑작스러운 재난이 여러 차례 지구를 휩쓸어 지형을 뒤바꾸고 생태계를 파괴했다는 이른바 '격변설Catastrophism'을 주장했는데,[248] 이는 신이 죄악으로 가득 찬 세상을 벌하고자 40일에 걸친 대홍수를 일으켰다는 「창세기」의 내용 덕택에 기독교인들에게도 제법 익숙한 주장이었다. 1830년대 중반에 들어 지질학자들이 더 이상 성서 속의 대홍수와 지질학적 대격변을 동일시하지 않게 된 뒤에도 화석으로 발견된 태고의 동물들은 여전히 종종 '대홍수 이전antediluvian'의 괴물로 불렸다.[249]

이처럼 멸종, 고생물학, 공룡, 잃어버린 세계 등의 새로운 개념과 오래된 성경 구절을 연결함으로써 19세기의 기독교인들은 근대과학의 성과를 완전히 부정하지 않으면서도 동시에 기독교적 세계관에 대한 믿음을 유지할 수 있었다. 《뉴욕 디섹터》와 《뉴욕 에반젤리스트》가 히드라르코스를 성서 속 괴수 레비아탄으로 인정한 것도 이와 같은 맥락에서 일어난 일이었다. 뉴욕 시내에 새로이 등장한 괴물이 과거 실존했다는 근거를 성경에서 찾고, 또 성경의 내용이 진실이라는 근거를 괴물에서 찾으며 당대 사람은 끊임없이 충돌을 빚던 과학과 신앙을 다시 한번 조화시키고자 했다.

만일 코흐가 히드라르코스 화석에 살을 붙여 전시했더라면,
그 모습은 틀림없이 전설 속의 큰바다뱀과 꼭 닮아 있었을 것이다.

‡

물론 성경이 뭐라고 말하든 히드라르코스는 미주리움과 마찬가지로 레비아탄이 아니었다. 뉴욕에서 코흐의 전시를 직접 본 하버드대학교의 해부학자 제프리스 와이먼Jeffries Wyman은 그 정체를 대번에 알아챘다. 몸집에 비해 지나치게 작은 머리, 포유류의 것이 분명한 이빨, 전부 다른 나이의 동물에게서 나온 듯한 등뼈……. 1845년 11월 5일 보스턴 자연사학회에서 와이먼이 발표한 바에 따르면, 히드라르코스는 할란의 바실로사우루스나 그해 발견된 도루돈Dorudon과 같은 고래의 화석 여럿을 짜깁기해 만든 가짜에 지나지 않았다. 와이먼은 히드라르코스의 지느러미를 구성하는 뼈에 심지어 앵무조개 종류의 껍데기까지 섞여 있었음을 폭로하며 화석의 신뢰성에 결정타를 날렸다.[250]

하지만 미주리움 때와 마찬가지로 이번에도 코흐는 과학계의 폭로에 흔들리지 않았다. 1846년에 뉴욕 전시를 마치고서 필라델피아, 볼티모어, 보스턴 등의 대도시를 순회한 히드라르코스의 다음 목적지 역시 미주리움 때처럼 대서양 건너편이었다. 귀국하며 고향 독일에 남겨두고 온 가족들을 만나기 위해 드레스덴으로 향한 코흐는 그곳에서 히드라르코스 전시를 재개했고, 라이프치히와 베를린을 거친 끝에 어김없이 대박을 터뜨렸다. 이번에 화석을 사간 사람은 프로이센의 국왕 프리드리히 빌헬름 4세였다. 비록 독일에서도 해부학자 요하네스 뮐러가 와이먼과 같은 결론을 내놓으며 히드라르코스의 진위를 공격하기는 했지만, 화석을 판 값으로 평생 매년 1천 라이히스탈러를 받기로 한 이상[251] 코흐에게는 아무래도 좋은 일이었다.

코흐의 괴물 장사는 여기서 끝나지 않았다. 1848년에 앨라배마로 돌아간 코흐는 그곳에서 두 번째 고래 화석을 파내, '해룡'을 뜻하는 '히드라켄Hydrachen'으로 명명한 뒤 유럽과 미국에서 순회전시를 벌이다가 1852년에 세인트루이스의 박물관장 조셉 N. 맥도웰Joseph N. McDowell에게 팔아넘겼다. 다만 이때는 코흐도 전보다 조금이나마 더 말이 되는 괴물을 만들려고 나름대로 노력한 듯하다. 히드라르코스와 달리 히드라켄은 파충류가 아니라 "고래와 물개의 중간쯤에 놓일 만한" 포유류였고,[252] 몸길이도 29미터로 줄어 있었다. 바뀌지 않은 것은 이 세 번째 괴물도 어김없이 대홍수 이전 시대의 레비아탄이라고 홍보되었다는[253] 사실 정도였다.

‡

화석을 짜깁기해 만든 괴물 셋을 전부 성서 속 레비아탄이라고 주장함으로써 큰돈을 번 인물인 만큼, 코흐가 한낱 사기꾼에 지나지 않는 인물이었다고 결론짓기는 간단해 보인다. 하지만 놀랍게도 코흐에 대한 당대 과학자들의 평가는 결코 적대적이지 않았다. 박사를 사칭한 죄로 학계에서 쫓겨나기는커녕 1856년에 코흐는 세인트루이스 과학학회의 정회원이 되었고, 미주리움을 발굴하던 시절부터 줄곧 주장했던 마스토돈과 인간의 공존에 대한 논문을 발표하거나 지질학 탐사에 참여하는 등 1867년에 사망할 때까지 과학자로서 활발하게 활동했다.

　심지어 히드라르코스 화석의 진위를 공격한 당사자들조차 코흐에게만큼은 호의적이었다. 와이먼은 누이에게 보낸 편지에서 코흐를 사기꾼이라고 공격할 의도는 없었다는 심정을 표명했고, 뮐러는 자신의 조사 보고서에 "코흐는 해부학자가 아니며 화석을 따라 복원할 모델도 없었으니, 그의 전시물이 모든 면에서 정확하리라고 기대할 수는 없는 노릇"이라고 썼다. 미국의 해부학자 조셉 리디Joseph Leidy 역시 1855년에 코흐를 변호하며 그의 화석이 석고나 금속으로 만든 가짜가 아니라 "참된 뼈 무더기"이니 사기라고 불러서는 안 된다는 논리를 펼쳤다.[254] 그들이 생각하기에 화석 복원은 어디까지나 해부학에 통달한 고생물학자의 몫이었고, 아마추어 수집가는 귀중한 표본을 학계에 선사해 주기만 해도 충분했다. 새로운 화석 하나하나가 귀중한 마당에 코흐와 같은 인물을 공격할 이유가 전혀 없었던 셈이다.[255]

　하지만 한 가지는 확실하다. 코흐가 사기꾼이었든 아니면 악의 없는 비전문가였든, 그는 결국 어떤 화석을 보고서도 「욥기」의 레비아탄을 떠올리고 마는 사람이었다. 어쩌면 코흐의 진짜 한계는 부족한 과학 지식이 아니라 거기에 있었는지도 모른다. 성경에 적힌 전부가 진실이라고 믿어야만 했던, 그랬기에 성경에 나오지 않은 괴물을 상상할 수 없었던 그는 거짓말도 착각도 성경에 나온 그대로 떠올려야 했으리라. 몸집도 모습도 제각기 달랐던 코흐의 세 레비아탄은 바로 그런 인식의 한계로부터 태어난 괴물이라고 할 수 있다.

‡

히드라르코스와 히드라켄은 미주리움처럼 오래 살아남지 못했다. 프로이센 국왕에게 팔린 히드라르코스는 제2차 세계대전 당시 연합군의 베를린 폭격에 휘말려 소실되었으며, 여러 주인의 손을 전전하다가 시카고의 우드대령박물관Col. Wood's Museum에 자리를 잡은 히드라켄은 1871년의 시카고 대화재 속에서 최후를 맞이했다. 하지만 괴물이 불타 사라졌다고 해서 괴물을 낳은 사고방식까지 없어진 것은 아니다.

19세기 이래 고생물학과 지질학은 줄곧 발전에 발전을 거듭해 왔지만, 성경 구절을 문자 그대로 받아들이는 기독교인들은 여전히 당시와 똑같은 주장을 늘어놓곤 한다. 이들은 코흐가 주장했던 바 그대로 「욥기」 41장의 레비아탄이 실존했다는 증거를 화석에서 찾으려 애쓰며,[256] 마스토돈의 멸종을 부정했던 제퍼슨처럼 **콩고 밀림에 공룡**이 아직 살아 있다고도 믿는다.[257] 적어도 이런 주장들 속에서 코흐의 착각과 거짓말은 여전히 현재진행형이다. 오래전에 죽어 돌처럼 굳어버린 발상들을 신앙의 틀에 따라 하나하나 짜맞추면서, 한때 세 마리의 레비아탄을 창조했던 그 손은 지금도 대홍수 이전 시대의 괴물들을 묵묵히 만들어 내고 있다.

1854

†

처음에는 누구나
실수하게 마련

수정궁의 이구아노돈
Crystal Palace Iguanodons

미주리움과 **히드라르코스**는 결국 한낱 뼈다귀일 뿐이다. 정말 살아 있는 듯한 태고의 야수들을 만나려면 영국 런던의 수정궁공원Crystal Palace Park에 가야 한다.[258] 약 80만 제곱미터 너비의[259] 이 유서 깊은 공원 남서쪽 구석은 무려 서른 마리에 달하는 멸종한 고생물의 영토다. 호수에 뜬 자그마한 쌍둥이 섬 위에서 땅늘보 메가테리움Megatherium은 나무를 끌어안은 채 우뚝 서 있고, 익룡 프테로닥틸루스Pterodactylus는 긴 목을 뻗고 날개를 펼쳐 날아오를 채비를 하며, 어깨가 불룩 튀어나온 악어를 닮은 육식공룡 메갈로사우루스Megalosaurus는 성큼성큼 사냥에 나선다. 그중 가장 유명한 동물은 단연 몸길이 9.6미터, 어깨 높이 3미터에 달하는 이구아노돈 한 쌍이다. 하나는 바위 위에 네발로 떡 버티고 서서, 다른 하나는 앞발로 소철 가지를 휘어지도록 누른 채, 턱 아래 늘어진 가죽과 코끝의 뿔이 특징적인 이 육중한 파충류들은 영국의 수도 한복판에서 아득한 옛적의 여유를 한껏 즐기고 있다.

물론 이구아노돈을 비롯한 수정궁공원의 짐승들은 모두 진짜가 아닌 조각상이다. 하지만 모형이라 해도 실제 크기 그대로에다가 이빨과 비늘 하나까지 섬세하게 조형되어 있기에, 그 생동감은 조립해 놓은 화석을 볼 때와는 차원이 다르다. 마치 공원 한구석이 시간을 거슬러 1억 년 전으로 돌아간 것만 같다. 다만 문제가 하나 있다면, 그건 아무리 시간을 거슬러 올라간다 해도 오늘날 수정궁공원에 펼쳐진 것과 같은 태곳적의 풍경은 결코 찾아볼 수 없으리라는 사실이다. 왜냐하면 그곳에 세워진 여러 조각상, 특히 이구아노돈은 선사시대는커녕 지구상 그 어느 때에도 존재한 적이 없는 괴물이니까.

그 정교한 만듦새에도 불구하고, 오늘날 수정궁공원의 여러 조각상은 고생물학적으로 부정확한 복원 때문에 더 잘 알려져 있다. 조각상의 생김새와는 달리 익룡은 백조처럼 목이 길지도 않았고 피부도 비늘이 아닌 털로 덮여 있었으며, 메갈로사우루스는 네발이 아닌 두 발로 걷는 공룡이었다. 깊은 물속을 노니는 대신 물개를 연상시키는 자세로 호숫가에 엎드린 어룡 이크티오사우루스*Ichthyosaurus*도, 현대 포유류의 먼 조상인 단궁류임에도 불구하고 뜬금없이 거북의 등딱지를 짊어지고 있는 디키노돈*Dicynodon*도 터무니없는 모습인 것은 매한가지이다.

특히 수정궁공원 조각상의 대표인 이구아노돈은 잘못 복원된 고생물의 상징이기도 하다. 긴 머리와 목, 튼튼한 뒷다리, 상대적으로 짧은 앞다리를 지닌 초식공룡이라는 오늘날의 복원도와 닮은 구석을 찾으려야 찾을 수 없는 정도이기 때문이다. '이구아나 이빨'을 뜻하는 이름 그대로 이구아나를 꼭 닮은 얼굴도, 두 발로 설 수 있었을 실제 이구아노돈과는 달리 배를 질질 끌며 기어다니는 체형도 전부 문제지만 그 백미는 역시 이구아노돈의 상징인 대못 같은 엄지 쐐기를 엉뚱하게도 코끝에 붙여 뿔로 만들어 놓았다는 사실이다. 책, 영화, 다큐멘터리 등으로 더욱 정확한 공룡 복원도를 접해온 현대인의 눈에 수정궁의 이구아노돈은 전혀 공룡처럼 보이지 않는다. 거대하게 부풀어 오른 도마뱀, 혹은 상상 속의 괴물이라면 모를까.

‡

 모든 생물의 생김새에는 이유가 있다. 개나 고양이처럼 익숙한 생물도, 공룡이나 익룡처럼 오래전 멸종한 낯선 생물도 모두 살아가는 환경에 맞추어 그런 모습이 된 것이다. 그러니 태고의 짐승들이 어째서 지금은 찾아볼 수 없는 기이한 모습을 하고 있었는지 알아내려면, 먼저 그들이 살아 숨 쉬던 옛 지구의 환경이 어떠했는지 살펴볼 필요가 있다. 이는 옛 지구에 존재하지 않았던 모습을 한 수정궁의 조각상들 역시 마찬가지이다. 이구아노돈을 비롯한 여러 고생물이 그런 엉터리 같은 형태로 정성껏 복원된 이유를 알고 싶거든, 일단 녀석들이 놓인 수정궁공원이라는 장소의 과거를 파악하는 것이 먼저다.

 이름에서도 짐작할 수 있다시피 수정궁공원은 한때 '수정궁'이라는 건물의 부대시설이었지만, 사실 수정궁의 본래 위치는 런던 중심부의 하이드파크였다. 1851년의 만국박람회를 위해 조셉 팩스턴Joseph Paxton이 설계한 수정궁은 이전까지 온실에 주로 쓰이던 유리 천장 등의 혁신적 공법을 아낌없이 쓴 파격적인 건축물이었다.[260] 그러나 그해 5월부터 10월까지 열린 만국박람회 내내 최신 문화와 과학기술을 전시하며 런던 시민들에게 깊은 인상을 남겼음에도, 수정궁은 어디까지나 임시 건물이었기에 이듬해에는 철거되어야 했다. 이를 아깝게 여긴 팩스턴을 비롯한 사업가들은 7만 파운드를 모아 수정궁을 통째로 사들인 뒤,[261] 그 자재로 다른 장소에 더 크고 멋진 새 수정궁을 짓기로 했다. 그 위치가 바로 오늘날 수정궁공원이 있는 시드넘 힐Sydenham Hill이다.

 수정궁 회사Crystal Palace Company의 주관 아래 1852년 8월부터 지어지기 시작한 새 수정궁은 이전보다도 한층 화려한 공간이었다. 단 한 번의 박람회를 위한 건물이 아니었던 만큼 새 수정궁에는 이집트에서부터 로마와 중세 유럽을 거쳐 르네상스 시대까지 고루 조명하는 전시 공간에 더해 도서관과 공연장 등의 각종 유익한 볼거리가 가득했다.[262] 건물 주변의 부지에도 정원과 미로, 유럽 최대 규모의 분수 시설 등이 설치되었다. 만국박람회 예산의 아홉 배에 달하는 자금이 투입된 이 초대형 프로젝트에는 암석과 지층에서부터 화석으로 남은 고생물까지 선사시대에 대한 모든 지식을 누구나 볼 수 있도록 정원 한쪽에 전시한다는 기획, 이른바 '지질학의 뜰Geological Court'도 포함되어 있었다.

 이 야심 가득한 기획을 실현하고자 수정궁 회사는 영국 최고의 전문가들을 발탁했다. 지질학자 데이비드 토머스 앤스테드David Thomas Ansted와 광산 공학자 제임스 캠벨James Campbell, 그리고 동물 표본 그림으로 이름난 과학 삽화가이자 만국박람회에도 참여한 조각가인 벤저민 워터하우스 호킨스Benjamin Waterhouse Hawkins가 그들이었다. 앤스테드와 캠벨이 영국 전역에서 돌을 공수해 와 각 지질시대의 화석이 출토된 실제 지형을 정원에 재현하는 동안, 호킨스에게는 이전의 그 어떤 예술가도 받아본 적 없는 의뢰가 떨어졌다. 바로 세계 최초의 실제 크기 고생물 모형을 만드는 일이었다.

‡

알베르트 코흐가 얼기설기 만든 두 레비아탄의 사례에서 알 수 있듯이, 고생물 복원은 결코 아무나 할 수 있는 작업이 아니다. 뼈를 정확히 짜맞추는 데서 그치지 않고 살아 있었을 때의 모습을 추측해야 한다면 더더욱 그렇다. 근육과 피부처럼 부드러운 조직은 화석으로 잘 남지 않는다. 그렇기에 고생물의 본모습을 복원하려는 사람은 동물의 골격만 가지고도 근육이 어떻게 붙어 어떤 자세로 걸었을지, 무엇을 먹고 살았을지, 지금까지 알려진 동물 중 무엇에 가장 가까운 생태를 지녔을지 등을 필히 파악할 수 있어야 한다. 이렇게 얻은 정보를 바탕으로 가장 설득력 있는 본모습을 그려낼 수 있어야 함은 물론이다.

지질학의 뜰을 기획한 사람들도 이를 모르지는 않았다. 동물 해부학에 정통한 조각가를 섭외한 데서 만족하지 않고 당대의 저명한 고생물학자에게 그 자문역을 맡기기로 한 것은 그래서였다. 처음 물망에 오른 학자는 1825년 이구아노돈을 학계에 보고한 업적이 있는 기디언 맨텔Gideon Mantell[263]이었으나, 그가 거절하자 자문위원 자리는 '공룡'이라는 단어를 만들고 미주리움의 정체를 밝힌 맨텔의 숙적 리처드 오언에게 돌아갔다. 수정궁에 전시된 세 공룡, 이구아노돈과 메갈로사우루스와 힐라에오사우루스Hylaeosaurus가 다름 아닌 오언에 의해 가장 처음 공룡으로 분류된 이른바 '최초의 공룡'이니[264] 복원 과정에서도 오언의 영향력이 컸으리라고 짐작하기는 쉽다. 하지만 사실 자문 일에 큰 의욕이 없었던 오언이 조각상 제작에 준 도움은 이름값에 비해 미미했다.[265] 공식 자문위원이라는 사람이 거듭된 요청에도 불구하고 작업 현장을 거의 찾지 않는 가운데, 호킨스는 오언 외의 고생물학자가 내놓은 연구와 현존하는 동물에 대한 자신의 지식까지 총동원해 가며[266] 전례조차 없는 결정을 스스로 내려야만 했다.

더 큰 문제는 복원에 참고할 화석 자체가 너무나 불완전했다는 데에 있었다. 호킨스가 복원한 고생물 가운데는 당시에 전체 골격이 발굴되지 않은 경우도 많았다. 디키노돈 화석은 두개골 조각 둘과 척추뼈 약간이 다였고, 메갈로사우루스도 턱뼈와 뒷다리 일부를 비롯한 뼛조각 몇 개로만 알려져 있었다. 남은 화석이 그보다는 많았다는 점에서 이구아노돈은 사정이 조금 나은 듯했지만, 사실 호킨스와 오언이 이구아노돈 만텔리 *Iguanodon mantelli* 한 종의 것이라고 여겼던 화석들에는 서로 다른 이구아노돈과(科) 공룡 여러 종의 뼈가 한데 뒤섞여 있었다. 정확한 몸집과 신체 비율을 추정하기란 애초부터 불가능에 가까웠던 것이다.

그럼에도 호킨스는 최선을 다했다. 큰뿔사슴 *Megaloceros giganteus*, 메가테리움, 이크티오사우루스처럼 당시에 전체 골격이 알려져 있던 생물의 경우에는 수정궁의 조각상도 현대의 복원도와 아주 큰 차이가 나지 않는다. 악명 높은 이구아노돈 조각상조차 실은 당대 이구아노돈 연구의 권위자였던 맨텔의 복원도보다 한층 정확한 작품이었다. 이구아노돈이 거대한 이구아나를 닮은 파충류였으며 일부 이구아나처럼 뿔도 달려 있었으리라는 맨텔의 추측[267]대로 조각상의 전반적인 형태를 잡기는 했지만, 호킨스는 유연한 입술과 긴 혀

²⁶⁸ 따위의 더 근거 없는 주장까지 무작정 수용하는 대신 화석 증거를 따라 조각상의 입 끝에 이빨 없는 부리를 달아놓았다. 즉 수정궁의 이구아노돈은 단순한 무지나 18세기 고생물학의 한계만으로 이루어진 괴물이 아니다. 얼핏 우스꽝스러워 보이는 그 모습이야말로 실은 무지와 한계 속에서 가능한 한 그럴듯한 길을 찾아 헤맨 노력의 증거인 셈이니까.

‡

수정궁이 개장하기 전부터 호킨스의 고생물 조각상은 이미 장안의 화제였다. 완성되어 전시만을 기다리는 태고의 야수들로 가득한 작업장 풍경은 영국을 넘어 프랑스와 독일에까지 보도되며 대중의 호기심을 자아냈다. 그중에서도 가장 오래도록 회자된 보도의 주인공은 역시 이구아노돈이었다. 1853년의 마지막 날, 지질학의 뜰을 광고하기 위한 비장의 수단으로서 호킨스는 과학자와 언론인 들을 초청해 이구아노돈 모형 속에서 근사한 송년 연회를 열었다. 굴소스를 곁들인 대구, 비둘기 파이, 양고기 커틀릿과 갖가지 디저트 등으로 풍성하게 차려진²⁶⁹ 이 연회의 주역은 평소 작업실에 얼굴도 비치지 않던 오언이었다. 누구도 본 적 없는 동물의 모형과 저명한 과학자가 함께한 이 송년회는 1854년 1월 7일 자 《일러스트레이티드 런던 뉴스The Illustrated London News》에 대대적으로 보도되며²⁷⁰ 수정궁공원에 대한 기대감을 한껏 끌어올렸다.

    1854년 6월에 마침내 새 수정궁이 개장한 뒤에도 공룡의 인기는 식을 줄 몰랐다. 수정궁의 고생물들은 풍자 잡지 《펀치Punch》의 만평에 그려지기도 했고, 축소판으로 제작되어 세계 최초의 상업적 공룡 모형으로 팔리기도 했다. 물론 비난하는 목소리도 나왔다. 예컨대 영국박물관의 큐레이터 존 에드워드 그레이John Edward Gray는 화석만으로 결코 알 수 없는 부분까지 현존 동물을 참고해 메꾸어놓은 수정궁의 조각상들이 "바넘보다 더한" "기분 나쁜 망상"에 불과하다고 평했다.[271] 심지어 오언조차 호킨스의 복원에 불만이 있었다. 지질학의 뜰 공식 안내서 〈고대 세계의 지질과 거주자들 Geology And Inhabitants Of The Ancient World〉에서 그는 자신이 각 모형의 밑그림을 그렸다고 주장하는 한편 포유류 조각상은 전부 누락하는 등[272] 불성실한 태도를 그대로 드러냈지만, 그러면서도 이구아노돈 코끝의 뿔이 의심스럽다는 언급만큼은 빼놓지 않았다.[273]

하지만 호킨스의 진짜 적은 과학자들이 아니었다. 지질학의 뜰은 본래 지질시대에 따른 생태계 변화를 관람객들이 직접 보고 느끼도록 계획된 공간이었지만, 개장 당시에는 오늘날 중생대라 불리는 시대를 다루는 '제2기의 섬Secondary island'까지가 간신히 완성 단계였을 뿐 '제3기의 섬Tertiary island'에 전시될 포유류와 조류는 상당수가 만들어지지 않은 채였다. 안타깝게도 이 빈칸을 채우기에 수정궁 회사의 자금 사정은 영 좋지 못했다. 수정궁에 들인 막대한 돈에 비해 첫해 수익이 영 신통찮았던 탓이었다. 개장 이듬해까지도 호킨스는 제3기의 섬을 꾸밀 모형을 만드는 데에 열을 올렸으나, 이미 반쯤 완성되어 있었던 매머드를 비롯한 새 조각상들이 세상의 빛을 보는 날은 오지 않았다. 1855년 9월, 지질학의 뜰 프로젝트는 완전히 취소되고 만다.

‡

일생일대의 작업이 허무하게 중단된 뒤로도 호킨스는 미련을 버리지 못했다. 공개 강연과 고생물학 그림으로 인기를 끌면서도 그의 머릿속에는 끝마치지 못한 작업이 줄곧 어른거렸다. 하지만 지질학의 뜰 프로젝트는 재개될 기미가 전혀 보이지 않았기에, 1868년 호킨스는 못다 이룬 목표를 이번에야말로 실현하고자 미국 뉴욕에 발을 디뎠다. 센트럴파크에 지어질 예정이던 고생대박물관Paleozoic Museum에 공룡 조각상을 제공하기 위해서였다. 그러나 안타깝게도 박물관 건립 계획은 1870년에 수포로 돌아갔고, 이듬해 5월에는 호킨스의 작업장과 제작 중이던 모형 전부가 변호사이자 사업가 헨리 힐턴Henry Hilton의 지시로 파괴되고 말았다.[274] 이후로도 선사시대의 풍경을 손수 재현하겠다는 그의 꿈이 이뤄지는 일은 없었다. 호킨스는 1894년에 유서조차 남기지 않고 숨을 거두었다.

호킨스가 수정궁에 남긴 유산도 세월의 흐름으로부터 자유롭지는 못했다. 현대의 고생물 모형과는 달리 철, 벽돌, 콘크리트처럼 무겁고 깨지기 쉬운 재료로 만들어진 수정궁의 조각상들은 변덕스러운 영국의 날씨와 인위적인 훼손에 특히 취약했다. 수정궁 회사가 20세기 초에 완전히 파산하고 수정궁 건물마저 1936년 화재로 사라진 뒤로는 이들의 수난도 더 심해졌다. 몇몇 조각상은 머리가 없어졌고, 일부는 이리저리 옮겨지는 과정에서 아예 행방이 묘연해지기까지 했다. 고생물들의 이러한 수난은 2000년대 들어 대대적인 보수 작업이 행해지기 전까지 계속되었다.

더욱 가혹했던 것은 세월에 따른 고생물학의 발전이었다. 19세기 말 미국의 오스니얼 찰스 마시Othniel Charles Marsh와 에드워드 드링커 코프Edward Drinker Cope가 경쟁적으로 화석을 발굴하며 벌인 '뼈 전쟁Bone wars'은 알로사우루스Allosaurus, 스테고사우루스Stegosaurus, 브론토사우루스Brontosaurus, 트리케라톱스Triceratops처럼 한층 인상적인 공룡을 세상에 알림으로써 [275] 수정궁의 괴물들을 역사의 뒤안길로 밀어냈다. 그러는 한편 1878년에는 벨기에 베르니사르Bernissart의 탄광에서 온전한 이구아노돈 화석이 발견되어 수정궁의 이구아노돈이 얼마나 부정확한 복원이었는지를 만천하에 밝혔다. 이후로도 공룡 분류학은 눈부신 개선을 거듭해, 호킨스가 이구아노돈 조각상을 만드는 데에 참고했던 화석들은 오늘날 만텔리사우루스Mantellisaurus나 바릴리움Barilium 등으로 새로이 분류되어 있다. 한편 이구아노돈이라는 본래 이름은 베르니사르에서 발굴된 이구아노돈 베르니사르텐시스Iguanodon bernissartensis의 몫이 된 지 오래이다.[276]

그러나 비록 수정궁은 불타 사라지고 이구아노돈도 더는 이구아노돈이 아니게 되었을지언정, 수정궁의 이구아노돈 한 쌍은 여전히 1854년의 그 자리에서 관람객들을 기다리고 있다. 하나는 바위 위에 묵묵히 서서, 다른 하나는 소철 가지를 앞발로 누른 채로, 엄연히 지구상에 실존했던 태곳적의 한 순간을 있는 그대로 재현하면서. 공룡이 아직 '무서운 도마뱀'

수정궁공원의 두 이구아노돈 조각상 중 하나. 오늘날의 복원도와는
전혀 다를지라도 생동감 넘치는 모습인 것만큼은 틀림없다.

이던 머나먼 옛날, 새로운 화석이 끊임없이 발굴되며 가설이 생겨났다가 수정되기를 반복하던 고생물학이라는 학문의 선사시대를 말이다. 그 시절 영국 런던의 수정궁공원에는 정말로 이구아노돈이라 불린 괴물이 살았다. 과학의 성공과 사업의 실패, 그리고 한 조각가의 너무나 원대했던 꿈 속에서.

1857

†

작은 착각과
거대한 도약

황제벼룩

Pulex imperator

침대 위에서 징그러운 벌레를 맞닥뜨리면 누구라도 소름이 쫙 끼쳐 비명을 지르게 되는 법이다. 맞닥뜨린 벌레가 크면 클수록, 낯설면 낯설수록 비명의 세기도 함께 증가한다. 그러니 1857년 초의 어느 날 영국 타인 위어주 게이츠헤드Gateshead의 한 침실에서는 분명 굉장한 비명이 울려 퍼졌을 것임을 짐작할 수 있다. 그날 그곳에서 목격된 벌레는 크기도 제법 컸거니와, 무엇보다 난생처음 보는 모습을 하고 있었으니까. 문제의 벌레가 일단 납작하게 짜부라진 뒤, 흔히 그렇듯 창밖이나 변기통 속으로 내던져지는 대신 목격자와 친분이 있던 곤충학자 토머스 존 볼드Thomas John Bold에게 전달되었다는 사실이 이를 뒷받침한다. 목격자는 필시 자신의 침대에 기어올라 온 기묘한 벌레의 정체를 전문가가 명명백백히 밝혀주길 바랐으리라.

하지만 기대와는 달리 볼드조차도 게이츠헤드에서 발견된 벌레가 무엇인지 도통 알 수가 없었기에, 그는 존 오바디아 웨스트우드John Obadiah Westwood라는 다른 저명한 곤충학자에게 표본을 보냈다.[277] 런던 곤충학회의 창립 회원이자 핵심 인물이었던 웨스트우드는 곤충 분류학에 지대한 업적을 남기기도 한 만큼[278] 낯선 벌레의 정체를 알아내는 데에는 그야말로 적임자였다. 이번에는 기대가 빗나가지 않았고, 그해 2월 3일 런던 린나이우스학회에서 웨스트우드는 볼드가 보낸 벌레가 지금껏 학계에 알려진 바 없는 신종 벼룩이었노라고 당당하게 선언했다.[279] 흔한 사람벼룩Pulex irritans의 스무 배나 되는 덩치를 자랑하는[280] 이 괴물 같은 벼룩에 웨스트우드가 붙인 학명은 적절하게도 '황제벼룩'을 뜻하는 풀렉스 임페라토르_Pulex Imperator_였다.

‡

만일 현대의 곤충학자가 이처럼 거대한 벼룩을 발견한다면, 즉시 중요한 의문 하나가 그 머릿속을 스칠 것이다. 대체 이 벼룩은 어쩌다가 이렇게까지 커진 것일까? 벼룩은 다른 동물의 피를 빨아먹는 체외기생충으로, 우리가 아는 벼룩의 몸 구조는 전부 이러한 생활 환경에 적합하도록 오랜 진화를 거친 결과물이다. 벼룩은 작고 납작한 몸 덕택에 숙주의 털 속에 숨어서 안전하게 피를 빨 수 있고, 그런 몸을 멀찍이 날려보낼 경이로운 뒷다리 구조를 가졌기에 다른 숙주에게 자유로이 옮아갈 수도 있다. 그렇다면 그보다 스무 배나 큰 벼룩, 숙주의 눈을 피하거나 높이 뛰어오르기에는 훨씬 불리한 몸을 가진 게이츠헤드의 황제벼룩은 대체 어떤 환경에 적응한 결과물이란 말인가?

하지만 볼드에게서 받은 표본을 검토하고 새로운 종으로 명명해서 학회로 가져가기에 이르는 동안, 웨스트우드는 이러한 의문을 전혀 떠올리지 못했음에 분명하다. 그가 명민하지 못한 과학자였기 때문은 물론 아니다. 1847년 당시에 '진화'라는 개념은 아직 온전히 세상의 빛을 보지 못한 채 알 속에서 꿈틀거리고 있었기 때문이다. 고생물학이 그 존재를 밝혀낸 태고의 멸종한 생물들이 오늘날 지구상에 서식하는 동식물의 조상일지도 모른다는 가설 자체는 이미 19세기 초에 프랑스의 자연과학자 장바티스트 라마르크가 내놓은 바

일반 벼룩보다 스무 배 큰 벼룩이래 봐야 몇 센티미터에 불과하겠지만, 침실에서 실제로 맞닥뜨린다면 아마 괴물처럼 거대하게 느껴지지 않을까?

있었고,²⁸¹ 1944년에는 스코틀랜드 출신의 작가 로버트 체임버스Robert Chambers도 『창조의 자연사의 자취Vestiges of the Natural History of Creation』에서 비슷한 주장을 펼쳐 상당한 화제를 불러일으켰다. 그러나 이와 같은 선구자들조차도 대체 어떤 원리로 한 종이 다른 종으로 바뀔 수 있다는 것인지를 명쾌히 설명하지는 못했다.²⁸² 런던 곤충학회의 또 다른 창립 회원이었던²⁸³ 한 생물학자가 이 난제를 해결할 '자연선택'이라는 획기적인 가설을 정립하고자 머리를 싸매는 동안, 세상은 벼룩제국의 새로운 지배자가 즉위했다는 사실을 의심 없이 받아들였다.

허나 황제의 치세는 그리 오래가지 못했다. 게이츠헤드에서 온 문제의 곤충표본을 현미경으로 면밀히 연구하던 웨스트우드가 곧 자신의 치명적인 실수를 깨달았기 때문이었다. 신종을 발견했다는 흥분이 가라앉은 뒤에 다시 보니, 처음에 벼룩의 뾰족한 입이라고 여겼던 것은 사실 더듬이 부위였다. 즉 황제벼룩은 신종 거대 벼룩이 아니었고, 심지어 벼룩조차도 아니었다. 웨스트우드가 비로소 알아낸 그 정체는 흔하디흔한 바퀴 애벌레였다. 성충과는 모습이 다른 갓 태어난 바퀴를 낯선 벌레라고 여겨 기겁한 최초 발견자가 녀석을 비스듬하게 짓뭉개면서, 그만 다리 대부분이 떨어져 나가는 바람에 곤충학자도 알아보기 힘든 형체가 되고 만 것이다.²⁸⁴

아무리 그렇다 하더라도 으깨진 바퀴 유충을 신종 벼룩이라고 철석같이 믿고서는 학회에까지 나가 발표했으니, 이름난 학자였던 웨스트우드는 아마 쥐구멍에라도 들어가 숨고 싶은 심정이었으리라. 빠져나갈 구멍이 없는 것도 아니었다. 유일한 증거물인 황제벼룩 표본만 스스로의 손으로 없애 버린다면, 자신이 한때 황당한 착각을 했단 사실은 그 누구도 영영 알 수 없게 될 테니까. 하지만 웨스트우드는 그렇게 하지 않았다. 대신에 과학자가 할 수 있는 가장 용기 있는 행동을 했다. 자신이 약 2년 전 황제벼룩의 존재를 동료들에게 알렸던 런던 곤충학회의 연단 위로 담담히 발걸음을 옮긴 그는, 이번에는 자신이 저지른 실수의 내용을 그림까지 곁들여가며 더없이 진지한 태도로 발표했다. 이렇게 하여 황제벼룩은 자신에게 왕관을 씌워준 바로 그 곤충학자의 손에 의해 짧은 치세를 마치고 권좌에서 내려오게 되었다. 1859년 3월 7일의 일이었다.[285]

‡

같은 해 11월, 생물학자 찰스 다윈의 자연선택이론은 마침내 『종의 기원』이라는 책의 형태로 알에서 깨어나 곧장 뜨거운 논쟁의 소용돌이를 불러일으켰다. 다윈의 이론에 격렬히 반기를 든 당대의 저명인사 중에는 『곤충기 Souvenirs Entomologiques』로 유명한 장앙리 파브르,[286] **수정궁의 공룡 조각상을 만든 호킨스**,[287] 그리고 웨스트우드도 있었다.[288] 그들이 편견과 아집에 빠져 혁신적인 진리를 거부했다고 조롱하기는 쉽지만, 달리 생각하면 그들이 새로운 주장을 무비판적으로 수용하는 대신 갖가지 지적을 쏟아냈기에 다윈의 진화론 역시 허점을 메꾸며 더욱 체계적인 이론을 쌓을 수 있었던 것이기도 하다.

과학의 발전은 기존의 착오를 끝없이 수정하며 더 나은 설명을 향해 나아가는 과정이다. 그런 면에서 진화론이 현대 생물학의 근간을 이루는 핵심 원리로 발전한 데에는 웨스트우드와 같은 비판자들의 공로도 결코 작지 않다. 과연 황제벼룩의 치세가 끝나고 다윈의 시대가 열린 이래 생물학은 실로 거대한 도약을 이루었다. 1833년에 웨스트우드는 당시까지의 연구 결과를 근거로 전 세계에 대략 50만 종의 곤충이 존재한다고 추산했다.[289] 2018년에 발표된 논문에 따르면 현재의 추정치는 그 열한 배인 약 550만 종에 달한다.[290] 물론 그 무수한 곤충들 가운데 1857년의 황제벼룩을 위한 자리는 없다.

1864

†

누가 씨앗을
심었을까

오르괴유 운석

Orgueil Meteorite

"특종: NASA의 과학자가 운석에서 외계 생명체의 증거를 발견했다고 주장하다." 2011년 3월 5일 미국의 보수 성향 뉴스 채널인 폭스 뉴스FOX News가 이런 거창한 제목을 단 기사를 내놓자,[291] 다른 언론들도 앞다투어 이 놀라운 소식을 사방으로 전파했다.[292] 거의 180년 전 《선》이 **달의 박쥐인간**을 가지고 벌인 '장대한 달 사기극'을 여러모로 연상시키는 소동이었지만, 그때와는 달리 이번 보도는 사기극 따위가 아니었다. 기사에 등장한 과학자 리처드 브라이스 후버Richard Brice Hoover는 정말 NASA의 마셜우주비행센터Marshall Space Flight Center에 소속된 우주생물학자였으며,[293] 그가 《우주학 저널The Journal of Cosmology》에 발표한 논문의 내용 역시 폭스 뉴스가 전한 그대로였으니까.

해당 논문에서 후버는 희귀한 탄소질 운석인 CI1형 운석 시료를 전자현미경으로 살펴본 결과 세균의 편모처럼 생긴 미세한 구조물이 여럿 발견되었으며, 그 정체는 바로 광합성을 하는 미생물인 남세균의 화석이라고 주장했다. 특히 추락한 장소의 이름을 따 '오르괴유Orgueil'라 불리는 운석에서 후버는 일부 남세균이 대기 중의 질소를 암모니아로 바꾸는 데에 쓰는 세포인 이형세포heterocyst를 찾아내기까지 했다. 지구 상의 미생물이 지닌 특수한 세포가 우주에서 떨어진 운석에도 붙어 있다니, 이 정도면 특종으로 보도하기에 충분한 대발견이 틀림없어 보였다. 화성은 물론 목성의 위성인 유로파, 토성의 위성인 엔셀라두스, 심지어는 소행성과 혜성에도 생명체가 있을지 모른다는 논문의 결론이 그렇게까지 허황된 소리로 들리지만은 않을 정도로.[294]

하지만 과연 그럴까? 폭스 뉴스와 다른 여러 언론의 호들갑과는 달리, 오르괴유 운석에서 미생물 화석을 발견했다는 주장은 딱히 특종으로 삼을 만큼 새로운 것이 아니었다. 한 세기 반 전쯤 지구에 충돌한 이래 오르괴유 운석은 잊을 만하면 한 번씩 생명의 기원에 대한 논쟁을 불러일으켰고, 그 파편 여기저기에서 생명의 흔적을 찾아냈노라고 선언한 과학자는 후버 이전에도 몇 번이고 등장했다. 게다가 심지어 한 번은 그 선언이 사실로 입증된 적도 있었다.

‡

온갖 수수께끼를 감춘 문제의 운석이 긴 우주여행을 마치고 지구에 도착한 것은 1864년 5월 14일 토요일의 일이었다.[295] 나폴레옹 3세 치하의 프랑스 남서부, 프랑스어로 '자부심'을 뜻하는 오르괴유라는 이름의 마을 상공에서 보름달만 한 크기로 나타난 운석은 곧 대포 같은 소리와 함께 폭발해 석탄처럼 새카만 파편을 땅바닥에 흩뿌렸다. 이 진귀한 천문 현상은 즉시 프랑스 학계의 관심을 끌었다. 운석 추락 이틀 뒤인 16일에는 과학아카데미에 소식이 전달되었고, 더욱 자세한 목격 보고와 실제 운석 파편도 속속 도착했다. 프랑스 자연사 박물관의 지질학 교수이자 운석 연구의 권위자였던 가브리엘 오귀스트 도브레의 주도 아래, 과학자들은 오르괴유 운석의 비밀을 풀기 위한 노력에 저마다 신속히 뛰어들었다.

그중에서도 가장 눈에 띄는 연구 결과를 내놓은 사람은 화학자 프랑수아 스타니슬라스 클로이츠François Stanislas Cloëz였다. 클로이츠는 오르괴유 운석의 성분을 화학적으로 분석한 최초의 인물이었는데, 그가 7월 4일에 발표한 바에 따르면 운석을 끓는 염산으로 녹여 추출한 물질은 석탄의 일종인 이탄이나 갈탄과 상당히 유사했다. 툴루즈에서 오르괴유 운석을 연구한 화학자 피올Filhol과 멜리에스Melliès도 운석에 함유된 유기물질을 이탄에 비교했다. 석탄은 죽은 식물이 땅에 오래도록 묻혀 만들어지는 물질이니, 오르괴유 운석의 성분이 석탄과 유사하다는 화학자들의 분석 결과는 지구 바깥에 생명이 존재할지도 모른다는 상상을 불러일으키기에 충분했다.

오르괴유 운석에 대한 연구 내용을 총정리한 1867년 논문에서, 도브레는 "지금껏 동물성 혹은 식물성 유기체의 존재가 입증된 바 없는 천체의 탄소질 조성"이 암시하는 가능성에 대한 조심스러운 기대를 드러냈다. 한편 천문학 대중화에 앞장선 과학저술가이자 열성적인 다수우주론 지지자였던 카미유 플라마리옹Camille Flammarion[296]처럼 더욱 큰 기대를 내비친 사람도 있었다. 도브레의 논문과 같은 해에 펴낸 책 『천문학 연구와 독서Etudes Et Lectures Sur L'Astronomie』 제1권[297]에서 플라마리옹은 오르괴유 운석에 대한 화학적 분석 결과가 "운석이 유래한 행성에 유기체가 존재함을 시사하는" 가장 강력한 증거라고 목소리를 높였다.

하지만 결국 기대는 한낱 기대일 뿐이었다. 탄소 덩어리가 만들어지는 데에 반드시 생물이 필요한 것은 아니었고, 그 어떤 과학자도 오르괴유 운석의 탄소 성분이 지구 바깥의 동식물로부터 왔음을 입증하지는 못했다. 미생물학의 기초를 닦은 것으로 유명한 프랑스의 생물학자 루이 파스퇴르조차도 마찬가지였다. 파스퇴르는 생명체의 흔적을 찾기 위해 오르괴유 운석을 직접 조사했다고 알려져 있지만,[298] 그 내용을 발표하지 않은 것으로 보아 성과다운 성과는 없었던 듯하다. 한순간의 섣부른 기대를 뒤로한 채, 오르괴유 운석의 생명력은 그렇게 완전히 다한 것처럼 보였다.

‡

이후로 한동안 오르괴유 운석 조각들은 박물관 서랍 속에서 죽은 듯 잠들어 있었다. 그 새카만 돌멩이들이 갑작스레 다시 꿈틀거리기 시작한 것은 지구에 충돌한 지 거의 한 세기 뒤인 1961년, 뉴욕 포드햄대학교의 바솔로뮤 나기Bartholomew Nagy를 필두로 한 연구진이 운석 시료에서 외계 생명체의 흔적을 찾아냈다고 발표하면서였다. 3월에 발표된 첫 논문에서 나기가 제시한 증거는 과거 클로이츠의 연구 내용과 크게 다르지 않았다. 질량분석으로 알아낸 오르괴유 운석의 구성 성분이 지구의 유기물과 흡사하다는 것 정도였으니까.[299] 하지만 100여 년 전과는 달리 나기는 단지 화학적인 분석에서 그치지 않고 한발 더 나아갔다. 그해 11월 학술지 《네이처Nature》에 게재한 논문에서, 그는 오르괴유 운석을 비롯한 탄소질 운석 곳곳에 숨어 있던 미생물의 잔해를 비로소 세상에 낱낱이 드러냈다.

나기의 연구진이 운석에서 찾아낸 잔해는 무려 다섯 종류나 되었다. 둥근 것, 촉수가 달린 것, 방패 모양인 것, 원통형인 것, 세 개의 돌기가 돋은 육각형 모양을 둥근 구조물이

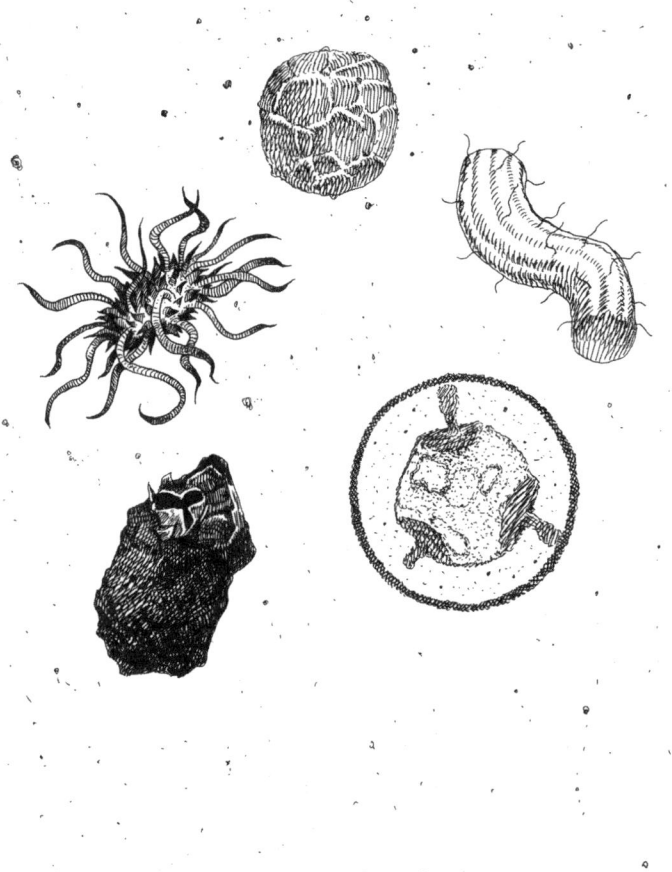

세균을 닮은 구조물, 기하학적인 잔해, 식물의 씨방……. 150여 년 동안
오르괴유 운석에서는 실로 다양한 '생명의 흔적'이 발견되어 왔다.

둘러싼 기이하게 생긴 것……. 그중 일부는 심지어 세포분열 도중에 굳은 것처럼 보이기까지 했다. 나기는 이러한 입자들이 지구의 물에 사는 조류藻類를 닮았지만 아주 똑같지는 않으며, 서유럽과 중앙아프리카처럼 기후가 다른 지역에 떨어진 운석에서도 유사한 입자가 발견된 것으로 보아 지구에서 묻은 것이 아니라 원래 운석에 붙어 있었으리라는 주장을 펼쳤다.300 이는 곧 우주에도 지구의 조류와 아주 흡사한 미생물이 살고 있다는 뜻이었으니, 주장의 진위를 두고 학계에서 논쟁이 벌어진 것은 당연한 수순이었다.

이듬해 3월에《네이처》는 나기의 주장을 다루는 특별호를 펴내며 논쟁에 더욱 박차를 가했다. 이 특별호에서 나기를 옹호한 사람 중에는 1934년 노벨화학상 수상자이자 초기 지구 환경에서 아미노산이 자연적으로 합성될 수 있었음을 입증한 밀러-유리 실험Miller-Urey experiment으로 유명한 해럴드 클레이턴 유리Harold Clayton Urey301도 있었다. 줄곧 박물관에 보관되어 있던 메마른 운석 위에서 물에 사는 미생물이 자라났을 가능성은 높지 않다면서, 유리는 과거 지구의 물이 어떤 식으로든 달에 튀었을 때 미생물도 함께 옮겨가 보존되었다가 운석이 되어 다시 떨어진 것은 아니겠느냐는 가설을 제시했다.302 마이클 H. 브릭스Michael H. Briggs와 G. 배리 키토G. Barrie Kitto도 다른 탄소질 운석인 모코이아Mokoia 운석에서 생명체의 흔적을 찾아냈다며 나기의 주장에 힘을 보탰다.303

한편 시카고대학교의 에드워드 앤더스Edward Anders와 프랭크 W. 피치Frank W. Fitch처럼 외계 미생물의 존재에 보다 회의적인 과학자들도 있었다.《네이처》특별호에서 이들은 나기가 찾아낸 '미생물' 입자 중 상대적으로 단순하게 생긴 것들의 정체가 황화철 광물의 일종인 트로일라이트$_{troilite}$ 결정, 혹은 액체 탄화수소나 황이 급속도로 굳어서 생긴 방울일 뿐이라고 지적했다.[304] 이에 나기는 두 사람의 논문에 나온 입자가 자신들이 발견한 것과는 전혀 달랐다는 반박을 바로 뒤이어 실었고,[305] 앤더스의 연구진은 프랑스와 미국 박물관 곳곳에서 더 많은 오르괴유 운석 파편 시료를 얻어 검사함으로써 반박에 대응했다.[306] 여러 파편을 전부 살펴봐도 미생물다운 미생물이 전혀 발견되지 않는다면, 탄소질 운석에 생명의 흔적이 우글거린다는 나기의 주장은 크게 흔들릴 터였다.

그런데 논쟁을 위해 프랑스의 몽토방 자연사박물관에 소장되어 있던 오르괴유 운석 파편을 검사하는 과정에서, 앤더스는 정말로 의심할 수 없는 생명의 흔적을 발견하고 말았다. 그것도 미생물 따위가 아닌 훨씬 커다란 무언가를. 바로 석탄 조각과 함께 운석 속에 파묻혀 있던 식물 씨방 두 개였다. 처음에 연구진은 문제의 파편이 운석을 채취할 때 섞인 흙덩이는 아닐지 의심했지만, 분석 결과 파편의 성분은 오르괴유 운석과 일치했다. 그렇다면 대체 왜 운석에 식물의 잔해가 들어 있었을까? 혹시 이 식물이 운석과 함께 우주에서 온 것이라면, 이는 나기의 발견과는 비교도 되지 않을 대발견이 분명했다.

하지만 외계 식물을 발견했다고 대대적인 호들갑을 떠는 대신, 앤더스는 이듬해 2월 운석을 돌려받은 몽토방 자연사박물관의 알베르 카발리에$_{Albert\ Cavaillé}$가 식물의 정체를 밝혀낼 때까지 침착하게 기다렸다. 카발리에에 따르면 두 씨방

중 하나는 현지에서 자라는 골풀의 일종에서 나온 것이 틀림없었다. 한편 다른 씨방은 장미과의 식물인 알케밀라*Alchemilla*의 일종으로 보였다. 외계 생명체가 어쩌다 보니 지구의 식물과 똑같이 진화한 것이 아니라면, 이는 운석 파편이 지구 환경에 오염되었음을 의미했다. 더욱 자세한 검사 결과 운석에서는 콜라겐을 구성하는 각종 아미노산 성분까지 발견되었다. 과거 누군가가 부서진 운석에 식물의 씨방과 석탄 조각을 집어넣고 아교풀 따위로 고정한 다음, 물을 섞어 반죽해서 원래 모습 그대로 교묘하게 복원한 것이 틀림없었다.[307]

문제의 운석 파편은 1864년 이래 줄곧 유리 용기에 보관되어 있었으므로, 앤더스는 시료를 오염시킨 범인이 운석 발견 당시의 인물일 가능성에 무게를 두었다. 그렇다면 짐작이 가는 범행 동기도 있었다. 1860년대는 파스퇴르가 생물은 자연히 발생하지 않는다는 자신의 이론을 가지고 동료 학자 펠릭스 푸셰Félix Pouchet와 격한 논쟁을 벌이던 시기였다.[308] 오르괴유 운석이 떨어지기 겨우 한 달쯤 전인 4월 7일 소르본에서 진행한 강연에서도 그는 유명한 '백조 목 플라스크 실험'[†]을 근거로 삼아 자연발생설을 단호히 배격한 바 있었다.[309] 이처럼 생명의 기원에 대한 토론이 그 어느 때보다 뜨겁던 시기에, 어쩌면 범인은 우주에서 떨어진 석탄을 닮은 운석에 식물의 잔해를 심음으로써 당대 과학자들에게 자그마한 장

[†] 목이 S 자로 구부러져 공기는 통하지만 미생물은 출입할 수 없는 플라스크에 육수를 넣고 열로 멸균하여, 시간이 지나도 육수에 미생물이 번식하지 않았음을 보인 실험. 파스퇴르는 이를 통해 미생물이 육수에서 자연발생하는 것이 아니라 외부 환경으로부터 들어오는 것임을 보였다.

난을 치려던 것이 아니었을까? 만일 그랬다면 녹아서 눌어붙은 운석 표면까지 재현해 낸 그의 교묘한 손재주가 오히려 독이 된 셈이다. 그 누구도 장난을 눈치채지 못한 채, 범인이 누구였는지조차 세월 속에 사라져 버린 채 꼬박 한 세기가 흐르고 말았으니.[310]

한편 과거의 장난을 발견하는 계기가 된 미생물 입자들의 수수께끼는 보다 빠르게 풀렸다. 나기가 연구한 바로 그 운석 파편을 검사하고 나기의 연구실을 직접 방문하기까지 한 앤더스가 1962년 12월 학술지 《사이언스Science》에 발표한 보고서에 따르면, 광물 결정이나 굳은 방울 등으로 설명할 수 없었던 복잡한 모습의 운석 입자들 가운데는 알고 보니 잿가루나 꽃가루를 닮은 것이 상당수 섞여 있었다. 이는 나기의 논문에 등장한 시료가 다양한 방법으로 오염되어 있었음을 암시했다.[311] 이로써 운석에서 외계 생명체의 흔적을 찾아냈다는 나기의 주장은 완전히 신뢰를 잃고 말았다. 외계 무생물과 지구 생물이 만든 흔적, 그리고 세기의 대발견이라는 꿈에 흐려진 과학자의 눈이 낳은 소동은 이렇게 잠잠히 가라앉았다.

‡

이는 2011년에 같은 운석을 두고 벌어진 외계 생명체 소동도 마찬가지였다. 운석에서 미생물 화석을 발견했다는 후버의 주장에 NASA는 재빨리 거리를 두었고,[312] 생물학자 폴 Z. 마이어스Paul Z. Myers와 로즈마리 J. 레드필드Rosemary J. Redfield 등도

블로그를 통해 곧장 반박을 내놓았다.[313] 탄소질 운석은 작은 구멍이 많이 뚫린 탓에 얼마든지 지구상의 물질에 오염될 수 있으며, 후버가 논문을 실은 《우주학 저널》은 원래 비주류 가설을 주장하는 신뢰도 낮은 학술지라는 등의 지적도 이어졌다.[314] 이처럼 폭스 뉴스의 '특종'은 오르괴유 운석이 일으킨 또 하나의 잡음에 지나지 않았다. 잊을 만하면 한 번씩 과학자들은 그 속에서 생명의 자취를 찾아내 왔지만, 그것이 진짜 외계 생명체가 남긴 흔적이라고 증명된 적은 지금껏 단 한 번도 없었다.

운석이나 혜성에 실려 떨어진 '생명의 씨앗'이 오늘날 지구 생물의 기원이라는 가설을 '범종설Panspermia'이라고 한다. 비록 고대 그리스의 철학자 아낙사고라스에서부터 영국의 저명한 천문학자 프레드 호일Fred Hoyle에 이르는 수많은 지식인의 지지에도 불구하고 끝까지 학계의 주류 가설로 발돋움하지는 못했지만,[315] 오늘날에도 어떤 사람들은 여전히 우리가 별의 씨앗으로부터 태어난 아이들이라고 믿고 싶어 하는 듯하다. 실제로 범종설에는 확실한 매력이 있다. 우리가 천체에 실려 별과 별 사이를 돌아다니는 무수한 생명의 씨앗 중 하나의 자손에 불과하다면, 드넓은 우주는 분명 우리의 자매들로 가득 차 있을 테니까.

별을 바라보며 다른 세계, 다른 자매들을 꿈꾸는 사람의 눈에는 그렇기에 종종 환상이 비치기도 하는 모양이다. 2011년 이후로도 리처드 후버는 꾸준히 오르괴유 운석에서 생명의 흔적을 발견했다는 연구 결과를 내놓았으며,[316] 2020년에는 뜻을 같이하는 동료들과 함께 지금껏 찾은 '화석'을 총망라한 책을 펴내기까지 했다.[317] 그 모든 노력에도 불구하고 오르괴유 운석이 진정한 생명의 씨앗으로 입증되는 일은 아직 일어나지 않았다. 하지만 그 새카맣고 낯선 돌멩이가 지구에 적어도 한 가지 씨앗을 가져왔다는 사실만큼은 확실한 듯하다. 150년에 걸쳐 몽상가들의 마음속에 단단히 뿌리를 내린, 너무나도 매력적인 환상의 씨앗 말이다.

1869

†

쇼는
계속되어야 한다

───────────

카디프 거인

Cardiff Giant

성경에 나오는 괴물은 레비아탄뿐이 아니다. 다른 여러 문화권의 신화나 전설과 마찬가지로 성경에는 거인 역시 등장한다. 예를 들어 「창세기」 6장에는 하나님의 아들들과 사람의 딸들 사이의 자손 '네피림Nephilim'이 언급되는데, 고대 그리스어와 라틴어 성경에서 이 단어는 '거인gigantes'으로 번역되었다. 「민수기」 13장에서 가나안에 도착한 유대 민족이 맞닥뜨린 거인족이 바로 이들의 후예로, 구약성서 곳곳에는 이른바 '약속의 땅'에 나라를 세우려던 유대 민족과 이 거대한 원주민들 사이의 싸움이 기록되어 있다.[318] 그중 가장 유명한 싸움은 아마 「사무엘상」 17장에 묘사된 블레셋 장수 골리앗과 다윗의 대결일 것이다. 「사무엘하」 21장과 「역대상」 20장에는 다윗의 부하들이 적어도 네 명의 거인을 죽였다는 서술도 등장한다.

물론 이는 전부 성경 속의 이야기일 뿐, 한때 골리앗 같은 거인들이 세상을 활보하며 인류와 전쟁을 벌였다는 고고학적 증거는 전혀 찾아볼 수 없다. 하지만 레비아탄이 실존했다고 믿었던 알베르트 코흐처럼, 어떤 사람들은 성서에 나오는 말이라면 아무리 황당한 내용이라도 문자 그대로 받아들이곤 한다. 1867년에[319] 미국 아이오와주 애클리Ackley에서 담배 상인 조지 헐George Hull이 만난 감리교인 헨리 B. 터크Henry B. Turk도 바로 그런 사람이었다.

스코틀랜드 철학자 데이비드 흄의 영향을 받은 무신론자였던 헐은, 당시 대출금에 허덕이던 동서이자 동업자 조셉 오그든Joseph Ogden을 돕고자 위스콘신주의 자택을 떠나와 애클리에 머무는 중이었다. 한편 터크는 말을 타고 미국 서부를 돌아다니며 감리교를 전파하던 순회 전도사였고, 종종 오그든 일가를 방문해 공짜 식사를 대접받기도 했으니 헐이 좋게 볼 리 만무했다. 어느 날 저녁 식사 이후 성경 이야기를 꺼낸 터크에게 헐이 굳이 시비를 건 것은 그래서였으리라. 헐은 성경 속의 비상식적인 구절을 조목조목 짚으며 전도사의 신앙을 공격했다. 하지만 그 결과는 현대의 과학자들이 창조론자들과 설전을 벌일 때와 다르지 않았다. 헐이 무슨 구절을 꺼내 들든 터크는 성경 내용이 전부 틀림없는 사실이라는 태도를 굽히지 않았다. 노아의 대홍수도, 모세의 홍해 가르기도, 그리고 물론 거인조차도.

비록 전도사의 믿음을 흔드는 데엔 실패했지만, 이날 설전을 마치고 자리에 누운 헐의 머릿속에는 어느새 모종의 영감이 번뜩이고 있었다. 터크 같은 기독교인이 단지 성경에 나온다는 이유만으로 거인의 존재를 아무 증거 없이 믿을 수 있다면, 진짜 증거 앞에서는 대체 얼마나 쉽게 속아 넘어갈 것인가? 마침 헐은 평범한 담배 상인이 아니었다. 1850년대에는 사기도박을 벌이다가 잠깐 옥살이를 해봤고, 담배 사업에 뛰어든 뒤에도 두 차례나 사업장에 불을 질러 보험금을 타낸 바 있는 상습 사기꾼이었다. 남을 속이는 데에 대단한 죄책감을 느낄 인물은 아니었던 셈이다. 과연 순진한 기독교인들을 '호구'로 삼을 수 있음을 깨닫자마자 헐은 곧 다음 사기극을 계획해 나갔다. 성경의 우스꽝스러움을 만천하에 폭로할, 그리고 수익도 짭짤하게 챙겨줄 일생일대의 사기극이었다.

‡

 물론 제대로 된 사기극을 벌이려면 계획만이 아니라 인력과 돈도 필요했다. 자택으로 돌아온 헐은 먼저 버몬트주 출신의 대장장이 헨리 마틴Henry Martin을 공범으로 끌어들였고, 결행 자금은 평소 수법대로 담배 공장에 불을 질러 얻어냈다. 애클리에서 오그든이 운영하던 가게도 마찬가지로 불길에 휩싸였다. 이듬해에는 증거를 꾸며낼 재료와 장인도 확보되었다. 아이오와 포트 도지Fort Dodge에서 고생 끝에 5톤에 달하는 석고 덩어리를 확보한 헐과 마틴은 이를 시카고의 대리석 상인 에드워드 버카트Edward Burkardt에게 보냈고, 버카트는 두 사람에게 조각가 프레드릭 모어만Frederick Mohrmann과 헨리 살레Henry Salle를 소개해 주었다. 그리하여 준비는 모두 끝났다. 이제는 거인을 만들어 낼 시간이었다.

 거인의 모델은 다름 아닌 헐 자신이었다. 헐은 조각가들 앞에서 직접 포즈를 취하며 거인의 모습을 결정했고, 18일 뒤 석고상이 완성되자 이를 진짜 거인 화석으로 꾸미려 이런저런 지시를 내리기도 했다. 헐의 지시에 따라 조각가들은 먼저 화석으로 남기 힘든 머리카락을 석고상에서 없애버렸다. 그런 뒤에는 표면을 모래로 문지르고 잉크와 황산을 끼얹어 세월에 닳은 질감을 흉내 냈고, 마지막으로는 바늘을 꽂은 방망이로 몸 전체를 때려 미세한 모공까지 재현했다. 이렇게 완성된 거인 화석을 파묻을 장소로 헐이 뉴욕주 오논다가 카운티Onondaga County를 고른 것도 사기에 사실성을 더하려는 시도였다. 오논다가는 어류와 파충류 화석이 많이 발굴되던 장소였으니까. 그곳의 카디프Cardiff라는 마을에서 농부로 일하던 '땅딸보' 윌리엄 뉴웰William 'Stub' Newell을 또 다른 핵심 공범으로 삼아, 헐은 1868년 11월 뉴웰의 농장에 거인을 조심스레 파묻어 두었다. 그런 뒤에는 그저 침착하게 기다릴 뿐이었다. 언젠가 거인을 다시 파내라고 신호할 날까지, 세상을 속일 그 날까지.

그로부터 장장 11개월 뒤인 1869년 10월 16일 토요일, 뉴웰의 지시대로 농장 한쪽에 새 우물을 파던 인부들의 삽 끝에 낯선 물체가 부딪혔다. 커다랗고 딱딱한 사람의 발이었다. 놀란 인부들이 계속 땅을 파내자 이내 돌처럼 굳은 몸 전체가 그들의 눈에 들어왔다. 다리를 살짝 꼬고 오른팔을 배 위에 올려놓은 채 입을 다문 그 몸은 너무나 사실적이었고, 오래되어 보였고, 무엇보다 거대했다. 키가 3미터나 되는 남자의 화석이 발견되었다는 소문이 금세 마을 전체로 퍼졌고, 뉴웰의 농장에는 구경꾼이 우르르 몰려들었다. 처음에는 거인을 다시 파묻겠다고 말했던 뉴웰은 곧 발언을 철회했다. 소문을 주워 담을 길은 어차피 없었다. 작전은 이미 시작된 뒤였다.

이어진 한 주는 그야말로 폭풍처럼 흘러갔다. 거인이 발견되었다는 소식은 하루 만에 인근 도시 시러큐스까지 전해졌고, 이내《시러큐스 데일리The Syracuse Daily》같은 지역 언론은 물론 영향력 있는《뉴욕 데일리 트리뷴New York Daily Tribune》에까지 보도되며 매일 더 많은 구경꾼을 끌어들였다. 그러는 동안 뉴웰은 거인이 누운 구덩이를 넓힌 뒤 펌프로 물을 빼냈고, 주변에 난간과 텐트를 세웠고, 발견 당시의 상황을 설명해 줄 가게 주인 빌리 호턴Billy Houghton까지 데려오는 등 인기를 열심히 부채질하며 관람료를 50센트씩 받아 챙겼다.

물론 이는 어디까지나 부수익에 불과했다. 거인을 사겠다는 사람들이 하나둘씩 손을 내미는 가운데, 수요일에 뉴웰을 찾아온 헐은 거인의 소유권 4분의 3에 해당하는 지분을 최소 3만 달러에 팔아야 한다는 조건을 걸었다. 바로 다음날 열린 경매에서 거인을 사들이고자 연합한 지역 사업가 다섯 사람이 정말로 3만 달러를 제시하자, 뉴웰은 자신의 지인 윌리엄 스펜서William Spencer까지 연합에 끼워 넣어 거래를 성사시켰다. 남은 지분 4분의 1이 자신뿐 아니라 헐, 마틴, 버카트의 몫이기도 하다는 사실은 감춘 채로. 겨우 일주일 만에 벌어진 일이었다.

이렇게 거인의 새 주인이 된 사업가들은 돈벌이를 위해 발 빠르게 움직였다. 가장 먼저 취한 조치는 시카고 우드대령박물관의 박물관장이자 코흐의 세 번째 괴물인 히드라켄의 주인이기도 했던 J. H. 우드J. H. Wood 대령을 고용해 전시를 맡긴 일이었다. 우드가 더 큰 천막을 세워서 관람객 수천 명을 받는 동안, 사업가들이 찍어낸 15쪽 분량의 팸플릿도 날개 돋친 듯 팔려나갔다. 날이 추워져 뉴웰의 농장이 손님을 받기 힘들어지면 거인을 시러큐스로, 뉴욕으로, 어쩌면 미국 전역과 유럽으로도 가져가 순회전시를 진행하겠다는 것이 그들의 계획이었다. 과연 세상에는 터크 말고도 속기 쉬운 사람이 얼마든지 있었으니, 헐의 놀라운 거인은 앞으로도 승승장구하며 흥행을 이어갈 듯 보였다.

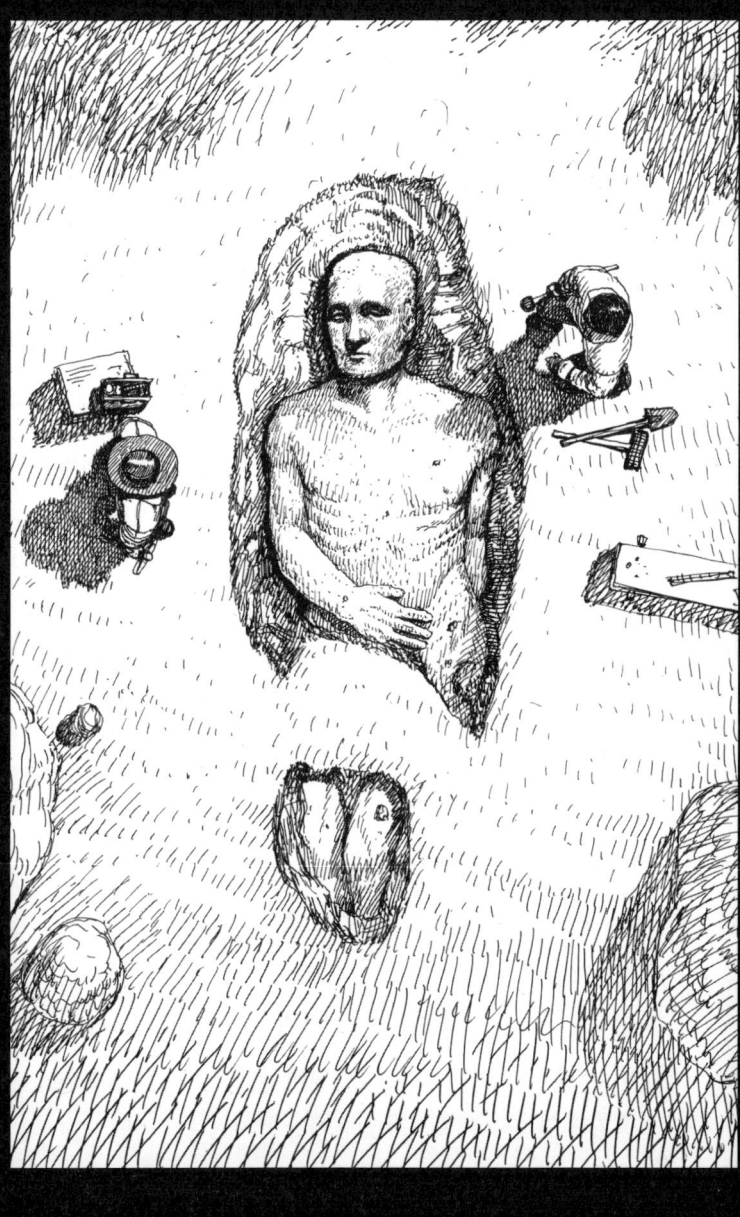

뉴웰의 농장에서 발굴되는 카디프 거인의 상상도. 이후 몇 달 동안 미국 곳곳을 뜨겁게 달굴 희대의 거인 소동은 이렇게 시작되었다.

✝

오늘날에 카디프 거인의 성공담을 읽으며 가장 고개를 갸웃하게 되는 부분은, 고작 구덩이 속 석고상 따위에 그토록 많은 사람이 속아 넘어갔다는 사실이다. 19세기 미국에서 구경거리로 인기를 끈 다른 괴물들과 비교하면 헐이 꾸민 사기극의 어설픔은 더욱 두드러진다. **튀르크인**은 전문가가 특별히 만든 기계였고 **피지 인어**는 교묘한 박제였으며 **미주리움**과 **히드라르코스**는 진짜 화석이었던 반면, 카디프 거인은 결국 사람 모양으로 깎아 오래된 것처럼 꾸민 돌덩이일 뿐 진짜 시체나 화석으로 착각할 만한 걸작이 아니었다. 어째서 당대 미국인들은 이런 물건을 진짜 거인의 유해라고 믿은 것일까?

여기에는 물론 종교의 영향을 빼놓을 수 없다. 성경을 믿다 못해 거인의 존재까지 받아들인 터크는 당시 미국에서 딱히 유별난 사람이 아니었다. 터크와 같은 감리교 순회 전도사는 1790년에서 1840년에 걸쳐 벌어진 기독교 부흥 운동인 제2차 대각성Second Great Awakening 당시에 주로 활약했는데,[320] 합리적 신학과 회의주의에 저항했던 이 운동은 초자연적 은사와 기적이 얼마든지 일어날 수 있음을 강조했다.[321] 제2차 대각성의 열기가 특히 거셌다고 알려진 곳이 이른바 '불타버린 관구Burned-over District'라고 일컬어진 뉴욕 서부로,[322] 훗날 헐이 거인을 파묻은 장소와 그리 멀지 않은 지역이라는 사실도 특기할 만하다. 기독교적 믿음에만 합치된다면 어떤 이상한 일이라도 믿을 수 있는 토양이 마련된 셈이었다.

하지만 중동이 배경인 구약성서 속의 거인이 미국 땅

에서 발견되었다는 사실을 받아들이려면 성경 이외의 근거도 필요했다. 이를 제공해 준 것은 오늘날 '둔덕 건설자 신화Mound builder myth'라고 불리는 사이비 고고학 이론이었다. 북미 대륙의 여러 원주민 문화권은 수천 년간 곳곳에 거대한 둔덕 형태의 구조물을 남겨왔는데,[323] 제2차 대각성이 벌어지던 바로 그 시기에 미국에서는 이들 구조물이 실은 원주민보다 더 '문명화'된 고대문명의 유산이라는 엉뚱한 믿음이 생겨났다.[324] 이는 '야만적'인 원주민들이 대규모 토목공사를 벌일 만큼의 문명을 이루었을 리 없다는 인종차별적 편견의 산물이었다. 나아가 둔덕 건설자 신화는 원주민의 땅을 백인이 얼마든지 빼앗아도 된다는 논거로도 작용했다. 어차피 원주민들도 고대문명을 멸망시키고 땅을 빼앗았을 뿐 아니냐는 이러한 주장은 심지어 제7대 미국 대통령 앤드루 잭슨도 펼친 바 있다.[325]

당연히 둔덕 건설자들은 모든 면에서 원주민들보다 한층 대단한 종족이어야 했다. 1810년대에 뉴욕 주지사 드위트 클린턴DeWitt Clinton은 둔덕 건설자들의 정체가 백인 문명이라는 주장을 널리 퍼뜨렸다.[326] 이스라엘의 '사라진 열 지파'[†]가 미 대륙으로 건너와 둔덕을 만들었다는 가설도 나왔다.[327] 북미 원주민이 실은 다른 민족에 결코 뒤지지 않는 정교한 문화를 향유해 왔다는 사실이 드러난 뒤에도 터무니없는 주장은 계속되었다. '원주민 문명보다 우월한 고대문명'에 대한

[†] 고대 이스라엘을 구성하던 열두 지파 가운데, 기원전 8세기에 북이스라엘왕국이 신아시리아제국의 침공으로 멸망하면서 역사에서 사라진 열 지파. 이들의 행방은 여러 가설과 창작물의 소재가 되었다.

상상을 유지하기 위해 이번에는 둔덕 건설자들이 거인이었다는 이야기가 새로이 생겨난 것이다. 실제로 18세기 중반에는 땅속에서 거인의 유골이 발굴되었다는 믿기 힘든 보도가 종종 신문에 오르내렸다.[328] 그러니 카디프 거인이 발굴된 바로 다음날 뉴웰의 농장을 찾아온 오논다가족 원주민들이 명백히 백인을 닮은 거인의 얼굴을 지적했을 때, 다른 구경꾼들은 이것이 뚜렷한 사기의 증거임을 제대로 눈치채지 못했으리라.

카디프 거인이 시체도 화석도 아닌 돌덩어리라는 사실 역시 문제가 되지 않았다. 오논다가족에 뒤이어 찾아온 지역 의사 네 사람은 거인의 정체가 석화된 사람이라고 결론지었다. 외과의사 애쉬빌 설Ashbil Searle처럼 시체가 썩기 전에 돌로 변할 수 있는 원리를 제시한 사람도 있었다. 누구보다 먼저 카디프 거인의 정체를 알아채야 했을 전문가들이 오히려 그 존재를 변호하고 나선 셈이다. 결국 그들은 의사이기에 앞서 사회의 일원이었다. 성경 속 기적을 믿는 것이 지극히 당연했던, 원주민이 자신과 동등한 사람임을 인정하느니 차라리 미국 땅에 거인이 살았음을 받아들이고자 했던 사회에서는 카디프 거인처럼 어설픈 괴물조차 당당히 활보할 수 있었다.

‡

하지만 정말로 모든 사람이 깜박 속기만 한 것은 또 아니었다. 지역 의사들보다 한 발 늦게 도착한 과학 강사 존 보인턴John Boynton은 카디프 거인이 석화된 시체가 아닌 조각상이라고 선언했다. 저명한 지질학자 제임스 홀James Hall과 헨리 A. 워드Henry A. Ward, 유물 수집가이자 열성적인 둔덕 건설자 신화 신봉자였던 윌스 드 하스Wills De Hass 등도 같은 결론에 도달했다. 이들은 거인이 석상이라는 사실은 제대로 짚었지만, 그 석상이 고대 유물이 아니라 만들어진 지 2년도 채 되지 않은 신품임을 알아채지는 못했다. 처음에 보인턴은 17세기 프랑스 예수회 선교사들이 거인을 만들어 파묻었으리라고 추측했다. 스페인 개척자, 이집트인, 바이킹 등을 조각가의 정체로 지목한 사람들도 있었다.

한편 거인의 실체를 보다 정확하게 간파한 전문가도 있었다. 예컨대 광산기술자 필모어 스미스Fillmore Smith는 거인이 석고로 만들어졌음을 알아채고서, 석고는 물에 녹는 성질이 있어 땅속에서 오래 견디기 힘드니 문제의 조각상은 묻힌 지 한두 해밖에 되지 않았으리라는 의견을 지역신문에 기고했다. 이를 읽고서 석고의 수용성을 직접 실험해 본 보인턴도 생각을 바꿔 스미스의 주장에 힘을 보탰다. 거인이 시러큐스로 옮겨져 전시되던 11월 23일에는 더욱 명망 높은 전문가가 괴물 퇴치에 가세했다. 바로 '뼈 전쟁'의 주역인 고생물학자 오스니얼 찰스 마시였다. 거인을 살펴본 지 겨우 몇 분 만에 마시는 그 정체가 "아주 최근에 만들어진, 이론의 여지없는 사기"임을 간파했다. 며칠 뒤 《버팔로 커리어The Buffalo Courier》에 실린 마시의 결론은 이윽고 다른 신문으로도 퍼져나가며 거인의 위상을 크게 뒤흔들었다.

당연히 관련자들의 발등에는 불이 떨어졌지만, 고작 진실 때문에 돈벌이를 그만둘 수야 없는 노릇이었다. 사실 순회

전시가 시작되기도 전에 사업가들은 이미 뉴웰의 배후에 누군가가 있다는 사실을 짐작하고 있었다. 뉴웰이 거인을 판 직후 헐에게 9천 4백 달러를 송금했다는 사실이 지역신문에 폭로된 탓이었다. 이 때문에 뉴웰은 거인이 날조로 밝혀질 경우 돈을 전부 돌려주겠다는 조항을 계약서에 추가해야 했다. 기한은 거인을 판 날로부터 3개월 뒤인 1870년 1월 24일이었다. 하지만 문제의 3개월 동안 거인이 충분히 돈을 벌어주기만 한다면, 굳이 이 조항을 들먹여 뉴웰에게 돈을 돌려받을 이유는 전혀 없었다. 즉 사업가들은 사기꾼들과 한배를 탄 셈이었다. 중요한 것은 카디프 거인이 진짜인지 가짜인지가 아니었다. 세상이 과연 얼마나 오래 거인에게 열광해 줄 것인가였다.

카디프와 시러큐스에서 전시된 6주 동안 카디프 거인은 적어도 수만 명의 관람객을 끌어모았다. 11월 26일에 시러큐스를 떠난 거인의 다음 행선지는 올버니, 뒤이어 뉴욕이었다. 마시처럼 저명한 과학자도, 헐이 포트 도지에서 커다란 석고 덩어리를 실어갔다는 폭로조차도 그 거침없는 걸음을 멈출 수는 없었다. 틀림없는 사실조차 어설픈 거짓 앞에 이토록 무력하다면, 대체 무슨 수로 저 무지막지한 괴물을 퇴치할 것인가? 미국에서 적어도 한 사람만큼은 그 답을 정확히 알고 있었다. 카디프 거인이 올버니에서 전시되며 뉴욕 상륙을 준비하는 동안, 그는 거인을 쓰러뜨릴 유일한 무기를 가지고서 한 발 앞서 뉴욕에 발을 디뎠다. 지상 최대의 쇼를 열어젖힌 장본인, '거짓말의 왕자' 바넘이 후배에게 한 수 가르쳐 줄 시간이었다.

✝

카디프 거인이 발굴되어 인기를 끌던 당시, 환갑을 바라보던 바넘은 한때 몰두하던 박물관 일을 접고 정치와 서커스 사업에 전념하는 중이었다.[329] 1865년의 화재를 딛고 재건한 박물관이 1868년에 다시 잿더미로 변한 탓이었다.[330] 하지만 비록 은퇴했더라도 왕년의 전설적인 흥행사는 돈 냄새가 나는 진기한 구경거리를 그냥 지나칠 수 없었던 듯하다. 11월 24일에 시러큐스를 찾아 카디프 거인을 직접 눈에 담은 바넘은, 즉시 거인의 소유주들을 만나 지분 4분의 1을 5만 달러에 사겠다는 거래를 제안했다. 그러나 소유주 중 하나이자 카디프 거인이 진짜라고 굳게 믿었던 치과의사 아모스 웨스트콧Amos Westcott은 바넘의 평판이 거인의 인상을 훼손시킬 것을 염려했고, 그의 반대 때문에 거래는 결국 무산되고 말았다.

물론 '진짜' 거인을 확보하지 못했다는 사실은 바넘에게 전혀 문제가 되지 않았다. 지금껏 워싱턴의 가짜 유모와 가짜 인어를 전시해 돈을 벌어온 그는, 소유주들과의 협상에 실패하자 곧장 시러큐스의 조각가 카를 프란츠 오토Carl Franz Otto에게로 눈을 돌렸다. 카디프 거인이 절대 조각상일 리 없다는 주장에 반박하고자 손수 똑같은 거인을 만들던 인물인 오토는 당시 큰 곤경에 처해 있었다. 조각을 마치기도 전에 소유권을 여기저기에 팔았다가 일이 꼬인 탓이었다. 바넘에게는 절호의 기회였다. 지인인 박물관장 조지 우드George Wood와 손을 잡은 바넘은 우드의 직원 앨버트 파크스Albert Parks를 오토에게 보내, 거인을 전시하게 해주면 소유권 문제를 해결해 주는 데 더해 3개월 동안 매주 100달러를 지급하겠다고 제안했다. 오토로서는 거절할 수 없는 제안이었다.

전시할 구경거리가 손에 들어왔으니 이제부터는 바넘의 장기를 발휘할 시간이었다. 1869년 12월 6일 월요일, 오토의 복제품 거인이 담긴 상자는 말 열두 마리가 이끄는 퍼레이드에 실려 브로드웨이를 따라 우드박물관Wood's Museum으로 향했다. 상자에는 "우드박물관에 전시될 석화된 거인"이라는 표지판이 떡하니 붙은 채였다. 그날 저녁에는 기자들만 따로 초청한 전시회도 이어졌다. 이처럼 온갖 광고 수단을 총동원한 결과는 당연히 대성공이었다. 원조 카디프 거인이 아직 올버니에 머무는 동안, 바넘의 이 뻔뻔한 복제품 거인은 뉴욕의 관람객들을 한발 앞서 탐욕스럽게 빨아들였다.

이 사실을 안 카디프 거인의 소유주들은 황급히 뉴욕으로 달려와 법원에 전시 중단 명령을 요구했지만, 부패와 무능으로 악명 높았던 판사 조지 바너드George Barnard는 변호사의 말을 다 듣지도 않고 요구를 무시해 버렸다. 유명하지만 출처를 찾을 수 없는 일화에 따르면, 카디프 거인의 소유주 중 하나였던 데이비드 하넘David Hannum은 이 어이없는 상황을 두고 "매 순간 호구가 하나씩 태어나는구나!There's a sucker born every minute!"라며 한탄했다고 한다. 만일 이 일화가 사실이라면, 훗날 이 경구가 바넘의 말이라고 와전된 것도 참으로 공교로운 일이다.[331]

뒤늦게 뉴욕에 도착한 원조 카디프 거인은 12월 20일에야 비로소 뉴요커들 앞에 첫선을 보였다. 전시 장소는 우드박물관에서 두 블록 떨어진 아폴로홀Apollo Hall[†]이었다. 뉴욕에는 이제 거인이 둘이나 있었고, 그렇다면 유리한 쪽은 흥행의 귀재를 등에 업은 쪽이었다. 원조 거인을 보러 오는 사람은 전시 이틀째에 이미 수십 명 정도로 줄어든 반면, 모조품 거인은 크리스마스 하루 동안 5천 명을 끌어모으며 인기를 과시했다. 두 거인 사이의 대결은 모조품의 압승이었다. 복제품 장인 오토가 밀려드는 추가 주문에 행복한 비명을 지르는 동안, 헐과 뉴웰은 손을 떼려는 소유주들을 붙잡거나 새 투자자를 끌어들이며 무너져 가는 사기극을 어떻게든 이어가려 애썼다.

그러는 동안 도망치듯 뉴욕을 떠난 거인은, 1870년 1월 22일에 보스턴에 도착해 다시 전시되며 새로이 인기 몰이를 하는 듯했다. 여기에는 작가 랠프 월도 에머슨을 비롯한 명사와 전문가 들이 카디프 거인을 진짜 조각상으로 인정해 준 덕택도 컸다. 하지만 이름난 사람들이 무슨 의견을 내놓든 결국에 승리한 것은 진실이었다. 2월에는 헐이 약속한 돈을 제대로 지급하지 않은 데에 분노한 조각가 모어만과 살레가 《시카고 데일리 트리뷴Chicago Daily Tribune》에 일의 전모를 폭로해 버렸고, 3월에는 헐의 최초 공범인 마틴도 같은 이유로 내부고발자 대열에 합류했다. 이렇게 된 이상 거인이 과거의 인기를 되찾을 길은 없었다. 야심 가득했으나 어설펐던 사기극의 끝이었고, 고작 몇 달에 걸쳐 벌어진 거인 소동의 끝이었다.

† 1835년에 **히드라르코스**가 전시된 '아폴로 살롱'과 같은 장소로 추정된다.

‡

 카디프 거인 소동에 얽힌 사람들의 운명은 이후 크게 엇갈렸다. 거인의 정체가 적어도 1월 24일까지는 온전히 드러나지 않았던 탓에 소유주들은 헐에게 약속한 돈을 전부 내놓아야 했다. 거인이 진짜임을 굳게 믿었던 웨스트콧에게 이러한 결말은 적지 않은 충격으로 다가왔음이 분명하다. 건강 문제로 치과의사 일을 그만두고 치료를 받던 중인 1873년 7월 6일, 가족들과 아침 식사를 마치고서 침실로 돌아온 웨스트콧은 자신의 목에 권총을 대고 방아쇠를 당겼다.

 한편 거인 사기극으로 1만 5천 달러 이상을 벌어들인 헐도 이전의 삶으로 돌아갈 수 없었던 것은 마찬가지였다. 펜실베이니아주 엘클랜드Elkland로 이사해 작업실을 마련한 그는 온갖 방법으로 돈을 끌어모으며 두 번째 거인 제작에 나섰다. 그러나 1877년 콜로라도주에서 한때의 숙적 바넘과 손을 잡아가면서까지 선보인 새 거인은 전작만큼 인기를 끌지 못했다. 세상이 똑같은 수법에 연달아 두 번 넘어갈 리는 없었던 것이다. 거인의 소유주 중 하나였던 존 랜킨John Rankin에게 맡긴 회고록 원고가 완성되는 것조차 보지 못한 채, 1902년 병상에서 숨을 거둔 헐은 자신의 옛 피조물처럼 땅에 말없이 묻혔다. 그가 죽기 몇 달 전 기자에게 털어놓은 후회는 정직하게 살지 않았다는 것도, 동료들을 제대로 대우하지 않았다는 것도 아니었다. 사기를 치는 동안 실수를 너무 많이 저지르는 바람에 부자가 되지 못했다는 것이었다. 헐의 회고록 『거인 제작자 또는 수수께끼의 안개The Giantmaker, or The Mist of

Mystery』는 끝까지 출간되지 못했고, 오늘날에는 단 두 권만이 남아 있다.

한편 거인 대결의 승자인 바넘은 훨씬 성공적인 말년을 보냈다. 박물관장에서 서커스단장으로 변신한 이후로도 줄곧 최고의 흥행사라는 지위를 누렸고, 그가 1891년에 사망할 때쯤 그의 서커스는 수천 명의 직원을 거느린 대형 사업으로 성장했다. 기나긴 세월이 흐른 오늘날까지도 바넘과 헐 사이의 압도적인 격차가 좁혀질 가망은 없어 보인다. 2017년에는 바넘의 서커스 사업 일대기를 영웅적으로 그린 영화 〈위대한 쇼맨The Greatest Showman〉이 개봉해, 역사적 인물의 실제 행적을 터무니없이 미화했다는 비판에도 불구하고[332] 세계에서 가장 흥행한 뮤지컬 영화 중 하나가 되었다.[333] 사기꾼 중의 사기꾼, 흥행사 중의 흥행사라는 명성은 여전히 헐이 아닌 바넘의 것이다.

‡

헐과 바넘의 삶에 비하면 카디프 거인의 후일담은 한층 고요한 편이다. 보스턴을 떠난 거인은 이후로도 순회공연을 계속했지만 대중의 관심은 곧 잦아들었고, 이후로는 여러 주인의 손을 전전하면서 한번은 가격이 100달러까지 떨어지기도 했다. 그러던 거인의 마지막 걸음은 1948년 뉴욕 쿠퍼스타운의 파머스박물관Farmer's Museum이 언론인이자 수집가 가드너 콜스 주니어Gardner Cowles Jr.로부터 거인을 사들이면서 이루어졌다. 파머스박물관은 이 낡고 지친 거인에게 모의 장례식을 치

러주었고, 지금도 카디프 거인은 그곳의 전시장에 가만히 잠들어 있다.[334]

하지만 박물관에 잠든 거인은 하나가 아니다. 미시간주에 위치한 마빈의 놀라운 기계 박물관Marvin's Marvelous Mechanical Museum에는 파머스박물관의 거인보다 색이 더 검다는 점을 제외하면 생김새가 거의 비슷한 조각상이 전시되어 있는데, 어쩌면 바로 이 거인이야말로 오토가 만들고 바넘이 전시한 모조품 카디프 거인일 가능성이 있다.[335] 그렇다면 한때 잠시나마 뉴욕을 뒤흔들었던 두 괴물은 아직 잠들지 않았는지도 모른다. 비록 더는 구름 같은 인파에 둘러싸여 있지 않을지언정, 돌처럼 움직이지 않는 거인들의 치열한 경쟁은 아직도 계속되고 있는 셈이니까.

1874

†

숲속의
달콤한 미끼

마다가스카르의
식인 나무

Man-eating Tree of Madagascar

1874년 5월 12일, 미국의 식물학자 아사 그레이Asa Gray는 절친한 동료 찰스 다윈에게 짧은 편지336를 썼다. 자신이 얼마 전 《네이션The Nation》에 실은 식충식물에 대한 글337을 소개하는 편지였다. 다윈의 공적을 제대로 알리고자 쓴 글이 벌써 새로운 발견을 낳고 있음을 알리며 그는 편지에 두 가지 예시를 들었다. 하나는 식충식물 사라세니아Sarracenia의 일종이 개미를 유인하는 방식을 관찰한 캐롤라이나의 어느 외과의사 이야기였고, 다른 하나는 얼마 전 신문에 보도된 한 신종 식물 발견 기사였다. 1860년대부터 줄곧 식충식물 연구에 몰두하던338 오랜 친구를 위해 그레이는 신문을 편지에 동봉해서 보내주었다.

그레이가 다윈에게 보낸 신문은 발견되지 않았지만, 둘 사이에 오간 편지의 내용으로 보아 문제의 기사가 그해 4월 말 신문 《뉴욕 월드New York World》에 실린 "크리노이다 다지아나: 마다가스카르의 식인 나무Crinoida Dajeeana: The Man-eating Tree of Madagascar"였음은 쉽게 짐작할 수 있다. 오랜 친구가 신경 써서 보내준 이 흥미진진한 소식을 다윈은 틀림없이 꼼꼼하게 읽어보았을 것이다. 그렇다면 자연선택이론으로 과학의 역사를 바꿔놓은 위대한 생물학자는 자신도 모르는 새 달콤한 미끼를 마주치고 만 셈이다. 그 미끼를 드리운 것이 앞으로 얼마나 끈질긴 생명력을 자랑할 괴물인지 미처 알지 못한 채로.

‡

다윈이 읽은 《뉴욕 월드》 기사[339]는 독일의 한 잡지에 오멜린스 프라이들로스키Omelins Friedlowsky 박사가 기고했다는 글을 옮긴 것이었다. 이에 따르면 인도 봄베이(오늘날의 뭄바이)에서 식물학자 카를 레케Karl Leche를 만난 프라이들로스키는 식충식물이 다른 식물과는 기원이 전혀 다른, 어쩌면 운석에 실려 지구상에 도달한 생물일지도 모른다는 가설을 들려주었다. 이 가설에 깊은 감명을 받은 레케는 주변 생태계와 특히 이질적으로 자라난 식충식물의 서식지를 잘 찾아보라는 조언 역시 받아들였다. 인도에서의 여정을 마친 레케가 외과의사 바우 다지Bhawoo Dajee의 후원을 받아 마다가스카르 탐사를 떠난 것은 이 때문이었다. 그리고 프라이들로스키 박사가 받은 편지에 의하면, 레케는 그곳에서 후원자의 이름을 따 크리노이다 다지아나†Crinoida Dajeeana라고 명명한 신종 나무를 발견했다.

레케가 문제의 나무를 발견할 수 있었던 것은 현지인 조수 헨리크Henrick가 전해준 정보 덕택이었다. 헨리크로부터 원시적인 음코도Mkodo 부족의 땅에 다른 곳에선 볼 수 없는 온갖 신기한 식물이 가득하다는 말을 들은 레케는 닷새에 걸쳐 험준한 산속으로 나아갔고, 그 너머의 골짜기에서 정말로 풍부한 생태계를 찾아냈다. 옷조차 걸치지 않은 채 긴 창으로 치타와 물소를 상대하는 용맹한 음코도 부족이 영양이나 바

---

† 본래 학명의 종명은 소문자로 시작하는 것이 원칙이나, 여기서는 원문의 표기를 그대로 따랐다.

위너구리 같은 다양한 야생동물과 함께 살아가는 생태계였다. 하지만 그곳의 가장 놀라운 토착종은 악어와 독사가 우글거리는 골짜기 밑바닥의 컴컴한 숲속에 있었다. 물길이 느리게 굽어 흐르고 원주민들이 "테페! 테페!" 하는 함성을 외치는 가운데, 레케는 마침내 눈앞에 나타난 그 기이한 나무를 이렇게 묘사했다.

"약 2.4미터 높이의 두툼한 파인애플이 이파리 없이 곧게 놓여 있는 모습을 상상해 보면, 그 나무의 몸통이 어떻게 생겼는지 짐작할 수 있을 것이다. 하지만 그 색깔은 파인애플과는 달리 어둡고 칙칙한 갈색이었으며 무쇠처럼 단단해 보였다. 지름이 적어도 60센티미터는 될 뭉툭한 고깔 형상의 나무 꼭대기에는 여덟 장의 잎이 땅 가까이까지 수직으로 늘어져 있어, 경첩 쪽으로 열린 문들을 연상시켰다. (……) 고깔의 끄트머리는 둥글고 희고 오목한, 커다란 접시 위에 작은 접시가 겹쳐 놓인 것 같은 모습이었다. 이것은 꽃이 아니라 꽃받침이었는데, 그 안으로는 투명하고 당밀 같은 액체가 흘러나왔다. 꿀처럼 달콤하며 강렬한 중독 및 수면 작용을 하는 액체였다. 아래쪽 접시 가장자리 사방에는 길고 털로 덮인 초록색 촉수가 수평으로 돋아나 있었다. (……) 이들 위쪽 (아래쪽과 위쪽 접시 사이)에 난 것은 여섯 개의 희고 거의 투명한, 하늘을 향한 채 계속해서 신기한 움직임으로 회전하고 또 꿈틀대는 더듬이였다. 갈대처럼 가늘고 깃펜처럼 연약해 보이는 그것들은 각각 1.5~1.8미터 길이였는데, 끊임없이 힘찬 모습으로 허공을 향해 은근하게 출 렁이며 조용히 맥동했다. 마치 가죽이 벗겨진 뱀이 꼬리 로 서서 춤추는 듯한 그 광경에 나는 본의 아니게 전율 할 수밖에 없었다."

꼭 바다나리나 소철을 닮은 낯선 나무의 모습은 물론 놀라웠지만, 레케를 보다 큰 충격에 빠뜨린 것은 이 '위대한 나무 악마' 주위로 모여든 원주민들이 벌인 행위였다. 비명과 찬양 소리가 점점 커지는 가운데 원주민들은 한 여성을 둘러싸고 창 끝으로 위협해 나무를 기어오르도록 했고, 여성이 나무 꼭대기에 서자 "치크! 치크!(마셔라! 마셔라!)"라는 구호를 함께 외쳤다. 이에 따라 접시에 고인 액체를 마신 여성이 경련을 일으키자 그때까지 가만히 있었던 나무가 움직이기 시작했다. 울부짖으며 웃음을 터뜨리던 여성은 이내 더듬이와 촉수에 단단히 휘감겨 숨이 끊어지고 말았다. 뒤이어 가시 돋친 거대한 잎들이 천천히 일어나더니 죽은 여성의 몸을 감싸 단단히 조였고, 원주민들은 나무몸통을 타고 흐르는 피와 체액이 섞인 섞인 꿀 같은 액체를 마시며 광란의 축제를 벌였다. 열흘 뒤 닫혀 있던 이파리가 다시 펼쳐졌을 때 남아 있던 흔적은 나무둥치에 굴러다니는 백골이 전부였다.

그리고 이 무시무시한 식인 나무는 한 그루가 아니었다. 골짜기에서 머무는 21일 동안 레케는 음코도 부족이 섬기던 것과 같지만 더 작은 개체를 여섯 그루나 더 찾았으며, 한번은 나무가 여우원숭이를 잡아먹는 광경을 목격하기까지 했다. 기사에 실린 레케의 편지는 그가 헨리크의 도움과 원주민들의 동의를 받아 작은 나무 한 그루를 베어 해부해 보았다는 언급으로 마무리되었다. 자세한 연구 내용은 다음 연락 때 밝히리라는 말과 함께.

‡

물론 세상에 식인 나무 따위는 존재하지 않는다. 비록 벌레잡이통풀에 쥐나 도롱뇽처럼 작은 척추동물이 빠지는 일이 종종 보고되기는 하지만,[340] 사람처럼 큰 동물을 휘감아 죽일 수 있는 식물은 현재까지 어디에서도 발견된 적이 없다. 이는 마다가스카르의 식인 나무도 당대 뉴욕에 나타났던 수많은 괴물처럼 순수한 날조의 산물이었다는 의미다. 1888년 8월 문학잡지 《커런트 리터러처Current Literature》가 식인 나무 이야기를 다시 게재하면서 밝힌 바에 따르면, 이번 날조의 범인은 에드먼드 스펜서Edmund Spencer라는 이름의 작가였다.[341]

오늘날 에드먼드 스펜서라는 인물에 대해 알려진 것은 많지 않다. 그가 한때 《뉴욕 월드》의 직원이었으며[342] 메릴랜드주 볼티모어에서 사망했다는 《커런트 리터러처》의 서술로 미루어 보아, 볼티모어에서 활동했고 1875년경 《뉴욕 월드》에 정기적으로 글을 실었으며 1883년에 숨을 거둔 작가 겸 언론인 에드워드 스펜서Edward Spencer[343]와 동일인이 아닐까 추측할 수 있을 뿐이다. 《커런트 리터러처》에 따르면 그는 "포에 비견될 만큼" 뛰어난 공포소설 작가였는데, 어느 날 친구들과 이야기를 나누다가 '독자에게 공포를 불러일으키는 데에 필요한 일은 익숙하고 아름다운 대상을 몹시 과장하

《뉴욕 월드》 기사에 실린 이래 숱한 호기심을 불러일으킨, 촉수와 더듬이가 달린 거대한 파인애플을 닮은 마다가스카르의 식인 나무.

는 것뿐'이라는 지론을 펼쳤다고 한다. 이를 입증하고자 노스캐롤라이나주에 흔한 파리지옥Dionaea muscipula을 소재로 쓴 글이 바로 문제의 "크리노이다 다지아나"였다. 이처럼 먼 땅의 기이한 생물을 다룬 소설이 기사의 탈을 쓰고 신문 지면에 떡하니 보도되었다는 점에서, 마다가스카르의 식인 나무는 그보다 수십 년 전에 뉴욕을 휩쓸었던 **달의 박쥐인간**과 사실상 똑같은 괴물이었던 셈이다.

하지만 식인 나무와 박쥐인간 사이에는 중요한 차이점이 하나 있다. 바로 기사의 여파다. 《선》에 실린 로크의 박쥐인간 이야기는 금방 거짓임이 들통나서 '장대한 달 사기극'이라는 이름이 붙은 반면, 《뉴욕 월드》가 보도한 스펜서의 거짓말은 장장 14년이 지나서야 저자의 정체가 폭로되었다는 사실에서 알 수 있듯이 오래도록 세상을 속이는 데에 성공했다. 게다가 그 폭로조차도 식인 나무에 대한 믿음을 완전히 뿌리 뽑은 것은 아니었다. 《커런트 리터러처》에 실린 글은 스펜서의 기사만큼 널리 퍼지지 못했으니까. 그 결과 세월이 한참 지난 20세기에도 스펜서가 창조한 괴식물은 여전한 생명력을 과시하며 꿈틀거리고 있었다.

예컨대 1920년 9월 26일 자 《워싱턴 타임스The Washington Times》는 스펜서의 식인 나무 이야기에 무시무시한 삽화와 실제 식충식물에 대한 과학적인 설명을 곁들여 다시 실은 바 있다.[344] 1924년에는 미국의 탐험가 체이스 샐먼 오스번Chase Salmon Osborn이 『마다가스카르: 식인 나무의 땅Madagascar: Land of the Man-Eating Tree』이라는 제목의 여행기를 펴냈는데, 이것이 독자의 흥미를 끌고자 붙인 제목임을 책의 첫 장에서 솔직히 밝히면서도 오스번은 식인 나무를 결코 터무니없는 괴물로 취급하지 않았다. 현지 원주민 부족 여럿으로부터 들은 이야기와 쥐를 잡아먹는 식충식물의 존재가 그 근거였다.[345] 한편 1932년에는 V. 드 라 모트 허스트V. de la Motte Hurst 대위를 필두로 한 영국인 탐사대가 식인 나무를 찾아 마다가스카르로 향한다는 보도가 나오기도 했다.[346]

심지어 20세기 후반에 들어서도 식인 나무 이야기에 새로이 홀린 사람이 나타났다. 바로 빌리 라이Willy Ley나 로이 P. 매컬Roy P. Mackal과 같은 괴물 연구가들이었다. **콩고의 공룡** 이야기를 굳게 믿고 퍼뜨린 것으로도 유명한 이들은[347] 프라이들로스키, 레케, 음코도 부족 등이 실존했다는 증거를 찾아서 각자 문헌을 열심히 뒤졌지만, 결국에는 그중 무엇도 세상에 존재한 적이 없다는 실망스러운 진실을 받아들여야 했다.[348] 거의 한 세기 전에 이미 밝혀진, 그러나 누구도 거들떠보지 않았던 당연한 진실이었다.

‡

스펜서의 식인 나무는 어떻게 시대를 초월해서 세상을 속일 수 있었을까? 성공의 원인이야 여러 가지를 꼽을 수 있겠으나, 여기서는 다른 이유보다도 "크리노이다 다지아나"가 잘 쓰인 소설이었다는 점에 주목하고 싶다. 온갖 맹수가 도사린 머나먼 섬의 정글 속이라는 음산한 배경, 그 속에 자리 잡은 기괴한 식물을 묘사할 때의 상세함, 그리고 식물이 불쌍한 여인을 먹어 치우는 기괴한 희생 제의 장면의 긴장감까지 이 작품은 훌륭한 공포소설의 미덕을 두루 갖추고 있다. "공포의 대가"라는 《커런트 리터러처》의 평가가 아깝지 않을 정도다.

특히 높이 평가할 만한 점은 식인 나무라는 얼핏 황당무계해 보이는 설정을 납득시키기 위한 저자의 꼼꼼한 노력이다. 스펜서는 먼저 식충식물이 우주에서 유래했기에 주변 생태계와는 완전히 이질적인 모습을 띨 수도 있으리라는 프라이들로스키 박사의 가설을 제시함으로써 식인 나무의 존재에 강렬한 설득력을 부여하고, 뒤이어 파리지옥이 캐롤라이나 지방의 특정 지역에서만 발견된다는 과학적 사실[349]과 범종설을 함께 언급해 가설을 더욱 그럴듯하게 꾸민다. 한편 나무에 제물을 바치는 대신 중독성 있는 액체를 받아 마시는 원주민들의 의식은 움직일 수 없는 식물이 사람을 잡아먹는다는 수수께끼에 명쾌한 설명을 제공한다. 다윈이 앨프리드 러셀 월리스보다 먼저 진화론을 발표하고자 서둘렀던 일화로 글을 시작한 것도, 범종설을 논하면서 스웨덴의 탐험가 닐스 아돌프 에리크 노르덴셸드Nils Adolf Erik Nordenskjöld의 이름을 슬쩍 언급한 것도 소설에 사실성을 더하는 효과적인 장치다. 달콤한 향기로 벌레를 유혹하는 현실의 식충식물과도 같이, 스펜서의 식인 나무는 이처럼 사실과 거짓이 절묘하게 뒤섞인 미끼를 드리워 탐험가와 괴물 애호가들을 계속 마다가스카르의 정글로 끌어들였다. 이는 무엇보다도 "크리노이다 다지아나"가 빼어난 크리처 호러 SF였기에 가능했던 일이다.

모든 장르의 걸작이 그러하듯이 "크리노이다 다지아나"에도 곧 여러 아류작이 뒤따랐다. 예를 들어 1887년 제임스 W. 부엘James W. Buel이 펴낸 기담집 『바다와 육지Sea and Land』

에는 촉수 달린 식인 식물 '야테베오Yateveo'가 등장하고,[350] 1889년 《필라델피아 타임스The Philadelphia Times》는 뉴올리언스의 자연과학자 리로이 던스탠Leroy Dunstan이 동물을 휘감고 무수한 빨판으로 피를 빨아먹는 기이한 덩굴을 발견했다는 기사가 실렸다.[351] 이렇게 세간의 상상 속에 단단히 자리를 잡은 식인 식물은 이윽고 그 어떤 괴물에도 뒤지지 않을 만큼 유명한 문화 아이콘이 되었다. 덩굴과 이파리를 자유로이 휘두르며 사람을 붙잡고 집어삼키는 괴식물은 오늘날 소설·영화·만화 등의 대중매체 어디서든 흔히 찾아볼 수 있다. 그리고 그 모든 괴식물의 뿌리를 거슬러 올라가다 보면, 그 끝에는 아마 1874년에 어느 탁월한 작가가 몰래 심은 새싹이 나타날 것이다.

‡

그렇다면 이토록 멋진 이야기를 받아 읽어본 다윈의 감상은 어땠을까? 결론부터 말하자면 이 위대한 생물학자는 과연 괴물의 미끼에 걸려들지 않았다. 1874년 6월 3일에 다윈이 그레이에게 보낸 답장에 의하면, 그가 스펜서의 거짓말을 간파할 수 있었던 것은 식인 나무의 존재를 믿지 않았기 때문이 아니었다. 식인 나무가 등장하기도 전에 문장 사이를 스쳐 지나간 고증 오류를 놓치지 않았기 때문이었다.

"마다가스카르에 대한 그 풍자 기사를 처음엔 꽤나 진지하게 읽었고, 고양잇과와 소과 동물이 마다가스카르에

서식한다고 언급된 부분에선 거짓 이야기임을 알아챘지만, 여자 이야기에 다다르기 전까지는 날조라는 걸 꿰뚫어 보지 못했다네."

아뿔싸, 독자를 속이려고 아무리 꼼꼼하게 노력했다 한들 당대 최고의 자연과학자가 보기에는 어설픈 부분이 있었던 것이다. 하지만 바꿔 말하면 다윈조차도 치타와 물소가 언급되기 전까지는, 즉 "식인 나무"라는 제목과 프라이들로스키 박사의 외계 식물 가설만큼은 별다른 의심 없이 읽었으리라고 추측할 수 있다. 이 정도면 이름조차 제대로 남기지 못하고 사라져 버린 작가의 단편소설이 거둔 성과치고는 제법 훌륭했노라고 평할 수 있지 않을까.

1891

†

떠도는 유령처럼
끈질긴 것

크로포즈빌 괴물

Crawfordsville Monster

이 책에서는 '괴물'을 실제로는 존재하지 않았음에도 존재한 것처럼 알려진, 혹은 실존하기는 하였으나 그 실체가 크게 잘못 알려진 생물 전반을 일컫는 말로 썼다. 그런 만큼 이 책에 소개된 괴물 스물아홉 종 중에는 일상적으로 말하는 '괴물'의 정의에 잘 들어맞지 않는 것도 얼마든지 있다. 아마 많은 독자는 **지옥분노벌레**나 **황제벼룩**처럼 작은 생물을 괴물이라고 생각하지 않을 것이다. 실존하는 나비와 별다를 것 없는 **찰턴멧노랑나비**나 인간과 같은 지성을 갖추었다는 **달의 박쥐인간**을 괴물이라고 일컫는 데에 거부감을 느끼는 독자도 적지 않으리라. 우리가 흔히 말하는 괴물이란 보다 두려우면서 기괴하고 낯설기까지 한 존재다. 너무 작은 괴물, 별로 무섭지 않은 괴물, 이미 잘 알려진 동식물과 너무 닮은 괴물 따위는 제아무리 대단한 거짓말과 착각의 산물이라 한들 만인이 인정하는 진정한 괴물이 될 수 없다.

하지만 19세기 말의 어느 날 미국 인디애나주 크로포즈빌Crawfordsville의 하늘에서 목격된 괴물, 이른바 '크로포즈빌 괴물'이라면 이야기가 다르다. 크로포즈빌 괴물은 충분히 거대했고 또 무시무시했으며, 무엇보다 세상에 알려진 그 어떤 동물과도 완전히 다른 괴이한 생김새를 하고 있었으니까. 근현대에 나타난 모든 괴물 중에서도 이처럼 모든 의미에서 진정으로 괴물이라는 이름값을 했던 괴물은 아마 드물 것이다. 19세기 말에 단 한 차례 모습을 드러냈을 뿐임에도 녀석이 영영 잊히는 대신 소문으로 끈질기게 퍼져나가며 후대의 UFO 연구자들을 강렬히 매혹하기에 이르렀다는 사실 역시 이를 뒷받침한다. 그들의 생각 속에서 크로포즈빌 괴물은 이 세상의 뒤편에 우리가 알지 못하는 거대한 수수께끼가 숨어 있음을 보이는 확실한 증거였다. 알고 보면 수수께끼 따위는 처음부터 어디에도 없었음에도, 진실은 줄곧 만천하에 드러나 있었음에도.

‡

역사상 가장 괴물다웠던 괴물 이야기가 그 막을 올린 1891년 9월 5일 오전 두 시경에, 마셜 매킨타이어Marshall McIntyre와 빌 그레이Bill Gray는 다른 크로포즈빌 시민들처럼 단잠을 즐기는 대신 헛간에서 마차에 말을 매는 중이었다. 헛간이 윌리엄 마틴William Martin의 소유였으며 마차가 얼음 창고로 향할 예정이었다는 크로포즈빌 지역신문 《데일리 저널The Daily Journal》의 언급[352]으로 미루어 보아, 매킨타이어와 그레이는 농부 출신 사업가인 마틴이 운영하던 크로포즈빌 얼음 및 냉동 보관 회사Crawfordsville Ice & Cold Storage Company[353]의 인부였던 듯하다. 19세기 미국의 얼음 산업은 자연 상태의 얼음을 수확해 단열 처리된 창고에 보관했다가 소비자에게 배달하는 방식으로 이루어졌던 만큼,[354] 본격적인 주말 일과가 시작되기 전에 얼음을 창고에서 가져오는 일이 얼마나 중요했을지는 쉽게 짐작할 수 있다. 하지만 그처럼 중요한 일을 맡은 인부들조차도 이윽고 밤하늘에서 벌어진 불가해한 현상으로부터 눈을 떼지는 못했다.

사건 당일 재빨리 소식을 전한 《데일리 저널》의 기사에 의하면, 두 인부 중 먼저 이변을 눈치챈 사람은 매킨타이어였다. 마구간 뒷골목에 서 있다가 갑작스레 묘한 경외와 공포를 느끼고서 하늘을 올려다본 그는 곧 "무시무시한 허깨비"가 서쪽으로부터 다가오는 모습을 목격했다. 90~120미터 높이의 허공을 빠르게 가로질러 움직이던 문제의 허깨비는 길이 약 5.5미터에 너비가 2.4미터쯤 되는 새하얀 형체로, 불타는 듯한 눈 하나에 옆면에는 여러 쌍의 지느러미가 달려 있었지만 머리나 꼬리는 없고 모양은 불분명해 거대한 흰색 수의를 연상시켰다. 인부들이 지켜보는 동안 그것은 쌕쌕대고 흐느끼는 소리를 토해내며 깃발처럼 펄럭이다가 이따금 말로 다하지 못할 고통에 몸부림치듯 꿈틀거리기도 했다. 실로 괴이하다고밖에 표현할 길이 없는 광경이었다.

　　마틴의 자택 상공에 도착한 괴물은 한동안 그 주위를 천천히 맴돌았다. 그러다가 어쩌면 놈이 자신들의 베이컨을 노릴지도 모른다는 데에 생각이 미친 두 사람이 헛간으로 들어가 몸을 숨기자, 괴물은 이내 동쪽으로 날아가는 듯하더니 도시 가장자리에서 방향을 틀어 다시 마틴의 자택 위로 돌아왔다. 매킨타이어는 마틴의 가족을 깨우려 했지만 그레이가 반대했기에 둘은 괴물을 그저 계속 지켜보다가 세 시에 얼음 창고로 떠났고, 날이 밝아 귀환했을 때 괴물은 이미 사라진 뒤였다. 이 무시무시한 경험에 두 인부는 상당히 동요했지만, 그래도 단지 겁에 질려 떨지만은 않았던 듯하다. 기사는 두 사람이 다음번에는 스프링필드 소총을 헛간으로 가져올 작정이며, 만일 괴물이 다시 나타난다면 "차가운 납탄으로 구멍을 뚫어줄 것"이라는 문장으로 끝을 맺는다.[355]

　　그로부터 이틀 뒤인 9월 7일, 《데일리 저널》은 토요일 밤에 괴물을 목격한 사람이 용맹한 인부 둘뿐만은 아니었다는 소식을 전했다. 새 목격자는 존경받는 감리교 목사 조지 W. 스위처George W. Switzer로, 바로 2년 전인 1889년에 벌어진 동료 목사 윌리엄 F. 페팃William F. Pettit의 아내 독살 사건이 법의 심판을 제대로 받도록 애쓴 일 덕택에 특히 명망이 높은 인물이었다.356 매킨타이어와 그레이보다도 한층 더 믿을 만한 증인이었던 셈이다. 기사에 따르면 스위처는 한밤중에 물을 마시러 뒤뜰 우물로 향하던 중 이상한 감각에 이끌려 하늘을 올려다보았다가, 약 4.9미터 길이에 2.4미터 너비의 커다란 천 같은 형체가 바람 한 점 없는 깜깜한 밤하늘에서 알 수 없는 힘으로 날아가는 모습을 목격했다. 스위처가 "푹신한 우유빛 구름, 혹은 수의에 감싸인 악마" 같았다고 묘사한 그것은 구름이라기엔 너무 낮고 빨랐으며 뱀처럼 꿈틀꿈틀 헤엄쳤다. 첫 번째 기사 내용과 거의 일치하는 증언이었다.

생전 처음 보는 광경에 놀란 스위처는 아내를 집 밖으로 불러냈고, 목사 부부가 지켜보는 가운데 괴물은 J. M. 레인J. M. Lane 부인의 마당에 착륙하려는 듯 내려가 시야에서 사라졌다가 다시 올라와 한동안 일대를 빙빙 돌았다. 스위처의 증언은 자신이 마침내 지쳐 집으로 돌아갈 때까지도 괴물이 계속 하늘에 떠 있었다는 내용으로 마무리되었다. 끝맺음까지도 이전의 증언과 사실상 똑같았던 셈이다. 이처럼 얼음 창고 인부들이 본 괴물을 존경받는 목사 부부도 똑같이 목격했다는 소식에 크로포즈빌 주민들의 의견은 선명히 엇갈렸다. V. Q. 어윈V. Q. Irwin은 괴물의 정체가 영혼일 것이라고 추측한 반면, 로버트 버턴Robert Berton 교수는 "필시 술을 들이키고 있었

목격자들의 증언을 바탕으로 그린 크로포즈빌 괴물. 그 기이한 생김새는
먼 훗날의 초자연현상 연구가들까지도 깊이 매혹시킬 정도였다.

을 사람의 시신경에 발생한 망상"에 불과하다고 차갑게 선을 그었다.[357]

흥미로운 점은 버턴 교수가 크로포즈빌의 여러 사교 모임 중 하나인 '유령에 대한 믿음 진흥회The Society for the Advancement of the Belief in Ghosts'의 창립 회원이었다는 사실이다. 1887년 핼러윈에 창설된 이 모임의 가입 조건은 살면서 한 번이라도 유령을 직접 본 적이 있어야 한다는 것이었으니,[358] 버턴 교수가 완고한 회의주의자와는 거리가 멀어도 한참 먼 사람이었음은 쉽게 짐작할 수 있다. 그런 인물조차 스위처의 괴물 목격담을 한낱 취객의 망상이라고 일축했다는 사실이 암시하는 바는 명백하다. 1891년 9월 크로포즈빌의 밤하늘에 나타난 괴물은 제아무리 열렬한 초자연현상 신봉자라도 도무지 받아들이기 힘들 정도로 기이했던 것이다.

‡

당대의 다른 놀라운 괴물 이야기와 마찬가지로, 크로포즈빌 괴물에 대한 소식은 금세 신문을 타고 미국 전역으로 퍼져나갔다. 예를 들어 9월 7일 자《인디애나폴리스 저널The Indianapolis Journal》에는 앞서 소개한 두 목격담을 합친 기사가 실렸는데, 여기에는 인부들과 목사 부부를 제외한 다른 목격자들의 증언도 짧게 언급되었다. 사건 발생 당시에 새들이 불안한 듯 지저귀었으며 무언가 덮쳐 내려오는 것만 같은 묘한 감각이 느껴졌다는 내용이었다.[359] 한편 뉴욕의 일간지《브루클린 데일리 이글Brooklyn Daily Eagle》은 9월 10일에 다소 신랄한 논평을 싣기도 했다. "큰바다뱀의 대체품A Substitute for the Sea Serpent"이라는 제목의 이 논평에서 《브루클린 데일리 이글》은 크로포즈빌 사람들이 괴물을 잡아 전시하고 스위처 목사를 박물관장으로 세움으로써 큰돈을 벌 수 있을 것이라고 비꼬았다. 괴물의 정체는 길 잃은 비행선이나 어린아이가 한밤중에 날린 연 아니겠느냐는 의심도 함께였다.360

이처럼 소문이 전국적으로 퍼져나가는 동안, 크로포즈빌의 우체국은 괴물에 대해 문의하는 편지로 북새통을 이루었다. 9월 11일 자 《데일리 저널》에 따르면 그중에는 괴물의 등장을 최후의 심판이 다가오는 징조라고 여긴 사람들의 문의도 적지 않았던 듯하다.361 한편 스위처 목사는 알코올중독자 치료 시설에 방문해 달라는 편지를 받는 등 다소간의 유명세를 치르기도 했다.362 그렇지만 소동은 잠깐이었다. 인부들이 소총을 들고 기다리든 말든 괴물이 다시 나타나는 일은 없었고, 기다리던 심판의 날 역시 도래하지 않았다. 괴물이 돌아오지 않자 세간의 관심은 빠르게 식었다. 비록 세상에서 가장 기이하고 두려운 괴물 목격담 중 하나의 주인공이었음에도, 1891년 9월의 크로포즈빌 괴물은 이후 오래도록 낡은 신문 속에 잠들어 있어야만 했다.

하지만 괴물의 잠은 영원하지 않았다. 인부들과 목사 부부가 밤하늘을 올려다본 지 약 40년 뒤인 1931년, 크로포즈빌 괴물은 갑작스레 새로이 생명력을 얻어 다시 날아오르기에 이르렀다. 뉴욕 출신의 한 작가가 《브루클린 데일리 이글》에 실린 옛 논평을 발굴해 세상에 대대적으로 알린 덕택이었다.363 그는 무명에 가까운 소설가이자 은둔 기인이었지만, 한편으로는 수십 년 동안 기묘한 이야기를 무수히 수집해 세상에 알림으로써 불후의 명성을 떨친 인물이기도 했다. 하늘에서 동물이 비처럼 쏟아지는 현상, 인체자연발화, 바다 괴물, 수수께끼 같은 실종 사건……. 오늘날 이와 같은 주제에 흥미를 가지고 탐구하는 사람이라면 십중팔구 그의 영향력 아래 있다고 보아도 무방하다. 그도 그럴 것이 이상하고 초자연적인 것을 뜻하는 단어 '포티언Fortean'이 바로 이 사나이의 이름, 찰스 호이 포트Charles Hoy Fort로부터 유래했기 때문이다.

‡

찰스 호이 포트[364]는 실패한 작가의 전형 같은 인물이었다. 1874년 8월 6일에 올버니에서 잡화 도매상 집안의 장남으로 태어난 그는 폭압적인 아버지 아래서 가업을 물려받는 대신 글을 써서 대성하기를 꿈꾸었지만, 어린 시절을 다룬 자서전 『여러 부분Many Parts』은 출판사를 찾는 데에 실패했고 1909년에 출간된 장편소설 『버림받은 제작자들The Outcast Manufacturers』도 별다른 성공을 거두지는 못했다. 꿈이 꺾인 작가 지망생들이 으레 그러하듯 포트는 이후 실제 집필보다 자료 조사에 더욱 몰두했다. 소설에 쓸 이상하고 흥미진진한 소재를 찾기 위해 시작되었던 조사는 이내 그 자체가 목적으로 변질되었고, 몇 년 동안 도서관을 제집처럼 들락거리며 수만 장의 메모를 쌓아 올리는 가운데 포트의 머릿속은 점점 더 기묘한 생각으로 가득 찼다. 옛날 신문과 잡지 사이에 감춰진 세상의 비밀에 대한 생각이었다.

이처럼 포트의 열정이 소설 집필에서 떠난 뒤로도, 잡지에 단편소설을 기고하던 시절 친해진 작가 겸 편집자 시어도어 드라이저Theodore Dreiser는 그의 책이 세상의 빛을 볼 수 있도록 적극적인 지원을 아끼지 않았다. 그러한 지원에도 불구하고 화성에서 광선의 형태로 지구에 쏟아지는 강력한 힘이 세상만사를 지배하고 있다는 내용의 『X』와 고도로 발전한 미지의 문명을 다룬 『Y』는 결국 출간에 이르지 못했다. 하지만 그다음 원고는 달랐다. 이전처럼 한 가지 주제에 집중하는 대신 그때까지 모은 각종 기묘한 자료를 혼란스레 펼쳐 보인 신작 『저주받은 것들의 서The Book of the Damned』는 1919년 말에 성공적으로 출판되어 상당한 반향을 불러일으켰으며, 오늘날까지도 영향력이 다하지 않은 초자연현상 연구의 고전으로 일컬어진다.

포트의 이후 저서들도 마찬가지다. 『새로운 땅New Lands』(1921)에 푹 빠진 작가 티파니 세이어Tiffany Thayer는 포트의 열렬한 추종자가 되어 1930년 포트주의자학회The Fortean Society를 설립하기에 이르렀으며, 『로!Lo!』(1931)는 믿음이 가는 담담한 문체로 기이한 사실을 나열하고 학계의 정설을 비웃는 근대적 초자연현상 서술방식의 기틀을 만들었다고 평가받는다. 40년 동안 잊혀 있던 크로포즈빌 괴물을 되살린 책이 바로 이 『로!』다. 영국 왕자들이 호주 근해에서 목격한 수수께끼의 빛과 1877년의 날아다니는 인간 목격담 사이에서, 포트는 《브루클린 데일리 이글》에 실린 증언을 요약해 소개하며 스위처가 괴물을 창밖으로 보았다는 등의 부정확한 세부사항도 조금 덧붙였다. 인용의 인용을 거치며 《데일리 저널》

기사 원문의 괴기한 묘사가 거의 사라져 버린 한 문단 분량의 짤막한 글이었다. 마치 크로포즈빌의 "머리 없는 괴물"조차도 세상에서 매일같이 일어나는 무수한 초자연현상 중 하나일 뿐이라는 것처럼.

하지만 초자연현상 연구의 아버지에게도 크로포즈빌 괴물은 분명 믿기 힘든 괴현상이었을 것이다. 그러지 않았다면 놈에게 수수께끼의 빛이나 날아다니는 인간과는 달리 한층 길고 자세한 두 번째 문단이 주어지지는 않았을 테니까. 이 문단의 내용은 다름 아닌 일종의 사실 검증이었다. 원래는 G. W. 스위처가 존재하지 않는 사람이리라고 확신했다는 언급으로 미루어 보아, 포트는 아마 괴물 이야기에 목사라는 믿을 만한 증인이 등장한다는 사실을 미심쩍게 여긴 듯하다. 전직 소설가로서 그런 증인의 등장이 너무 편리한 문학적 장치처럼 보인다고 생각한 것일까? 그러나 조사를 통해 증인의 실존 여부를 확인하자 포트는 기다렸다는 듯이 태도를 바꾼다. 스위처에게 직접 괴물 이야기를 듣고자 편지를 보냈지만 답장을 받지는 못했다고 밝히면서도, 그가 "여느 정통파 과학자만큼 신뢰성 있고 과학적인 발표"를 가장해 내린 결론은 아래와 같다.

> "문제는 이러하다: 1891년 크로포즈빌에 '머리 없는 괴물'이 나타났는가? 그리고 내가 조사한 결과를 싣자면: '그렇다. G. W. 스위처 목사는 당시 실제로 크로포즈빌에 살았다.'"[365]

‡

당연히 스위처 목사의 존재가 크로포즈빌 괴물의 존재까지 담보할 수는 없다. 하지만 포트의 책에 매혹된 '포트주의자'들에게 괴물의 존재 여부가 불확실하다는 사실은 전혀 중요하지 않았다. 중요한 점은 머리 없는 거대한 비행 괴물이 크로포즈빌의 밤하늘에 진짜 나타났을지도 모른다는, 그런 괴물처럼 과학자들이 아직 밝혀내지 못한 온갖 비밀과 경이가 세상에 얼마든지 숨어 있으리라는 가능성 그 자체였다. 이처럼 멋진 가능성을 포트주의자들이 그냥 놓아줄 리 만무했다. 1946년 봄, 포트주의자학회의 소식지 《다우트Doubt》에는 빈센트 가디스Vincent Gaddis가 쓴 "인디애나주의 비행 괴물Indiana's Sky Monster"이라는 제목의 칼럼이 실렸다. 신문 기사와 크로포즈빌 주민들의 증언을 바탕으로 포트가 쓴 괴물 이야기를 검증하는 동시에, 괴물이 이틀 동안 나타나 수백 명에게 목격되었다는 등의 새로운 주장도 덧붙인 칼럼이었다.[366]

그 이듬해인 1947년 6월 24일, 미국의 비행기 조종사 케네스 아널드Kenneth Arnold가 워싱턴주 레이니어Rainier산 근처에서 "소스 접시saucer"를 연상시키는 정체불명의 비행물체 아홉 대를 목격했다는 소식이 언론을 통해 전국으로 퍼지며 '비행접시Flying Saucer'라는 낯선 단어가 대중의 뇌리에 각인되었다. 바로 다음 달 초에는 뉴멕시코주 로즈웰에 비행접시가 추락했다는 소문도 퍼졌다.[367] 미확인 비행물체Unidentified Flying Object, 즉 UFO가 초자연현상을 상징하는 불멸의 문화 아이콘으로 자리매김한 운명적인 그해 이래로, 인류가 하늘에서 벌어지는 이상한 사건을 바라보는 방식은 결코 전과 같을 수 없었다. 이는 19세기 말 크로포즈빌의 밤하늘에서 벌어진 일도 마찬가지였다.

오늘날에는 UFO가 곧 외계인의 비행선이라는 인식이 보편적으로 퍼져 있지만, 1947년 이래 적어도 한동안은 UFO의 정체에 대한 초자연현상 애호가들의 의견이 상당히 엇갈렸다. UFO가 기계라기보다는 살아 있는 동물에 가깝다고 생각한 사람도 적지 않았다. 그중에는 존 필립 베서 John Philip Bessor 같은 UFO 학자는 물론, 이름난 괴물 연구가 이반 테렌스 샌더슨Ivan Terence Sanderson과 비행접시 유행의 시초인 케네스 아널드도 있었다. 창공이나 우주에도 바다에서처럼 생물이 서식하며, 하늘에서 목격되는 각종 빛나는 형체 중 일부가 바로 그런 생물이라는 발상은 이미 포트의 책에 여러 차례 언급된 바 있었으니만큼 어쩌면 그들의 파격적인 주장도 실은 선구자에게서 빌려온 것이었는지 모른다(한편 포트의 발상 역시 아서 코넌 도일의 「고공 공포The Horror of the Heights」와 같은 SF 작품에서 착안했을 가능성이 있다).[368]

그렇다면 포트가 되살려 낸 괴물이 후대 포트주의자들의 주장을 충실히 뒷받침한 것도 당연한 일이다. 1967년에 『신비로운 불꽃과 빛Mysterious Fires and Lights』에서 UFO 생물설을 소개하며, 가디스는 그 근거로 포트가 수집한 비행물체 목격담과 더불어 과거 《다우트》에 실은 크로포즈빌 괴물 관련 칼럼을 들었다.[369] 트레버 제임스 컨스터블Trevor James Constable이 같은 주장을 더욱 밀고 나가며 가설 속 생물에 "크리터 Critter"라는 이름까지 붙였을 때, 그를 지지한 인체자연발화 연구가 래리 아널드Larry Arnold가 가져온 근거 중 하나도 역시 가디스의 글이었다.370 이리하여 크로포즈빌 괴물은 외계인의 우주선이라는 흔한 설명이 통하지 않는 '살아 있는' UFO, 이른바 대기권 생명체Atmospheric Life Forms의 대표적인 예시로서 UFO 연구의 역사에 단단히 자리매김했다. UFO 전문가 제롬 클라크Jerome Clark의 말을 빌리자면 "UFO 목격 보고 중에서도 가장 환상적인 사례 가운데 하나"가 된 셈이다.371

‡

아무래도 크로포즈빌 괴물이 괴물 중의 괴물, 그 어떤 UFO보다도 더욱 기이한 UFO라는 칭송은 이쯤이면 충분히 한 듯하다. 이제는 다시금 당연한 질문을 던져볼 때이다. 1891년 9월 5일의 크로포즈빌에는 대체 무엇이 나타났던 것일까? 포트의 어설픈 '검증'과 가디스의 탐문 내용은 안타깝게도 괴물의 정체에 대해서는 아무것도 알려주지 않는다. 게다가 문제의 사건이 일어난 밤으로부터는 이미 한 세기가 넘게 지나고 말았으니, 진실이 밝혀지는 일 없이 영원한 수수께끼로 남으리라고 지레짐작하는 것도 무리는 아니다. 하지만 사실 해답은 진작 만천하에 공개되어 있었다. UFO 학자들이 가설을 쏟아내기 전부터, 포트가 괴물을 되살리기도 더욱 전부터. 도무지 설명할 수 없을 것만 같았던 기묘한 사건의 진상이 밝혀진 것은 괴물이 출현한 지 고작 사흘 뒤인 9월 8일, 《데일리 저널》의 짤막한 기사를 통해서였다.

"유령이 해명되다The Spook Explained"라는 제목의 이 기사에 의하면, 크로포즈빌 괴물을 퇴치한 주인공은 존 혼벡John Hornbeck과 에이브 헌리Abe Hernley였다. 괴물 소동 당시에 마침 마당에 나와 있던 혼벡은 제법 용맹한 사람이었던 듯하다. 다른 목격자들처럼 겁에 질리는 대신 그는 곧장 헌리를 불러내 함께 놈을 뒤쫓기 시작했고, 덕분에 둘은 괴물의 본모습을 똑똑히 확인할 수 있었다. 유령 신봉자나 초자연현상 연구의 아버지조차 믿기 힘들어했던 문제의 괴물은 알고 보니 유령도, 종말의 징조도, 미지의 대기권 생명체도 아니었다. 바로 쌍띠물떼새Charadrius vociferus 한 무리였다. 도시 근처를 지나다가 전등 불빛에 혼란스러워져 길을 잃은 새 떼가 일대를 빙빙 맴돌자, 물떼새 수백 마리의 하얀 가슴과 배가 한밤의 어둠 속에서 거대한 수의처럼 보였고 요란한 울음소리는 마치 괴물의 비명처럼 들린 것이다. 혼벡과 헌리는 새 떼가 지면 근처를 휩쓸듯 날아가는 모습을 가까이서 직접 목격하기까지 했으니, 크로포즈빌 괴물의 정체는 기사의 표현대로 더없이 "만족스럽게 규명된" 사안이라고 할 만했다.[372]

　현대의 조사자들은 여기에 한 가지 흥미로운 가능성을 덧붙이기도 한다. 괴물 사건에 즈음하여 미국 곳곳의 신문에 실린 단신에 따르면 당시 크로포즈빌의 소년들 사이에는 "풍선 낙하산"이 유행해, 풍선에 연결되어 떠올랐다가 제때 분리되도록 만든 낙하산에 고양이를 매달아서 매일같이 하늘로 올려 보냈다고 한다.[373] 어쩌면 목격자들이 들었던 기이한 흐느낌 가운데는 고양이가 풍선에 매달려 울부짖는 소리도 섞여 있지 않았을까?[374] 나아가 매킨타이어와 그레이가 언급한 괴물의 불타는 듯한 외눈도 어쩌면 밤하늘에 뜬 풍선에 불과했는지 모른다. 이처럼 1891년 9월의 크로포즈빌 하늘에 괴물이라고 착각할 만한 물체들이 여럿 날아다니고 있었다면, 괴물의 정체를 설명하고자 초자연현상을 들먹일 필요는 애초부터 없었던 셈이다.

크로포즈빌 괴물 사건의 진상이 겨우 사흘 만에, 그것도 사건을 처음 보도한 신문 지면에 떡하니 밝혀진 채였다면 이제 우리는 다른 수수께끼를 해명하려 애써야 한다. 진작 퇴치당한 괴물이 대체 어떻게 수십 년 동안 멀쩡히 살아남아 초자연현상 애호가들을 사로잡고 온갖 허무맹랑한 가설을 불러일으킬 수 있었을까? 첫째로는, 괴물이 나타났다는 소식이 미국 전역의 신문에 보도된 반면 후속보도는 그만큼 퍼지지 않았으리라는 점을 짚을 수 있다. 《데일리 저널》이 아닌 《브루클린 데일리 이글》의 기사로 처음 크로포즈빌 괴물 이야기를 접한 포트는 그 정체가 이미 밝혀졌다는 사실을 미처 알지 못했을 것이다.

그리고 둘째로, 평범하고 시시한 진상을 떠올리기에는 목격담 속 크로포즈빌 괴물의 모습이 지나치게 기이했다는 점 역시 주목할 만하다. 불타는 외눈과 여러 쌍의 지느러미를 지닌 하얀 뱀 같은 비행 괴물이 터무니없는 날조의 산물이 아니라면, 다시 말해 그런 괴물이 정말로 목격되었다면 남은 가능성은 하나밖에 없다고 단정짓기 쉽다. 저 먼 하늘 어딘가에 우리가 아직 알지 못하는 거대하고 무시무시한 괴물이 서식하리라는 가능성 말이다. 그래서 포트는 핵심 목격자인 스위처 목사의 존재를 확인하자마자 태도를 바꾸었고, 포트의 '검증'을 신뢰한 후대의 포트주의자들은 어떻게든 가설을 짜내 괴물의 실체를 설명하려 애썼으리라. 이미 그 실체가 명쾌하게 밝혀져 있었을지도 모른다는 생각만큼은 도저히 떠올리지 못한 채로. 그러니 크로포즈빌 괴물은 비록 새 떼에 불과했을지라도 틀림없이 괴물 중의 괴물이었다. 소문을 접한 사람이라면 누구든 괴물이라고 인정하지 않을 수 없는, 괴물이라는 호칭 말고는 아무것도 어울리지 않을 듯한 그런 괴물 말이다.

‡

찰스 호이 포트는 1932년 5월 3일에 55세의 나이로 숨을 거두었다. 가족의 반대를 무릅쓰고 결혼한 아내 안나 포트Anna Fort를 초자연현상으로 득시글거리는 이 세상에 홀로 남겨둔 채였다. 비록 둘 사이에 자식은 없었지만,[375] 이 괴짜 작가가 수십 년 동안 도서관 구석구석을 뒤져 끄집어낸 온갖 괴상한 이야기들은 이후 무수한 추종자를 낳은 영원한 문화유산이 되었다. 오늘날 포트는 UFO학과 같은 초자연현상 연구의 선구자로 일컬어질 뿐 아니라, 20세기 미국 SF와 아방가르드문학에도 큰 영향을 끼친 인물로 평가된다.[376] 한편 포트가 되살려 낸 크로포즈빌 괴물과 포트주의자들의 추측으로 빚어진 생체 UFO 가설도 대중문화에 큼지막한 족적을 하나 남겼다. 21세기 최고의 SF 영화 중 하나로 손꼽히는[377] 조던 필Jordan Peele 감독의 〈놉NOPE〉(2022)에 등장하는 비행 괴물은 바로 컨스터블의 '크리터'가 모델이라고 알려져 있다.[378]

물론 크로포즈빌 괴물과 그 동족들이 영화 속에만 얌전

히 머무르리라는 보장은 어디에도 없다. 이미 정황이 밝혀진 사건 속 단편적인 정보 한 토막이 본래의 맥락에서 벗어난 채 걷잡을 수 없이 퍼져나가는 일이라면 인터넷 시대에도 얼마든지 일어날 수 있으니까. 무엇보다 진상을 모르는 사람에게 크로포즈빌 괴물은 여전히 세상에서 가장 기이한 괴물로밖에 보이지 않을 테니까. 그러니 전깃불에 놀라서 혼비백산해 지저귀던 1891년의 쌍띠물떼새 무리는 어쩌면 앞으로도 영원토록 어두컴컴한 밤하늘을 맴돌지 모른다. 우리를 끝없이 겁주고 또 매혹하면서, 세상 뒤편에 감춰진 갖가지 비밀에 대한 상상을 무수히 불러일으키면서.

1892

†

명탐정이 남긴
수수께끼

늪살무사

Swamp Adder

광대한 인도 땅에 서식하는 60여 종의 독사 가운데서도, '빅 4Big Four'라 불리며 오래도록 많은 두려움을 받아온 뱀들이 있다. 표범 같은 점박이 무늬가 특징인 러셀살무사Daboia russelii, 검은 몸에 흰 줄무늬를 지닌 우산뱀Bungarus caeruleus, 몸집 작은 가시북살무사Echis carinatus, 위협적으로 목을 부풀리는 인도코브라Naja naja가 바로 그들이다. 인도에서 가장 많은 사상자를 내는 뱀이라고 알려진 이들은 비단 공포의 대상일 뿐 아니라, 해독제를 연구하는 과학자들의 주된 관심사이기도 하다.[379]

하지만 사실 인도에서 가장 위험한 독사는 따로 있다. 노란색 몸을 덮은 갈색 무늬 때문에 어둠 속에서는 마치 얼룩무늬 끈처럼 보이는 이 뱀의 독성은 지금껏 알려진 어떠한 뱀보다도 강력해, 물린 사람은 고작 10초 이내로 손쓸 새도 없이 절명하고 만다. 어떤 검사 방법으로도 독을 검출할 수 없는 데다가 깨문 자국조차 작고 까만 바늘구멍처럼 보이니 사인을 알아내기도 어렵다. 무엇보다 두려운 점은 이 독사가 소리에 아주 민감하고, 밧줄을 오르내릴 수 있을 만큼 몸놀림이 교묘하며, 우유를 먹여 길러서 어느 정도 훈련시킬 수도 있다는 사실이다. 1883년 4월에 이러한 습성을 이용한 살인 사건의 전모를 밝혀낸 영국 제일의 명탐정 셜록 홈스에 따르면, 그 무시무시한 뱀의 이름은 '늪살무사'다.[380]

‡

이쯤이면 다들 눈치챘겠지만, 앞선 이야기의 출처는 전문 서

적이나 학술지가 아니다. 영국의 소설가 아서 코넌 도일이 창조한 추리소설의 고전, 이른바 '셜록 홈스' 시리즈 중 하나인 「얼룩무늬 끈The Adventure of the Speckled Band」이다. 1892년 《스트랜드 매거진The Strand Magazine》에 실린 이 단편은 작가 본인이 가장 만족스레 여긴 셜록 홈스 소설이기도 하다. 1927년에 최고의 홈스 소설 12편을 직접 선정할 때도 도일은 「얼룩무늬 끈」을 고민 없이 첫손가락에 꼽았다.[381]

과연 「얼룩무늬 끈」은 고전 추리소설의 걸작으로 평가받을 요소를 두루 갖추었다. 피해자가 원인불명의 사망에 이르기 직전 어째서인지 "얼룩무늬 끈이었어!"라고 외쳤다는 수수께끼의 흥미진진함, 치타와 개코원숭이가 활보하는 저택의 이국적이고도 두려운 분위기, 명탐정과 조수가 어둠 속에서 범인의 책략이 덮쳐 오기만을 기다리는 장면의 긴장감, 깜짝 놀랄 만한 해답과 통쾌한 인과응보적 결말까지. 허나 안타깝게도 이 불후의 걸작에는 결코 간과할 수 없는 빈틈이 하나 도사리고 있다. 바로 작중 범인이 사용한 흉기이자 수수께끼의 해답, 홈스의 말을 빌리자면 "인도에서 가장 치명적인 뱀"[382]인 늪살무사가 실제로는 존재하지 않는 동물이란 사실이다.

단지 인도에 그런 이름의 뱀이 서식하지 않는다는 수준의 트집이 아니다. 문제는 소설 속에 묘사된 늪살무사의 습성이다. 뱀이 소리를 듣지 못하는 동물은 아닌 만큼,[383] 범인이 휘파람으로 늪살무사를 조종했단 묘사쯤은 어떻게든 수긍할 수 있다. 하지만 아무리 독사 다루기에 능한 범인이라도 뱀을 철제 금고에 숨겨 기를 수는 없었을 것이며, 늪살무사에게 우유를 먹었다는 서술 역시 뱀의 식성과는 모순된다. 밧줄을 타고 방으로 내려온 늪살무사가 명탐정의 회초리질에 놀라 되돌아갔다는 묘사쯤 되면 더욱 터무니없다. 1970년에 동물학자 카를 간스Carl Gans가 지적했듯이, 밧줄을 타는 움직임은 먹이를 둘둘 감아 조이는 대형 뱀에게나 가능한 일이니까.[384] 살무사 같은 독사가 밧줄 위에서 재빨리 방향을 틀어 범인에게 되돌아갔으리라는 홈스의 설명은 아무리 생각해도 말이 되지 않는다.

‡

물론 이 책에서 소개하는 대다수의 괴물과 달리, 늪살무사는 어디까지나 소설 속 가상의 존재로서 세상에 소개된 동물이다. **달의 박쥐인간**이나 **마다가스카르의 식인 나무**처럼 사실의 가죽을 뒤집어쓰고 지면에 등장한 괴물들과는 엄연히 다르다. 허구의 이야기에 허구의 생물을 등장시키는 것이 뭐가 잘못이란 말인가? 만일 도일이 늪살무사를 홈스 소설이 아닌 다른 작품, 이를테면 공룡을 비롯한 태고의 동물들이 등장하는 SF인 『잃어버린 세계The Lost World』에 등장시켰다면 불평할 사람은 아마 없었을 것이다. 하지만 19세기 런던의 현실에 단단히 발을 붙인 명탐정이 수수께끼 같은 사건의 진상을 파헤치는 「얼룩무늬 끈」 같은 소설에서는 이야기가 다르다. 추리소설이란 논리와 합리에 바탕을 둔 장르이기 때문이다.

도일이 기틀을 닦은 추리 장르에 확고한 법칙을 세우려 시도하는 과정에서, S. S. 반 다인S. S. Van Dine과 로널드 녹스 같은 후대의 작가들은 추리소설의 진상이란 반드시 독자가 논리적으로 짐작할 수 있는 것이어야 한다고 주장했다. 초자연적이나 비과학적인 수단, 혹은 존재한다는 단서가 충분히 주어지지 않은 인물 및 장치의 등장을 단호히 거부한 것은 이때문이었다.[385] 우유를 마시고 밧줄을 자유로이 오르내리며, 성인 남성을 단번에 죽일 수 있고, 무엇보다도 탐정 말고는 아는 사람이 없는 지나치게 편리한 독사인 늪살무사는 반 다인과 녹스가 제시한 법칙을 철저히 무시하는 존재이다. 이런 불가능한 괴물이 추리소설의 결말에 갑자기 등장해도 된다면, 히드라나 외계인이 살인사건의 범인이라는 식의 결말도 마찬가지로 허용되지 않겠는가? 이것이 현실에서와 마찬가지로 추리소설에서도 괴물의 존재를 받아들일 수 없는 이유다.

하지만 아무리 치명적인 결함이 있다 한들 「얼룩무늬끈」은 홈스 소설 가운데서도 최고 걸작 중 하나이니, 괴물 한 마리가 나온다는 이유만으로 추리소설의 세계에서 무작정 추방할 수는 또 없는 노릇이다. 그렇기에 '셜로키언'이라 불리는 '셜록 홈스' 시리즈의 열성 팬들은 홈스의 명예를 지키면서도 작중의 추리에 뚫린 구멍을 메꿀 방법을 줄곧 모색해 왔다. 가장 유력한 방법은 물론 현실에서 늪살무사와 최대한 닮은 뱀을 찾아내는 것이다. 뱀의 이름은 지역마다 다르게 불려도 이상하지 않고 무늬도 얼마든지 변이를 일으킬 수 있으니, 작중 묘사에 대략적으로나마 들어맞는 뱀이 존재한다면 홈스가 틀리지는 않았노라고 말할 수 있을 테니까.

지금껏 셜로키언들이 늪살무사의 정체라고 지목한 뱀은 적어도 열 종이 넘는다. 그중에는 '빅 4'에 속하는 인도의 악명 높은 독사들은 물론, 아프리카의 뻐끔살무사Bitis arietans나 호주의 내륙타이판Oxyuranus microlepidotus처럼 세계의 각종 위험한 뱀까지도 포함되어 있다. 하지만 레슬리 S. 클링거Leslie S. Klinger가 『주석 달린 셜록 홈스The New Annotated Sherlock Holmes』 제1권에서 고백했듯 그중 어떠한 뱀도 작중 묘사를 전부 충족시키지는 못한다.386 인도 밖에서 후보를 찾는다면 결국 홈스의 설명에 오류가 있었다는 사실을 인정할 수밖에 없음은 물론이다. 이래서야 지구상의 뱀 수천 종을 전부 살펴본들 명탐정의 명예를 지키는 일은 불가능하게만 보인다.

‡

하지만 만일 늪살무사의 정체가 자연에서 찾을 수 없는 아주 특별한 파충류라면 어떨까? 다소 황당하게 들릴지 모르지만, 미국의 파충류학자 로렌스 먼로 클로버Laurence Monroe Klauber에 의하면 결코 불가능한 일은 아니다. 1948년 셜로키언 전문 학술지 《베이커 스트리트 저널The Baker Street Journal》에 기고한 「얼룩무늬 끈의 진실The Truth About the Speckled Band」에서, 클로버는 먼저 파충류 전문가답게 작중의 이해하기 힘든 묘사를 하나하나 지적한 뒤 홈스의 추리 이상으로 깜짝 놀랄 만한 해답을 내놓는다. 이에 따르면 늪살무사의 정체는 야생 독사가 아니라, 범인이 아메리카독도마뱀Heloderma suspectum과 인도코브라를 인공적으로 교배해 만들어 낸 혼종이었다!

범인이 독도마뱀과 인도코브라의 특징을 모두 지닌 괴물을 살인에 썼다고 가정하면 과연 소설 속 수수께끼는 모두

홈스가 늪살무사를 상대하는 「얼룩무늬 끈」의 클라이맥스 장면.
뒤이어 밝혀지는 사건의 진상은 늪살무사의 정체를 더욱 미궁에 빠뜨릴 뿐이다.

풀린다. 그런 괴물은 발톱으로 밧줄을 붙잡고 오르내릴 수도, 우유와 착각할 만한 죽 같은 사료를 먹을 수도, 부모에게서 물려받은 두 쌍의 독니로 피해자의 숨통을 단번에 끊을 수도 있었을 테니까. 클로버는 나아가 "늪살무사Swamp adder"라는 이름도, "인도에서 가장 치명적인 뱀snake"이라는 설명도 홈스가 끔찍한 광경 앞에서 더듬은 말을 왓슨이 잘못 받아 적은 것일 뿐이라고 주장한다. 명탐정이 정말로 내뱉으려던 말은 힌두스탄어로 뱀을 뜻하는 'Samp'와 독도마뱀을 의미하는 영단어 'Heloderm'의 합성어인 'Samp-aderm', 곧 "인도에서 가장 치명적인 도마뱀skink"이었으리라는 것이 그의 주장이다.[387]

물론 파충류학자인 클로버가 정말로 진지하게 이런 주장을 펼친 것은 아니다. 코브라와 독도마뱀을 합쳐 만들어 낸 맹독 도마뱀은 늪살무사보다 더욱 말이 되지 않는 괴물이니까. 당연히 도일이 그런 괴물을 염두에 두고 「얼룩무늬 끈」을 썼을 리도 없다. 하지만 작가의 의도야 어찌됐든, 도마뱀처럼 재빠르고 뱀처럼 은밀한 가상의 맹독 파충류는 추리소설의 해답으로서는 물론 반칙일지라도 SF 소재로서는 제법 흥미롭지 않은가? 독성이 크게 과장된 「사자의 갈기The Adventure of the Lion's Mane」 속 사자갈기해파리 Cyanea capillata나 사람을 원숭이처럼 기어다니게 만드는 「기어다니는 남자The Adventure of the Creeping Man」 속 혈청처럼, 얼마든지 SF적으로 읽을 수 있는 장치가 '셜록 홈스' 시리즈에 종종 등장했음을 고려하면[388] 이를 그다지 부자연스러운 장르 전환이라고 하기도 힘들다. 논리와 이성으로 단단히 빚어진 듯한 셜록 홈스 세계에도 더욱 과감한 상상을 끼워 넣을 틈은 얼마든지 있는 셈이다.

‡

최초의 추리소설이라고 일컬어지는[389] 에드거 앨런 포의 단편 「모르그가의 살인사건」은 살인사건의 범인이 알고 보니 오랑우탄이었다는, 현대 추리소설 독자의 기준으로는 다소 황당한 해답으로 끝을 맺는다. 그렇지만 이 황당함이 추리소설 장르의 역사에서 「모르그가의 살인사건」이 갖는 가치를 훼손하지는 않는다. 초창기의 추리소설에는 그 당시다운 어설픔만이 주는 매력이 있다.

    이는 「얼룩무늬 끈」 역시 마찬가지다. 비록 늪살무사는 어디까지나 도일의 안일한 실수가 만들어 낸 불가능한 괴물일 뿐이지만, 셜록 홈스라는 위대한 명탐정을 낳은 이야기 속에서 그러한 불가능함은 오히려 흥미진진한 상상의 소재가 된다. 마지막 홈스 소설이 나온 지 한 세기 가까이 지난 오늘날에도 셜로키언들은 홈스의 숙적 모리어티 교수가 쓴 책 『소행성의 역학 The Dynamics of an Asteroid』의 내용, 혹은 홈스가 「서식스의 흡혈귀 The Adventure of the Sussex Vampire」에서 "세상이 아직 받아들일 준비가 되지 않은 이야기"[390]라고 언급한 "수마트라의 큰 쥐" 사건의 실체를 추측하며 이 오래된 작품을 매번 새로이 즐기고 있다. 그처럼 즐거운 추측이 무성한 방 한구석에서, 어떤 방법으로든 어둠 속에 드리운 밧줄을 오르내리며, 정체불명의 늪살무사 역시 매번 새로운 모습으로 다시 태어날 것이다.

1896

†

죽은 크라켄이
꿈꾸며 기다리니

세인트오거스틴 괴물

St. Augustine Monster

문어는 이 책에 소개된 온갖 괴물만큼이나 기이한 생물이다. 우리가 흔히 '머리'라고 인식하는 둥근 몸통과 한 쌍의 눈은 사람의 얼굴을 흐릿하게나마 연상시키지만, 미끈거리고 뼈 없는 여덟 개의 다리와 거기에 빼곡히 붙은 빨판을 보면 이것이 우리와 얼마나 다른 존재인지를 대번에 깨달을 수 있다. 몸의 빛깔을 바꾸고, 먹물을 토해내고, 좁은 틈을 유연하게 비집고 들어가는 등 문어는 인간이 할 수 없는 수많은 일을 태연히 해내기도 한다. 게다가 문어가 포함된 두족류는 무척추동물 가운데 지능이 가장 높은 분류군으로도 유명해, 뛰어난 지각력과 학습 능력을 지녔음은 물론 도구까지 사용할 줄 안다는 사실이 보고되어 있다.[391] 이토록 놀라운 동물인 문어가 인류에게 각종 바다 괴물에 대한 영감을 무수히 불어넣은 건 지극히 자연스러운 일이다.

바다 괴물이라고 하면 역시 몸집이 크고 봐야 한다. 문어 가운데 가장 큰 종은 한국에서 흔히 '대문어'로 불리고 영어로는 큰태평양문어 Giant Pacific octopus 라고 하는 문어 *Enteroctopus dofleini* 인데, 최대 몸길이가 3미터에 몸무게는 50킬로그램까지도 나간다고 알려져 있다.[392] 이에 맞설 만한 다른 거대 문어로는 일곱다리문어 *Haliphron atlanticus* 가 있다. 2001년 뉴질랜드의 채텀 라이즈 Chatham Rise 에서 크게 훼손된 채 어선의 그물에 걸려 올라온 암컷 일곱다리문어는 본래의 몸길이가 4미터, 몸무게는 75킬로그램이나 되었으리라고 추측된다.[393] 문어 이외의 두족류로 범위를 넓히면 대왕오징어 *Architeuthis dux* 의 경우 확실하게 검증된 최대 몸길이가 무려 12미터이고, 2007년에 잡힌 남극하트지느러미오징어 *Mesonychoteuthis hamiltoni*

의 몸무게는 모든 무척추동물 가운데 최대치인 495킬로그램에 달했다.[394] 하지만 인류가 지금껏 상상해 온 심연의 괴물 두족류들은 이들조차 아기처럼 보이게 만들 만큼 크다.

전설 속의 가장 대표적인 문어 괴물은 아마 북해의 바다 괴물 크라켄Kraken일 것이다. 크라켄은 큰바다뱀처럼 에리크 폰토피단의 『노르웨이 자연사』를 통해 그 이름을 알린 괴물로, 폰토피단에 따르면 모든 바다 괴물 중에서도 단연 가장 큰 존재다. 그 몸 둘레는 2킬로미터가 넘어서 수면 위로 떠오르면 작은 섬들이 솟아난 것처럼 보이고, 여럿 달린 다리로는 전함을 휘감아 가라앉힐 수 있을 정도라는 이 압도적인 괴물을 폰토피단은 문어나 불가사리의 일종일 것이라고 추측했다.[395] 이에 비견될 만큼 유명한 문어 괴물로는 20세기 초 미국의 공포 소설가 하워드 필립스 러브크래프트Howard Phillips Lovecraft가 창조한 크툴루Cthulhu를 꼽을 수 있다. 「크툴루의 부름The Call of Cthulhu」(1928)에 등장한 이래 수많은 창작물에 모습을 비추며 유명해진 이 공포스러운 괴수는 "위대한 옛것들Great Old Ones"이라 불리는 신적 존재의 일원으로, 산처럼 거대한 인간형 몸에 문어를 닮은 머리가 달린 기괴한 모습을 하고 있으며 잠에서 깨어나면 동족들과 함께 세상을 살육과 혼돈의 도가니로 바꿔놓는다고 한다.[396]

물론 인간을 미치게 만들고 파멸시킬 만큼 무시무시한 문어는 엄연한 상상의 존재다. 하지만 현실에서 적어도 한 사람, 18~19세기 프랑스의 연체동물학자 피에르 드니몽포르Pierre Denys-Montfort†만큼은 정말 문어 괴물 때문에 파멸했다고 말할 수 있다. 포경선에 붙잡힌 향유고래Physeter macrocephalus의 입안에서 종종 대형 두족류의 촉수가 발견된다는 사실에 주목한 그는 촉수의 주인이 오징어가 아닌 문어일 것이라고 섣불리 확신하고서, 1802년에 펴낸 도감 『연체동물 전반 및 각각의 자연사Histoire Naturelle, Generale Et Particulière, des Mollusques』에 '거대 문어Poulpe Colossal'와 '크라켄 문어Poulpe Kraken' 두 종을 당당히 포함시켰다. 여기에는 앙골라 해안에서 노예와 상아 등을 거래하던 상선이 거대 문어에게 휘감겨 침몰할 뻔했다는 일화뿐 아니라, 선원들이 화가에게 의뢰해 생말로의 성도마 성당에 바쳤다는 봉헌화의 재현본까지 큼지막하게 실려 있었다. 촉수마다 돛대를 하나씩 칭칭 감고서 배를 끌어당기는 괴물 문어가 그려진 책이 학계에서 좋은 평가를 받을 리는 만무했다. 이 일로 평판이 삽시간에 추락해 버린 드니몽포르는 세간의 비웃음거리가 되어, 결국 1820년 즈음 파리의 길거리에서 가난하게 죽었다고 전해진다.[397] 존재하지 않는 괴물의 촉수에 휘감겼다가 그만 비참하게 침몰한 셈이다.

‡

그런데 세월이 흘러 1896년 11월 30일, 어쩌면 드니몽포르가 옳았을지도 모른다는 증거가 미국 플로리다주 세인트오거스틴St. Augustine의 바닷가로 떠밀려 왔다.[398] 자전거를 타고 아나스타샤Anastasia 해변을 지나던 허버트 콜스Herbert Coles와 던햄 코레터Dunham Coretter가 처음으로 발견한 그것은 모래에 깊

† 프랑스혁명 이전의 이름은 피에르 드니 드 몽포르Pierre Denys de Montfort이다.

이 파묻힌 커다란 짐승의 사체였다. 이 소식은 세인트오거스틴 역사학회 및 과학연구원 St. Augustine Historical Society and Institute of Science을 설립하고 34년간 회장을 역임한 의사 드윗 웹DeWitt Webb에게 알려졌고, 그는 이튿날부터 곧장 현장으로 향해 조사에 나섰다.

웹이 확인한 문제의 사체는 은빛 광택과 엷은 분홍색이 감도는 흰색 살덩어리였는데, 모래 밖으로 나온 부분만 따져도 길이 7미터, 높이 1.2미터, 폭 최대 5.5미터에 달했으며 무게도 5톤은 되어 보였다. 비록 사체에 본모습을 짐작할 만한 지느러미나 사지 따위는 하나도 달려 있지 않으나, 웹은 과감히 그 정체를 추측해 지역신문에 전했다. 이에 따르면 세인트오거스틴에 나타난 괴물은 바로 거대 문어였다. 학계에 보고된 그 어떤 문어보다도 전설 속 크라켄에 가장 가까울 무시무시한 문어의 사체가, 여덟 개 다리 모두 모래에 쓸리거나 상어에게 뜯어 먹혀 사라진 채로 해변에 파묻혀 버린 것이 틀림없었다.

웹의 주장에는 근거가 있었다. 서양배 모양을 한 살덩어리는 문어의 몸통과 제법 유사했고, 그 끄트머리에는 다리가 잘려나간 밑동 비슷한 것도 보였으니까. 과연 얼마 뒤에는 존 L. 윌슨John L. Wilson이라는 인물이 모래 속에서 최대 길이 9.8미터에 달하는 다리 여럿을 파냈다고 웹에게 알리기도 했다. 이제 필요한 것은 전문가의 승인뿐이었다. 웹은 동물학자 조엘 아사프 앨런Joel Asaph Allen에게 편지를 써서 자신의 대발견을 알렸고, 이 편지는 다시 동물학자 애디슨 에머리 베릴 Addison Emery Verrill에게 전해졌다. 당시 예일대학교의 동물학

교수로 재직 중이던 베릴은 1870년대에 북대서양의 대왕오징어를 연구한 경력이 있었으니[399] 거대 문어로 추정되는 사체를 검토하기에는 그야말로 적임자라 할 만했다.

처음에 베릴은 문제의 사체가 그때까지 알려진 것보다도 한층 큰 대왕오징어의 일종이라고 추측했다.[400] 하지만 웹에게서 더 많은 정보와 현장 사진을 전달받은 뒤 그의 생각은 바뀌었다. 사진 속 사체가 오징어보다는 문어에 더 가까워 보였던 것이다. 《미국 과학 저널》 1897년 2월호에서 그는 향유고래가 종종 접시만큼 큰 빨판이 달린 두족류 다리를 토해내기도 한다는 포경선원들의 증언과 세인트오거스틴의 괴물을 연관 지으며, 그 정체가 덩굴문어Cirroteuthis의 근연종일지 모른다는 새로운 추측을 제기했다. 물론 린나이우스가 시작한 전통에 따라 신종에게 학명을 지어주는 일도 잊지 않았다. 오래도록 전설 속에 잠들어 있다가 마침내 되살아난 이 괴물 문어에게 베릴이 붙인 학명은 직관적이기 그지없는 '거대 문어', 즉 옥토푸스 기간테우스Octopus giganteus였다.[401]

이렇게 세인트오거스틴의 괴물이 진짜 크라켄으로 인정받는 동안 웹은 학계에 더 많은 정보를 제공하고자 부지런히 움직였다. 폭풍에 휩쓸린 사체가 원래 발견 장소로부터 남쪽으로 약 3.2킬로미터 떨어진 크레센트Crescent 해변까지 떠밀려 가버리자, 그는 장정 여섯과 말 네 마리를 동원해 녀석을 모래로부터 끄집어내서 널빤지 위에 올려놓기도 했다. 비록 윌슨이 말한 다리는 온데간데없었고 부리나 눈 역시 찾을 수 없었지만, 몸통의 길이를 6.4미터라고 한층 정확하게 측정해서 베릴이나 저명한 연체동물학자 윌리엄 힐리 달William

Healey Dall에게 알리기에는 충분한 성과였다. 이보다 더 중요한 것은 물론 과학자들이 편지 속 숫자나 사진이 아닌 실제 괴물을 연구할 수 있게끔 돕는 일이었다. 원래 웹은 베릴과 달이 직접 찾아와 사체를 살펴봐 주길 바란 듯하지만, 방문이 성사되지 않자 그 대신 사체 일부분을 잘라 액침표본으로 만들어서 두 사람에게 보내주었다.

그런데 1897년 2월 23일에 베릴이 문제의 표본을 받아 관찰해 보니, 사진으로는 파악할 수 없었던 새로운 사실이 금방 드러났다. 포르말린에 담긴 두껍고 탄력 있는 살덩어리 대부분이 알고 보니 고래의 지방 조직처럼 흰색 섬유질로 되어 있었던 것이다. 비록 사진으로 본 커다란 주머니 같은 지방 덩어리가 대체 어떤 고래에 달려 있었을지는 베릴도 확신할 수 없었지만, 최소한 이 조직이 문어에서 나온 것이 아니라는 사실만큼은 명백했다. 베릴은 이 관찰 내용을 곧장 《사이언스》에 기고했고,[402] 3월에는 같은 학술지를 통해 더 자세한 연구 결과를 밝혔다. 이에 따르면 웹의 표본은 두족류처럼 유연하게 움직이는 근육질 생물의 조직이라기엔 지나치게 질기고 근섬유도 하나 없었다. 문어의 몸통처럼 둥근 모양은 사실 비정상적으로 부푼 향유고래의 코 부분일지도 모른다는 것이 베릴의 추측이었다.[403]

40여 년 전 바퀴 유충을 **황제벼룩**이라고 잘못 보고했던 웨스트우드처럼, 베릴 역시 자신의 뼈아픈 오판을 결코 감추려 하지 않았다. 대신 같은 해 4월에는 《미국 자연과학자The American Naturalist》에, 6월에는 거대 문어의 학명을 공표했던 《미국 과학 저널》에 오판의 내용과 이후에 내린 결론을 한층 상세히 실음으로써 세인트오거스틴 괴물의 최후를 널리 알렸다.[404] 이리하여 한때 자신을 인정해 주었던 과학자에게 무참히 내쳐지고 만 크라켄은 다시 본래의 둥지인 어두컴컴한 신화 속으로 헤엄쳐 들어가야 했다. 1931년에는 찰스 포트가 『로!』에서, 1970년에는 괴물 연구가이자 UFO 학자 존 알바 킬John Alva Keel이 『시공간에서 온 이상한 생물들Strange Creatures From Time and Space』에서 세인트오거스틴 괴물을 한 번씩 짧게 언급했지만[405] 한때 받았던 학계의 주목에 비할 바는 아니었다. 겨우 한 달 남짓했던 짧은 부활을 끝으로 크라켄은 마침내 영원히 퇴치되어, 다시는 근대과학의 해변으로 기어올라오지 못할 듯 보였다.

‡

하지만 크라켄은 아직 죽은 것이 아니었다. 포트나 킬 같은 괴물 연구가들조차 알지 못하는 가운데 괴물은 이미 심연에서 다음 부활을 준비하고 있었다. 그 시작은 1957년, 해양동물원 플로리다 마린랜드Marineland of Florida의 연구소에서 큐레이터로 일하던 해양생물학자 포레스트 글렌 우드Forrest Glenn Wood가 문어에 대한 자료를 찾던 중 우연히 세인트오거스틴 괴물이 언급된 옛날 신문 기사를 발견한 일이었다. 이에 흥미를 느낀 우드는 사건 당시의 다른 기사와 논문을 파헤치며 오래도록 단서를 추적했고, 1962년 마침내 웹의 포르말린 표본이 아직도 스미소니언학회에 보관되어 있다는 사실을 알아냈다. 어쩌면 이 표본에 19세기의 과학으로는 알아낼 수 없었던 비밀이 숨겨져 있지 않을까? 거의 70년 가까이 유리병에 담겨 있었던 표본 일부를 얻어낸 우드의 동료 조셉 F. 게나로 주니어Joseph F. Gennaro, Jr.는 이를 현미경으로 관찰하며 오징어 및 문어의 조직과 비교해 보았다. 그 결과는 놀라웠다. 게나로가 보기에 표본의 조직 형태는 틀림없이 문어에 가까웠던 것이다.[406]

과거 베릴이 내린 결론을 송두리째 뒤집어 버린 게나로의 관찰 내용이 우드의 단서 추적기와 함께 잡지 《내추럴 히스토리Natural History》 1971년 3월호에 실리자, 독자들은 처음에 이를 만우절 거짓말이라고 생각했다. 우드가 쓴 기사의 제3부가 하필이면 세인트오거스틴 괴물을 바하마에서 목격된다는 거대 문어의 정체로 지목하는 글[407]이었으니 아마 더더욱 믿기 힘들었으리라. 하지만 두 사람은 더없이 진지했고, 전설 속 거대 문어의 존재가 '과학적'으로 밝혀졌다는 소식을 접한 괴물 연구가들도 마찬가지였다. 문제는 우드와 게나로의 글이 정식 학술지가 아니라 대중잡지에 실린 기사라는 사실이었다. 그랬기에 《내추럴 히스토리》의 기사에는 게나로가 구체적으로 어떤 분석법을 사용했는지, 정확히 어떤 데이터를 얻었는지 등은 전혀 실려 있지 않았다. 이토록 근거가 불명확한 주장으로 베릴의 결론을 완전히 꺾었노라고는 말할 수 없었다. 과학의 힘을 빌려 크라켄을 진정으로 부활시키려면 제대로 된 논문이 필요했다.

이 막중한 책무를 떠맡은 사람은 **네스호의 괴물**과 **콩고의 공룡** 등을 연구한 것으로 유명한 시카고대학교의 생화학자 로이 P. 매컬이었다. 그가 1986년에 괴물 연구가들을 위한 학술지 《은서동물학Cryptozoology》에 실은 논문 「보존된 옥토푸스 기간테우스 조직의 생화학적 분석Biochemical Analysis of Preserved Octopus giganteus Tissue」은 과연 괴물을 되살릴 마지막 주문이나 마찬가지였다. 이 논문에서 매컬은 1979년에 게나로가 제공해 준 세인트오거스틴 괴물을 포함한 여러 바다 생물 조직 표본의 아미노산 함량을 분석해, 괴물 표본이 거의 순수한 콜라겐으로 이루어져 있다는 결과를 내놓았다. 이는 표본이 고래 지방층에서 나온 것이 아니라는 결정적인 증거처럼 보였다. 표본에 포함된 금속원소를 분석한 결과도 이를 뒷받침했으니, 괴물의 정체는 역시 고래가 아니라 거대 두족류인 듯했다.[408] 1970년대와 1990년대에 걸쳐 잡지 《바다와 해안에 대하여Of Sea and Shore》에 세인트오거스틴 괴물 관련 기사를 실어온 괴물 연구가 개리 S. 만지아코프라Gary S. Mangiacopra가 1994년에 쓴 표현을 빌리자면, 매컬의 이 결론은 거대 문어의 실존에 대한 그야말로 "최종적인 승인"이었다.[409]

하지만 부활을 기뻐하기엔 너무 일렀던 것일까? 만지아코프라의 환호로부터 겨우 한 해 뒤인 1995년, 세인트오거스틴 괴물이 거대 두족류라는 매컬의 주장은 다시 한번 뒤집히고 말았다. 이번에는 메릴랜드대학교 동물학고의 시드니 K. 피어스Sidney K. Pierce를 비롯한 연구자들에 의해서였다. 게나로로부터 세인트오거스틴 괴물 조직을 얻어 전자현미경 검사와 생화학적 분석을 진행한 피어스 연구진은 매컬과 마찬가지로 표본이 순수한 콜라겐 덩어리라는 결과를 얻었지만, 알고 보니 비슷한 콜라겐 조직은 고래의 지방층에서도 얼마든지 찾을 수 있었다. 표본 속 콜라겐 섬유의 구조가 문어보다는 고래와 훨씬 흡사함은 물론이었다. 아미노산의 조성을 분석한 결과 역시도 세인트오거스틴 괴물의 정체가 척추동물이라는 추측에 힘을 보탰다. "가장 좋아하는 전설을 망쳐놓은 데에 깊은 슬픔을 표하"면서도, 피어스는 세인트오거스틴 괴물이 단지 죽은 고래의 지방 덩어리에 불과하다는 베릴의 최종 결론을 되풀이하며 논문을 마무리 지었다(한편 피어스는 1988년 버뮤다에서 발견된 비슷한 사체도 함께 분석해, 그 정체가 물고기 같은 변온 척추동물의 가죽일 것이라는 결론을 내렸다).[410]

당연히 이 결론이 모두에게 즉시 받아들여진 것은 아니었다. 만지아코프라와 미셸 레이날Michel Raynal, J. 리처드 그린웰J. Richard Greenwell, 그리고 이 책의 말미에서 다시 소개할 베르나르 외벨망Bernard Heuvelmans 등의 여러 괴물 연구가는《바다와 해안에 대하여》1996년 봄호의 지면을 통해 곧장 입을 모아 피어스의 결론을 맹렬히 반박하고 나섰다. 거대 문어와 작은 문어의 조직 구성은 다를 수밖에 없다거나, 실험실에서 이루어진 분석보다는 사체가 문어처럼 보였다는 실제 목격자들의 증언이 더 믿음직하다거나, 분석 내용이야 어쨌든 바다에서 실제로 목격되는 괴물 문어의 존재를 부정할 수는 없다거나……. 전기영동법과 아미노산 서열 분석법, 면역학적 검사 등의 적어도 세 가지 실험이 더 이뤄지기 전까지는 누구도 세인트오거스틴 괴물이 거대 문어가 아니라고 말할 수 없다는 것이 이들의 주장이었다.[411]

비록 피어스가 이 무리한 주장을 받아들이지는 않았지만, 그렇다고 괴물 퇴치에서 손을 뗀 것 역시 아니었다. 2004년에 그는 세계 각지의 바닷가에서 새로이 발견된 더

세인트.오거스틴 괴물의 발견 당시 사진을 바탕으로 그린 그림.
이 거대한 살덩어리의 정체에 대한 논쟁은 거의 한 세기 뒤까지 이어졌다.

많은 '괴물' 사체를 더 자세히 분석해 그 결과를 발표했다. 이에 따르면 칠레, 태즈메이니아 서해안, 매사추세츠주 낸터킷Nantucket 등지에 나타난 온갖 괴물의 정체는 전부 죽은 고래에 불과했다. 1995년에는 변온동물이라고 추측했던 버뮤다의 사체도, 그리고 물론 세인트오거스틴 괴물도 마찬가지였다. 거대 문어나 다른 미지의 바다 괴물이 존재한단 물증은 결국 어디에도 없었다.[412] 두 차례에 걸친 부활 끝에 위대한 크라켄은 다시금 깊이 잠들어 버린 것이다. 2022년 11월 14일, 어쩌면 세상에서 가장 열렬히 거대 문어의 존재를 옹호했을 개리 만지아코프라가 방대한 양의 괴물 및 초자연현상 관련 자료를 남기고 71세의 나이로 숨을 거둘 때까지도[413] 괴물이 사라진 바다는 그저 고요하고 평화로웠다. 1896년 이래로, 그리고 그 이전에도 줄곧 그랬듯이.

‡

세인트오거스틴 괴물처럼 해변에 떠밀려 온 정체불명의 살덩어리는, 이 책의 말미에서 언급할 또 한 사람의 괴물 연구가 이반 샌더슨이 1960년 태즈메이니아 해안에 등장한 사체를 가리켜 사용했다고 알려진 단어를 따 흔히 '글롭스터Globster'라 불린다.[414] 비록 그 기괴한 모습 때문에 종종 화제가 되기는 하지만 대다수의 글롭스터는 피어스의 2004년 연구에서 볼 수 있듯 결국 고래의 사체로 밝혀지게 마련이다. 큰 바다뱀이 아니라 고래상어에 불과했던 **스트론사 짐승**의 사례처럼 동물의 사체가 썩으면서 원래의 실루엣을 일그러뜨려 전혀 다른 모습으로 보이는 일은 얼마든지 일어날 수 있다. 특히나 뼈 없이 흐느적거리는 고래의 지방 덩어리라면 겉모습만으로는 원래 어떤 동물의 일부분이었는지 짐작하기 힘든 만큼 얼마든지 정체불명의 괴물로 오해할 만하다.

하지만 세인트오거스틴 괴물이 그저 흔하디흔한 오해의 산물일 뿐이었다고만 평할 수는 없다. 플로리다 해안가에 나타난 사체를 둘러싼 100여 년 동안의 소동은 어리석은 착각과 명쾌한 해명이 아니라, 과학의 힘을 빌린 '증명'과 그에 대한 과학적 반박의 형태로 되풀이되어 왔으니까. 이는 나름대로 과학적 방법론을 익혔다는 사람들조차 가끔은 과거의 드니몽포르처럼 크라켄의 존재를 꿈꾸었고, 그렇기에 때론 가능한 한 그 존재를 인정하려는 방향으로 눈앞의 증거들을 섣불리 해석하곤 했음을 의미한다. 그러니 세인트오거스틴 괴물이나 다른 글롭스터가 정말로 거대 문어의 사체였다는 '증명'은 앞으로도 꾸준히 등장할지 모른다. 러브크래프트가 창조한 크툴루와도 같이 크라켄은 죽은 채로도 여전히 바닷속 깊은 곳에 거하며, 우리의 호기심과 두려움과 상상 속에서 꿈꾸며, 언젠가 되살아나 다시 수면 위로 떠오를 날만을 기다리고 있다.

1899

†

태고의 생존자를 찾아서

콘라디 매머드

Conradi Mammoth

어쩌면 1891년의 **크로포즈빌 괴물**은 단지 친구를 만나러 온 것이었는지도 모른다. 괴물 소동이 있기 직전 해인 1890년 6월 14일, 《크로포즈빌 리뷰The Crawfordsville Review》는 크로포즈빌 인근인 발힌치Balhinch에 나타난 또 다른 괴물 이야기를 보도한 적이 있으니까. 기사에 따르면 그 주 화요일 농장에서 우물을 파던 윌리엄 도일William Doyle은 붉은 사암층이 무너지면서 드러난 지하통로로 떨어졌다가 거대한 종유동굴을 발견했고, 그곳의 연못에서 악어의 몸과 백조의 목을 지녔으며 머리는 거대한 뱀을 닮은 거대한 괴물을 맞닥뜨려 머리를 곡괭이로 벽에 꽂아 죽인 뒤 농장 주인이 내려준 밧줄로 탈출했다고 한다. 한편 괴물의 정체는 도시에서 전시된 사체를 본 컬터Coulter 교수에 의해 밝혀졌다. 놀랍게도 녀석은 고생대 실루리아기에 살다가 그만 지하에 갇혀버린 알디브론티포스키포르니아스티코스Aldibrontiphoskiphorniasticos과에 속하는 동물이었다.[415]

당연히 이 이야기는 그냥 황당한 거짓말일 뿐이다. 기사를 쓴 빌 걸리버Bill Gulliver는 어찌나 거짓말쟁이로 유명했던지, 커다란 양배추를 길러내는 농부 프레드 뎃벤더Fred Detbender를 소개한 같은 해 7월 26일 자 보도에 "발힌치의 서기 빌 걸리버가 프레드의 양배추를 보았다면 아마 건초더미만큼 크다고 썼을 것"[416]이라는 언급이 등장할 정도다. 한편 괴물의 터무니없이 긴 이름은 헨리 캐리Henry Carey의 1734년 작 풍자 희곡 「크로논호톤톨로고스Chrononhotonthologos」에 등장하는 알디브론티포스코포르니오Aldiborontiphoscophornio[417]를 따온 것이 확실하다. 이처럼 굳이 긴 글을 써서 퇴치할 필요조차 없는 괴물이지만, 그럼에도 1891년의 우스꽝스러운 "알디"를 이 책에 굳이 언급한 데에는 이유가 있다. 왜냐하면 기사 속 컬터 교수가 녀석을 하필이면 실루리아기로부터 당대까지 살아남은 생물이라고 주장했으니까. 이는 즉 "알디"가 근대과학이 빚어낸 완전히 새로운 종류의 괴물, 이름하여 '태고의 생존자'였다는 뜻이니까.

‡

앞서 **미주리움** 항목에서 설명했듯, 19세기의 고생물학은 전 지구적 대멸종이라는 새로운 개념을 제시함으로써 마스토돈이나 공룡처럼 지금은 사라져 버린 놀라운 동물들이 번성했던 '잃어버린 세계'에 대한 상상을 불러일으켰다. 하지만 화석으로만 알려진 그 모든 동물이 정말로 한 마리도 남기지 않고 멸종했으리라는 보장이 있을까? 어쩌면 그들 중 극소수는 재난으로부터 목숨을 건져 아직도 외딴 오지 어딘가에서 명맥을 이어오고 있지 않을까? 이는 '공룡'이라는 단어가 미처 등장하기도 전부터 꾸준히 제기되던 뿌리 깊은 추측이다.

예컨대 1835년에 영국의 곤충학자 윌리엄 커비William Kirby는 저서 『동물의 창조와 자연사와 습성과 본능 속에서 드러난 신의 힘과 지혜와 선함에 대하여On the Power Wisdom and Goodness of God as Manifested in the Creation of Animals and in Their History Habits and Instincts』에서 멸종했다고 알려진 공룡과 다른 파충류들이 "지하의 대도시"에 아직 살아 있을지 모른다는 가설을 피력했다.[418] 미국 국토 탐사대에 멸종 동물을 찾아보라고 특별히 지시했던 토머스 제퍼슨도 이와 크게 다르지 않은 발상을 떠올렸을 것이다. 한편 **수정궁의 이구아노돈**을 조각한 호킨스 역시 미국에서 활동하던 동안 '익룡이 비교적 최근까지도 살아남아 인류와 싸우며 전설 속 용의 원형이 되었을 것'이라는 주장을 펼쳤던 듯하다.[419]

    이와 같은 믿음은 우리가 괴물을 받아들이는 방식에도 엄청난 영향을 끼쳤다. 근대를 풍미한 **콩고의 공룡**이나 **네스호의 괴물**에서부터 보다 훗날에 인기를 끌 빅풋이나 설인에 이르기까지, 갖가지 괴물의 목격담 뒤에 '오래전 멸종했다고 여겨진 동물의 후예'라는 가설이 붙어서 퍼진 경우는 다 세기 힘들 정도로 많다. 이처럼 괴물의 정체로 살아남은 고생물을 지목함으로써 한층 그럴듯한 과학적 설명을 시도하는 괴물 이야기의 패러다임, 영국 고생물학자 대런 네이시의 표현을 빌리자면 이른바 '태고의 생존자 패러다임 Prehistoric Survivor Paradigm'[420]이 근대 고생물학의 직접적 산물임은 명백하다. 생존자란 생존하지 못한 자들이 있기에 비로소 의미를 갖는 단어니까. 먼 과거의 괴물들이 대멸종에 휩쓸려 영영 모습을 감췄으리라는 주장을 통해, 고생물학은 거꾸로 대멸종을 피해 살아남은 괴물의 이미지를 우리의 인식 위에 단단히 새겨버린 셈이다.

‡

이렇게 근대의 새로운 괴물 내러티브로서 자리매김한 '태고의 생존자'라는 매력적인 상상의 소재가 되기에 매머드, 더 정확히는 털매머드Mammuthus primigenius처럼 적절한 동물은 아마 드물 것이다. 약 80만 년 전 시베리아에서 나타나 신생대 플라이스토세 말기의 최종 빙기氷期 동안 북유라시아와 북미에 걸쳐 번성한[421] 이 털북숭이 짐승은 당대 생태계의 상징인 동시에 가장 철저히 연구된 고생물 중 하나이기도 하다. 뼈와 치아는 물론 근육, 내장, 뇌 등의 연조직까지도 고스란히 남아 있는 매머드 사체가 영구동토층에서 여럿 발굴된 덕택이다.[422] 몇몇 사체는 보존 상태가 어찌나 좋았는지 사람이나 개가 실제로 고기를 먹어보았다는 이야기도 여럿 돌 정도다.[423] 살아 있던 당시의 모습이 이렇게까지 생생하게 알려진, 그러면서도 정말 멸종하지 않았음이 밝혀진다면 세간의 화제가 될 만큼 충분히 크고 인상적인 짐승이 괴물 목격담의 주연으로 발탁되지 않을 리 없다. 실제로 괴물 연구가 베르나르 외벨망은 16세기 말의 카자크인 지도자 예르마크 티모페예비치Yermak Timofeyevich와 20세기 초의 한 러시아인 사냥꾼이 각각 시베리아에서 매머드를 목격했다는 일화를 수집한 바 있다.[424]

하지만 외벨망이 소개한 그 어떤 일화도 1899년 10월 미국의 잡지 《맥클루어스 매거진McClure's Magazine》에 헨리 터크먼Henry Tukeman이라는 영국인이 기고한 목격담만큼 드라마틱하지는 않다. 「매머드 살해The Killing of the Mammoth」라는 제목으로 게재된 이 글은 얼마 전 작고한 백만장자 호레이스 P. 콘라디Horace P. Conradi가 스미소니언박물관에 공수해 주었던 표본인 이른바 '콘라디 매머드'의 출처를 밝히는 내용이었다. 그해 여름에 큰 화제가 되었다는 문제의 표본은 콘라디가

북극해의 빙산 속에서 발견했다는 것이 정설이었지만, 터크먼에 따르면 그는 사실 수백만 달러라는 거액을 주고 자신에게서 표본을 사들였을 뿐이며 자신은 비밀 유지 계약 때문에 지금껏 이를 밝힐 수 없었다고 주장했다. 그렇다면 콘라디의 사망으로 계약에서 풀려난 터크먼이 폭로한 표본의 진짜 출처는 어디였을까? 제목에서도 알 수 있듯이, 그는 자신이 알래스카에서 직접 매머드를 사냥했다고 주장했다!

터크먼의 증언은 다음과 같다. 1890년에 유콘강을 따라 알래스카를 여행하던 그는 포트 유콘Fort Yukon에서 만난 원주민 노인에게 아프리카의 여러 동물 사진을 보여주었는데, 그중 코끼리 사진을 본 노인이 동요하더니 먼 북쪽에서 이와 같은 동물을 마주친 적이 있다는 이야기를 들려주었다. 아들과 함께 사냥을 나섰다가 '악마의 발자국'이란 뜻의 "티카이코아Tee-Kai-Koa"라고 불리는 긴 코와 상아를 지닌 무시무시한 야수를 만나 간신히 살아 돌아왔다는 이야기였다. 이에 호기심이 동한 터크먼은 원주민 청년과 동행해 노인이 말한 '악마의 영역'으로 나아갔고, 거의 한 달에 걸친 탐험 끝에 그곳에서 마침내 티카이코아를 목격했다. 긴 털로 뒤덮인 몸과 코끼리보다 짧은 코를 지닌 거대한 짐승, 즉 틀림없는 진짜 매머드였다.

원주민 노인이 말한 티카이코아가 지구상의 마지막 한 마리 매머드일지도 모른다는 사실을 알면서도, 터크먼과 폴은 이 태고의 야수를 사냥해 학계에 팔아 큰돈을 벌고자 했다. 이를 위해 터크먼은 불을 피워서 놈을 궁지에 몰아넣은 뒤 높은 나무 위에서 총을 쏘아 죽인다는 작전을 짰다. 매머드가 화산활동이 활발한 시대에 살았으며 불꽃이 유일한 천적이었으리라는 추측에 따라 세운 이 작전은 과연 성공적이었다. 사냥이 끝난 이후 둘은 몇 달에 걸쳐 매머드를 해체하고 내장을 끄집어내 크기를 측정한 뒤 남은 살코기를 영구동토에 묻었으며, 그런 뒤 가죽과 뼈를 썰매에 실어서 안전한 장소까지 옮겨두었다. 이를 살 사람을 찾고자 배를 타고 샌프란시스코로 향하던 도중에 만난 인물이 바로 콘라디였다. 본래 고국의 영국박물관에 표본을 팔 생각이었던 터크먼은 콘라디가 내민 거액을 거절할 수 없었다. 이것이 바로 매머드의 골격표본과 생생한 박제가 미국의 스미소니언박물관에 소장된 경위였다.[425]

터크먼의 「매머드 살해」는 잡지에 실리기가 무섭게 큰 반향을 이끌어 냈고, 《맥클루어스 매거진》과 스미소니언학회에는 즉시 이야기의 진위를 묻는 연락이 쏟아졌다. 박제를 직접 보겠다고 학회로 찾아온 사람들도 있었다. 이러한 열광에 가장 당황한 것은 스미소니언의 담당자들이었다. 왜냐하면 그곳에 매머드 표본 따위는 전혀 소장되어 있지 않았으니까.[426] 표본의 존재와 소장 경위, 원주민 노인의 티카이코아 목격담, 긴장감 넘치는 괴물 사냥 작전, 매머드 고기를 먹어보았더니 너무 질겼다는 감상……. 터크먼이 잡지에 실은 이 모든 흥미진진한 이야기 중에 진실은 단 한 문장도 없었다. 제아무리 사실적이고 실감이 넘쳤다 한들, 콘라디 매머드는 결국 꾸며낸 이야기 속 괴물에 불과했다.

알래스카 동토에 매머드가 살아남아 있다면 얼마나 멋질까?
이와 같은 발상이야말로 근대 괴물들의 연대기를
관통하는 화두라고 할 수 있다.

☦

가짜 매머드가 불러온 이 소동에 당황한 것은 《맥클루어스 매거진》도 마찬가지였던 듯하다. 이듬해에 실린 편집자의 해명이 사실이라면 잡지 측은 애당초 독자들을 속일 의도가 전혀 없었던 모양이니까. 이에 따르면 과거 **달의 박쥐인간**이나 **마다가스카르의 식인 나무** 사례와는 달리 「매머드 살해」는 사실인 듯 꾸민 가짜 뉴스가 아니었다. 그냥 단편소설이었다.[427] 《맥클루어스 매거진》은 단편을 즐겨 게재하는 잡지여서, 같은 해 5월에는 『정글 북 The Jungle Book』으로 유명한 작가 조지프 러디어드 키플링의 「그들의 국기 The Flag of Their Country」를 싣기도 했다.[428] 「매머드 살해」가 이와 같은 소설임은 심지어 목차에도 명시되어 있었으니 독자들의 뜨거운 반응은 완전히 예상 밖의 일이었다면서도, 잡지의 편집자는 이 어처구니없는 소동에 대해 "어떤 사실적 소설의 작가라도 이보다 더 광범위하고 명백한 성공의 증거를 거두지는 못했을 것"이라며 은근한 뿌듯함을 숨기지 않았다.[429]

근대 고생물학이 낳은 태고의 생존자 패러다임은 문학에도 적잖은 영향을 끼쳐, 19세기 중반부터는 오지에서 선사시대 생물을 목격한다는 내용의 소설이 여럿 등장했다. 예컨대 쥘 베른의 『지구 속 여행 Voyage au centre de la Terre』(1864), 찰스 제이콥스 피터슨 Charles Jacobs Peterson의 『최후의 용 The Last Dragon』(1871), 그리고 「매머드 살해」와 같은 해 《피어슨스 매거진 Pearson's Magazine》에 발표된 워든 앨런 커티스 Wardon Allan Curtis의 「라메트리 호수의 괴물 The Monster of Lake LaMetrie」(1899)은 모두 오늘날까지 살아남은 중생대의 수장룡과 인류의 조우를 소재로 삼았다.[430] 조금 뒤인 1912년에는 코넌 도일도 같은 대열에 합류해 공룡이 살아남은 남미의 고립된 고원을 배경으로 한 소설 『잃어버린 세계』를 출간한다.[431] 「매머드 살해」 역시 이러한 유행에 올라탄 여러 문학작품 중 하나였을 뿐이다.

대체 《맥클루어스 매거진》의 독자들은 왜 이런 소설에 속아 넘어가고 만 것일까? 가장 먼저 짚고 넘어가야 할 점은 잡지에 실린 「매머드 살해」의 작가와 작중 화자가 구분 없이 모두 'H. 터크먼'으로 적혀 있었다는 사실이다. 설령 이것이 독자를 기만하려는 수작이 아니라 소설의 흡인력을 끌어올리기 위한 문학적 장치에 불과했다고 한들, 목차를 꼼꼼히 읽지 않은 독자라면 얼마든지 이 작품이 실제 사실을 다룬 기사라고 착각할 수 있었으리라. 한편 「매머드 살해」가 스미소니언박물관에 보관된 표본의 출처를 밝히는 내용의 글이란 점도 주목할 만하다. 어쩌면 이 작품이 소설임을 알아챈 독자들 중에서도 콘라디 매머드라는 표본 자체는 박물관에 실존하며, 저자는 다만 그 확보 경위만을 상상해 꾸며낸 것이리라고 착각한 사람이 제법 있었을지 모른다.

자신들이 예기치 않게 초래한 혼란을 가능한 아름답게 수습하고자, 이듬해 2월 《맥클루어스 매거진》은 "매머드의 진실The Truth About the Mammoth"이라는 기사를 편집자의 해명과 함께 실었다. 미국 자연사박물관의 동물학자 프레더릭 A. 루카스Frederic A. Lucas가 쓴 이 기사는 터크먼의 소설이 불러일으킨 관심을 계기 삼아 매머드에 대한 당대의 최신 연구 결과를 대중에게 널리 알리는 글이었다. 짐작컨대 루카스는 「매머드 살해」를 읽으며 살아남은 매머드가 아닌 다른 환상 속 존재를 꿈꾼 듯하다. "매머드의 진실"은 스미소니언박물관에 매머드 표본을 들여놓는 데 아마 수백만 달러까지는 들지 않을 테니, 콘라디 같은 부자가 언젠가 "국제 요트 경기 참가에 들 비용보다도 훨씬 적은 돈"으로 탐사대를 보내 진짜 매머드를 가져와 주기를 바란다면서 끝을 맺는다.[432]

‡

비록 콘라디 매머드 사건은 소설 한 편이 낳은 사소한 소동에 불과했지만, 태고의 생존자라는 새로운 괴물이 얼마나 그럴듯하게 세상을 속일 수 있는지를 단적으로 보여주었다는 점에서 그 중요성이 마냥 작지만은 않다. 이는 비슷한 사건이 이후 꾸준히 되풀이되었다는 사실로도 알 수 있다. 이를테면 1908년 프랑스의 《나는 모든 것을 안다Je sais tout》와 영국의 《스트랜드 매거진》에는 조르주 뒤퓌Georges Dupuy의 「파트리지 크릭의 괴물The Monster of "Partridge Creek"」이라는 글이 실렸는데, 이 글은 「매머드 살해」의 배경에서 그리 멀지 않은 캐나다 유콘 준주의 설산에서 공룡 케라토사우루스Ceratosaurus가 목격되었다는 이야기를 담고 있었다.[433] 이 내용에 자극을 받은 영국의 자연과학자 리처드 리데커Richard Lydekker가 과학잡지 《놀리지Knowledge》에 글의 오류를 지적하는 짧은 꼭지[434]를 실은 것 역시 콘라디 매머드 사건을 연상시키는 요소이다. 현대에 들어서는 살아 있는 매머드를 촬영한 듯 보이는 서로 다른 영상이 2012년과 2013년에 각각 인터넷에 올라온 바 있는데, 이들 역시 이내 날조로 밝혀졌다(2012년의 영상은 합성이었고, 2013년의 영상은 다큐멘터리 영상을 편집한 것이었다).[435]

한편 어떤 사람들은 태고의 생존자를 소설이나 영상 속이 아닌 현실에서 손수 만들어 내려 애쓰기도 한다. 바로 영구동토층에 보존된 사체로부터 세포를 추출해 매머드를 복제함으로써 말이다. 비록 성공 가능성은 결코 높지 않고 막대한 비용이나 윤리적 문제도 큰 걸림돌이지만, 그래도 소수의 과학자들은 태고의 야수를 이 땅에 되살리겠다는 야심을 꾸준히 펼쳐왔다.[436] 2000년대 중반에 배아줄기세포 논문 조작 스캔들을 일으켜 학계에서 추방당한 황우석도 그중 하나다.[437] 과연 언젠가는 멸종한 매머드가 생명공학의 힘으로 다시 그 몸을 일으켜 시베리아나 알래스카의 설원을 뚜벅뚜벅 거닐 날이 올까? 그날의 광경이 거부하기 힘들 만큼 매력적인 상상으로서 우리를 사로잡는 한, 소설 속 터크먼이 맞닥뜨렸던 장엄한 태고의 생존자는 어떤 방식으로든 이 땅에 끊임없이 되돌아올 것이다.

3부

1900년대

1904 • 영리한 한스

1912 • 필트다운인

1917 • 코팅리 요정

1919 • 콩고의 브로토사우루스

1926 • 브스로드

1904

†

사람이 동물만큼 똑똑했더라면

영리한 한스

Clever Hans

앞서 **동굴인간** 항목에서 설명했듯, 근대 동물학의 공용어인 이명법을 정립한 린나이우스의 『자연의 체계』 제10판에 가장 처음 등재된 학명은 현생인류에게 붙은 '지혜로운 사람 Homo sapiens'이었다. 이는 린나이우스가 인간이라는 종의 가장 큰 특징을 다른 무엇도 아닌 '지혜'로 여겼음을 의미한다. 그러니 '인간과 다른 동물의 가장 큰 차이는 지성의 유무'라는 발상이야말로 어떤 의미에서는 근대 동물학이라는 체계의 시작점이었다고도 말할 수 있을 것이다. 우리 자신을 지성이 있는 동물로, 그 덕분에 문명을 이룩하고 과학기술을 발전시키며 예술을 향유할 수 있는 유일무이한 종으로 규정함으로써 우리는 비로소 다른 동물들을 연구하고 분류할 무기를 손에 넣은 셈이다.

하지만 만일 린나이우스의 전제가 틀렸다면 어떨까? 단지 신체 구조 때문에 말을 할 수도 도구를 쥘 수도 없을 뿐, 실은 동물들의 머릿속에도 인간과 같은 지성의 새싹이 잠들어 있다면? 잘 훈련된 동물이 때로 인간처럼 지적 능력을 지닌 듯한 행동을 보인다는 사실은 린나이우스 시대 이전부터 이미 잘 알려져 있었다. 16세기 말에서 17세기 초 사이 유럽에서는 사람의 지시를 알아듣고 숫자를 셀 줄 아는 마로코 Marocco라는 말이 순회공연을 벌이며 큰 인기를 끌었고, 18세기 말 영국에서는 새뮤얼 비셋Samuel Bisset이 훈련시킨 "배운 돼지Learned pig"가 글자 카드로 의사소통을 하거나 사칙연산 문제를 푸는 모습을 보여 장안의 화젯거리로 떠올랐다. 개, 물개, 거위, 문조 등도 이와 비슷한 쇼를 선보였다는 기록이 남아 있다.[438] 20세기의 여명이 밝아올 때에도 똑똑한 동물들의 행진은 그치지 않아, 미국 테네시주의 수의사 윌리엄 키William Key는 자신의 말 뷰티풀 짐 키Beautiful Jim key에게 알파벳을 읽고 숫자를 세는 법을 가르치기도 했다. 심지어 뷰티풀 짐 키는 성경에서 말이 언급된 구절을 듣고서 몇 장 몇 절인지 맞힐 수도 있었다고 전해진다.[439]

하지만 이 모든 명석한 동물들 중에서도 20세기 초 베를린에 나타난 한 마리의 말처럼 열띤 주목을 받은 경우는 아마 없을 것이다. '한스'라는 이름의 이 새카만 수말이 처음 유명해진 것은 물론 그가 보여준 놀라운 지적 능력 때문이었지만, 그 이름이 오늘날까지도 널리 회자되는 이유는 따로 있다. 세간에 영리하다고 알려졌던 온갖 동물 가운데 최초로 과학적인 검증의 대상이 된 사례가 바로 한스이기 때문이다. 진기한 구경거리로서 관객들의 시선을 끌기만 하면 되었던 선배들과는 달리, 한스는 인간의 지성이 동물의 지성을 시험하는 역사적인 현장에 서야만 했다. 환호와 탄성 대신 쏟아지는 의심의 눈초리를 그 몸으로 한껏 받아내면서.

‡

'영리한 한스'가 처음부터 이름처럼 영리했던 것은 아니다. 한스가 똑똑한 말로 이름을 떨친 데에는 주인인 빌헬름 폰 오스텐Wilhelm von Osten의 덕택이 컸다. 전직 초등학교 교사인 오스텐은 교단을 떠나 1866년 베를린에 자리를 잡고 거의 은둔해 살다시피 하다가, 1890년부터는 자신이 타고 다니던 말을 학생인 양 가르치기 시작한 기인이었다. 말이 대문으로 들어가기 위해 스스로 판단해서 방향을 틀 수 있다면 그러한 판단력을 교육으로 향상시킬 수도 있으리라는 것이 그의 믿음이었다. '왼쪽'과 '오른쪽' 같은 단어를 알아듣게 만드는 것으로 시작된 그의 교육은 곧 숫자 세는 법을 가르치는 데에까지 뻗어 나갔지만, 안타깝게도 '한스 1Hans I'이라고만 알려진 오스텐의 첫 번째 학생은 그 이상의 성과를 내지 못한 채 5년 만에 죽고 말았다. 그러나 오스텐은 포기하지 않았다. 1900년 가을에 그는 새로운 말 한 마리를 사들여 마찬가지로 '한스'라고 이름 붙인 뒤 모든 것을 처음부터 다시 가르치기 시작했다. 오를로프 트로터Orlov Trotter[†]의 외형에 서러브레드Thoroughbred[‡]의 성격을 지녀 한스 1과는 달리 난폭하고 반항적이었던 이 두 번째 한스가 바로 훗날 '영리한 한스'로 알려질 말이었다.[440]

오스텐의 열정적인 교육 아래 한스는 눈부시게 성장했다. 겨우 1년 만에 숫자를 15까지 셀 수 있게 되었고, 이듬해에는 산수와 독일어뿐 아니라 동전, 카드, 시계 등을 읽는 법도 배웠다.[441] 이와 같은 가르침을 약 4년간 받은 후인 1904년에 한스는 1부터 100까지의 수와 사칙연산법은 물론 분수와 소수 계산까지도 무리 없이 해내는 대단한 말이 되어 있었다. 문제의 답은 고개를 흔들고 발로 땅을 굴러 표현했다. "36528.7149의 백의 자리의 수는 무엇인가?"란 질문을 받으면 발을 다섯 번 구르고, "28의 약수에는 무엇무엇이 있

[†] 러시아산 말 품종 중 하나이다.
[‡] 가장 대표적인 경주마 품종이다.

는가?"라는 질문에는 둘, 넷, 일곱, 열넷, 스물여덟 번 나눠 구르는 식이었다. 같은 방법으로 한스는 "어느 달의 2일이 화요일이라면 바로 다음 금요일은 며칠인가?" "7시 35분에서 5분이 더 지나면 시계의 시침은 몇 시와 몇 시 사이에 있을까?" 같은 질문에도 척척 답할 수 있었다. 오스텐은 알파벳에 번호를 매김으로써 한스에게 '말'이나 '파라솔' 같은 단어의 철자를 성공적으로 가르치기도 했다.[442]

눈이 오나 비가 오나 계속되는 수업과 일취월장하는 한스의 실력은 동네의 좋은 구경거리였다. 호기심 가득한 구경꾼들을 내쫓는 대신에 오스텐은 수업 현장을 무료 시연회로 삼아 교육 성과를 한껏 뽐냈으며,[443] 이를 더 널리 인정받고자 1904년에 들어서는 독일 황제에게 직접 조사를 촉구하거나 신문광고를 내는 등 한층 열성적으로 한스의 존재를 알렸다. 이러한 노력에 눈길이 끌린 사람 중에는 작가이자 말 전문가인 오이겐 조벨Eugen Zobel도 있었다. 오스텐의 '학교'를 방문해 한스의 재주를 두 눈으로 확인하고서 깊은 감명을 받은 조벨은 7월 7일 자 신문 《베를리너 타게블라트Berliner Tageblatt》의 부록인 〈벨트슈피겔Weltspiegel〉를 통해 자신이 본 바를 전했다. 읽고 셈하는 말의 존재는 곧 다른 언론에도 연이어 실리면서 세간에 널리 알려졌고, 한스를 찾아오는 사람의 수는 갈수록 늘어났다. 뜨거운 논쟁이 벌어진 것은 당연한 수순이었다.[444]

논쟁의 한쪽 편에는 아프리카 탐험가 카를 게오르크 실링스Carl Georg Schillings, 말 전문가 리하르트 쇤베크Richard Schoenbeck, 동물학자 카를 뫼비우스Karl Möbius처럼 한스의 지성을 인정한 전문가들이 있었다. 당대의 경험 많은 교육자들 역시 한스가 언어를 구사할 수만 없을 뿐 실제로는 13~14세 어린아이 정도의 발달 단계에 있다고 여겼다. 반면에 어떤 사람들은 한스가 문제를 정말로 이해하는 것이 아니라 단지 뛰어난 기억력으로 주인이 알려준 답을 기억했다가 그대로 읊을 뿐이라고 주장했다. 일각에서는 사기극을 의심하는 목소리도 나왔다. 오스텐이 말에게 무언가 신호를 보내고 있다는 주장이었다.[445]

학계의 의견이 갈렸다면 이제 해야 할 일은 하나뿐이었다. 1904년 9월 6일, 심리학자 카를 슈툼프Carl Stumpf가 조직한 과학적 검증위원회가 영리한 말의 진상을 파헤치고자 본격적인 조사에 착수했다. 교사, 수의사, 동물원 관리자, 서커스 단장 등의 전문가 열세 명으로 이루어진 이 위원회는 약 일주일 남짓한 기간 동안 한스의 재주를 시험한 뒤 9월 12일에 한 가지 확실한 결론에 다다랐다. 일각의 주장과 달리 오스텐은 결코 속임수를 쓰지 않았으며, 한스의 영리함은 단순한 훈련의 결과가 아니라 지금까지 알려진 그 무엇과도 근본적으로 다른 현상으로 보이는 만큼 더 깊은 연구가 필요하리라는 결론이었다.[446] 이는 한스가 정말 지성을 지녔다는 주장을 강력하게 뒷받침하는 듯했다. 학계와 전문가들의 실로 극적인 인정에 힘입어, 오스텐의 영리한 말은 이제 150년 가까이 '지혜로운 사람'만이 독점해 왔던 만물의 영장이라는 아성에 그 발굽을 당당히 내딛으려 하고 있었다.

빌헬름 폰 오스텐과 영리한 한스. 19세기 초 베를린에서 이들 사제(師弟)가
선보인 놀라운 '수업'은 동물에게도 지성이 있음을 입증하는 듯했다.

‡

그런데 한스의 이 놀라운 행보를 가로막은 사람이 있었다. 다름 아닌 슈툼프의 무급 조교 오스카르 풍스트Oskar Pfungst[447]였다. 풍스트는 슈툼프가 베를린을 떠난 9월 17일 이후에도 실링스와 함께 남아 조사를 계속했고, 10월 13일에서 11월 29일에 걸쳐 이루어진 슈툼프의 재조사 기간 동안에는 실험 진행을 도맡은 성실한 인물이었다. 하지만 그의 이름이 오늘날까지도 잊히지 않은 이유는 그저 조교로서 성실하게 일했기 때문이 아니다. 한스의 영리함 뒤에 감춰진 비밀을 알아내어 세상에 폭로한 사람이 바로 그이기 때문이다.[448]

오스텐의 자택 뜰에 커다란 텐트를 치고 이런저런 방식으로 한스의 지적 능력을 시험하면서 풍스트는 한 가지 기묘한 사실을 눈치챘다. 출제자가 답을 알고 있을 때는 한스가 90% 확률로 정답을 맞힌 반면, 출제자가 답을 알지 못하는 상황에서 치러진 실험에서는 정답률이 고작 10%밖에 되지 않았던 것이다. 문제가 독일어든 산수든 음악이든 결과는 마찬가지였다. 이는 한스가 정말로 글을 읽고 계산을 할 줄 아는 것이 아니라, 단지 출제자가 시키는 대로 발을 구르거나 머리를 흔들고 있을 뿐임을 의미했다. 그렇다면 역시 오스텐이 몰래 지시를 내리고 있었던 것일까? 그럴 리 없었다. 왜냐하면 한스에게 문제를 낸 사람은 오스텐뿐이 아니었으니까. 풍스트나 다른 사람들이 오스텐 대신 출제자 역할을 맡은 경우도 많았고, 몇 번은 풍스트와 한스 단둘이서만 실험을 진행한 적도 있었으니 속임수가 개입될 여지는 전무했다. 그렇다면 남은 가능성은 하나였다. 한스는 출제자가 의도하지 않은 단서를 읽고 있는 것이 분명했다.

수수께끼 같은 단서의 정체를 규명하고자, 풍스트는 먼저 한스에게 안대를 씌우고서 문제를 내는 실험에 착수했다. 결과는 명쾌했다. 안대를 쓰고 이루어진 쉰여섯 번의 실험 중 한스가 답을 맞힌 경우는 겨우 두 번밖에 없었다. 질문자와 한스 사이가 텐트로 가로막혀 있을 때도, 날이 저물어 주변이 어두워졌을 때도 정답률은 여지없이 곤두박질쳤다. 대체 한스는 무엇을 보고 답을 맞히는 것일까? 풍스트가 그 비밀을 알아챈 것은 한스에게 문제를 내는 오스텐의 모습을 보고서였다. 문제를 낸 뒤 오스텐은 매번 몸을 살짝 앞으로 기울였고, 한스가 정답에 해당하는 수만큼 발을 구르면 즉시 고개를 조금 들었던 것이다. 오스텐 이외의 실험 참가자들도 정도의 차이만 있을 뿐 움직임은 거의 비슷했다. 이 작고 무의식적인 동작이 실은 한스에게 답을 알려주는 행위나 마찬가지였다. 즉 한스는 문제의 내용과 무관하게 출제자가 몸을 기울이면 발을 구르기 시작하고, 고개를 들면 발구르기를 멈출 뿐이었다.[449]

출제자가 한스에게 무의식적인 신호를 보낸다는 가설은 풍스트가 처음 제시한 것이 아니었다. 9월에 열린 검증위원회에서도 그 가능성은 이미 도마에 오른 적이 있었고, 출제자가 답을 알지 못하거나 문제만 내고 한스로부터 떠나는 등의 상황을 조성하는 실험 역시 치러졌다.[450] 1903년에 오스텐을 방문했던 정신과의사 알베르트 몰Albert Moll도 이듬해 10월 20일에 풍스트와 같은 주장을 발표한 바 있었다. 초자연현상을 비판적으로 분석하는 데에 관심이 많았던 사람답게 몰은 한스의 문제 풀이 비결이 소위 '독심술사'들의 수법과 유사하다는 사실을 곧장 간파해 냈다. 슈툼프와 풍스트가 자신의 주장을 단 한 번도 언급하지 않았다는 사실에 그가 크게 분개한 것도 무리는 아니었다.[451]

그럼에도 영리한 한스의 수수께끼를 풀었다는 영예가 풍스트의 것이 된 이유는, 그가 자신의 가설을 입증하고자 누구보다 꼼꼼히 노력했기 때문이다. 그는 위원회가 내놓은 결과를 석연찮게 여겨 말의 눈을 가릴 만큼 큰 안대를 따로 마련하기도 했고,[452] 출제자가 고개를 드는 시점과 한스가 발구르기를 멈추는 시점을 초시계로 각각 측정해 보기도 했다.[453] 검증 절차는 여기에서 그치지 않았다. 11월에 오스텐의 집을 떠나 베를린대학교 심리학부로 향한 풍스트는 그곳에서 직접 한스의 입장이 되어 보았다. 출제자가 특정 숫자나 간단한 덧셈, 방향, 단어 등을 머릿속으로 떠올리면 자신이 정해진 몸동작으로 이를 알아맞히는 실험을 기획한 것이다. 그 결과는 과연 흥미로웠다. 조금만 연습하고 눈을 똑바로 부릅뜨기만 한다면, 풍스트도 한스처럼 출제자의 무의식적인 움직임을 읽어 답을 맞힐 수 있었다![454]

1904년 12월 9일 슈툼프에 의해 처음으로 발표된[455] 풍스트의 실험 내용은, 1907년에 『폰 오스텐 씨의 말Das Pferd des Herrn von Osten』이라는 제목의 책으로도 정리되어 나옴으로써 영리한 한스의 지적 능력을 둘러싼 논쟁에 사실상 종지부를 찍었다.[456] 나아가 풍스트가 관찰과 실험으로 한스의 비밀을 밝혀낸 일화는 심리학 연구의 모범적 사례로서 고전의 반열에 올랐고,[457] 훗날의 동물심리학 연구자들이 반드시 명심해야 할 교훈으로도 남았다. 사람과 대화를 나누는 아프리카회색앵무 알렉스Alex, 200개 이상의 물건을 기억하고 지시대로 가져오는 개 리코Rico, 수화를 익힌 고릴라 코코Koko나 그림문자 키보드로 의사소통을 하는 보노보 칸지Kanzi처럼 놀라운 지적 능력을 보이는 동물이 화제에 오를 때면 누군가는 반드시 영리한 한스 이야기를 언급할 정도다.[458] 얼핏 영리해 보이는 동물의 행동 하나하나에 흥분하기 앞서서 일단은 우리 자신의 행동을, 우리도 모르는 새 몸에 드러났을지도 모르는 마음속 기대감을 점검해 보아야 한다는 경고로서.

풍스트가 규명한 한스의 문제 풀이 비결은 오늘날 '영리한 한스 효과Clever Hans effect'라는 용어로 불린다. 실험자의 사전지식과 기대가 실험 대상에게 무의식적인 영향을 끼친 경우, 혹은 얼핏 정확해 보이는 실험 결과가 실은 초기 데이터에 숨어 있던 편향성에 영향을 받고 있었던 경우를 일컫는 이 효과는 동물심리학뿐 아니라 진단의학이나 인공지능 연구 분야에서 실험 결과를 분석할 때도 중요한 고려 대상이다.[459] 비록 영리한 한스 연구 이후 풍스트가 학계에 남긴 업적은 그다지 뚜렷하지 않고, 1920년대에 프랑크푸르트의 뇌손상 후유증 연구소에서 일하면서 받은 명예박사 학위 말고는 평생 제대로 된 학위조차 따지 못했지만,[460] 그가 1904년의 겨우 몇 달 동안 한스 곁에 머물며 관찰과 실험을 거듭한 끝에 얻어낸 통찰만큼은 과학 연구의 방법론이 한층 객관적이고 치밀하게 거듭나는 계기가 되었다. 이것이야말로 오스텐의 영리한 말을 둘러싼 소동이 남긴 진정한 유산인 셈이다.

‡

 영리한 한스라는 난제에 맞선 근대과학의 성공담은 이렇게 마무리되지만, 한스라는 말의 이야기는 아직 끝난 것이 아니다. 한때 학계의 대대적인 주목을 받았던 늙은 교사와 말은 이제 진실이 휩쓸고 지나간 폐허에서 남은 세월을 감내해야만 했다. 풍스트의 폭로 이후에도 오스텐은 수제자의 지적 능력을 굳게 믿었고, 오히려 슈툼프와 풍스트가 한스를 신호에 반응하게 훈련시킨 것이라며 분통을 터뜨렸다. 그 탓에 자신의 오랜 교육이 허사가 되고 말았다는 주장이었다.[461]

 한스의 명예를 회복하기 위한 실험도 계속되었다. 1905년에 보석상 카를 크랄Karl Krall이 찾아와 실험 협조를 부탁하자 오스텐은 처음에는 완고하게 거절했지만, 결국에는 마음을 열고 크랄의 손에 한스를 맡겼다. 크랄은 안대를 씌우거나 밤에 실험을 진행해도 한스의 문제 풀이 실력에는 차이가 없었다며 풍스트의 결론을 반박하는가 하면, 심지어 한스에게 미적감각이나 기하학과 더불어 물리학까지 가르치려고 시도하기도 했다.[462] 하지만 크랄의 이같이 열성적인 지지에도 불구하고 오스텐은 말년을 전부 바쳐 가르친 제자가 결국 자신을 말에게 속아 넘어간 바보로 전락시켰다는 사실을 극복하지 못했다. 1909년 6월 29일에 간암으로 숨을 거두기 직전 그가 크랄에게 남긴 마지막 말은, 한때 자신이 그토록 애지중지했던 한스가 박격포 마차 앞에서 생을 마감하길 바란다는 증오심 가득한 저주였다.[463]

 하지만 오스텐 사후 한스의 소유권을 넘겨받은 크랄의

생각은 달랐다. 동물들에게도 고도의 지성이 존재함을 입증하겠다는 원대한 목적을 품었던 그는, 독일 서부의 엘버펠트Elberfeld에 직접 세운 농장으로 한스를 데려가 연구를 계속했다. 다만 크랄은 오스텐처럼 한스를 가르치는 데에만 심혈을 기울이지는 않았다. 농장이 운영되는 동안 크랄이 엘버펠트에서 교육한 동물은 말, 개, 당나귀, 심지어는 코끼리까지 합쳐서 스무 마리가 넘었다. 그 가운데 특히 두각을 드러낸 동물은 무하메드Muhamed와 자리프Zarif라는 두 수말이었다.[464] 한스의 까탈스러운 성격과 오스텐의 불신 때문에 실험이 점점 어려워진다고 느낀 크랄이 1908년에 데려온 이들은[465] 곧 그의 가장 집중적인 연구 대상이 되었다. 한스, 무하메드, 그리고 자리프에 대한 크랄의 연구 내용은 1911년에 『생각하는 동물들Denkende Tiere』이라는 제목의 책으로 세상에 공개되었고, 그 이듬해에는 그 개정판이 출간됨과 더불어 크랄과 뜻을 함께하는 학자들의 모임인 동물심리학학회Gesellschaft für Tierpsychologie까지 발족하기에 이르렀다.[466]

오스텐의 수업이 그랬듯이 크랄의 연구도 당대에 적지 않은 주목을 끌었다. 엘버펠트의 농장을 방문해 동물들의 놀라운 재주를 보고 경탄한 전문가와 유명인 들 중에는 신경학자 루드비히 에딩거Ludwig Edinger, 동물학자 하인리히 에른스트 치글러Heinrich Ernst Ziegler, 그리고 1911년 노벨문학 수상자인 벨기에의 작가 모리스 마테를링크도 있었다. 당연히 크랄의 주장을 반박하고 나선 과학자들도 적지 않았다. 몇 년 만에 똑같이 되풀이된 것은 비단 논쟁뿐만이 아니었다. 1913년에 엘버펠트로 찾아와 동물들의 재주를 관찰한 덴마크의 마술사

파우스티누스Faustinus는, 무하메드를 비롯한 말들이 한 마구간지기 곁에서만 답을 제대로 맞힌다는 사실을 눈치챘다. 문제의 마구간지기가 크랄조차 모르게 신호를 주며 말들의 대답을 유도했던 것이다. 파우스티누스가 이 사실을 알리자 크랄은 그가 더 이상 말들을 조사하지 못하게 막아버렸다.[467]

　후배들을 둘러싼 이 모든 소동이 벌어지는 동안 원조 '영리한 말' 한스의 존재는 점점 세간의 관심에서 멀어져 갔다. 마테를링크가 1914년 초자연현상에 대한 수필집 『미지의 손님The Unknown Guest』을 펴내며 회고한 바에 따르면, 그가 엘버펠트를 방문했을 당시 16세에서 17세 사이였던 한스는 언젠가부터 그곳에서조차 거의 입에 오르내리지 않는 존재가 되었던 듯하다. 인간이 가르쳐 주는 숫자와 글자를 외우며 평생을 보낸 이 나이 든 말은, 한 마구간지기가 암말을 데려오자 놀라서 날뛰다가 배가 찢어지는 중상을 입고 말았다고 한다. 농장 직원들이 달려와 흘러나온 내장을 재빨리 집어넣고 상처를 꿰매기는 했지만 한스의 건강은 결코 회복되지 않았다. 마테를링크가 묘사한 한스의 말년은 교외의 풀밭에서 비참한 신세로 요양하는 모습이었다.[468]

‡

　어쩌면 비참한 운명은 한스에게 조금 일찍 손을 뻗친 것뿐인지도 모른다. 1914년 6월 28일, 보스니아의 사라예보에서 프란츠 페르디난트 대공 부부가 암살당하며 제1차 세계대전이라는 미증유의 비극이 그 막을 올렸다.[469] 전쟁 발발로 엘버펠트 농장의 운영 비용을 감당할 수 없게 된 크랄은 1915년에 결국 동물 연구를 완전히 포기하고 농장 문을 닫아야 했다. 비록 엘버펠트의 말들이 전쟁에 징발되었다는 이야기가 널리 알려져 있기는 하지만, 하인리히 치글러가 동물심리학 학회 소식지에서 전한 바에 의하면 크랄은 대신 자신의 말들을 믿을 만한 사람에게 넘겨주었다고 한다.[470] 어떤 연구 기관도 크랄의 연구 성과를 인수하지 않았기에, 한때 세간의 이목을 끌었던 이들의 직업은 학생에서 노동자로 바뀌어야 했다. 그래도 말들의 삶은 묵묵히 계속되었다. 치글러에 따르면 적어도 크랄의 가장 영특한 제자 중 하나였던 무하메드는 틀림없이 전쟁의 참화를 견뎌냈다고 한다. 그가 14년간의 삶을 마무리한 것은 1920년 성탄절 직전의 일이었다.[471]

한스 역시 일부 연구자들의 주장처럼 전사했거나 굶주린 병사들에게 잡아먹히지는[472] 않은 듯하지만, 그의 최후가 어떠했는지는 정확히 알기 힘들다. 확실한 것은 한스의 영리한 머리로도 두 번째 세계대전의 불길만큼은 회피할 수 없었다는 사실이다. 동물심리 연구를 그만둔 크랄은 1925년에 뮌헨으로 향해 오랜 관심사였던 초심리학 연구를 본격적으로 시작했다. 그가 한스에게 텔레파시 능력이 있다고도 진지하게 믿었음을 생각하면 결코 예상치 못할 일은 아니었다.[473] 정황상 이때 크랄이 챙겨간 물건 중에는 영리한 한스의 머리 박제도 있었을지 모른다. 한때 온 독일을 뒤흔들었던 이 비범한 머리는 이후 한동안 뮌헨대학교의 도서관장 사무실 벽에 걸려 있다가, 1943년 연합군의 대대적인 뮌헨 공습에 휘말려 소실되었다고 한다.[474]

제2차 세계대전의 불길이 앗아간 것은 그뿐만이 아니다. 한스의 숙적이었던 풍스트의 연구 자료도 종전을 맞이하지 못하고 사라졌다.[475] 비록 글자도 숫자도 몰랐지만 오직 번뜩이는 눈치만으로 주인은 물론 전문가들마저 깜박 속여 넘겼던, 어쩌면 주변의 인간들 대다수보다 영리했을지도 모르는 한 마리 말이 남긴 마지막 유산들은 이렇게 영영 한 줌 잿더미로 변하고 말았다. 어떤 동물도 감히 흉내 내지 못할 '지혜로운 사람'만의 놀라운 재주, 세상을 두 번이나 연달아 전쟁의 구렁텅이로 빠뜨린다는 지상 최대의 어리석음 속에서.

1912

†

범인은
이 안에 있다

필트다운인

Piltdown Man

『종의 기원』의 유명한 마지막 단락에서, 찰스 다윈은 자신의 자연선택이론을 "자연의 전쟁으로부터, 기근과 죽음으로부터, 우리가 상상할 수 있는 것 가운데 가장 고귀한 일, 즉 더욱 고등한 동물의 탄생이 직접적으로 뒤따른다"라고 요약한다. 오늘날 지구상에서 살아가는 제아무리 크고 멋진 동물이라도 반드시 "가장 단순한 시작"에서부터 기나긴 세월 동안 자연선택을 거치며 진화되어 나왔으리라는 이야기다.[476] 만물의 영장이라 하는 인간조차도 물론 예외일 수는 없었다.

그렇다면 대체 우리 인류의 조상은 어떤 모습을 하고 있었을까? 이 주제를 논함에 있어 다윈은 지극히 조심스러웠다. 『종의 기원』에서 그가 인류의 진화를 언급한 부분은 "인류의 기원과 역사에도 빛이 비춰질 것"[477]이라는 책 말미의 단 한 문장뿐이다. 1871년에 출간한 『인간의 유래와 성선택 The Descent of Man, and Selection in Relation to Sex』에서조차, 정치적·사회적 논쟁을 가능한 한 피하고 싶었던 것인지 다윈은 인류에게 멸종한 조상이나 친척이 존재할 가능성을 직접적으로 손대지는 않았다.[478] 하지만 우리 자신의 기원을 묻는 중대한 질문으로부터 진화론이 언제까지고 도망칠 수는 없었다. 다윈이 말한 '빛'은 이미 비춰지고 있었으므로.

1856년에 독일 네안데르 계곡 Neanderthal의 펠트호퍼 Feldhofer 동굴에서 인간의 것과 닮았으면서도 어딘가 다른 두개골이 발견되자, 지역 교사 겸 아마추어 지질학자 요한 카를 폴로트 Johann Carl Fuhlrott와 해부학자 헤르만 샤프하우젠 Hermann Schaaffhausen은 그 정체가 원시적인 고대 인류의 화석이라는 추측을 내놓았다. 비록 당대에 이들의 추측은 저명한 병리학자 루돌프 피르호의 반대에 부딪치기도 했지만,[479] 오늘날 네안데르 계곡의 화석은 발견 장소의 이름을 따서 명명된 고인류 '네안데르탈인'의 모식표본으로 인정받고 있다.[480] 이어서 1891년 네덜란드령 동인도 자바섬에서는 오늘날 호모 에렉투스 에렉투스 Homo erectus erectus로 분류되는 '자바원인 Java man'이,[481] 1907년 독일 하이델베르크 근처 마우어 Mauer의 노천 모래 광산에서는 하이델베르크인 Homo heidelbergensis이[482] 잇달아 발견되었다. 이들 고인류 화석은 인간이 성경에 쓰인 것처럼 신의 형상을 본떠 창조된 존재가 아니라, 다른 모든 생물처럼 오랜 세월에 걸쳐 지금의 모습으로 진화해 온 것임을 입증하는 강력한 증거였다.

이제 문제는 유인원과 같은 동물에서 만물의 영장으로 진화하는 결정적 순간이 담겼으리라고 여겨진 중간 단계 화석, 이른바 '잃어버린 고리 Missing link'를 누가 어디에서 찾아내느냐 하는 일이었다. 다윈은 인류가 아프리카에서 유래했다고 여긴 반면, 다윈과 동시기에 자연선택설을 주장한 생물학자 앨프리드 러셀 월리스나 다윈의 동료인 지질학자 찰스 라이엘 등은 아시아를 인류의 요람으로 지목했다. 한편 1868년에 독일의 에른스트 헤켈은 『자연의 창조사 Natürliche Schöpfungsgeschichte』에서 인류의 진화 과정을 22단계로 구분하며, 그중 스무 번째인 유인원과 스물두 번째인 인간 사이에 해당하는 '잃어버린 고리'가 과거 아프리카와 아시아 사이에 존재했다는 가설상의 침몰 대륙 레무리아 Lemuria에 살았으리라는 주장을 펼쳤다. 훗날 자바원인이 발견되자 헤켈은 그것이 바로 자신의 가설 속 '잃어버린 고리'라고 선언하기도 했다.[483]

‡

그런데 1912년 2월, 이번에는 아프리카도 아시아도 아닌 영국 땅 한복판에서 '잃어버린 고리'가 새로이 발견되었다는 소식이 들려왔다.[484] 아마추어 골동품 수집가 찰스 도슨Charles Dawson이 영국박물관의 고생물학자 아서 스미스 우드워드Arthur Smith Woodward에게 편지를 보내, 자신이 "하이델베르크인과 비견될 만큼 확고한" 고인류의 두개골 일부분을 찾아냈다고 알려온 것이다.[485] 이후로도 몇 달에 걸쳐 편지로 연락을 주고받으면서 한번은 자신이 찾아낸 하마 이빨 화석을 보내주며 의견을 묻기도 했던 도슨은, 그해 5월 24일 마침내 직접 우드워드를 방문해 문제의 화석을 보여주기에 이르렀다. 도슨이 가져온 짙은 갈색의 두꺼운 뼛조각들은 우드워드를 흥분시키기에 충분했다. 그것은 편지에 적힌 대로 틀림없는 인류의 두개골이었으니까.

그해 6월 2일에 우드워드와 도슨, 도슨의 친구인 예수회 소속 신학자이자 과학자 피에르 테야르 드 샤르댕Pierre Teilhard de Chardin, 인부 비너스 하그리브스Venus Hargreaves로 이루어진 발굴팀은 도슨이 두개골을 찾아낸 장소인 서식스주 필트다운Piltdown 근방의 자갈 채석장에서 발굴 작업을 시작했다. 그 결과는 우드워드의 기대를 너끈히 만족시키고도 남았다. 8월까지 이어진 발굴 작업 동안에 일행은 마스토돈과 비버 등 여러 동물의 치아와 뼈, 부싯돌 석기 여러 개, 그리고 무엇보다도 더 많은 두개골 조각과 인간의 아래턱뼈 오른쪽 절반을 발견했다. 턱뼈의 발견은 특히 결정적이었다. 함께 발굴된 두개골은 인간의 것과 흡사했던 반면 턱뼈에는 유인원의 특징이 뚜렷하게 드러나 있었기 때문이다. 그러면서도 어금니가 마모된 형태만큼은 또 유인원이 아닌 인간의 치아를 연상시켰다. 이는 필트다운에서 출토된 뼈가 인간과 유인원 사이의 '잃어버린 고리' 그 자체라는 명백한 증거였다.

이처럼 놀라운 성과가 세상에 공표된 것은 1912년 12월 18일 런던 지질학회에서였다.[486] 이날의 발표에서 도슨은 자신이 수년 전 길바닥에서 갈색 부싯돌을 발견하고서 그 출처인 채석장을 찾아가 인부들에게 혹시라도 화석이 나오면 보존해 달라고 부탁한 것이 어떻게 세기의 발견으로 이어졌는지, 채석장 일대의 지질학적 특성은 어떠하며 그곳에서 그때껏 무엇이 출토되었는지 등을 자랑스레 설명했다. 한편 우드워드는 가장 중요한 출토품이라 할 수 있는 두개골과 턱뼈를 네안데르탈인이나 하이델베르크인 등의 화석과 비교해 가며 꼼꼼히 분석한 끝에, 필트다운에서 발견된 뼈의 주인이 알려진 그 어떤 고인류와도 구별되는 완전히 새로운 종에 속한다는 결론을 내렸다. 유인원의 턱과 인간의 머리를 지닌 이 '필트다운인'에게 우드워드가 붙인 학명은 '도슨의 새벽녘 인간'을 뜻하는 에오안트로푸스 도스니 *Eoanthropus dawsonii*였다.[487]

대발견은 이후로도 계속되었다. 1913년 5월부터 재개된 발굴 작업 동안 도슨과 드 샤르댕은 필트다운인의 코뼈와 송곳니를 각각 찾아냈다. 둘 모두 필트다운인의 생김새가 어떠했을지를 알려주는 귀중한 단서였으며, 특히 송곳니 화석은 필트다운인이 유인원보다는 인간에 가까운 얼굴을 지녔으리라는 인류학자 아서 키스 Arthur Keith의 주장을 반박하고

인간과 유인원의 특징을 모두 지닌 '잃어버린 고리'의 상상도.
한때 영국 고인류학계는 필트다운인이 바로 이러한 존재라고 믿었다.

유인원을 닮은 우드워드의 복원도에 손을 들어줄 좋은 근거이기도 했다.[488] 나아가 이듬해 6월 말에는 끝부분이 크리켓 배트 모양으로 다듬어진 코끼리의 허벅다리뼈도 발견되었다. 우드워드는 이 기묘한 뼈의 정체가 필트다운인이 식물의 뿌리를 파내 먹을 때 쓴 도구일 것이라고 추측했다.[489] 한편 1913년 7월과 1915년 1월에 도슨은 채석장 이외의 인근 장소에서 또 다른 에오안트로푸스 화석을 찾았다고 우드워드에게 알리기도 했다.[490]

이처럼 땅속에서 쏟아져 나오던 뼛조각과 유물이 뚝 그친 것은 도슨이 1916년 8월 10일에 겨우 52세의 나이로 사망한 뒤부터였다. 이후 우드워드가 아무리 필트다운의 채석장을 파헤쳐도, 심지어는 은퇴한 뒤 필트다운 근방으로 이사하면서까지 발굴에 매달려도 더 이상 새로운 보물이 모습을 드러내는 일은 없었다. 하지만 그때껏 땅속에서 파 올린 숱한 뼛조각과 유물만으로도 두 사람이 대발견의 주인공이라는 영예를 얻기에는 충분했다. 키스를 비롯한 여러 과학자들과 더불어 화석을 관찰하는 우드워드와 도슨의 모습은 존 쿡John Cooke의 1915년 작 유화 〈필트다운 두개골에 대한 토의Discussion on the Piltdown Skull〉로 그려져 길이 남았고,[491] 1938년에는 필트다운인 화석이 처음 발굴된 바로 그 장소에 기념비까지 세워졌다.[492] 물론 이 모든 영예는 두 사람이 발견한 '새벽녘 인간' 몫이기도 했다. 필트다운인은 고인류학자들이 간절히 찾아 헤매던 '잃어버린 고리' 그 자체로, 우리 조상의 생김새를 알려주는 가장 선명한 증거로, 그리고 우드워드가 숨을 거둔 지 4년 뒤인 1948년에 출간된 그의 저서 제목을 빌리자면 '최초의 영국인The Earliest Englishman'으로 과학사에 영원히 새겨질 터였다.

‡

하지만 극적인 세기의 발견 이야기만이 과학사에 남으리라는 법은 없었다. 세상에 화려하게 모습을 드러낸 직후부터 필트다운인의 영광 뒤에는 줄곧 한 가지 치명적인 의혹이 따라다녔다. 바로 1912년에 발견된 두개골과 턱뼈가 실은 서로 다른 동물의 뼈일지도 모른다는 의혹이었다. 하필 턱뼈와 두개골을 연결하는 부위가 발견되지 않았던 만큼 이러한 주장에는 충분한 근거가 있었고, 제아무리 찬란한 미사여구라 한들 이를 완전히 덮기에는 역부족이었다.

예컨대 도슨과 우드워드가 런던 지질학회에서 자신들의 발견을 처음 공표했을 때, 이미 해부학 교수 데이비드 워터슨David Waterson은 필트다운인의 두개골 화석이 인간의 핵심적인 특징을 모두 지닌 반면 턱뼈는 침팬지의 것과 매우 흡사하다면서 두 표본이 같은 동물에서 유래했음을 믿기 힘들다는 의견을 표했다.[493] 1915년에는 미국 자연사박물관의 포유류 전문가 게릿 스미스 밀러Gerrit Smith Miller 역시 워터슨과 같은 주장을 펼쳤다. 필트다운인의 턱뼈가 멸종한 침팬지에게서 나왔을 것이라고 주장한 그는 문제의 화석에 판 베투스Pan vetus라는 학명을 붙이기도 했다.[494] 훗날 '이중주의Dualism'라고 일컬어질 이와 같은 주장은 두개골과 턱뼈가 하나의 고인류에서 나왔다는 '단일주의Monism'를 굳게 믿었던 윌리엄 파이크래

프트William Pycraft와 같은 학자들의 격렬한 반박에 부딪쳤다.[495]

두 학설 사이의 논쟁이 계속되던 1917년 2월 28일, 우드워드는 도슨이 1915년에 셰필드파크Sheffield Park 근방에서 발견했다는 두개골 파편 두 조각과 아래쪽 어금니 하나를 학계에 발표함으로써 단일주의에 힘을 크게 실어주었다. 우드워드에 따르면 셰필드파크에서 나온 어금니는 침팬지의 치아와 확연히 달랐으니, 필트다운인의 아래턱 화석이 침팬지의 것이라는 밀러의 주장은 빗나간 것이 분명했다.[496] 비록 밀러 등 이중주의자들의 의심은 계속되었지만[497] 이후 이들의 목소리는 더 이상 큰 주목을 받지 못했고, 1919년 즈음 영국 학계에서 필트다운인은 이미 확고한 사실로 받아들여졌다.[498]

하지만 상황은 이내 필트다운인에게 불리하게 바뀌기 시작했다. 세계 곳곳에서 속속 발굴된 더 많은 고인류 화석을 통해 인류 진화의 계보가 서서히 정립되자, 필트다운인 화석이 여기에 도통 들어맞지 않는다는 사실이 점점 명백해졌기 때문이다. 1920년대에서 1930년대에 걸쳐 테야르 드 샤르댕을 포함한 여러 고인류학자들이 중국의 저우커우뎬에서 발굴해 낸 이른바 '베이징원인',[499] 1924년 남아프리카의 타웅Taung에서 발견되어 아프리카를 인류의 발상지로 결정짓는 계기가 된 두개골 '타웅의 아이Taung Child',[500] 1936년 즈음 자바섬에서 잇달아 발견된 새로운 자바원인 화석 등은 우리 조상들의 턱이 머리보다 먼저 오늘날의 형태로 진화했으리라는 사실을 잘 보여주었다. 인간의 이마와 유인원의 턱을 지닌 필트다운인의 입지는 자연히 위태로워질 수밖에 없었.

위기에 빠진 '최초의 영국인'을 지키는 것은 영국 고인류

학계의 몫이었다. 타웅의 아이에게 오스트랄로피테쿠스 아프리카누스Australopithecus africanus라는 이름을 붙여 학계에 보고한 호주의 고인류학자 레이먼드 다트가 그 정체를 인간과 유인원 사이의 중간 단계 화석이라고 주장하자,[501] 우드워드와 키스를 비롯한 필트다운인의 수호자들은 타웅의 아이 화석이 어린 침팬지나 고릴라의 두개골과 훨씬 흡사하다며 비판을 쏟아냈다.[502] 그러나 세계 곳곳에서 발견되는 필트다운인과 전혀 다른 모습을 한 고인류 화석을 전부 침팬지라고 몰아갈 수는 없는 노릇이었다. 그랬기에 우드워드는 『최초의 영국인』에서 필트다운인을 변호할 새로운 가설을 소개하기에 이르렀다. 유인원에서 처음으로 진화해 나온 인류는 튀어나온 이마를 지닌 '야만적'인 종이었으나, 이후 필트다운인처럼 이마가 평편하고 턱이 튀어나온 새로운 인류가 나타나 이들을 몰아냈으리라는 가설이었다. 우드워드가 생각하기에 인간의 진정한 조상은 물론 후자였다.[503] 그럴 수밖에 없었고, 반드시 그래야만 했다.

‡

『최초의 영국인』이 출간된 지 겨우 5년쯤 뒤인 1953년 7월 말, 벤네르-그렌 재단Wenner-Gren Foundation의 주최로 런던에서 열린 인류학회의 저녁 식사 자리에서 영국박물관 소속 지질학자 케네스 오클리Kenneth Oakley가 필트다운인을 화제에 올렸다. 1949년에 필트다운인 표본의 불소 농도를 검사해 모든 화석이 같은 시대로부터 유래했으며, 그 연대가 백만 년을 넘지 않으리라는 결론을 내린 바 있던[504] 그가 그날 꺼낸 말은 우드워드가 1917년에 보고한 두 번째 필트다운인 화석이 출토된 장소를 누구도 정확하게 알지 못한다는 이야기였다. 오클리의 말은 동석해 있던 옥스퍼드대학교의 인류학자 조지프 위너Joseph Weiner에게 깊은 인상을 주었다. 이중주의자들의 주장을 반박한 가장 결정적인 증거가 사실상 출처 불명이었다면, 필트다운인을 둘러싼 의혹은 아무것도 풀리지 않은 것이 아닌가? 생각은 꼬리에 꼬리를 물고 이어졌다. 그리고 그 생각의 끝에서 위너는 누구도 지금껏 감히 입 밖에 내려 하지 않았던 한 가지 가설에 도달하고 말았다. 어쩌면 필트다운인 화석은 진짜가 아닐지도 모른다는 가설이었다.

선을 넘어버린 이상 머뭇거릴 이유는 없었다. 오클리와 윌프리드 르 그로스 클라크Wilfrid Le Gros Clark 교수를 끌어들인 위너는 곧장 필트다운인의 실체를 규명하기 위한 조사 작업에 착수했다. 결론이 나온 것은 그해 11월이었다. 〈필트다운 문제의 해답The Solution of the Piltdown Problem〉이라는 대담한 제목의 보고서를 통해 세 사람은 필트다운인의 치아에 모두 인위적으로 갈아낸 흔적이 있었으며, 화석의 검붉은 표면은 전부 인위적으로 착색한 결과임을 만천하에 드러냈다. 나아가 이전에 오클리가 했던 것보다 더욱 세밀한 연대측정을 통해 이들은 필트다운인의 아래턱과 치아가 화석이 아닌 현대의 물건이라는 사실까지도 밝혀냈다.[505] 한층 큰 규모의 조사진을 꾸려 2년 뒤 내놓은 보고서는 더욱 결정적이었다. 필트다운인은 사람의 머리뼈, 오랑우탄의 턱뼈와 이빨, 그리고 뻔뻔하게도 동물 다리뼈를 깎아 만든 가짜 코뼈로 이루어진 터무니없는 날조의 산물이었다.⁵⁰⁶ 수십 년 동안 굳건히 버텨온 '최초의 영국인'이라는 아성은 이리하여 너무나 간단하게 무너져 내렸다.

허나 정말로 어려운 수수께끼는 아직 남아 있었다. 한때의 대발견이 그저 가짜 화석으로 벌인 사기극일 뿐이었다면, 대체 사기극을 벌인 장본인은 누구인가? 필트다운인의 영광스러운 발견 이야기는 이제 시신을 몰래 파묻은 사람이 누구인지를 놓고 벌이는 일종의 추리 게임이 되었다. 지금껏 용의자로 지목당한 사람의 수만 해도 스무 명이 훌쩍 넘어가, 필트다운인 사건에 한 번이라도 엮였던 사람이라면 누구든 한 번쯤은 진범으로 의심받은 적이 있다고 말해도 과언이 아닐 정도다.⁵⁰⁷ 위너는 도슨을 의심한 반면 진화생물학자 스티븐 제이 굴드 등은 드 샤르댕을 진범으로 여겼으며, 우드워드나 키스 등의 당대 학자들이 사기극의 피해자가 아닌 범인이라는 주장도 제기되었다. 심지어는 명탐정 셜록 홈스를 창조한 작가 아서 코넌 도일조차도 용의선상에서 벗어나지 못했다. 사건 현장 근처에 살았고 도슨 일가와도 안면이 있었으며 진화론에도 관심이 많았다는 등의 이유에서였다.⁵⁰⁸ 코넌 도일 범인설을 주장한 연구자들은 나아가 원숭이 인간을 비롯한 태고의 괴물들이 등장하는 소설 『잃어버린 세계』에 그 단서가 감춰져 있다고 주장하기도 했다.⁵⁰⁹

결국 희대의 사기극을 벌인 범인의 정체는 사건이 발생한 지 한 세기 이상 지난 2016년에, 고생물학자와 역사가 등을 비롯한 각계 전문가들이 최신 분석기술을 총동원해 벌인 8년 동안의 연구를 통해 마침내 밝혀졌다.⁵¹⁰ 1912년 필트다운에서 발굴된 송곳니와 1915년 셰필드파크 근방에서 출토되었다는 어금니로부터 각각 DNA를 추출해 비교해 본 결과, 두 치아가 동일한 보르네오오랑우탄*Pongo pygmaeus*으로부터 유래했다는 사실이 드러난 것이다. 이는 두 장소에서 나온 가짜 화석이 동일 인물의 손으로 만들어졌음을 암시하는 강력한 증거였다. 그렇다면 문제의 인물은 역시 찰스 도슨일 수밖에 없었다. 필트다운에서 화석 발굴에 관여한 사람은 우드워드와 드 샤르댕 등 여럿인 반면 셰필드파크에서 화석을 찾았다고 밝힌 사람은 도슨뿐이었으며, 1953년에 오클리가 말했다시피 도슨은 정확히 어디에서 어금니 화석을 발굴해 냈는지 누구에게도 밝히지 않았으니까. 비록 도슨에게 공범이 있었을 가능성을 부정할 수는 없지만, 적어도 그가 사기극의 핵심 인물이었다는 사실만큼은 이로서 확실하게 증명된 셈이다.[511]

도슨이 사기꾼이라는 단서라면 이외에도 산더미처럼 많다. 필트다운인 사건 이전부터 도슨은 수많은 고고학적 발견으로 이름을 날리며 '서식스의 마법사'라는 별명까지 얻은 인물이었는데, 2003년에 마일스 러셀Miles Russell이 조사한 바에 따르면 그 '발견' 중 적어도 서른 개 이상이 날조의 산물로 의심될 만큼 미심쩍은 물건이었다. 그러한 물건 가운데는 우드워드가 1891년 학계에 보고한 중생대 백악기 포유류의 치아 화석, 로마인들이 요새를 지을 때 썼다는 도자기 벽돌과 타일, 사슴뿔로 만들어진 망치, 심지어는 돌 속에 갇힌 두꺼비 미라처럼 황당한 유물도 있었다. 나아가 1907년에 그는 큰바다뱀을 본 적이 있다고 우드워드에게 알리기도 했다. 이 모든 정황은 도슨이 거짓말과 사기를 일삼았던 상습적 유물 날조범이었음을 가리킨다.

도슨의 범행 동기를 상상하기는 그리 어렵지 않다. 왕립학회 회원으로 뽑히기를 간절히 바랐던 그는 1883년부터 1909년 사이에 50편이 넘는 논문을 썼지만 학계의 주목을 받지는 못했고, 반면에 동생인 아서 트레버 도슨Arthur Trevor Dawson은 군인이자 사업가로서 기사 작위까지 받으며 승승장구했다. 아마 도슨은 언젠가 일생일대의 사기극이 대성공을 거두어 동생보다 더 큰 명성을 손에 거머쥐는 날을 꿈꾸었으리라. 그 찬란한 꿈은 한순간이나마 도슨의 손끝에 닿을 만큼 가까이 다가왔다. 필트다운인은 정말로 영국 학계를 통째로 속여 넘겼으니까, 최초의 영국인을 발굴해 낸 업적이 있다면 왕립학회 가입도 기사 작위도 결코 헛된 바람만은 아니었을 테니까. 하지만 도슨은 결국 그중 무엇 하나도 얻지 못했다.[512] 1916년에 너무나 일찍 숨을 거둔 이 희대의 사기꾼이 훗날 자신을 둘러싸고 벌어진 숱한 추측과 논쟁을 아는 일도 물론 없었다. 고작 뼈 몇 조각으로만 남은 인류의 머나먼 조상들이 그러했듯이.

‡

인간의 두개골과 오랑우탄의 턱뼈를 뒤섞어 만든 뻔뻔한 가짜 화석 따위에 영국 학계가 수십 년 동안이나 감쪽같이 속아 넘어간 이유에 대해, 영국의 고생물학자 스티븐 K. 도노반Stephen K. Donovan은 여러 가지 시대상과 우연이 절묘하게 맞물린 탓이라고 설명한다. 필트다운인 화석의 복제품이 일찍 만들어지는 바람에 날조의 증거가 고스란히 남은 원본을 당대의 전문가들이 굳이 관찰할 필요가 없게 된 점, 필트다운인의 얼굴 생김새를 두고 우드워드와 키스가 벌인 논쟁이 큰 불화로 번져 키스가 동료 엘리엇 스미스Elliot Smith와 절교하기까지 이르는 바람에 전문가들 사이의 의사소통이 원활하지 못했던 점, 발굴이 한창이던 1914년에 제1차 세계대전이 발발하는 바람에 외국 학계와의 교류가 막힌 점 등이 복합적으로 작용해서 제대로 된 필트다운인 연구를 가로막았다는 것이다.[513]

하지만 내로라하는 영국 과학자들이 도슨의 엉터리 '새벽녘 인간'을 두 팔 벌려 받아들인 진짜 이유는 따로 있을지도 모른다. 이미 19세기부터 네안데르탈인 화석처럼 주목할 만한 발견을 연이어 공표해 온 독일 학계와는 달리, 본토에서 마땅한 화석을 찾지 못했던 영국 학계는 연구 성과 측면에서 한참 뒤처져야만 했다. 그러니 제1차 세계대전 직전의 팽팽한 정세 한가운데서 보란 듯이 나타난 필트다운인은 영국인들에게 단지 과학적으로 중요한 발견이라는 것 이상의 의미가 있었다. 녀석은 독일을 대표하는 하이델베르크인의 코를 납작하게 만들어 줄 자랑스러운 '최초의 영국인'이었으니까. 도슨이 필트다운인 화석을 약품에 담가 검붉은색을 입혔다는 사실을 알았으면서도, 우드워드가 이를 더 깊이 추궁하는 대신 '더 단단하게 만들려고 그랬다'라는 변명을 받아들였다는[514] 사실은 온 나라가 바라던 대발견 앞에서 그의 판단력이 얼마나 간단히 흔들리고 말았는지를 짐작하게 해준다. 속아 넘어갈 준비가 된 사람의 눈에는 아무리 명백한 증거라도 전혀 비치지 않는 법이다.

오늘날 필트다운인 사건은 선입견이 지닌 위험과 객관적 태도의 중요성을 알리는 예화로서[515] 과학계에 널리 회자된다. 비록 창조론 신봉자들은 필트다운인이야말로 진화론자들이 얼마나 속기 쉽고 멍청한지를 드러내는 증거라고 즐겨 주장해 왔지만,[516] 종교적 선입견에 파묻혀 19세기 이래로 셀 수 없이 발굴되어 온 인류 진화의 증거를 받아들이지 못하는 사람들의 비난쯤이야 아무래도 좋은 일이다. 우리는 다만 필트다운인 사건의 진짜 범인에 대해 잊지 말아야 할 뿐이다. 한낱 오랑우탄의 턱뼈조차 위대한 영국인의 유골로 뒤바꿔 놓을 수 있는 명예욕과 애국심의 힘에 대해, 제아무리 뻔한 거짓말조차 믿고 싶다면 수십 년 동안이나 굳게 믿어버릴 만큼 나약한 만물의 영장 인류의 본성에 대해.

1917

†

어른들을 위한
동화

코팅리 요정

Cottingley Fairies

제1차 세계대전이 막바지에 접어든 1917년은 수많은 유럽인들에게 가혹한 시기였지만, 영국 웨스트요크셔주 브래드포드Bradford의 작은 마을 코팅리Cottingley[517]에 살던 두 여자아이 엘시 라이트Elsie Wright와 프랜시스 그리피스Frances Griffiths에게 전쟁의 참혹함은 아직 온전히 실감하기 힘든 이야기였다. 전쟁이 둘의 삶을 완전히 비껴간 것은 아니었다. 원래 남아프리카연방†의 케이프타운에 살던 프랜시스의 가족이 4월 중순에 영국으로 이사한 것은, 직업군인인 아버지 아서가 영국 원정군의 일부로서 프랑스 전선으로 향하게 된 것이 원인이었으니까. 아버지가 전장에 나가 있는 동안 당시 9세였던 프랜시스는 코팅리에 사는 이모 폴리 라이트Polly Wright의 집에 머물렀고, 그곳에서 16세의 사촌언니 엘시를 처음 만나 빠르게 친해졌다.

코팅리에서 프랜시스가 만난 새 친구는 엘시만이 아닌 듯했다. 폴리의 집 근처에는 아름다운 개울이 흘렀고, 프랜시스는 그곳에서 놀다가 곧잘 옷과 신발을 흠뻑 적셔 돌아오는 바람에 종종 어머니의 꾸중을 듣곤 했다. 1917년의 어느 여름날에도 마찬가지였다. 여러 차례 주의를 주었건만 또 같은 잘못을 저지른 딸을 호되게 질책하며, 프랜시스의 어머니는 대체 왜 아무것도 없는 개울에 그토록 자주 놀러 가는 것인지 따져 물었다. 이에 대한 프랜시스의 대답은 "요정을 보러 가는 거란 말이야!"라는, 정말이지 아이답다고밖에 말할 수 없는 항변이었다. 어린 프랜시스에게 개울가 요정들의 존재는

† 오늘날 남아프리카공화국의 전신인 영연방 국가이다.

사촌언니에게조차 그때껏 꽁꽁 숨겼던 소중한 비밀이었지만, 당연히 어머니가 듣기에는 어설픈 변명에 지나지 않았다.

크게 상심해 엉엉 우는 프랜시스를 가만히 두고 볼 수 없었던 엘시는 이내 동생의 마음을 달랠 자그마한 계획을 세웠다. 결행의 날은 7월의 어느 토요일이었다. 그날 오후 한 시쯤 프랜시스와 함께 개울로 놀러 나가던 엘시의 손에는 아버지 아서 라이트Arthur Wright를 끈질기게 졸라 빌린 '밋지Midg' 카메라가 들려 있었다. 1킬로그램 남짓한 무게에 4분의 1 크기의 건판을 쓰는 이 아담한 카메라[518]는 아서 라이트가 처제로부터 취미용으로 구매한 물건이었다. 그러니 그날 저녁에 두 아이의 부탁에 따라 사진을 인화하는 일도 자연히 그의 몫이 되었다. 어째서 아이들이 이렇게나 들떠 있는지 짐작조차 하지 못한 채 그는 딸과 함께 암실로 들어갔고, 프랜시스는 문밖에서 가슴을 졸이며 기다렸다.

이윽고 사진 속 형체들이 어둠 속에서 서서히 떠올랐다. 풀, 버섯, 이끼, 턱을 괴고 앉아 미소를 띤 채 카메라를 응시하는 프랜시스……. 그리고 그 앞에서 옷자락을 휘날리고 나팔을 불며 경쾌하게 춤추는 자그마한 여성 네 명까지. 고작 한 뼘이나 될까 싶은 키에 나비 날개까지 단 그 모습은 누가 보나 동화 속 요정 그 자체였다. 얼마 전 프랜시스가 어머니에게 혼나면서 쏟아낸 항변이 사실이었던 셈이다. 요정은 실존했고, 사진에 담을 수도 있었다. 얼마 뒤 온 영국을 뒤흔들고 한 작가의 말년을 화려하게 장식할 대소동, 이른바 '코팅리 요정' 사건의 시작이었다.

☦

아마 오늘날의 독자라면 1917년 7월에 찍힌 최초의 코팅리 요정 사진을 보자마자 즉시 그 정체를 알아챌 것이다. 문제의 사진은 틀림없는 가짜다. 그것도 **필트다운인**처럼 전문가의 솜씨로 빚어낸 정교한 가짜가 아니라, 그야말로 어린아이나 할 법한 장난의 산물이다. 사진 속에서 춤추는 요정들의 모습은 하나같이 납작하기 그지없어, 종이 따위를 오려서 만든 것임을 한눈에 알 수 있을 정도다. 개울가에 요정이 정말 있다는 증거를 꾸며내서 어른들을 골탕 먹이고 가여운 사촌동생을 위로하겠다는 엘시의 마음은 기특했지만 그뿐, 이런 소꿉놀이 같은 작전이 어른의 세계에 통할 리 만무했다.

실제로 아서 라이트는 딸의 사진을 믿지 않았다. 두 아이가 아무리 꿋꿋하게 요정의 실존을 주장해도, 그해 9월 이번에는 프랜시스가 잔디밭에서 땅의 요정 노움과 함께 노는 엘시의 사진을 찍어왔을 때도 마찬가지였다.

하지만 당대의 어른들이 전부 아서처럼 단호했던 것은 아니었다. 빅토리아시대를 거치며 영국 사회에 스며든 신비주의적 믿음의 영향력은 20세기 초에도 굳건했다. 1848년 미국 뉴욕의 하이즈빌Hydesville에서 매거릿 폭스Magaret Fox와 케이트 폭스Kate Fox 자매가 죽은 자의 영혼과 소통했다고 주장하며 시작된 근대적 심령술 열풍은 이내 대서양을 건너가 영국에서도 큰 화제를 낳은 바 있었다.[519] 생물학자 앨프리드 러셀 월리스나 분광학의 선구자 윌리엄 크룩스처럼 저명한 과학자들도 심령술을 인정했을 정도였다.[520] 한편 미국발 심

어쩌면 개울가에서 놀던 어린 프랜시스의 눈에는
정말 요정이 보였는지 모른다. 문제는 어른들도 그만 같은 환상에
홀리고 말았다는 사실이다.

령술 유행은 러시아제국 출신의 작가 헬레나 페트로브나 블라바츠키를 비롯한 신비주의자들이 1875년 뉴욕에서 신지학협회Theosophical Society를 세우는 데에도 큰 영향을 끼쳤다.[521] 진리를 성경이나 근대과학이 아니라 동서양의 신비주의 전통에 숨겨진 고대의 지혜 속에서 찾고자 했던 블라바츠키의 신지학[522]은 옛이야기에 등장하는 요정이나 정령의 존재 역시 받아들였다.[523]

심령술처럼 신지학도 빅토리아시대를 거치며 영국에 자리를 잡았다. 1878년에 설립된 런던 신지학회는[524] 20세기 초에 접어들어 그 세가 더욱 커져서, 1911년에는 새 본부 건물을 올리는 한편 여성참정권 운동가들과도 활발히 교류하는 등[525] 영국 사회에 단단히 뿌리를 내렸다. 이러한 신지학의 물결은 자연히 런던 밖에도 널리 퍼졌다. 브래드포드에 신지학회가 세워진 것은 1891년의 일이었다.[526] 그리고 1919년 여름의 어느 날 브래드포드 신지학회가 공교롭게도 요정을 주제로 한 강연을 열었을 때, 모여든 청중 가운데는 엘시의 어머니인 폴리 라이트도 있었다. 딸과 조카가 찍은 두 장의 요정 사진을 고이 지닌 채였다.[527] 설마 딸이 거짓말을 했다고는 믿기 싫었던 것인지, 그날 강연이 끝난 뒤 폴리는 강연자 파월 부인Mrs. Powell에게 사진을 보여주며 진위 여부를 물어보았다. 코팅리 개울의 요정들이 어른 신봉자들의 세계로 날아드는 순간이었다.

폴리로부터 요정 사진을 받은 파월 부인은, 1920년 초에 이를 런던 신지학회 블라바츠키 로지Blavatsky Lodge의 회장인 에드워드 루이스 가드너Edward Lewis Gardner에게 전달했다. 호기심이 동한 가드너는 폴리에게 편지를 보내 사진의 원본 건판을 요청한 뒤 사진사 해럴드 스넬링Harold Snelling에게 그 검사를 의뢰했다. 스넬링의 결론은 사진이 조작되지 않은 듯하단 것이었다. 가드너에게 이는 요정이 실존한다는 증거가 마침내 손에 들어왔음을 의미했다. 다음 수순은 물론 강연 등을 통해 요정의 존재를 널리 알리는 일이었다. 이렇게 퍼져나간 요정 사진의 존재는 그해 5월 심령술 전문지 《라이트Light》의 편집자 데이비드 고우David Gow를 통해 한 작가에게 전달되기에 이르렀다.[528] 논리적이고 과학적인 추리로 불가사의한 사건을 해결하는 명탐정을 창조해 낸 업적으로 가장 유명하지만 정작 본인은 심령술을 열렬히 옹호했던 작가, 아서 코넌 도일은 그렇게 코팅리 요정 사건에 발을 들였다.

‡

도일이 처음부터 심령술에 푹 빠져 있던 것은 아니었다. 21세 때인 1881년까지만 해도 그의 입장은 회의주의에 더 가까워서, "죽음은 정녕 끝인가?Does Death End All?"라는 제목의 강연을 듣고서도 다만 잘 교육받은 젊은이들이 비과학적 주장과 사기꾼들에게 속아 넘어가는 현실을 개탄할 뿐이었다.[529] 그런 태도가 바뀐 결정적 계기는 1883년 가입한 포츠머스 문학 및 과학 협회Portsmouth Literary and Scientific Society에서 전직 군인이자 저명한 작가 겸 천문학자인 알프레드 드레이슨Alfred Drayson을 만난 일이었다. 드레이슨의 박식함에 매료된 도일은 그의 심령주의적 관점 역시 받아들였다. 도일이 처음 신지학을 접한 것도 드레이슨을 통해서였다.[530] 이후 인생의 부침을 겪을 때마다 도일은 심령술에 더욱 깊이 빠져들었다. 1893년 아버지를 여읜 직후에는 초능력연구학회Society for Psychical Research의 회원이 되었고,[531] 제1차 세계대전을 겪던 1916년에는 자신이 심령주의자임을 공개적으로 밝히는 등[532] 명탐정의 창조주로 이름이 높았던 대문호는 점점 "심령술계의 사도 바울"[533]로 변모해 갔다.

심령술과 신지학이 다루는 온갖 주제 가운데서도 요정은 특히 도일과 연이 깊었다. 코넌 도일의 아버지인 찰스 앨터몬트 도일Charles Altamont Doyle과 삼촌 리처드 도일Richard Doyle 모두 요정 그림에 특별한 열정을 보인 삽화가였기 때문이다.[534] 게다가 요정 사진의 존재를 전해 들었을 당시 그는 마침 《스트랜드 매거진》 12월호에 크리스마스 특집으로 실릴 요정 관련 기사를 의뢰받아 둔 상태이기도 했다. 자연히 흥미가 동한 도일은 수소문을 거쳐 가드너에게 연락을 취했고, 이내 직접 만난 두 사람은 의기투합해 더욱 본격적인 조사에 나섰다. 그 첫 걸음은 더 많은 전문가의 의견을 듣는 일이었다. 도일과 가드너가 자문을 구한 전문가 중에는 물리학자 올리버 로지Oliver Lodge처럼 심령술에 우호적인 인사는 물론 유명한 필름 생산 업체 코닥Kodak의 관계자들도 있었는데, 그 대다수는 사진의 진위 여부에 의문을 표했다. 예컨대 로지는 사진 속 요정의 정체가 캘리포니아의 고전무용수라는 가설을 제시했고,[535] 코닥에서도 설마 요정이 진짜일 리는 없으니 어떤 식으로든 조작된 사진 아니겠냐는 의견을 내놓았다. 하지만 이들 중 누구도 요정 사진이 조작되었음을 증명하지는 못했다.

이처럼 전문가들조차 확답을 내놓지 못하는 가운데, 도일과 가드너는 요정이 실존한다는 더욱 뚜렷한 증거를 손에 넣고자 했다. 1920년 7월에 직접 코팅리를 찾아가 사진 게재 허락을 받는 등 소녀들의 가족과 연락을 주고받던 가드너가 얼마 뒤 엘시에게 카메라와 건판을 제공해 준 것은 그 때문이었다. 두 소녀가 지닌 모종의 영적 능력이 요정 촬영을 가능케 했으리라고 믿었던 그는, 제1차 세계대전 종전 후 돌아온 아버지와 함께 스카보로Scarborough에 살고 있던 프랜시스가 다시 코팅리로 돌아가 엘시와 함께 더 많은 요정 사진을 찍어오길 바랐다. 이에 따라 오랜만에 재회한 사촌 자매는 과연 가드너의 기대에 멋지게 부응해 보였다. 그해 8월 26일부터 29일까지 사흘 동안 요정 사진을 세 장이나 더 찍어서 가드너에게 보내준 것이다. 엘시에게 꽃을 건네는 요정, 프랜시스의 얼굴 앞에서 뛰어 날아오르는 요정, 꽃덤불 속에서 햇볕을 쬐는 요정……. 잔뜩 흥분한 가드너는 당시 호주 여행 중이던 도일에게 편지를 써서 "지금껏 어떠한 현대인의 눈에 비친 것보다도 더없이 놀라운", 그리고 사진사 스넬링에 따르면 결코 조작의 산물일 리 없는 요정 사진이 찍혔음을 알렸다.[536] 드디어 요정의 존재를 세상에 널리 알릴 준비가 된 셈이었다.

이윽고 그해 말, 코팅리 요정 사진을 다룬 코넌 도일의 첫 번째 기사 "요정이 촬영되다Fairies Photographed"가 《스트랜드 매거진》 12월호에 예정대로 실렸다. 1917년에 찍힌 최초의 사진 두 장을 다룬 이 기사에서 도일은 엘시와 프랜시스의 이름을 각각 아이리스Iris와 앨리스Alice로 바꾸고 코팅리라는 지명을 언급하지 않는 등 당사자들의 개인정보를 보호하는 데에 적지 않은 신경을 썼다. 하지만 이와 같은 섬세함은 정작 사진 자체를 논할 때는 조금도 발휘되지 않았다. 도일은 요정 사진이 "인류 사상의 신기원을 열어젖히리라고 말해도 과언은 아닐 것"이라며 이를 콜럼버스의 신대륙 발견에 빗댔고, 사진에 나타난 요정의 겉모습을 토대로 이런저런 분석을 늘어놓기도 했다. 첫 번째 사진 속 요정이 든 악기에 장식용 테두리가 있으니 요정들도 예술을 향유하는 듯하다고 추측하거나, 두 번째 사진 속 노움이 단지 늙은 남성 요정일지도 모르지만 어쩌면 전혀 다른 종족일 가능성도 있다고 말하는 식이었다.[537] 이듬해 3월에 게재된 후속 기사 "요정의 증거The Evidence for Fairies"에서도 도일은 엘시의 추가 사진 세 장과 함께 요정을 보았다는 사람들의 다양한 증언을 소개하며 굳건한 믿음을 이어갔다.[538]

저명한 작가가 풀어놓은 요정 이야기는 언론을 타고 빠르게 퍼져나갔다. 대다수의 언론은 단순히 소식을 옮기는 데 그친 반면,[539] 1921년 1월 12일 자 《웨스트민스터 가제트Westminster Gazette》는 코팅리에서 엘시와 그 가족을 만나 인터뷰한 내용을 실음으로써[540] 코팅리라는 지명과 두 소녀의 진짜 이름을 세상에 알렸다. 이처럼 코팅리 요정 사건의 정황이 속속 드러나자 회의적인 목소리도 자연히 대두되었다. 예컨대 방사선학자 존 홀에드워즈John Hall-Edwards는 《버밍햄 위클리 포스트Birmingham Weekly Post》의 지면을 빌려 도일을 공격하고 나섰다. 《웨스트민스터 가제트》의 인터뷰에 언급된 엘시의 사진사 조수 경력이나 첫 번째 사진 속 프랜시스가 요정에 눈길조차 주지 않고 있다는 사실 등을 먼저 지적한 뒤,

그는 요정 사진쯤이야 얼마든지 만들어 낼 수 있다고 단언했다.[541] 작가 모리스 휴렛Maurice Hewlett도 도일이 아이들에게 속아 넘어갔을 뿐이라는 주장을 《존 오 런던John o' London》에 실으며 비판에 힘을 보탰다.[542]

하지만 모든 어른이 요정 이야기에 코웃음치기만 한 것은 아니었다. 교육개혁가 마거릿 맥밀런Margaret McMillan은 "저 사랑스러운 아이들에게 이토록 놀라운 재능이 베풀어졌다니 얼마나 멋진 일인가"라며 감탄을 아끼지 않았고, 『푸른 산호초The Blue Lagoon』로 유명한 소설가 헨리 드 베르 스택풀Henry De Vere Stacpoole은 가드너에게 보낸 편지에서 사진 속 아이들의 얼굴이야말로 누구도 위조할 수 없는 진실 그 자체라고 강변했다.[543]

물론 요정의 존재를 가장 열심히 옹호하고 나선 어른은 도일과 가드너였다. 1921년 8월에 가드너는 신지학자 동료인 영매 제프리 호드슨Geoffrey Hodson과 함께 코팅리를 방문해 엘시와 프랜시스를 다시 만났다. 두 아이의 눈에 보이는 요정이 호드슨에게도 똑같이 보이는지 확인하기 위해서였다. 그 이듬해 도일은 《스트랜드 매거진》 기사와 그에 대한 반응, 호드슨이 코팅리에서 목격했다는 다양한 요정에 대한 묘사, 가드너의 신지학적 분석 등을 한데 엮어 『요정의 도래The Coming of the Fairies』라는 제목의 책으로 펴내기에 이르렀다. "어쩌면 인류만큼이나 수많은, 기묘한 방식으로 기묘한 삶을 구가하는, 오로지 어떠한 진동의 차이로 말미암아 우리와 분리되어 살아가는"[544] 요정의 존재를 진지하게 꿈꾸는 책이었다. 그야말로 어른들을 위한 동화책이었다.

‡

이처럼 어른들이 잔뜩 들떠 소란을 피우는 동안 아이들은 묵묵히 자라났다. 『요정의 도래』가 출간된 1922년 즈음에 엘시는 친척을 만나러 미국으로 떠났다가 그곳에서 스코틀랜드인 기술자 프랭크 힐Frank Hill을 만나 결혼한 뒤, 인도 콜카타에 자리를 잡고서 제2차 세계대전이 끝날 때까지 그곳에서 살았다. 한편 가족을 따라 계속 거처를 옮겨야 했던 프랜시스는 1928년에 세실 웨이Cecil Way와 결혼해 두 아이를 두었고, 이후로도 이집트 카이로에 머물다가 다시 영국으로 돌아오는 등 이사가 잦은 삶을 보냈다. 코팅리 요정 사건에 대한 관심은 잦아든 채로 잔잔히 이어졌고 1945년에는 가드너가 『요정들: 진짜 요정에 대한 책Fairies: A Book of Real Fairies』을 출간해 사건 당시의 이야기를 다시금 세상에 알리기도 했지만, 이미 더는 소녀가 아니게 된 두 사람이 새 요정 사진을 찍어오는 일은 없었다.

　물론 진실이 밝혀지지 않은 한 요정 이야기의 결말은 아직 맺어진 것이 아니었다. 1917년의 여름날로부터 거의 반세기가 흐른 뒤인 1965년, 60대의 엘시는 자신의 행방을 알아내서 찾아온 《데일리 익스프레스Daily Express》의 기자에게 요정 사진이 "우리의 상상의 산물"이었다고 해두자는 모호한 대답만을 내놓았다. 1971년 BBC의 TV 프로그램 〈네이션와이드Nationwide〉 제작진이 엘시를 인터뷰했을 때도 마찬가지였다. 자신의 아버지가 사진을 꾸며낸 것 아니냐는 의혹에는 단호히 선을 그으면서도, 엘시는 요정 사진의 정체에 대해서

만큼은 끈질기게 확답을 피했다. 프랜시스의 태도는 더욱 강경했다. 과거 요정 사진이 찍혔던 코팅리의 개울가로 두 사람을 데려가 인터뷰했던 1976년 요크셔 텔레비전의 〈캘린더Calendar〉 방송에서, 어떤 식으로든 사진을 조작했느냐는 진행자의 물음에 프랜시스는 곧장 "당연히 아닙니다"라고 답변한 뒤 어떻게 어린아이 둘이 그런 일을 할 수 있겠느냐고 반박했다.545

허나 엘시와 프랜시스가 어린 시절의 비밀을 굳게 지키고자 아무리 애쓴들, 일련의 인터뷰가 수십 년 전 요정 사진의 진상에 대한 호기심을 다시금 불러일으키는 것까지 막을 수는 없었다. 호기심은 이윽고 탐구와 분석을 낳으며 요정들의 나라를 빠르게 뒤흔들기 시작했다. 그 시작은 1978년에 출간된 프레드 게팅스Fred Gettings의 심령사진에 대한 책 『사진 속 유령들Ghosts in Photographs』이었다. 이 책에서 게팅스는 첫 번째 사진에 찍힌 요정들의 자세가 클라우드 A. 셰퍼슨Claude A. Shepperson의 춤추는 요정 그림과 흡사하다는 사실을 폭로했다.546 게팅스에 따르면 그림의 출처는 제1차 세계대전이 시작된 1914년경에 조지 5세 국왕의 딸인 메리 공주의 여성 자선 재단 모금을 위해 여러 작가의 글을 엮어 출간된 『메리 공주님의 선물책Princess Mary's Gift Book』으로, 앨프레드 노이스Alfred Noyes의 시 〈요정의 주문A Spell for Faries〉에 딸린 삽화였다.547 공교롭게도 『메리 공주님의 선물책』에 글을 실은 작가 중에는 다름 아닌 코넌 도일도 있었다.548 그야말로 등잔 밑이 어두웠다고 할 만하다.

게팅스의 폭로가 나온 바로 그해에, '초능력자 사냥꾼'으로 유명한 마술사 제임스 랜디James Randi도 동료인 로버트 새퍼Robert Sheaffer, 윌리엄 스폴딩William Spaulding과 함께 요정 사진에 칼을 들이댔다. 20세기 초의 전문가들은 쓸 수 없었던 도구인 컴퓨터 화상 분석을 동원하여 사진을 샅샅이 뜯어 본 이들은 촬영된 요정 대다수가 종이처럼 평면적임은 물론, 네 번째 사진에는 요정을 매단 실까지 찍혀 있다고 주장했다.549 1982~1983년에 걸쳐 《영국 사진술 저널British Journal of Photography》에 「그 놀라운 코팅리 요정 사건That Astonishing Affair of the Cottingley Fairies」이라는 제목으로 열 편의 분석 기사를 실은 사진 전문가 제프리 크롤리Geoffrey Crawley 역시 요정 사진이 가짜라는 결론을 내렸다. 과거 두 소녀가 코팅리의 개울가에서 꿈꾸었던 환상의 세계는 이렇게 조각조각 부서져 갔다. 이제는 정말 동화책을 덮어야 할 때라는 듯이.

‡

이야기의 마지막 장에 먼저 손가락을 뻗은 사람은 엘시였다. 1981년의 어느 날, 손자들이 자신을 괴짜 할머니로만 기억하지 않으면 한다는 결심을 굳힌 엘시는 아들에게 오랜 비밀을 모두 털어놓았다. 아들은 어머니의 고백을 프랜시스의 딸에게 전했고,550 딸을 통해 엘시가 어린 시절의 약속을 깼음을 알게 된 프랜시스 역시 어떤 식으로든 진실을 고백하기로 마음먹었다.

프랜시스의 고백은 1982년 12월에 영국의 초자연현상 전문잡지 《언익스플레인드The Unexplained》를 통해, 조 쿠퍼Joe

Cooper가 게재한 기사 "코팅리: 드디어 진실이Cottingley: At Last the Truth"의 형태로 세상에 나왔다. 1976년의 〈캘린더〉 촬영에 동행했으며 1981년에는 《언익스플레인드》에 여러 차례 코팅리 요정에 대한 글을 싣기도 했던 쿠퍼는 속속 밝혀지던 여러 정황증거에도 불구하고 요정 사진이 진짜일 가능성을 놓지 못했을 만큼[551] 열렬한 요정 신봉자였다. 하지만 프랜시스의 초대로 자택을 방문해 이야기를 나눈 뒤, 그는 새로이 알게 된 차가운 진실을 무시하기보다는 차라리 널리 알리는 길을 택했다. 요정 사진은 가짜였다. 범인은 다름 아닌 엘시와 프랜시스였다.

"코팅리: 드디어 진실이"에서 쿠퍼가 밝힌 바에 따르면, 모든 소동의 발단은 야단을 맞고 우는 사촌동생을 달래고자 엘시가 꾸민 자그마한 장난이었다. 학교에서 배운 미술 솜씨를 살려 프랜시스가 갖고 있던 『메리 공주님의 선물책』 속 삽화를 교묘히 베껴 그리고, 재단사로 일하던 프랜시스의 어머니에게서 빌린 재봉 가위로 그림을 잘라 '요정'을 만들고, 이를 프랜시스 앞에 옷핀으로 고정해 놓고서 카메라로 찍은 뒤 요정 그림을 잘게 찢어버려서 증거를 인멸한다는 이 아이다운 장난으로 엘시는 다만 어른들을 조금 골려줄 작정이었을 뿐이다. 엘시와 노움을 찍은 두 번째 사진도 마찬가지였다.[552] 엘시의 어머니가 이 두 장의 사진을 신지학회 강연에 가져간 것은, 어른들이 이를 철석같이 믿는 바람에 소동의 규모가 눈덩이처럼 커진 것은 결코 두 사람의 의도가 아니었다.

이후에 일어난 일 역시 마찬가지였다. 가드너와 도일이 엘시의 미래 결혼자금까지 약속하면서 사진을 부탁하자, 두 사람은 차마 진실을 밝히지 못하고서 어른들이 원하는 대로 요정 사진을 더 가져다주었다. 가드너가 요정의 존재를 '검증'하고자 영매 호드슨을 코팅리로 데려왔을 때처럼 더욱 직접적인 거짓말이 필요할 때도 있었다. 1976년에 〈캘린더〉에서 프랜시스가 밝혔듯, 당시 호드슨의 능력을 전혀 믿지 않았던 두 사람은 다만 상상력을 발휘해서 실제로는 보이지도 않았던 요정 이야기를 적당히 꾸며냈을 뿐이었다. 도일이 한때 인류 사상의 신기원이라고 평했던 사건의 진상은 이처럼 허무하리만치 간단했다. 프랜시스가 쿠퍼에게 이런 속내를 털어놓은 것도 무리는 아니었다.

"저는 사람들이 어떻게 그걸 진짜 요정이라고 믿었는지 도통 모르겠습니다."[553]

프랜시스가 과연 속내를 어디까지 털어놓을 작정이었는지는 정확히 알기 힘들다. 기사가 나온 뒤 프랜시스는 쿠퍼가 밤중에 자신의 개인적인 글을 훔쳐보았다고 결론짓고서 그에게 전화를 걸어 '배신자'라고 비난했으나, 쿠퍼는 결코 그런 일이 없었다고 주장했다. 어느 쪽의 말이 옳든 프랜시스는 이후 집필 중이던 회고록에서 손을 떼고 말았지만, 어차피 엎질러진 진실을 주워 담을 수는 없는 노릇이었다. 어느새 여든에 접어든 엘시와 일흔이 훌쩍 넘은 프랜시스는 1893년 《타임스 The Times》 지면을 통해 사건의 진상을 각자 다시 한번 고백했다.[554] 그것이 두 소녀가 어린 시절의 장난을 공식적으로 끝맺은 방법이었다. 너무나도 길었던 춤과 연주를 마친 종이 요정들이 코팅리 개울의 물거품 속으로 사라지기 전에 건넨 마지막 인사였다.

‡

코넌 도일은 1930년에, 에드워드 가드너는 1969년에 각각 세상을 떠났다.[555] 둘 모두 마지막 순간까지 코팅리 요정 사진이 진짜임을 굳게 믿었던 듯하다.[556] 어쩌면 '모든 전쟁을 끝낼 전쟁'이라 불렸던 제1차 세계대전의 후폭풍 속에서, 상처 입고 지친 어른들은 동화처럼 아름다운 요정의 세계가 어린아이의 상상 속만이 아닌 현실에도 존재하리라고 필사적으로 믿어야만 했는지도 모른다. 그러한 세계의 이야기가 끝을 고한 지 얼마 지나지 않은 1986년에 프랜시스의 다사다난한 삶 또한 막을 내렸다. 2년 뒤에는 엘시도 사촌동생의 뒤를 따랐다.[557] 이어 1990년에는 조 쿠퍼가 『코팅리 요정 사건 The Case of the Cottingley Fairies』을 펴냄으로써 요정 소동의 전모를 다시 한 차례 정리했고, 2009년에는 프랜시스의 딸 크리스틴 린치 Christine Lynch가 어머니의 미완성 회고록 원고와 자신의 기억을 정리한 책 『코팅리 요정에 대한 회고 Reflections on the Cottingley Fairies』를 세상에 내놓았다. 사건의 막바지에 얽힌 인물들의 후일담까지 이처럼 마무리된 만큼, 오늘날 코팅리 요정 사건은 진정으로 완전히 끝난 일이라고 말할 수 있을 것이다.

아니, 실은 그렇지 않다. 요정 사진의 수수께끼 중 단 하나만큼은 여전히 풀리지 않은 채이기 때문이다. 다섯 장의 사진 중 네 장이 종이 요정으로 꾸며낸 가짜임은 엘시와 프랜시스 모두 동의한 사실이지만, 〈요정의 안식처Fairy Bower〉라고 불리는 마지막 사진에 대해서만큼은 둘의 주장이 정반대로 갈렸다. 엘시는 문제의 다섯 번째 사진도 다른 사진과 똑같은 가짜라고 증언한 반면, 프랜시스는 해당 사진이 유일한 진짜 요정 사진이라는 입장을 마지막 순간까지 고수했다. 어린 시절 자신의 눈에는 정말 요정이 보였으며, 그날도 별다른 준비 없이 새집에다 대고 무심코 셔터를 눌렀을 뿐인데 요정과 더불어 미지의 하얀 물체까지 찍혔다는 것이 그의 주장이었다. 아마 가장 합리적인 답은 다섯 번째 사진이 아이들의 실수로 이중 노출된 결과물일 뿐이라는 랜디의 분석[558]일 것이다. 물론 다른 가능성도 있다. 자신이 다섯 장의 사진을 모두 조작했다는 엘시의 증언 쪽이 사실이고, 다만 프랜시스가 자신의 말을 믿어준 어른들의 동심을 지켜주고자 그중 한 장에 입증할 수 없는 거짓말의 '마법'을 걸었다는 가능성 말이다.

코팅리 요정 사건이 옛날 옛적의 황당한 일화로 마무리된 듯했던 2007년의 만우절에, 영국의 마술 도구 제작자 댄 베인스Dan Bains는 말라 비틀어진 요정 사체 사진을 홈페이지에 공개해 과거 엘시와 프랜시스가 그랬듯 뜨거운 반응을 이끌어 냈다. 베인스가 개를 산책시키던 도중 발견했다고 주장한 문제의 사체는 물론 정교하게 만들어진 가짜였다. 하지만 이 사실이 밝혀진 뒤에도 많은 사람은 요정 사체가 진짜이며 제작자의 해명은 진실을 감추기 위한 거짓말에 지나지 않는다고 굳게 믿었다. 자신도 똑같은 사체를 본 적이 있다고 주장한 사람까지 나왔다.[559] 차가운 현실을 거부하고 꿈과 환상의 세계를 기꺼이 선택하는 어른들이 남아 있는 한, 1917년 여름에 두 소녀의 손끝에서 태어난 요정들은 언제라도 다시 나타나 거짓말의 마법을 걸 준비가 되어 있다. 제아무리 잘나고 이름 높은 어른이라도 단번에 어린아이처럼 순진하게 만들어 버리는, 동화책 속의 그 어떤 요술보다도 놀랍고 신기하며 두려운 마법을.

1919

✝

용은 마음의
어둠 속에

콩고의 브론토사우루스

Brontosaurus in the Congo

1910년대의 마지막 성탄절을 이틀 앞둔 겨울날, 제1차 세계대전 참전용사이자 골프 선수인 35세의 레스터 스티븐스 Leicester Stevens 대위가 런던 워털루역을 떠나는 기차에 몸을 실었다. 취재진에 둘러싸인 그의 곁에는 충직한 반려견인 저먼셰퍼드 래디Laddie도 함께했다. 지옥과도 같았던 참호전 도중 독일군 시신 옆에 덩그러니 남겨진 래디를 스티븐스 대위가 입양한 이래, 둘은 언제나 서로를 믿고 맡길 수 있는 든든한 동료였다. 그러니 배를 타고 바다를 건너 케이프타운으로, 그곳에서 다시 육로로 한참을 더 나아가 로디지아†의 카푸에Kafue로 향하는 스티븐스의 기나긴 여정에 래디가 동행하지 않을 리 없었다.

사람 한 명과 개 한 마리가 전부인 이 자그마한 일행의 최종 목적지는, 조지프 콘래드의 1899년 작 소설 『암흑의 핵심The Heart of Darkness』에서 주인공 말로가 향했던 바로 그 벨기에령 콩고의 깊은 정글 속이었다. 이들은 일단 카푸에에서 채비를 마친 다음 드넓은 아프리카 대륙의 심장부로 용감히 나아갈 작정이었다. 하지만 소설 속 말로와 달리 스티븐스와 래디는 사람을 찾기 위해 그곳으로 향하는 것이 아니었다. 그들은 더욱 거대하고 무시무시하며 놀라운 사냥감을, 미국의 스미소니언학회가 무려 백만 파운드의 현상금을 걸었다는 태고의 공룡 브론토사우루스를 사냥해 돌아옴으로써 막대한 부와 명예를 거머쥐고자 했다.

괴물 사냥에는 무기가 필요한 법. 브론토사우루스를 쓰

---

† 오늘날의 잠비아와 짐바브웨 일대를 말한다. 당시에는 영국령 식민지였다.

러뜨릴 비장의 수단으로서 스티븐스는 만리허-쇠나워 소총, 윈체스터 소총, 12 게이지 더블 배럴 산탄총과 45구경 스미스 앤 웨슨 리볼버까지 온갖 화기류를 챙겼다. 아무리 무시무시한 괴물이라 해도 급소는 있을 테니, 만리허 소총으로 그곳을 정확히 꿰뚫기만 하면 사냥은 단번에 끝날 터였다. 그 급소의 위치야말로 자신의 비법 가운데 하나라고 스티븐슨은 역에 몰려든 기자들에게 밝혔다. 이것이 공룡을 잡기에는 너무나도 빈약한 작전이라며 혀를 차는 사람들도 있었다. 전쟁사와 사냥에 대한 책을 여러 권 쓴 저명인사 레지널드 조지 버턴Reginald George Burton 준장은 스티븐스의 출정 소식을 듣고서 《데일리 메일Daily Mail》의 지면을 통해 충고를 쏟아내기도 했다. 고작 소총이나 개 따위가 아니라 전차와 18파운드 야포와 독가스처럼 세계대전의 전장을 수놓았던 최신식 무기야말로 브론토사우루스 사냥에 알맞으리라는 충고였다.

하지만 버턴 준장의 충고는 괴물 사냥꾼에게 닿지 않았다. 1919년 12월 24일, 스티븐스 대위와 충견 래디는 이미 증기선에 올라타 첫 번째 목적지인 남아공으로 향하는 중이었다. 한 달 남짓이 걸릴 이 여정은 기나긴 이야기의 시작에 불과했다. 그 끝에 대체 어떠한 결말이 기다리고 있을지, 그것이 과연 콩고 밀림에 숨어 살아가던 태고의 야수를 사냥해 당당히 금의환향하는 결말일지 아닐지 그들이 알 방법은 없었다. 스티븐스 대위는 다만 자신의 사격 실력을, 그리고 충견 래디를 믿을 뿐이었다.[560]

‡

괴물 마니아들에게 '콩고의 공룡'은 너무나 익숙한 주제다. 콩고분지의 광대한 밀림에서 목과 꼬리가 긴 용각류를 닮은 모켈레음벰베Mokele-Mbembe,[561] 각룡을 연상시키는 외뿔 괴수 에멜라은투카Emela-Ntouka,[562] 검룡류처럼 등에 큼지막한 골판이 자라난 음비엘루음비엘루음비엘루Mbielu-Mbielu-Mbielu[563] 등 온갖 미지의 생물이 목격된다는 이야기가 워낙 널리 알려져 있기 때문이다. 현지 원주민이나 탐험가의 증언 속에 등장하는 이들의 정체가 인간의 손이 닿지 않은 콩고의 정글에 숨어 멸종을 피한 공룡이라는 추측은 괴물 마니아들 사이에서 거의 당연한 것처럼 여겨지곤 한다. 허나 1919년 당시까지만 해도 이 모든 콩고의 공룡 이야기는 아직 세상에 널리 알려지지 않은 채였다. 조금 더 정확히 말하자면, 스티븐스 대위와 래디가 케이프타운행 배에 올라탄 1919년 12월 말은 콩고 땅에 공룡이 산다는 소문이 처음으로 서구 사회에 들려온 지 채 두 달도 지나지 않았을 때였다.

앞서 **콘라디 매머드** 항목에서 살펴본 것처럼, '태고의 생존자'에 대한 상상은 19세기 초 고생물학이 멸종 개념을 제시하면서 본격적으로 싹터서 19세기 중반에는 이미 소설의 소재로도 종종 쓰이기에 이르렀다. 당대의 여러 문학작품에 등장한 태고의 생존자 가운데는 공룡과 같은 중생대 생물도 적지 않았다. 하지만 적어도 20세기가 막 시작될 무렵까지 작가들은 고생물이 살아남아 있을 만한 미지의 세계 후보로서 아프리카의 정글을 맨 먼저 떠올리지는 않은 듯하다.

예컨대 「매머드 살해」(1899)와 「파트리지 크릭의 괴물」(1908)에서 괴물이 살아남아 있던 장소는 모두 북미 대륙 최북단의 동토이며, 『잃어버린 세계』(1912)의 배경은 '메이플 화이트 랜드'라 불리는 남아메리카의 고원이다.[564] 한편 『지구 속 여행』(1864)은 제목 그대로 지하 세계에, 「라메트리 호수의 괴물」(1899)은 지하 세계와 연결된 미국 와이오밍주의 외딴 호수에 사는 수장룡을 각각 소재로 삼았다. 심지어 아프리카가 배경인 「최후의 용」(1899)에서조차 태고의 생존자는 콩고의 정글이 아닌 서아프리카 근해에서 등장했다.[565] 이는 문학작품 바깥의 뜬소문 속에서도 마찬가지였다. 1883년 7월 27일에 캘리포니아주의 일간지 《산호세 데일리 머큐리 San Jose Daily Mercury》에는 개를 닮은 머리가 셋이나 달린 몸길이 12미터의 공룡이 나타났다는 기사가 실렸는데, 보도에 따르면 이 황당하기 짝이 없는 괴물이 사살당한 장소는 남아메리카 볼리비아의 라파스 근처였다.[566] 1891년 크로포즈빌의 "알디"가 지하 호수에 갇힌 채로 근대까지 살아남은 괴물이었다는 사실도 기억해 둘 만하다.

이렇게 세계 각지에 중구난방으로 흩어져 명맥을 이어가던 공룡들이 본격적으로 아프리카의 심장부에 자리 잡은 것은 1909년, 독일의 동물 상인 카를 하겐베크 Carl Hagenbeck가 『짐승과 인간 Von Tieren und Menschen』을 펴내면서였다. 이 책에서 하겐베크는 아직 발견되지 않은 대형동물을 찾아내려거든 얼핏 터무니없게 들리는 원주민들의 이야기에도 귀를 기울여야 한다는 의견을 표하면서, 그러한 이야기의 예로 로디지아의 드넓은 늪지대에 서식한다는 미지의 괴물에 대한 소문을 듣는다. 자신 휘하의 탐험가와 한 영국인 사냥꾼, 그리고 업계 동료 요제프 멩게스Josef Menges가 원주민들로부터 "반은 코끼리이고 반은 용"인 거대한 짐승의 존재를 전해 들었다는 것이다. 그 정체가 브론토사우루스와 같은 공룡의 일종이리라고 확신한 하겐베크는 소문에 언급된 늪지대로 탐험대를 보내기까지 했지만, 안타깝게도 이 대담한 시도는 견디기 힘든 열병과 "피에 굶주린 야만인들"의 습격 때문에 실패로 돌아갔다. 그럼에도 그는 언젠가 소문의 공룡이 실존한다는 확실한 증거를 학계에 제시할 수 있으리라는 희망을 버리지 않았다.[567]

『짐승과 인간』에서 공룡이 언급된 분량은 단 한 문단에 지나지 않았고, 그마저도 저자가 직접 목격한 내용이 아니라 전해 들은 소문을 옮긴 것뿐이었다. 하지만 하겐베크의 이 짤막한 증언이 불러온 여파는 결코 작지 않았다. 이는 그가 평범한 동물 상인이 아니었기 때문이다. 하겐베크는 유럽 전역의 동물원과 서커스는 물론 미국의 바넘에게까지 야생동물을 공급하던 업계의 큰손으로, 1907년에는 동물을 창살이 쳐진 우리 대신 야생과 유사하게 조성된 트인 공간에 전시한 당시로서는 혁명적인 형태의 동물원을 함부르크 슈텔링엔Stellingen에 엶으로써 현대식 동물원의 기틀을 제시한 바 있었다(한편으로 그는 여러 인종의 사람들과 문화를 구경거리로 삼는 '인종 쇼'를 벌인 것으로도 유명하다).[568]

이처럼 이국적인 야생동물에 관해서라면 당대 최고의 권위자였던 인물로부터 아프리카에 공룡이 살아 있다는 주장이 나왔으니, 얼마 지나지 않아 뉴욕부터 뉴델리까지 전 세계의 신문이 이 소식을 앞다퉈 보도한 것은 너무나도 당연한 일이었다. 그러는 동안 로디지아 현지 언론인 《불라와요 크로니클Bulawayo Chronicle》 지면에서는 자그마한 논쟁도 벌어졌다. 로디지아박물관의 동물학자 어니스트 찰스 첩Ernest Charles Chubb이 공룡 따위는 본 적도 없고 소문을 들은 적도 없다며 하겐베크의 주장을 의심하자, 'J. R. H.'라는 인물이 두 원주민으로부터 "악어의 머리에 코뿔소의 뿔, 비단뱀 같은 목, 하마의 몸통과 악어의 꼬리"를 지녔고 지느러미까지 달린 거대한 괴물 이야기를 들었다면서 이를 반박한 것이다.569 1910년 1월 23일에 "브론토사우루스는 아직 살아 있다"라는 제목의 기사로 이 논쟁 소식을 전하며 《워싱턴 포스트The Washington Post》는 정말로 코뿔소처럼 코에 뿔이 돋은 브론토사우루스의 상상도를 덧붙이기도 했다.570

모든 성공적인 괴물 소문이 그렇듯 하겐베크의 공룡 이야기에도 곧 후속편이 딸려 나왔다. 하겐베크가 언급한 "휘하의 탐험가"인 한스 숌부르크Hans Schomburgk가 1910년 『아프리카 심장부의 사냥감과 야만인Wild und Wilde im Herzen Afrikas』을 펴내면서 더욱 자세한 증언이 세상의 빛을 본 것이다. 이에 따르면 숌부르크는 로디지아 북부 습지대의 방웨울루Bangweulu 호수가 하마에게 이상적인 서식지처럼 보였음에도 정작 하마는 한 마리도 없는 데에 의문을 가졌는데, 원주민들은 그 이유로 하마보다 작지만 오직 하마만을 잡아먹는 맹수가 호수에 산다는 것을 들었다. 처음에는 이를 한낱 민담 취급했던 숌부르크가 생각을 바꾼 것은 하겐베크에게서 자신이 들은 것과 비슷한 내용의 증언들을 전해 들은 뒤였다. 아무래도 원주민들이 말한 맹수는 실존하는 듯했다. 그 정체는 물론 공룡이 틀림없었다.[571] 얼마 뒤인 1912년에는 독일의 군인 파울 그라츠Paul Graetz가 『모터보트로 아프리카 횡단하기Im Motorboot quer durch Afrika』를 통해 악어와 닮았지만 비늘이 없고 갈고리발톱이 달린 방웨울루 호수의 공룡 은상가Nsanga에 대한 소문을 전함으로써 숌부르크의 증언에 한층 신빙성을 더했다.[572]

하겐베크가 물꼬를 튼 이래 본격적으로 쏟아져 나온 이와 같은 괴물 이야기들은 공룡, 특히 브론토사우루스를 비롯한 대형 용각류가 다른 어느 대륙도 아닌 아프리카에 숨어 있을지 모른다는 발상을 대중의 뇌리에 단단히 각인했다.[573] 하지만 이 모든 흥미진진한 소문 속에는 공교롭게도 딱 한 가지 빠진 것이 있었다. 바로 백인 목격자의 존재였다. 하겐베크, 숌부르크, 그라츠 등은 공룡을 직접 본 것이 아니라 단지 원주민들의 이야기를 전해 듣고서 책에 옮겼을 뿐이었다. 이야기에 등장한 괴물들이 아무리 공룡을 연상시킨다고 한들 그것만으로는 확실한 증거가 될 수 없었다. 소문대로 아프리카에 정말 공룡이 존재한다면, 이제는 유럽인 누군가가 직접 나서서 그 모습을 눈에 똑똑히 담을 때였다.

✢

그렇기에 아프리카 원주민이 아닌 백인의 공룡 목격담이 마침내 세상을 강타했을 때, 당대의 유럽인들은 오래도록 기다렸던 선물이라도 받은 것처럼 열광할 수밖에 없었다. 그 시작은 런던의 일간지 《타임스》가 1919년 11월 17일에 보도한 기사 "아프리카에서 온 이야기: 항상 새로운 것이 있다A Tale from Africa: Semper aliquid novi"였다. 아리스토텔레스와 대大 플리니우스로부터 유래한 라틴어 격언 "아프리카에서는 항상 새로운 것이 나온다Ex Africa semper aliquid novi"[574]를 부제로 인용한 이 기사는 남아프리카연방 포트엘리자베스†에서 보내온 소식을 실은 것이었는데, 그 내용은 아래와 같았다.

"이곳 현지의 박물관장이 입수한 정보에 따르면, 벨기에령 콩고에서 철도 건설 책임자로 일하는 르파주Lepage 씨는 지난달 흥미진진한 모험을 겪었다. 10월의 어느 날 르파주는 사냥 도중 자신에게 달려오는 한 기이한 괴물과 맞닥뜨렸다. 총을 쏘았음에도 괴물이 쫓아오자 그는 도망칠 수밖에 없었다. 오래지 않아 문제의 동물은 추격을 포기했고 르파주는 쌍안경으로 그 모습을 자세히 살펴볼 수 있었다. 그의 말에 따르면 동물의 몸길이는 약 7.2미터였으며 길고 뾰족한 주둥이에는 뿔 같은 상아가, 콧구멍 위쪽에는 짧은 뿔이 보였다. 앞발은 말의 발과 비슷했고 뒷발 발굽은 갈라진 채였다. 괴물의 어깨에는 비늘로 덮인 혹이 돋아나 있었다.
이후 문제의 동물은 원주민 마을인 풍구루메Fungurume로 돌진해, 오두막집을 여럿 부수고 원주민 몇을 죽였다. 한때는 사냥 작전이 세워지기도 했으나 정부에서는 놈

---

† 오늘날의 남아프리카공화국 게베하Gqueberha를 가리킨다.

이 고대의 유산일지도 모른다는 이유로 그 동물을 해하는 것을 금지했다. 박물관장에 의하면 해당 지역 근방에는 넓고 길이 뚫리지 않은 야생지가 있으며, 그곳의 무수한 늪과 습지에는 몇몇 태고의 괴물이 살아남아 있을 가능성도 있다고 한다."575

기사에 언급된 "현지의 박물관장"은 당시 포트엘리자베스박물관에 몸담고 있던 프레더릭 윌리엄 피츠시몬스Frederick William FitzSimons를 말한다. J. J. 라이머J. J. Raymer라는 인물이 보낸 편지를 통해 르파주의 공룡 목격담을 접한 피츠시몬스는 11월 11일에 남아프리카연방의 신문 《이스턴 프로빈스 헤럴드Eastern Province Herald》 지면에서 자신의 의견을 밝힌 바 있었다. 비록 르파주가 묘사한 동물이 코뿔소와 닮기는 했지만 설마 코뿔소를 다른 동물로 착각했을 것 같지는 않으니, 어쩌면 그 정체는 "파충류와 포유류 사이의 진화 중간 단계에 놓인 고대 동물"일지도 모른다는 의견이었다. 나아가 그는 문제의 괴물이 정말 태고의 생존자라면 백만 파운드에 달하는 가치가 있을 것이라며 라이머에게 온 수단을 동원해 괴물의 수수께끼를 풀 것을 촉구하기도 했다.576

기다리던 공룡이 마침내 나타났다는 소식은 이것으로 끝이 아니었다. 최초의 보도로부터 한 달쯤 뒤인 12월 12일, 《타임스》는 콩고 땅에서 들려온 또 하나의 이야기를 영국 시민들에게 널리 전했다. 이번에도 목격자는 유럽인이었지만, 아무래도 아프리카의 공룡은 이제 유럽만의 화젯거리가 아닌 듯했다. 기사에 의하면 대서양 건너편의 미국 학계에서도 마침내 공룡 사냥에 뛰어든 모양이었으니까.

"브론토사우루스(천둥 공룡)라고 알려진 괴물이 콩고에 존재한다는 보고를 뒷받침하는 듯한 뉴스가 엘리자베스빌Élisabethville†로부터 도착했다.

콩고 중심부에서 돌아온 벨기에인 채광업자이자 대형 동물 사냥꾼 가펠Gapelle씨는, 자신이 이상한 흔적을 19킬로미터쯤 따라간 끝에 몸이 커다란 비늘로 덮인 코뿔소의 일종이 분명한 짐승을 목격했다고 증언했다. 그의 말에 따르면 문제의 짐승은 아주 두껍고 캥거루를 연상시키는 꼬리를 지녔으며 주둥이에는 뿔이, 등에는 혹이 나 있었다. 가펠 씨가 짐승에게 총을 몇 발 쏘자 놈은 머리를 홱 치켜들더니 늪 속으로 사라졌다.

위에서 언급한 괴물을 찾아 나서던 도중에 미국 스미소니언의 탐사대는 큰 열차 사고를 겪어, 여러 사람이 목숨을 잃었다".577

아프리카에서 들려오는 소식에 관심이 많았던 당대의 독자라면, 이 기사 말미에 언급된 '미국 스미소니언의 탐사대'가 남아프리카연방 케이프타운부터 이집트 카이로까지 대륙을 종단할 작정으로 1919년 7월 16일에 뉴욕에서 출정한 스미소니언-유니버설 아프리카 탐사대Smithsonian-Universal African Expedition라는 사실을 금방 눈치챘을 것이다. 스미소니

† 오늘날의 콩고민주공화국 루붐바시Lubumbashi이다.

언학회와 유니버설 영화 제작 회사Universal Film Manufacturing Company†가 함께 발족하고 동물학자 에드먼드 헬러Edmund Heller가 지도자를 맡은 이 탐사대는 그해 11월 로디지아 북부에서 콩고로 향하던 도중 정말 기차 탈선사고로 인명 피해를 입은 적이 있었다.578 그렇다면 기사의 다른 내용도 마찬가지로 사실인 것일까? 설령 그렇게 단정할 수는 없을지라도, 《타임스》의 두 번째 기사에 실제 탐사대와 교통사고가 언급된 것이 1919년의 콩고 공룡 이야기에 조금이나마 신빙성을 더한 것만은 확실했다.

한편 오늘날의 독자들은 두 기사 속 괴물이 전혀 브론토사우루스처럼 보이지 않는다는 사실에 가장 큰 의문을 가질 것이다. 브론토사우루스가 속한 용각류의 가장 두드러지는 특징이라면 단연 긴 목과 꼬리겠으나, 르파주와 가펠의 묘사에는 그 대신 주둥이와 콧잔등의 뿔처럼 용각류와는 거리가 먼 특징만이 등장하니까. 괴물 연구가 베르나르 외벨망도 지적했다시피 코뿔소를 닮은 이 괴물의 생김새는 오히려 트리케라톱스를 비롯한 각룡류를 더욱 연상시킨다.579 그럼에도 당대 언론이 문제의 괴물을 꿋꿋이 '브론토사우루스'라고 칭한 배경에는 20세기 초에 용각류들이 누린 뜨거운 대중적 인기가 관련되어 있다.

1905년 2월, '금융왕' 존 피어폰트 모건과 에디슨의 라이벌로 유명한 발명가 니콜라 테슬라 등의 명사들이 지켜보는 가운데 브론토사우루스 화석이 뉴욕의 미국 자연사박물관에

---

† 오늘날의 유니버설 픽처스Universal Pictures이다.

서 베일을 벗었다. 용각류 최초로 복원 전시된 이 화석은 단번에 관람객 수천 명을 동원하며 큰 화젯거리가 되었다. 그로부터 3개월 뒤에는 '철강왕' 앤드루 카네기가 영국 국왕 에드워드 7세에게 선물로 보낸 디플로도쿠스 Diplodocus 화석 복제품이 영국 자연사박물관에서 공개되어 역시 세간의 이목을 끌어 모았다. 이후 유럽과 남미 곳곳의 박물관에도 마찬가지로 복제품이 보내지고 1907년에는 진품 역시 카네기박물관에 전시되면서, 이 디플로도쿠스 화석은 "가장 많은 사람이 본 동물의 골격"이자 "가장 유명한 공룡 화석"이라는 불후의 명성을 얻었다.[580] '공룡'이라고 하면 가장 먼저 떠오르는 대표적인 이미지의 자리를 용각류가 꿰찬 셈이다. 하겐베크가 로디지아의 괴물 소문을 책에 실었을 때도, 《타임스》가 가펠의 목격담을 보도했을 때도 똑같이 브론토사우루스의 이름이 오르내린 것은 그 때문이었다. 어쩌면 공룡일지 모르는 오지의 괴물 이야기를 듣는 순간, 20세기 초의 유럽인들은 누구든 무의식적으로 브론토사우루스와 같은 용각류를 상상했을 테니까.

공룡에 대한 당대의 높은 관심에 힘입어, 르파주와 가펠의 괴물 목격담은 여러 언론을 타고 빠르게 사방으로 퍼져나갔다. 그러면서 본래 기사에는 없었던 소문이 슬며시 덧대어지기도 했다.[581] 스미소니언학회가 괴물에게 현상금을 내걸었다는 내용이 대표적이었다. 피츠시몬스가 괴물의 가치로 매긴 백만 파운드는 어느새 괴물의 목에 걸린 현상금의 액수가 되었다.[582] 스티븐스 대위가 괴물 사냥을 떠나겠다고 마음 먹은 것도 바로 이러한 소문 때문이었으리라. 한편 가장 황당

르파주와 가펠의 목격담을 바탕으로 그린 콩고의 공룡.
실제 브론토사우루스와는 전혀 닮지 않았지만,
당대 언론은 이 괴물을 브론토사우루스라고 불렀다.

한 소문은 1920년 5월 27일 프랑스의 주간지《과학과 여행 Sciences et Voyages》에 실린 빅토르 포르뱅Victor Forbin의 기사로부터 나왔다. 이 기사에는 탕가니카 호수 근방을 함께 탐험하던 르파주와 가펠이 낯선 동물의 발자국을 발견하고 이틀 동안 추적한 끝에 "반은 도마뱀이고 반은 악어"인 거대한 공룡과 조우했다는, 본래의 기사와는 도무지 비슷한 구석조차 없는 이야기가 실려 있었다.583

유명한 공룡의 이름이 붙은 무시무시한 괴물, 백인 목격자, 그리고 막대한 현상금까지. 1919년 말에 벨기에령 콩고에서 들려온 두 건의 공룡 목격담에는 당대 유럽인들이 흥분할 만한 요소가 실로 빠짐없이 포함되어 있었다. 나아가 이들 목격담이 실린 기사는 훗날의 괴물 마니아들마저 흥분시킬 '콩고의 공룡' 이야기가 사실상 최초로 언급된 문헌이기도 하다. 하겐베크가 로디지아 방웨울루 호수 일대의 괴물 소문에 '브론토사우루스'라는 꼬리표를 닮으로써 이전까지 캐나다와 아마존 등지에서 서성거리던 공룡들을 중앙아프리카로 불러모았다면, 방웨울루 호수로부터 400킬로미터쯤 떨어진 풍구루메에서 공룡이 난동을 부렸다는 르파주의 증언은 로디지아가 아니라 인접한 콩고 땅에 브론토사우루스 최후의 은신처라는 칭호를 주었다.584 오늘날까지도 끈질기게 이어질 콩고 공룡 전설의 본격적인 개막이었다.

‡

하지만 기나긴 전설의 첫 번째 막은 너무나도 간단히 내려갔다. 1920년 2월 23일 자 《타임스》에 실린 한 편지가 거금이 걸린 브론토사우루스 사냥에 찬물을 끼얹고 만 탓이었다. 콩고 카탕가 지방의 스미소니언 아프리카 탐사대 대변인인 웬트워스 D. 그레이Wentworth D. Gray가 보낸 이 편지에 의하면 탐사대가 아프리카에서 공룡을 찾고 있었다는 주장은 전혀 사실무근이었다. 그러니 스미소니언학회가 공룡에 현상금을 걸었을 리도 없었다. 실망스러운 소식은 그뿐만이 아니었다. 그레이는 애당초 콩고에서 공룡이 목격되었다는 주장 자체가 농담의 산물이며, 두 번째 목격자인 채광업자 '가펠Gapelle'은 공룡 이야기를 지어낸 장본인 '르 파주Le Page'가 자기 이름의 철자를 재배열해 만들어 낸 가상의 인물일 뿐이라고 단언했다.[585] 사건의 진상을 알리는 단서가 실은 진작부터 빤히 드러나 있었던 셈이다.

    브론토사우루스 소동에 얽힌 더욱 자세한 사정은 호주의 신문 《파머 앤드 세틀러The Farmer and Settler》가 1921년 3월 11일에 게재한 영국인 여성 H. L. 리즈H. L. Lees의 편지에서 확인할 수 있다. 벨기에령 콩고에 거주하던 리즈가 사이먼 부인Mrs.Simon이라는 다른 여성에게서 들은 바에 따르면, 콩고 공룡 이야기의 시작은 풍구루메에서 철도 건설업자로 일하던 호주인 다비드 르 파주David Le Page가 던진 한낱 농담이었다. 어느 날 사냥을 나갔다가 허탕을 치고 돌아온 그에게 J. J. 라이머가 뭐라도 좀 잡았느냐고 묻자, 평소부터 상상력이 풍부한 것으로 정평이 나 있던 르 파주는 괴물 이야기를 즉석에서 꾸며내 대답했다. 그런데 이에 큰 감명을 받고 만 라이머가 다음날 더욱 자세한 이야기를 캐묻더니, 르 파주가 신나서 들려준 내용을 그만 포트엘리자베스박물관의 피츠시몬스에게 편지로 부쳐버린 것이다. 마침 르 파주와 라이머의 대화 현장에 있었던 사이먼 부인은 그때의 농담이 라이머뿐 아니라 온 세상을 속여 넘겼다는 사실에 깜짝 놀랄 수밖에 없었다.586 이때의 일로 중앙아프리카 일대에서 "브론토사우루스 데이브Brontosaurus Dave"로 통하게 된 르 파주587도 아마 놀라기는 마찬가지였을 것이다. 제아무리 대단한 거짓말쟁이인 그조차도 설마 사람들이 이렇게까지 속기 쉬우리라고는 생각하지 못했을 테니까.

어쩌면 오늘날의 우리는 르 파주의 거짓말이 통한 이유를 더 깊이 파헤쳐 볼 수도 있을 것이다. 아프리카의 공룡 이야기가 처음 흘러나온 시기는 유럽 열강이 아프리카 대륙에 경쟁적으로 진출해 식민지를 확보하던 이른바 '아프리카 쟁탈전Scramble for Africa'의 한복판이기도 했다. 1884년부터 1914년에 걸쳐 벌어진588 이 식민지 쟁탈전은 아프리카를 산산조각으로 쪼개놓아, 1870년에는 아프리카 대륙의 10%만이 유럽의 지배를 받았던 반면 1914년에는 거꾸로 10%를 뺀 나머지가 모조리 유럽 열강의 손아귀에 들어갔을 정도였다.589 지금까지 살펴본 아프리카의 공룡 이야기에 등장한 탐험가, 대형동물 사냥꾼, 채광업자와 철도 건설업자 등의 인물들은 모두 이러한 제국주의적 착취의 첨병이었다. 이들은 아프리카를 문명이 존재하지 않는 야만의 '암흑대륙'으로, 즉 일방적인 탐험과 발견과 정복의 대상으로 보았다. 그렇다면 그 어딘가에 원시시대의 야수가 용감한 백인에게 발견되기만을 기다리며 숨어 있더라도 이상한 일은 아닐 터였다. 식민지에 철도를 깔고 야생동물을 사냥하던 호주 출신 거짓말쟁이 르 파주의 농담이 꿰뚫은 것은 바로 이와 같은 인식의 심장부였다. 시대의 어둠, 그리고 당대 유럽인들의 마음속 어둠이었다.

‡

1919년의 소동 이후로도 콩고에서 공룡을 닮은 괴물이 나타났다는 소문은 양치기 소년의 외침처럼 꾸준히 이어졌다. 그중 가장 큰 성공을 거둔 소문은 단연 독일의 과학저술가 빌헬름 뵐셰Wilhelm Bölsche가 1929년 『용: 신화와 과학Drachen: Sage und Naturwissenschaft』에서 소개한 이야기일 것이다. 1913년에서 1914년에 걸쳐 오늘날의 콩고공화국과 카메룬 일대를 탐사한 프라이헤어 폰 슈타인 추 라우슈니츠Freiherr von Stein zu Lausnitz의 출간되지 않은 보고서를 인용해, 뵐셰는 리코우알라Likouala 지역 원주민들의 이야기에 등장하는 기묘한 동물 '모켈레음벰베'의 존재를 처음으로 서구 사회에 알렸다. 매끄러운 회갈색 피부, 코끼리나 하마만 한 몸집, 길고 유연한 목과 억센 꼬리, 그리고 "혹자는 뿔이라고도 하는 아주 긴 이빨 하나"를 지닌 모켈레음벰베는 강가의 동굴 속에 살면서 다가오는 나룻배를 몽땅 뒤집어 버리는 난폭한 괴물이었다. 뵐셰가 하겐베크의 증언에 바로 뒤이어 실은 이 내용은[590] 1941년에 독일 출신의 미국인 과학저술가이자 괴물 연구의 선구자인 빌리 라이가 자신의 책 『폐어와 유니콘The Lungfish and the Unicorn』에도 똑같이 실으면서[591] 한층 널리 알려졌다. 물론 과

거의 여러 공룡 이야기처럼 이 역시 실제 목격담이 아니라 원주민들의 말을 옮긴 것에 지나지 않았다.

때로는 르 파주의 뒤를 잇듯 뻔뻔한 거짓말이 화제에 오르기도 했다. 예컨대 1932년에는 스웨덴인 J. C. 요한슨 J. C. Johanson이 콩고의 카사이Kassai 계곡에서 거대한 도마뱀을 닮은 괴물이 코뿔소 사체를 뜯어 먹는 모습을 보았다는 이야기가 《케이프 아르거스Cape Argus》와 《로디지아 헤럴드The Rhodesia Herald》 등의 아프리카 언론에 실렸다. 비록 훗날의 괴물 마니아들은 이 괴물에게 카사이 렉스Kasai Rex[592]라는 거창한 이름을 붙여주었지만, 정작 당대 신문에 증거랍시고 함께 게재된 사진은 하마나 코뿔소의 사체와 코모도왕도마뱀 Varanus komodoensis 사진을 조잡하게 겹쳐 붙인 가짜였다.[593]

현대에 들어서 콩고의 공룡을 가장 앞장서서 찾아 나선 인물로는 앞서 몇 차례 언급한 시카고대학교의 생화학자 로이 P. 매컬을 꼽을 수 있다. 빌리 라이의 『페어와 유니콘』을 통해 괴물 이야기에 매혹되었던 매컬은 박테리오파지 연구로 학계에서 성과를 거둔 뒤에도 **네스호의 괴물**과 같은 미지의 동물들에 대한 흥미를 버리지 않았고, 1970년대 후반부터는 모켈레음벰베에 푹 빠져 1980년과 1981년 두 차례에 걸쳐 콩고공화국으로 탐사를 떠나기까지 했다.[594] 이때의 탐사 기록을 정리한 책 『살아 있는 공룡?: 모켈레음벰베를 찾아서 A Living Dinosaur?: In Search of Mokele-Mbembe』에서 그는 모켈레음벰베뿐 아니라 에멜라은투카, 음비엘루음비엘루음비엘루, 은구마모네네Nguma-monene, 은덴데키Ndendeki, 마함바Mahamba 등 자신이 수집한 온갖 괴물 이야기를 쏟아냈다. 하지만 그 모든 괴물이 이야기가 아닌 현실 속에 존재한다는 확실한 증거는 이번에도 역시 없었다.[595] 이후 30여 년 동안 윌리엄 기번스William Gibbons 등의 괴물 연구가와 세계의 여러 방송국이 뛰어들어 벌인 수십 건의 탐사에서도 사정은 마찬가지였다.[596] 1919년 말에 콩고로 떠난 스티븐스 대위가 새해 선물로 공룡을 잡아 돌아오는 일은 없었듯이, 지금까지 그 누구도 콩고에서 진짜 공룡을 찾아내지는 못했다.

이는 어쩌면 너무나 당연한 일일지도 모른다. 괴물 연구가들의 주장을 회의적으로 조명한 책 『무시무시한 과학!Abominable Science!』에서 작가 대니얼 록스턴과 고생물학자 도널드 프로테로Donald Prothero가 함께 지적하듯이, 모켈레음벰베를 비롯하여 20세기 초의 탐험가들이 주장했던 아프리카 늪지의 공룡 이야기는 대형 용각류가 체중을 지탱하기 위해 주로 물속에서 살았다고 여겼던 오래된 가설의 산물일 뿐 오늘날 밝혀진 용각류의 생태와는 전혀 들어맞지 않으니까. 브론토사우루스처럼 거대한 동물의 개체군이 사체도, 화석도 남기지 않고 항공촬영에서도 드러나지 않은 채 어떻게든 숨어 살고 있으리라는 발상이 터무니없는 것은 물론이다.

나아가 록스턴과 프로테로는 현대의 콩고 공룡 탐사가 실은 성경을 문자 그대로 믿으며 진화론을 부정하는 창조론자들에 의해 주로 이루어지고 있다는 사실 역시 지적한다. 로이 P. 매컬의 탐사에서 길잡이를 맡았던 인물은 기독교 선교에 열심이었던 유진 토머스Eugene Thomas라는 목사였고, 윌리엄 기번스는 1986년 탐사 도중 가위에 눌리는 경험을 하고서 기독교로 개종한 뒤 지구의 나이가 1만 년 남짓밖에 되지 않았다고 주장하는 '젊은 지구 창조론Young Earth Creationism'의 열 렬한 전도사가 되었다는 것이다.[597] 실제로 현대의 젊은 지구 창조론자들은 콩고 공룡의 존재야말로 진화론이 허구임을 밝히고 성경의 진실성을 증명해 줄 강력한 증거가 되리라고 믿는다.[598] 다시 말해서 그들은 1919년에 르 파주가 꾸며낸 브론토사우루스를 여전히 뒤쫓고 있는 셈이다. 낡고 편협한 생각의 그림자에 도사린 괴물을, 오직 마음의 어둠 속에만 존재하는 용을.

‡

그렇다면 정말 브론토사우루스를 뒤쫓아 콩고로 떠났던 레스터 스티븐스는 어떻게 되었을까? 2023년에 폴 브라운Paul Brown이 조사한 내용에 따르면, 그는 공룡 사냥에 인생을 바치는 대신 아프리카행 배에서 만난 엘리자베스 물먼Elizabeth Moolman과 결혼해서 로디지아의 농장에 살림을 차렸다. 하지만 첫 아내는 얼마 뒤 임신한 채로 스티븐스를 떠났고, 이후 그는 남아프리카 곳곳을 전전하며 광부나 트럭 운전사 등으로 일하다가 1929년에야 영국으로 돌아와서 두 번째 아내와 결혼했다. 이번 결혼 상대 역시 아프리카로 향하는 길에 안면을 튼 메이 스마트May Smart라는 여성이었다. 이후 1958년에 숨을 거둘 때까지 그가 두 번 다시 공룡을 찾아 모험을 떠나는 일은 없었다. 한편 세계대전의 전장에서부터 스티븐스와 줄곧 함께했던 충견 래디는 아프리카 대륙 어딘가에 묻힌 듯하다.

당연하다면 당연하고 실망스럽다면 실망스러운 결말이지만, 사실 스티븐스 대위의 모험에는 한 가지 흥미로운 후일담이 있다. 바로 레스터와 메이 스티븐스 부부의 손녀인 릴 스티븐스Lil Stevens가 할아버지의 뒤를 이어 선사시대 생물을 찾고 있으며, 심지어는 성공하기까지 했다는 이야기이다. 브라운이 찾아와 알려주기 전까지 할아버지의 모험담에 대해 전혀 알지 못했다는 그가 스티븐스 대위와 달리 성공을 거둔 이유는 간단하다. 영국 자연사박물관의 지구과학 분야 수석 큐레이터를 맡을 만큼 유능한 고생물학자로서,[599] 그는 단지 태고의 놀라운 생물들을 어디서 찾아야 하는지 잘 알고 있었을 뿐이다. 그곳은 원주민들의 뜬소문 속도 아니고 성경 구절 사이도 아니다. 지금까지 브론토사우루스가 발견된 유일한 장소, 겹겹이 쌓인 지층 안쪽에 잠든 단단한 사실과 증거의 세계다.

1926

†

아는 것이
독이다

보스로돈

Bothrodon

영국의 동물학자 존 그레이엄 커John Graham Kerr가 다재다능한 인물이었음은 의심의 여지가 없다. 1869년 영국 아클리Arkely에서 태어나 일찍부터 생물학에 관심을 가졌던 그의 첫 학술적 행보는 1889~1891년과 1896~1987년 2회에 걸쳐 남아메리카의 대평원 그란차코Gran Chaco 원정에 참여해 현지 생태계 관찰에 힘쓴 일이었다. 두 번째 원정에서 공기호흡을 하는 어류인 남아메리카폐어Lepidosiren paradoxa의 배아발생학을 특히 집중적으로 연구했던 그는 이후로도 발생학 전문가로서 여러 성과를 남겼다. 한편 커는 의대생들을 위한 동물학 강의와 교과서 집필에도 큰 열의를 쏟았고, 1935년 교수직 사임 이후로는 스코틀랜드의 대학교들을 대표하는 국회의원으로 활동했으며,[600] 제1차 세계대전이 발발하자 당시 해군 장관 윈스턴 처칠 등에게 편지를 보내 미국 화가 애벗 핸더슨 세이어Abbott Handerson Thayer의 주장에 바탕을 둔 선박 위장 도색법을 집요하게 제안하기도 했다.[601]

하지만 커의 일생에서 가장 드라마틱했던 업적은 따로 있다. 1926년 10월 21일, 그는 에든버러 왕립학회Royal Society of Edinburgh를 통해 새로이 발견된 화석 한 점을 학계에 발표했다. 가장 바깥쪽 둘레가 65밀리미터, 끝에서 끝까지의 직선 길이가 46밀리미터인 갈고리 모양의 이 화석 한쪽에는 중앙선을 따라 4밀리미터 깊이의 홈이 길게 패여 있었다. 어떤 동물의 어떤 부위에서 나온 화석인지 짐작하기 쉽지 않은 모습이었지만 커는 동물학자답게 그 정체를 명쾌히 지목했다. 그것은 멸종한 뱀의 독니가 틀림없었다. 그리고 어른 손가락 두 마디 길이의 독니를 지닌 태고의 독사라면, 그 모습은 분명 괴물

이라 일컬어 마땅할 만큼 거대하고 무시무시했을 터였다.[602]

‡

커가 1950년에 펴낸 회고록 『그란차코의 자연과학자A Naturalist in Gran Chaco』에 의하면, 문제의 화석을 발굴한 사람은 커 본인이 아니라 남미에서 친분이 생긴 선교사 앤드루 프라이드Andrew Pride였다. 커가 귀국한 뒤로도 현지에 남아 원주민 대상 선교를 계속하던 프라이드는 어느 날 선교 기지 근처에 도랑을 파던 도중 뼈 무더기를 맞닥뜨렸는데, 그 가운데 웬 '갈고리발톱'이 있는 것을 보고선 챙겨두었다가 영국으로 돌아와 커에게 선물로 주었던 것이다. 프라이드가 주머니에서 꺼낸 선물을 본 커는 즉시 친구의 추측이 틀렸음을 알아채고 흥미를 가졌다. 화석 중앙에 파인 홈 때문이었다. 커가 보기에 이런 홈은 사냥감에게 독을 흘려 넣는 뱀의 독니에서 나타나는 구조였다. 안타깝게도 프라이드가 파낸 뼈 무더기는 다시 파묻힌 지 오래였고 아무리 애써도 그 위치를 찾아낼 수는 없었기에, 커가 연구할 수 있었던 것은 오로지 프라이드가 준 독니 하나뿐이었다.[603]

하지만 고생물학이란 본래 불완전한 뼛조각과 현생 동물에 대한 해부학 지식만을 가지고 마스토돈이나 공룡처럼 거대한 괴물들의 본모습을 추정하며 그 막을 올린 학문이었다. 커가 한 일도 이와 크게 다르지 않았다. 그는 먼저 화석을 현존하는 여러 뱀의 이빨과 비교해 본 뒤 홈이 이빨 앞쪽이 아닌 옆쪽에 난 구조가 녹색뱀속Philodryas 뱀의 종류의 독니와 가장 닮았다고 결론지었다.⁶⁰⁴ 다만 놀라운 것은 그 크기와 형태였다. 현생 독사 중에서 가장 긴 독니를 지닌 종은 가봉북살무사*Bitis gabonica*인데, 독니 길이가 최대 55밀리미터나 되는 이 위협적인 뱀은 몸길이도 평균 1.2~1.5미터에 달한다.⁶⁰⁵ 그렇다면 이보다 더 긴 독니의 주인은 대체 얼마나 더 큰 뱀이었단 말인가? 방울뱀 등과의 비교를 통해 커가 계산한 수치는 무려 18.3미터였다. 이는 최대 길이 5.85미터인 세계 최장의 독사 킹코브라*Ophiophagus hannah*⁶⁰⁶는 물론, 이보다 큰 아나콘다나 비단구렁이조차 거뜬히 추월하는 길이다.

한편 갈고리발톱이라고 착각할 만큼 거의 원형으로 휜 독니의 형태 역시 그 주인의 생태가 어떠했을지를 커에게 알려주었다. 이 거대한 독사는 사냥감을 단순히 깨무는 데서 그치지 않고, 몸부림치는 사냥감이 상처로 흘러든 독에 쓰러질 때까지 독니로 물고 늘어졌을 터였다.⁶⁰⁷ 커는 과거 남미대륙에 서식했던 땅늘보처럼 커다란 짐승이 몸에 매달린 뱀을 질질 끌고 다니다가 마침내 독기운을 이기지 못하고 거꾸러지는 음산한 장면을 상상해 회고록에 적기도 했다. 하지만 이처럼 무시무시한 괴물을 학계에 보고하면서 그가 붙인 이름은 정작 다소 건조한 편이었다. 화석의 가장 큰 특징·발견자·발굴 장소를 알 수 있게끔 짓는 전형적인 명명법에 따라 이 전무후무한 크기의 괴물 독사에게 주어진 학명은 '프라이드의 도랑이 패인 이빨'을 뜻하는 보스로돈 프라이디*Bothrodon pridii*였다.⁶⁰⁸

‡

몸길이 18미터에 커다란 갈고리 모양 독니까지 지녀서 사냥감을 한번 물면 결코 놓지 않는 독사라니, 보스로돈이 실존했다면 과연 어떤 태고의 야수도 두려워할 만한 괴물이었을 것이다. 그러나 한편으로는 조금 지나치게 무서운 괴물이란 생각이 들지 않는 것도 아니다. 18미터 길이의 대형 포식자가 먹이를 잡는 데에 과연 독까지 필요했을까? 또 보스로돈이 정말 땅늘보의 몸에 매달려 버티는 방식으로 사냥했다면, 독이 미처 듣기도 전에 땅늘보의 발톱에 찢겨 최후를 맞이하지 않았을까? 실제로 파충류학자 레이먼드 리 디트마스Raymond Lee Ditmars는 저서 『세계의 뱀Snakes of the World』(1931)에서 보스로돈이 페커리나 설치류처럼 더 작은 동물을 잡아먹었을 가능성을 제시하기도 했다. 하지만 그조차도 거대 독사에 대한 상상이 스타 공룡인 티라노사우루스Tyrannosaurus의 이미지조차 시시하게 만들 만큼 매력적이라는 사실을 부정하지는 않았다. 어차피 상상은 자유였다. 디트마스의 말대로 남미를 포함한 세계 곳곳에서는 갖가지 뱀 화석이 속속 발굴되는 중이었던 만큼,[609] 보스로돈이 그 뒤를 잇기만 한다면 수수께끼는 언젠가 반드시 풀릴 터였으니까.

하지만 정작 보스로돈의 수수께끼가 풀린 경위는 참으로 엉뚱하기 그지없었다. 베를린대학교 고생물학박물관에 보스로돈 화석을 본뜬 석고 채색 모형이 도착하자, 이를 검사해 본 고생물학자 베르너 크벤슈테트Werner Quenstedt는 깜짝 놀랄 사실을 알아냈다. 문제의 화석은 아무리 봐도 독니가 아

커가 독니 화석 하나만을 가지고서 추측한 바에 따르면,
살아 있을 당시의 보스로돈은 몸길이가 18미터에 달하는 공포스러운 독사였다.

니었던 것이다. 그 실망스러운 정체는 다름이 아니라 치라그라거미고둥*Harpago chiragra*의 껍데기에서 부러진 뿔이었다. 뱀의 독니라는 추측의 결정적 증거였던 중앙의 홈과 커의 상상력을 자극한 휘어진 모양은 물론, 화석의 전반적인 색채와 짙은 갈색 줄무늬마저 실은 전부 고둥의 뿔과 일치했다. 1939년에 공식적으로 발표된 크벤슈테트의 이 결론은 보스로돈이라는 괴물을 상상의 세계로 영영 추방해 버렸다.[610]

물론 바다에 사는 고둥이 내륙인 그란차코까지 기어가서 흔적을 남겼을 리는 없다. 그렇다면 혹시 프라이드가 커를 속인 것일까? 그렇다고 단정하기는 아무래도 섣부르다. 문제의 '화석'이 파묻혀 있었다는 뼈 무더기가 실은 음식물 쓰레기에 불과했으며, 과학자가 아니었던 프라이드가 이를 눈치채지 못한 채 제일 눈에 띄는 조각을 친구에게 줄 선물로 챙겼을 가능성도 크니까. 그렇다 하더라도 동물학자인 커까지 화석의 정체를 완전히 잘못 파악했다는 사실은 다소 놀랍다. 어쩌면 남미의 내륙 평원 생태계를 오래도록 연구했던 커는 뱀의 독니 구조에 대해서는 박식했을지언정 바다 고둥의 껍데기 모양에 대해서는 거의 문외한이었을지도 모른다. 그랬다면 자신이 아는 온갖 동물학 지식을 바탕으로 거대한 뱀의 모습과 생태를 상상해 널리 알리기까지 이르는 동안에도, 그는 화석의 정체가 자신이 잘 알지 못하는 동물의 일부분일 것이란 상상만큼은 결코 떠올릴 수가 없었으리라. 이 경우에는 지식도 무지만큼 치명적인 독이 되었던 셈이다.

‡

그리고 스스로 상상해 낸 거대 독사의 끈질긴 사냥법과도 같이, 커는 마지막까지 잘못된 지식의 독니를 몸에서 떨쳐내지 못한 듯하다. 크벤슈테트의 결론이 발표된 지 한참 뒤에 나온 『그란차코의 자연과학자』에도 보스로돈에 대한 추측은 태연히 실려 있으니까. **황제벼룩**과 **세인트오거스틴 괴물**을 학계에 보고했던 웨스트우드나 베릴이 자신들의 실수를 빠르게 정정한 것과는 달리 커가 이후로도 보스로돈의 정체를 인정했다는 언급은 찾을 수 없다. 어쩌면 1935년에 학계를 떠나 국회의원이 된 커에게는 제1차 세계대전이 시작된 해 적국에서 발표된 보스로돈의 최후를 전해 들을 기회가 없었고, 그랬기에 존재하지 않는 괴물 독사를 계속 매달고 살아야 했는지도 모른다.[611]

하지만 여전히 의문은 남는다. 커가 1957년에 사망한 뒤 에드워드 힌들Edward Hindle이 쓴 회고록에도 보스로돈은 여전히 "틀림없이 지금껏 살았던 동물 가운데서 가장 강대한 것 중 하나"인 18미터 길이의 독사로, 글래스고대학박물관의 수많은 소장품 가운데서도 커가 특히 아꼈던 보물로 언급되어 있기 때문이다.[612] 정말 당대의 다른 학자들까지도 한참 동안이나 사실을 알지 못했던 것일까? 아니면 말년의 커가 맹독처럼 고통스러운 진실을 삼키는 대신 자신의 가장 자랑스러운 업적을 끝까지 믿으면서 눈을 감을 수 있도록, 그리고 이후에도 그것이 한동안은 커의 부끄러운 실수가 아니라 위대한 유산으로 남도록 다 함께 보스로돈의 정체로부터 눈을 돌리기로 했던 것일까? 진실은 누구도 모른다. 보스로돈이라는 이름의 괴물 독사가 결코 세상에 존재한 적이 없다는, 그 누가 어떻게 믿더라도 움직이지 않을 단 하나의 진실 말고는.

1929

†

사진에는 찍히지 않은 진짜 괴물

드 루아의 유인원

De Loys' Ape

미지의 생물이 찍혔다고 알려진 갖가지 사진들을 유명한 순서대로 쭉 나열한다면, 첫 번째 자리는 당연히 근대 괴물의 대표 격인 **네스호의 괴물**이 수면 위로 고개를 내밀고 있는 전설적인 '외과의사의 사진Surgeon's photograph'의 몫일 것이다. 그다음 자리에는 물론 현대 괴물의 대표 주자 빅풋이 뒤를 돌아보는 유명한 장면을 담은 '패터슨-김린 필름Patterson-Gimlin film'의 352번 프레임[613]이 놓여야 한다. 이 두 장의 사진이 유명한 이유는 괴물이 가장 뚜렷하게 찍혀 있기 때문도 아니고, 누구나 인정할 만한 증거이기 때문도 아니다. 사진 속 흐릿한 형체를 둘러싸고 벌어진 숱한 논쟁이 오히려 이들을 근현대 괴물 이야기의 상징으로, 나아가 하나의 문화적 아이콘으로 만들었기 때문이다.

한편 이들의 바로 다음 자리에는 웬 원숭이 사체 하나가 덩그러니 놓여 있다. 나무 상자에 주저앉아 길다란 나뭇가지로 턱을 받친 채, 퀭한 눈으로 사진 바깥의 정면을 응시하면서. 발견자의 이름을 따서 '드 루아의 유인원'이라고 불리는 이 사체가 네시나 빅풋에 버금갈 만큼 유명한 괴물이라고는 빈말로도 말하기 힘들다. 하지만 문제의 사체가 찍힌 사진만큼은 지금껏 촬영된 그 어떤 괴물 사진과도 비교할 수 없을 만큼 뚜렷하다. 바로 이 점이 드 루아의 유인원을 특별한 괴물로 만들었고, 수십 년 동안 무수한 과학자와 괴물 연구가들로 하여금 지금껏 세상에 알려지지 않은 생명체의 존재 가능성을 꿈꾸게끔 했다. 그리고 그들은 결코 틀리지 않았다. 드 루아의 유인원 사진에는 틀림없이 무시무시한 괴물의 그림자가 드리워 있다.

‡

널리 알려진 이야기에 따르면 드 루아의 유인원 사진의 기원은 1910년대 후반, 대형 석유 기업 로열 더치 쉘Royal Dutch Shell의 자회사인 콜론 개발 유한회사Colon Development Company Ltd.가 베네수엘라의 타라Tarra강 일대를 탐사하던 시기로 거슬러 올라간다. 이 탐사대에 고용된 사람 중에는 당시 20대의 스위스인 지질학자 프랑수아 드 루아François de Loys가 있었다. 1917년부터 1920년까지 3년에 걸친 탐사 기간 동안 이 젊은 지질학자는 낯선 열대기후, 험난한 숙소 환경, 열병과 설사병 등의 온갖 난관에 부딪히며 해당 지역의 지형과 지질을 차근차근 조사해 나갔다.[614]

그러던 와중인 1917년 8월에서 1918년 11월 사이의 어느 날, 베네수엘라인 인부들과 함께 타라강 상류의 지류를 탐험하던 드 루아 앞에 새로운 난관이 그 모습을 드러냈다. 이전까지 누구도 본 적 없는 공격적인 동물 두 마리였다. 처음에 젊은 지질학자는 문제의 짐승들이 곰이라고 생각했지만, 자세히 보니 그것들은 곰이 아니라 꼬리가 없는 커다란 회색 원숭이였다. 드 루아의 증언에 따르면 이 짐승들은 나뭇가지와 배설물을 던지며 일행을 거세게 공격했고, 일행은 총으로 응전해 한 마리를 사살했으며 나머지 하나에게도 부상을 입혔다고 한다. 비록 동물학자는 아니었지만 드 루아는 이 낯선 짐승의 사체를 증거물로 남기고자 나름대로 최선을 다했다. 가죽을 벗기고 두개골을 분리한 뒤 탐사대의 요리사에게 보존을 부탁한 것이다. 허나 요리사가 소금 상자 속에 보관해

둔 두개골은 습기와 열기를 이기지 못해 그만 바스라지고 말았다. 결국 드 루아에게 남은 증거라고는 그가 원숭이의 가죽을 벗기기 전 강가의 모래톱에 앉혀두고 찍은 한 장의 사진이 전부였다.[615]

비록 1921년 3월 2일 스위스의 일간지 《저널 드 제네베 Journal de Genève》가 드 루아의 귀환 소식을 전하며 "새로운 동물학적 발견일지도 모르는 커다란 원숭이의 유해"를 슬쩍 언급하기는 했지만,[616] 이를 제외하면 베네수엘라 정글의 기이한 영장류 이야기는 거의 10년 이상 주목받지 못한 채 조용히 잊혀갔다. 이 상황을 뒤집은 것은 프랑스의 인류학자 조르주 몽탕동George Montandon이었다. 드 루아의 목격담과 사진을 접한 몽탕동은 그 속에 먼 오지의 정글에서 겪은 흥미진진한 고생담 그 이상이 감춰져 있음을 눈치챘다. 목격담 내용대로라면 사진 속 원숭이는 인간처럼 꼬리가 없는 영장류, 즉 유인원Ape에 속하는 듯했으니까. 아프리카에는 침팬지와 보노보와 고릴라가, 아시아에는 오랑우탄과 긴팔원숭이가 서식하지만[617] 아메리카에 서식하는 유인원은 알려진 바가 없었다. 이는 곧 드 루아의 유인원이 그때까지 학계에 알려진 어떤 종과도 다른 완전한 신종임을 의미했다.

물론 미심쩍은 점이 없는 것은 아니었다. 사진에 찍힌 원숭이는 남아메리카의 토착 영장류인 흰이마거미원숭이 Ateles belzebuth와 아주 비슷해 보였고, 특히 다리 사이로 드러난 생식기는 거미원숭이 암컷의 특징인 커다란 음핵을 연상시켰다.[618] 하지만 몽탕동은 드 루아가 말한 원숭이의 몸집과 치아 개수에 더욱 주목했다. 드 루아는 원숭이의 몸길이가 1.35미터에 몸무게는 약 50킬로그램이었다고 증언했으며, 원숭이가 앉혀진 기름 보관용 상자의 규격을 바탕으로 몽탕동이 추정한 몸길이는 1.5미터 남짓이었다.[619] 거미원숭이의 평균적인 몸길이와 몸무게가 각각 50~60센티미터와 8~10킬로그램임을[620] 고려하면 이는 대단히 인상적인 수치였다. 원숭이의 치아 개수가 32개였다는 드 루아의 언급 역시 중요했는데, 신대륙의 영장류는 일부 예외를 제외하면 36개의 이빨을 지녔기 때문이다. 32개의 치아는 구대륙 영장류의 공통적인 특징이다.[621] 이러한 사실들을 근거로 몽탕동은 드 루아의 원숭이가 거미원숭이와는 확연히 구분되는 신종 유인원이 틀림없다고 결론짓고서, '루아의 아메리카 유인원'을 뜻하는 학명 아메란트로포이데스 로이시 *Amer-anthropoides loysi*까지 붙여주었다.[622]

‡

1929년 3월 11일에 파리 과학아카데미에서 처음으로 발표된 몽탕동의 놀라운 결론은 한 해 동안 프랑스와 세계 곳곳으로 신속히 퍼져나갔다. 여기에는 몽탕동과 드 루아가 자신들의 성과를 알리고자 각별히 애쓴 덕택이 컸다. 몽탕동은 프랑스의 여러 학술지와 대중 과학잡지에 신종 유인원 소식을 기고했고,[623] 드 루아는 한 발짝 더 나아가 6월 15일 자 《일러스트레이티드 런던 뉴스》에 "인류 가계의 빈틈 채워지다? A Gap Filled in the Pedigree of Man?"라는 제목의 글[624]을 기고해 베네수엘라 정글에서 겪은 조우 이야기와 신대륙 유인원에 대한 몽탕동의 가설을 영국에까지 전했다. 나아가 몇 달 뒤인 11월 24일에는 미국의 주간지 《워싱턴 포스트》에도 드 루아의 기고문이 실리기에 이르렀다.[625] 그러는 동안 유인원이 은근슬쩍 덩치를 키우는 일도 있었다. 《일러스트레이티드 런던 뉴스》의 기사에서 드 루아가 유인원의 키를 1.57미터로 표기하자,[626] 몽탕동 역시 일전에 발표한 1.35미터는 잘못된 기억에 근거한 수치였으며 정확한 몸길이는 드 루아가 과거 어머니에게 보낸 편지에 적혀 있었던 1.57미터였노라고 정정했다.[627]

프랑스 학계는 '아메란트로포이데스'가 신종 유인원이라는 몽탕동의 주장을 별다른 비판 없이 받아들였다.[628] 반면 국외의 반응은 엇갈렸다. **필트다운인** 사건의 관계자로도 유명한 영국의 아서 키스는 최초 증언의 부실함, 갑자기 커진 유인원의 키, 크기를 비교할 만한 물체가 사진에 함께 찍히지 않은 점, 확실한 물증의 부재 등을 조목조목 짚은 뒤 드 루아의 '유인원'은 어떻게 보나 커다란 거미원숭이에 지나지 않는다고 단언했으며[629] 독일의 동물학자 아돌프 레마네Adolf Remane와 인류학자 스테파니 오펜하임Stephanie Oppenheim 역시 사진 속 동물이 유인원과는 무관한 신대륙 원숭이의 일종일 뿐이라고 결론지었다.[630] 이듬해인 1930년에는 남미 열대우림 생태계의 권위자인 아르헨티나의 앙헬 카브레라Ángel Cabrera가 키스와 유사한 논거를 들면서 몽탕동의 동물학 지식 부족을 신랄하게 지적하고 나서기도 했다.[631]

드 루아와 몽탕동의 아군도 없지는 않았다. 예를 들어 1929년 9월 영국의 인류학자 프랜시스 애슐리몬터규Francis

Ashley-Montague는 미국 월간지 《사이언티픽 먼슬리The Scientific Monthly》에 글을 실어, 드 루아의 유인원이 거미원숭이와 가까우면서도 구분되는 새로운 영장류일 가능성을 열어두자고 주장했다.632 한편 1931년에서 32년에 걸쳐 영국령 가이아나로 탐사를 떠났던 이탈리아의 곤충학자 넬로 베카리Nello Beccari는 현지인들이 '디디Di-di'라 부르는 털북숭이 야생인간 이야기를 접하고서 이를 드 루아의 유인원과 관련지은 것은 물론, 1943년에는 드 루아의 유인원을 해부학적으로 분석한 연구 결과를 발표하기도 했다.633 사진 속 동물이 거미원숭이에 불과하다는 대다수 전문가의 의견에도 불구하고, 사진과 증언을 근거로 남미 유인원의 실존 여부를 점치는 주장은 이후로도 심심찮게 제기되었다.634

시간이 흘러 20세기가 중반에 접어들자 새로운 선수들이 논쟁의 링에 올랐다. 현대적 괴물 연구의 기틀을 잡은 선구자로서 이 책 말미에 자세히 소개할 두 인물, 베르나르 외벨망과 이반 테렌스 샌더슨이 바로 그들이었다. 전설과 소문으로만 알려진 온갖 괴물이 실존한다고 믿으며 이들을 '과학적'으로 연구하고자 한 이들은 흑백사진 한 장으로만 알려진 미지의 영장류에도 당연히 관심을 보였다. 흥미로운 점은 사진에 대한 둘의 의견이 크게 엇갈렸다는 사실이다. 외벨망은 드 루아의 유인원이 "훌륭한 사진이 남은 유일한 미지의 동물"인 만큼 "정직하지 못하고 눈먼 자가 아니고서야 그 존재를 반박할 수는 없을 것"이라고 평하며, 그 정체가 수렴진화 결과 자바원인이나 베이징원인만큼이나 인간과 비슷한 특징을 갖춘 거미원숭이일지도 모른다는 주장을 펼쳤다.635 반면에 샌더슨은 드 루아의 유인원이 평범한 거미원숭이를 가지고 벌인 날조극의 산물일 뿐이라고 여겼다. "이런 우스꽝스러운 사진"과 "마찬가지로 우스꽝스러운 주장"이야말로 히말라야의 설인이나 다른 미지의 동물을 찾아내려는 진지한 괴물 연구에 그 무엇보다 심각한 해를 끼친다는 것이 그의 입장이었다.[636]

드 루아의 유인원을 둘러싼 논쟁이 이처럼 장장 수십 년 동안이나 명확한 결론 없이 계속될 수 있었던 것은 오로지 사진이 너무나도 절묘하게 찍힌 탓이었다. 문제의 유인원을 거미원숭이와 구분 짓는 핵심 요소는 꼬리의 유무와 치아의 개수였지만, 드 루아의 증언에 언급된 이 요소들은 사진에서는 전혀 확인할 길이 없었다. 사진 속 유인원이 하필이면 정면을 보고 앉은 채 나뭇가지로 턱을 받치고 있었으니까. 엉덩이도 입안도 보이지 않는 유인원을 들여다보면서 아무리 전문적으로 분석한들 증언 내용을 긍정할 수도, 부정할 수도 없는 한 논쟁이 끝날 리 만무했다. 하다못해 증언한 당사자를 직접 추궁하는 것도 불가능했다. 드 루아가 이라크에서 얻은 매독 때문에 1935년 겨우 43세의 나이로 사망하고 만 탓이었다.[637] 진작에 출구조차 보이지 않게 되어버린 끝없는 추측의 정글 한가운데서, 세기의 비밀을 감추었을지도 모르는 미지의 유인원은 입을 굳게 다문 채 그저 말없이 앉아 있을 뿐이었다.

‡

그런데 1962년, 풀리지 않을 것만 같았던 수수께끼의 단서가 별안간 세상에 모습을 드러냈다. 시작은 베네수엘라 카라카스의 일간지 《엘 유니버설El Universal》이 7월 16일에 보도한 기사 하나였다. 문제의 기사에는 티부Tibú강 근처에서 거대한 거미가 농장 일꾼을 목 졸라 죽이고서 도망쳤는데, 어쩌면 놈이 대홍수 이전 시대의 생존자일지도 모른다는 황당무계한 내용이 실려 있었다. 이를 읽은 사냥꾼 헤로니모 마르티네스 멘도자Jerónimo Martínez-Mendoza는 기사 속 '거미'가 실은 진짜 거미가 아니라 과거 드 루아가 사살했던 거대한 유인원일 것이라는 의견을 신문사에 보냈는데,[638] 이튿날 보도된 이 의견이 다시 베네수엘라 보건복지부 장관 및 교육부 장관을 역임했던 저명한 열대병 연구자 엔리케 테헤라Enrique Tejera[639]의 주의를 끌었다. 테헤라는 사냥꾼의 의견이 틀렸음을 누구보다 굳게 확신했다. 왜냐하면 그는 한때 석유 탐사대 야영지에서 드 루아와 함께 일한 적이 있었고, 그 덕분에 수수께끼의 '유인원'이 만들어진 경위를 알았으니까.[640]

7월 19일 자 《엘 유니버설》에 게재된 테헤라의 편지[641]에 따르면, 탐사대에 몸담았던 시절 드 루아는 종종 익살스러운 장난으로 다른 사람들을 웃기곤 했다. 애완용으로 기르던 원숭이의 꼬리에 병이 들어 잘라내게 되자 녀석을 '원숭이 인간'이라고 불렀던 것도 그런 장난 중 하나였다. 한동안 드 루아가 데리고 다니던 이 꼬리 없는 거미원숭이는 결국 메네그란데Mene Grande의 야영지에서 숨을 거두고 말았다. 테헤라는 사진 속 짐승의 정체가 바로 그때 죽은 원숭이라고 지목했다. 거미원숭이 사체를 굳이 사람 같은 자세로 앉혀 사진으로 남긴 것도, 여기에 공격적인 유인원들과의 치열한 싸움 이야기를 덧붙인 것도 드 루아가 늘상 치던 장난의 일부였으리라는 이야기였다.

나아가 테헤라는 드 루아의 유인원이 학계에 보고된 바로 그해인 1929년에 이미 자신이 모든 진실을 다 밝혔다고도 주장했다. 당시 마침 파리에 머물던 그는 어느 날 베네수엘라 유인원에 대한 몽탕동의 강연 소식을 접하고서 이를 들으러 갔다가, 그 엉터리 같은 내용에 놀란 나머지 강연의 잘못된 점을 다른 참석자들 앞에서 조목조목 역설한 바 있었다는 것이다. 그중에는 유인원이 그 어떤 백인의 발길도 닿지 않은 베네수엘라의 외딴곳에서 발견되었다는 주장에 반박하고자 사진의 배경에 요리용 바나나 품종인 플랜틴Plantain 그루터기가 보인다는 점을 든 것도 있었다. 동남아시아 원산으로 여겨지는 플랜틴[642]이 남미에서 찍힌 사진 속에 있다는 말은 곧 촬영 장소가 정글보다는 사람의 손이 닿은 농장에 가깝다는 의미였다. 뒤이어 그는 자신이 아는 드 루아의 유인원 탄생 경위를 털어놓은 다음, 그 정체가 현지에서 마리몬다Marimonda라고 부르는 거미원숭이에 지나지 않는다고 단언했다. 신문에 실린 테헤라의 증언은 '이리하여 모든 일이 마무리된 줄 알았건만, 훗날 파리 여행 중 박물관에 들러 보니 문제의 원숭이 사진이 "아메리카에서 발견된 최초의 영장류"라는 설명과 함께 큼지막하게 걸려 있었다'라는 언급으로 마무리되었다.

물론 드 루아의 증언만큼이나 테헤라의 폭로도 반드시 전부 진실이라는 법은 없다. 자신이 파리에서 몽탕동의 강연을 공개적으로 비판했다는 그의 주장에는 실제로 다소 석연찮은 구석이 존재한다. 그가 참석한 강연이 정말로 1929년 3월 11일의 파리 과학아카데미 학술회의였다면, 남미 유인원을 처음으로 학계에 알린 그날의 발표문은 동물학자 외젠 루이 부비에Eugène Louis Bouvier가 대독했으니 강연자가 몽탕동이었다는 테헤라의 언급은 신빙성이 떨어진다. 또한 그는 몽탕동이 사진 속 원숭이를 수컷이라고 착각했으며 이를 자신이 정정했다고도 주장했으나, 정작 몽탕동의 발표문에는 원숭이가 암컷임이 명시되어 있었다는 사실[643]도 테헤라의 기억 착오를 의심케 한다. 다만 드 루아가 석유 탐사대의 지질학자로 일하던 1919년에 테헤라 또한 석유 회사에서 열대병 연구를 시작했다는 점[644]으로 미루어 보아 두 사람이 서로 알았을 가능성은 충분하며, 그렇다면 편지의 내용 중에서 적어도 꼬리 잘린 원숭이에 대한 언급만큼은 어느 정도 사실에 기반을 두었다고 추측해 볼 만하다.

무엇보다 테헤라의 극적인 폭로에서 정말로 주목해야 할 부분은 따로 있다. 1929년부터 여러 동물학자들은 줄곧 드 루아의 유인원이 거미원숭이일 뿐이라고 의심해 왔으며, 몽탕동 역시 사진 속 동물이 거미원숭이와 매우 닮았음을 결코 모르지 않았다. 그럼에도 그는 어째서 드 루아가 진짜 남미 유인원을 쏘아 죽여서 사진으로 남겼다고 꿋꿋이 주장한 것일까? 만일 테헤라의 말대로 모든 소동이 젊은 지질학자의 사소한 장난에서 시작되었다 한들, 몽탕동 같은 인류학자가 그런 장난을 곧이곧대로 믿고서 이후 수십 년 내내 계속될 논쟁에 불을 붙였다는 점은 대체 어떻게 설명해야 할까? 《엘 유니버설》에 실린 테헤라의 편지 맨 끝에는 그 해답으로 이어질 단서가 적혀 있었다. 아래와 같은 단 두 문장으로 이루어진 단서였다.

"마지막으로 한 가지 덧붙이자면: 몽탕동은 나쁜 사람이었습니다. 전쟁이 끝난 뒤에 그는 조국 프랑스를 배신했다는 이유로 총살당했습니다."[645]

‡

드 루아의 유인원이 학계에 소개된 1929년과 테헤라의 폭로가 나온 1962년 사이에 프랑스가 참전한 전쟁 중, 반역자 처벌이 국가적인 화제로 대두된 전쟁이라면 역시 제2차 세계대전 말고는 생각할 수 없다. 그렇다면 인류학자였던 몽탕동이 제2차 세계대전을 거치면서 조국의 배신자로 전락한 이유는 무엇일까? 이를 알려면 먼저 그가 어떤 인류학자였는지를 살펴보아야 한다. 미지의 남미 유인원에 학명을 붙인 것은 몽탕동의 '업적' 중 극히 일부일 뿐이다. 그가 인생의 절반을 바쳐 몰두한 주요 연구 주제는 다름 아닌 인종, 특히 인종 간의 차이였다.

1879년에 스위스에서 태어난 몽탕동은 젊은 시절 외과의사로 일했지만, 적어도 20대 후반부터 그의 열정은 의학이 아니라 인류학을 향하고 있었다. 1909년에 에티오피아 기행을 떠난 것도, 제1차 세계대전 직후인 1919년 적십자사 임무의 일환으로 시베리아의 포로수용소를 향하던 도중 홋카이도와 사할린 일대의 원주민인 아이누인을 연구하고 두개골을 수집해 온 것도 전부 그 때문이었다. 일본에 주로 거주하면서도 동양인보다는 서양인에 더 가까워 보인다는 이유로 오래도록 인종 연구가들의 관심을 끌던 아이누인이 몽탕동의 첫 번째 본격적인 인류학 연구 대상이었다는 점은 시사하는 바가 크다.[646] 그는 인류가 어떻게 지금처럼 여러 인종으로 나뉘어 살아가게 되었는지, 인종 구분이 생물학적으로 어떻게 형성되었는지에 대해 알고 싶어 했다.

그리고 몽탕동이 그 해답으로서 받아들인 것은 '홀로제네시스hologenesis'라고 하는 비주류 진화 이론이었다. 이탈리아의 동물학자 다니엘레 로사Daniele Rosa가 주창한 이 이론은 생물 개체 각각이 아니라 하나의 종 전체를 진화의 기본 단위로 보아, 한 종이 충분히 '성숙'하여 특정 임계점에 다다르면 외부 환경이 아닌 내부의 동력에 힘입어 일제히 둘로 분화하며 그중 한쪽만이 결과적으로 더 번성하게 된다는 주장을 골자로 했다. 이야말로 인종 형성의 수수께끼를 풀 열쇠라고 본 몽탕동은 로사의 가설을 인류의 진화에도 적용하고자 애썼다. 자신의 책을 리뷰해 주지 않은 일간지를 마구 비방했다가 감옥살이를 하게 된 바람에 스위스를 도망치듯 떠나 프랑스 학계에 몸담은 지 3년쯤 뒤인 1928년, 그는 『인류의 홀로제네시스L'Ologénèse humaine』라는 책으로 마침내 긴 노력의 결과를 세상에 선보였다.[647] 남미 유인원의 존재가 공표되기 바로 전해의 일이었다.

몽탕동이 제시한 인류 홀로제네시스 이론의 핵심은, 인류가 특정한 '인류의 요람'에서 처음 진화해 세계로 퍼진 것이 아니라, 이미 지구 전체에 퍼져 있던 조상으로부터 각자 진화해 나와 여러 인종으로 분화되었다는 것이었다. 이 주장의 결정적인 근거로 그는 고인류 화석이 어느 한 '요람'만이 아니라 유럽, 아시아, 아프리카 등 구대륙 전체에서 발견된다는 사실을 들었다.[648] 문제는 신대륙이었다. 아메리카 대륙 전역에는 틀림없이 원주민이 살고 있지만, 홀로제네시스 이론에 따르면 그들의 직계 조상이어야 할 고인류 화석은 전혀 발견된 바가 없었으니까. 어쩌면 인류의 조상이 오직 아메리카에서만 멸종했을지 모른다는 가능성을 고려하면서도, 『인류의 홀로제네시스』에서 몽탕동은 언젠가 신대륙에서도 고인류의 흔적이 드러나리라는 희망의 끈을 놓지 않았다.[649]

그러던 와중에 베네수엘라의 정글에서 사살당했다는 꼬리 없는 원숭이 사진이 몽탕동의 손에 들어온 것이다. 몽탕동에게 녀석은 그저 진기한 신종 원숭이 그 이상이었다. 인간과 닮은 동물이 구대륙뿐 아니라 신대륙에서도 독립적으로 진화했다는, 나아가 인류의 조상이 온 세상에 퍼져 있었으며 모든 인종이 독립적인 기원을 가진다는 자신의 이론을 간접적으로나마 뒷받침할 근거였다.[650] 그러니 사진 속 동물이 평범한 거미원숭이에 불과하다는 외국 학계의 반론을 받아들일 수 있을 리 만무했다. 설령 자신의 눈에도 녀석이 그저 거미원숭이로 보였다고 한들, 몽탕동에게 필요했던 것은 어디까지나 거미원숭이가 아니라 유인원이었으니까.

‡

《일러스트레이티드 런던 뉴스》에 실은 글에서 홀로제네시스 이론을 짧게나마 언급한 것으로 보아,[651] 드 루아는 몽탕동이 어떤 의도로 자신의 이름을 딴 유인원의 존재를 강력하게 주장했는지 알고 있었던 듯하다. 만일 테헤라의 주장이 사실이라면 드 루아는 이때도 그저 장난삼아 몽탕동의 장단에 맞춰주고 있었을 뿐인지 모른다. 자신의 장난이 우연히 거들어 준 인종 연구가 훗날 어떤 무시무시한 결과를 낳을지 전혀 알지 못한 채로. '차이의 과학'은 언제나 '차별의 과학'으로 흘러갈 수 있는 법이다. 언제나 인종 간의 공통점보다는 차이점에 더욱 집중했던, 모든 인류가 하나의 요람에서 유래하지 않았다는 증거를 찾으려 애썼던 몽탕동의 사상은 1930년대 후반에 들어 더욱 노골적인 형태로 일그러져 갔다. 아돌프 히틀러의 나치당이 정권을 잡은 이웃 나라 독일에서 인종 연구가 활발해졌다는 사실을 마냥 부러워하는 동안,[652] 한때 노예제 반대 단체의 일원이자 공산당 당원이기도 했던 그는[653] 어느 새 반유대주의에 몸을 바친 파시스트가 되어 있었다.

비록 1926년에 이미 유대인을 세 유형으로 분류해 그 기원과 외모를 설명하는 글을 좌파 일간지 《뤼마니테 L'Humanité》에 가명으로 실은 바 있기는 했지만,[654] 몽탕동의 진정한 반유대주의 행보는 1938년에 폭발적으로 시작되었다. 이때부터 그는 프랑스의 유대인을 전부 추방할 것을 촉구하는가 하면[655] 1939년 이탈리아의 파시스트 잡지 《인종 방어 La Difesa della Razza》에 "창녀 민족 L'ethnie Putain"이라는 노골적인 제목의 반유대주의 칼럼을 기고하기도 했고,[656] 그 이듬해에는 기어이 프랑스를 침략해 괴뢰정부를 세운 나치 독일을 두 팔 벌려 환영하기에 이르렀다.[657] 몽탕동에게 독일의 프랑스 점령은 자신이 믿는 과학적 '진실'을 바탕으로 프랑스의 인류학계와 온 유럽을 뜯어고칠 기회였다.[658]

나치 독일 치하의 비시 프랑스 정권에서 몽탕동은 인종 전문가로 거침없이 활약했다. 그가 1940년 11월에 펴낸 팸플릿 〈어떻게 유대인을 알아볼 것인가?Comment reconnaître le juif?〉[659]는 1941년 열린 반유대주의 전시회 "유대인과 프랑스Le Juif et la France"의 기반이 되었다. 나아가 몽탕동은 유대인문제총국Commissariat général aux questions juives이 유대인인지 아닌지 '감별'하기 어려운 사례를 맞닥뜨렸을 때 찾아가는 일종의 해결사가 되어, 검사 대상자의 신체 곳곳을 관찰해 유대인 여부를 '과학적'으로 판단하고 증서를 발급하는 업무를 맡기도 했다.[660] 하지만 나치와 협력해 거머쥔 몽탕동의 전성기는 지극히 짧았다. 테헤라의 편지 내용과는 달리 그의 최후는 종전보다 한층 일찍, 한층 갑작스레 찾아왔다.

제2차 세계대전의 흐름이 연합군 측으로 기운 1944년 8월 초의 어느 날, 몽탕동과 그의 아내는 총을 들고 자택에 들이닥친 레지스탕스 대원들을 맞닥뜨렸다. 열성적인 나치 부역자였던 그는 당연히 레지스탕스의 주요 처단 대상이었다. 이날 몽탕동이 어떤 운명을 맞이했는지에 대해서는 증언이 다소 엇갈린다. 일설에 따르면 몽탕동 부부는 현장에서 모두 목숨을 잃었다고 하지만, 또 다른 이야기에 의하면 몽탕동 본인만큼은 치명상만을 입은 채 가까스로 목숨을 건졌다가 이후 독일의 병원에서 숨을 거뒀다고도 한다.[661] 만일 그랬다면 몽탕동의 최후는 과거 그가 자신의 인종 이론을 뒷받침하는 증거라고 여겼던 유인원의 마지막 모습과 기이하리만치 흡사했던 셈이다. 드 루아는 자신이 유인원 두 마리를 만났으며, 그중 하나는 쏟아지는 총탄에 쓰러졌지만 수컷이었던 나머지 하나는 도망쳐서 다시는 나타나지 않았다고 회고했으니까.[662]

‡

드 루아의 유인원 사진에 얽힌 인종차별 문제가 처음으로 드러난 것[663]은 1996년, 저명한 괴물 연구가 로렌 콜먼Loren Coleman과 **세인트오거스틴 괴물**의 존재를 옹호했던 미셸 레이날이 초자연현상 전문잡지 《아노말리스트The Anomalist》에 실은 글을 통해서였다. 이 글에서 콜먼과 레이날은 드 루아의 유인원이 사진에 뻔히 보이는 거미원숭이가 아니라 '유인원'으로 알려진 배경에 몽탕동의 인종차별적인 이론이 있었으며, 그가 자신의 인류 홀로제네시스 이론을 뒷받침하기 위해 남아메리카의 유인원이라는 '증거'를 필요로 했음이 드러난 이상 더는 드 루아의 유인원 사진을 남미 유인원의 존재에 대한 신빙성 있는 물증으로 볼 수 없다고 결론지었다.[664] 괴물 연구가들이 이름난 괴물에게 손수 꽂은 치명타였다.

20세기 말에 가해진 이러한 치명타에도 불구하고, 드 루아의 유인원은 21세기에 들어서도 괴물 연구가들의 글에 꾸준히 등장해 왔다. 로타르 프렌츠Lothar Frenz의 책 『그래도 그들은 살아 있다Riesenkraken und Tigerwölfe』에는 드 루아에게 꼬리 없는 거미원숭이를 날조할 동기가 전혀 없었으리라는 논리가 등장하고,665 세인트오거스틴의 괴물을 연구했던 개리 S. 만지아코프라와 드와이트 G. 스미스Dwight G. Smith는 드 루아의 유인원이 거미원숭이가 아닐 가능성을 배제할 수 없다면서 꼬리 없는 신대륙 영장류를 위한 만지오코프라과Mangiocopridae라는 새로운 분류군을 제시하기까지 했다.666 모두 몽탕동의 사상이나 행적을 전혀 언급하지 않은 채 1996년 이전에 알려졌던 이야기를 그대로 되풀이한 결과물이었다.

하지만 과거의 메아리가 울려 퍼지는 와중에도 새로운 진실은 꾸준히 밝혀졌다. 1999년에는 베네수엘라의 곤충학자 앙헬 L. 빌로리아Angel L. Viloria가 테헤라의 편지를 찾아내 세상에 알렸고, 역시 베네수엘라의 인류학자인 베르나르도 우르바니Bernardo Urbani는 2001년에 이를 검토하며 몽탕동의 인종차별 사상을 다시금 조명했다.667 이후로도 드 루아의 유인원 사건에 대한 연구를 계속한 우르바니와 빌로리아는 2008년에 『몽탕동(1929)의 아메란트로포이데스 로이시: 영장류학적 사기의 역사Ameranthropoides loysi Montandon 1929: The History of a Primatological Fraud』라는 보고서를 출간함으로써 남미 유인원에 얽힌 기나긴 논쟁을 일단락 지었다.

물론 그 어떤 연구와 보고서도 드 루아의 유인원이 가장 유명한 괴물 사진 중 하나의 주인공으로서 책과 인터넷 구석구석을 배회하는 일까지 완벽하게 막지는 못할 것이다. 그러나 드 루아가 찍은 한 장의 흑백사진이 그처럼 널리 퍼지며 기억되는 한, 세상은 그 사진에 미처 찍히지 않은 괴물의 존재 또한 결코 잊지 않으리라. 결코 존재하지 않는 차이를 바탕으로 거미원숭이에서 거미원숭이를, 사람에서 사람을 떼어내 분류하며 어느 쪽이 더 인간다운지를 하염없이 가늠한 끝에 자신이 분류했던 그 무엇보다도 더욱 비인간적인 영역으로 추락해 버린 한 인류학자의 존재를 말이다.

1933

†

환상은
영원하리니

네스호의 괴물

Loch Ness Monster

'근대 괴물 이야기'를 주제로 책을 쓰면서 네스호의 괴물을 다루지 않고 넘어갈 수는 없다. 스코틀랜드 고산지대의 글렌모어Glen Mor 계곡 안에 장엄하게 뻗은, 길이 36킬로미터에 깊이가 240미터에 달해 부피로만 따지면 영국 최대의 호수인 네스호[668]에 산다는 이 괴물이야말로 괴물계의 세계적 슈퍼스타이자 근대 괴물의 상징이기 때문이다. '네시Nessie'라는 친근한 별명으로도 잘 알려진 네스호의 괴물은 첫 등장 이래 수십 년 동안 대중매체에 무수히 모습을 비추면서 그 이름을 세간의 뇌리에 단단히 새겨왔다. 이는 세계 각지에서 목격되는 다른 호수 괴물에게 종종 네시를 다분히 의식한 이름이 붙는다는 사실로도 잘 알 수 있다. 이를테면 캐나다 크레센트Crescent 호수의 괴물은 '크레시Cressie'로,[669] 일본 쿳샤로屈斜路 호수의 괴물은 '쿳시クッシー'로[670] 불리는 식이다. 물론 어떤 별명이 붙은들 크레시나 쿳시가 네시만큼 유명해지기는 아마 힘들 것이다. 수면 밖으로 불쑥 튀어나온 네시의 긴 목과 작은 머리는 이미 하나의 문화적 아이콘 반열에 올랐다고 말해도 과언이 아닐 테니까.

물론 괴물 연구가들에게 네스호의 괴물은 문화적 아이콘을 넘어 진지한 연구 대상이기도 하다. **콩고의 공룡** 연구로도 유명한 로이 P. 매컬의 『네스호의 괴물들The Monsters of Loch Ness』에서부터 프레더릭 윌리엄 홀리데이Frederick William Holiday의 황당무계한 기서奇書 『네스호의 위대한 용The Great Orm of Loch Ness』까지, 네스호에 현대 과학이 알지 못하는 미지의 대형동물이 실존한다고 주장하는 책은 전부 섭렵하기가 불가능할 정도로 많다. 괴물의 정체가 과연 무엇인지를 두고 연구가들이 여태껏 내놓은 가설 또한 한두 가지가 아니다. 예컨대 매컬은 네시가 거대한 양서류일 가능성이 가장 높다고 본 반면,[671] 홀리데이는 3억 년 전에 살았던 기묘한 생물 툴리몬스트룸Tullimonstrum의 초대형 개체가 바로 네시라는 주장[672]을 펼쳤다. 나아가 홀리데이는 『천상의 뱀과 지상의 용Serpents of the Sky, Dragons of the Earth』에서 네시와 UFO 사이의 관계를 의심하기도 했다.[673]

하지만 괴물 연구가들에게 가장 널리 통용되는 네시의 정체 후보는 따로 있다. 바로 긴 목을 지닌 중생대의 수장룡 플레시오사우루스다.[674] 이는 네스호의 괴물이 고생물학과 함께 태동해 **콘라디 매머드**와 **콩고의 브론토사우루스**로 이어진 태고의 생존자 내러티브의 계보 위에 있다는 뜻이기도 하다. 즉 네시가 근대 괴물의 상징인 것은 단지 가장 유명한 괴물이기 때문만은 아니다. 근대과학이 탄생시킨 새로운 괴물 신화의 대표 주자가 바로 네스호의 괴물이기 때문이다. 그러니 역시 근대 괴물 이야기를 논하면서 네스호의 괴물을 다루지 않을 방법은 없다. 그토록 전설적인 괴물의 실체가 아무리 흐릿하더라도, 수십 년에 걸친 신화 뒤에 어떤 보잘것없는 진실들이 감춰져 있다고 해도.

‡

이 장대한 신화의 시작점이 어디인지를 정확히 짚기란 쉬운 일이 아니다. 스코틀랜드의 민담에는 '켈피Kelpie'나 '에흐으시커Each uisge'처럼 호수와 강에 서식하는 다양한 물귀신이 등장하지만, 말로 변신해 사람을 태운 뒤 물에 빠뜨려 죽이는 초자연적 존재로 그려진 이들이 오늘날의 네시와 직접적인 관련이 있으리라고는 믿기 힘들다.[675] 한편 현대의 괴물 연구가들은 종종 563년에 성 골룸바Saint Columba가 네스호에 접한 네스강에서 괴물을 퇴치했다는 일화를 최초의 네시 목격담으로 꼽곤 하지만,[676] 중세 초 아이오나Iona의 수도원장을 역임한 성 아담난Saint Adamnán의 저서 『성 골룸바의 생애Vita S. Columba』[677]에 기록된 이 일화 역시 전형적인 괴물 퇴치 전설일 뿐 실제 사건이라고 인정할 만한 근거는 어디에도 없다.[678] 대런 네이시가 『괴물 사냥Hunting Monsters』에서 분석했다시피 네스호에 괴물이 서식한다는 인식은 예로부터 전해 내려왔다기보단 20세기 들어 발명된 것에 가깝다. 그 이전의 사례라고 알려진 것은 모두 네시와 관련이 없거나, 다른 동물을 오인했거나, 훗날 괴물 이야기가 유명해진 뒤에야 비로소 보고된 경우다.[679]

그렇다면 진정한 첫 번째 네스호의 괴물 목격담은 무엇일까? 어쩌면 네스호에 배를 띄우고 고기를 낚던 세 젊은이가 커다란 물보라를 일으키며 다가오는 무언가를 목격했다는 1930년 8월 27일 자 《노던 크로니클Northern Chronicle》의 기사, 혹은 고래와 비슷한 몸통을 지닌 생물이 물을 부글부글 끓듯이 요동치게 만들며 나타났다 사라지는 모습을 어느 사업가 부부가 보았다는 1933년 5월 2일 자 《인버네스 커리어Inverness Courier》의 기사가 유력한 후보일지 모른다.[680] 특히 두 번째 기사는 훗날 네시를 열여덟 번이나 보았다고 주장하며 온갖 생생한 목격담을 쏟아내 네시 연구의 중요 인물로 자리매김한 호수지기 알렉스 캠벨Alex Campbell이 쓴 것이니만큼[681] 네스호의 괴물 신화에서 결코 빼놓을 수 없는 퍼즐 조각이다.

허나 이들 기사에는 네스호에 거대한 괴물이 살고 있을지 모른다는 암시만 등장할 뿐, 괴물의 생김새에 대한 묘사는 전혀 없거나 모호하다. '네스호의 괴물'이라는 말을 들으면 생각나는 목이 긴 파충류 모습의 괴물은 아직 세상에 등장하지 않았던 셈이다. 녀석이 마침내 호수 밖으로 고개를 내민 것은 캠벨의 기사가 보도된 날로부터 약 3개월 뒤, 1933년 8월 4일 자 《인버네스 커리어》에 실린 런던 시민 조지 스파이서George Spicer의 편지를 통해서였다. 이 기념비적인 편지의 내용은 다음과 같다.

"저는 막 스코틀랜드로 자동차 여행 휴가를 다녀온 참이며, 지난 7월 22일 토요일 오후 네스호 동쪽 면의 도레스Dores와 포어스 호텔Foyers Hotel 사이 길을 반쯤 지나왔을 무렵, 생전 처음 보는 용 또는 선사시대의 동물을 매우 가까이서 마주쳤다는 사실을 알려드리고자 이 편지를 씁니다. 놈은 46미터쯤 앞에서 길을 가로질렀는데, 꼭 작은 양이나 다른 동물 따위를 운반하는 것처럼 보였습니다.

괴물은 긴 목을 지닌 듯했는데 관광 열차Scenic Railway[†]처럼 위아래로 움직였으며, 몸통은 상당히 컸고 등은 높았습니다. 발은 보이지 않았지만 아마 물갈퀴가 달려 있었

[†] 초기형 롤러코스터를 일컫는다.

을 것입니다. 한편 꼬리는 너무 빨리 움직였기 때문에 모습을 말하기가 어렵습니다. 우리가 괴물이 있던 곳에 도달했을 때 놈은 이미 호수 속으로 사라진 것 같았습니다. 괴물의 몸길이는 1.8~2.4미터였고 매우 흉측한 생김새를 하고 있었습니다.

혹시라도 제게 괴물에 대한 정보를 제공해 주실 수 있을지 궁금합니다. 친절한 답장을 기대하며 우표를 붙이고 주소를 기재한 봉투를 편지에 동봉합니다.

그 괴물이 무엇이었든 간에, 아무래도 뭍과 물을 오가는 동물이었던 것으로 보입니다. 저는 놈을 말살해야 한다고 생각하며, 만일 제가 놈에게 충분히 가까이 갔더라면 이를 직접 시도해야 했을지도 모르겠습니다. 놈이 대단히 빨리 움직였고 모든 일이 너무나 순식간에 일어났기에 이보다 더 자세한 묘사를 적기는 힘듭니다. 놈이 존재한다는 데엔 의심의 여지가 없습니다."[682]

긴 목과 커다란 몸통, 거기에 "용 또는 선사시대의 동물"이라는 언급까지. 호수 대신에 인근 도로에서 목격되었다는 사실만이 다소 낯설 뿐, 스파이서가 묘사한 괴물은 오늘날 대중매체에 숱하게 등장하는 네스호의 괴물 그 자체다. 네시 전문가 에이드리언 샤인Adrian Shine이 지적하듯 스파이서의 목격담이 나오기 전까지는 누구도 네스호의 괴물에게 긴 목이 달렸다고 주장하지 않았고, 자연히 네시를 수장룡과 연결 짓는 가설도 스파이서의 목격담 이후에나 비로소 등장했다.[683] 다시 말해 우리에게 익숙한 네스호의 괴물 신화는 모두 1933년 8월 4일에 보도된 한 통의 편지에 뿌리를 두고 있는 셈이다.

‡

1933년 여름에 보도된 스파이서의 목격담이 모든 네스호 괴물 신화의 시발점이라면, 과연 문제의 목격담은 얼마나 믿을 만한 것일까? 거의 한 세기가 지난 지금에 와서 이를 정확히 판단하기란 결코 쉬운 일이 아니지만, 그럼에도 짐작할 만한 근거는 얼마든지 있다. 가장 먼저 고려할 만한 점은 스파이서의 증언이 결코 일관적이지 않았다는 사실이다. 《인버네스 커리어》에 편지를 보낸 이후로도 스파이서는 언론이나 괴물 연구가 들과의 인터뷰를 통해 자신의 괴물 목격담을 여러 차례 되풀이했는데, 그러면서 이야기의 세부 사항을 조금씩 바꾸거나 덧붙이는 일이 잦았다.

예컨대 1933년 12월 8일 자 《데일리 스케치Daily Sketch》에 실린 인터뷰에서 그는 괴물이 "코끼리처럼 어두운 회색"이었다는 정보를 덧붙이는 한편, 녀석이 등에 사슴 따위를 짊어지고 있었던 점을 미루어 보아 입이 몸통 어딘가에 달려 있었을지 모른다는 추측도 내놓았다.[684] 또한 프레더릭 홀리데이에게 보낸 편지나 루퍼트 굴드Rupert Gould와의 인터뷰에서 그는 문제의 '사슴'이 실은 몸을 한 바퀴 둘러서 등에 걸쳐둔 꼬리의 끝부분이었던 듯하다고 주장했으며, 도로의 실제 폭을 근거로 괴물의 몸길이를 종래의 서너 배에 달하는 8~9미터로 수정하기도 했다. 스파이서가 굴드에게 자신이 본 괴물을

용이나 선사시대 생물이 아니라 "긴 목을 지닌 거대한 달팽이"에 비유해 말한 점도 특기할 만하다.685 가장 중요한 괴물의 몸집과 생김새가 이같이 계속 바뀌었다면 스파이서의 목격담에 대단히 큰 신빙성이 있다고 보기는 힘들다.

물론 스파이서가 네스호의 괴물 목격담을 통째로 꾸며냈다고 단정하기는 아직 너무 이르다. 사건 당시 조수석에 타고 있던 그의 아내도 똑같은 괴물을 보았노라고 굴드에게 증언했을뿐더러,686 무엇보다 **황제벼룩**이나 **크로포즈빌 괴물**의 사례에서처럼 갑작스레 마주친 흔한 동물을 생전 처음 보는 괴물로 착각하는 일은 누구에게나 일어날 수 있으니까. 이는 1933년 여름의 괴물 목격담이 세상에 알려진 바로 그 순간 이미 제기된 추측이기도 하다. 스파이서의 편지를 보도한 《인버네스 커리어》의 기사에는 그가 본 괴물이 새끼를 물고 길을 건너는 커다란 수달에 불과했을 것이라는 논평도 함께 실려 있다.687 한편 굴드는 훗날 스파이서 부부가 도로를 건너는 사슴 무리를 괴물로 착각했을 것이라고 결론지었으며, 네이시 또한 이 가능성에 무게를 둔다. 위아래로 출렁거렸다는 괴물의 움직임이 사슴의 뜀박질과 흡사하며, 괴물이 목격된 장소도 사슴이 풀을 뜯기에 매우 적합하다는 이유에서다. 괴물이 옮기고 있었다는 작은 짐승은 아마 무리 한가운데의 어린 사슴이었으리라는 것이 네이시의 견해다.688

대니얼 록스턴이『무시무시한 과학!』에서 제기한 추측은 한층 흥미롭다. 그는 네스호의 괴물 신화가 막을 올린 1933년에 또 하나의 신화적인 괴물 이야기가 개봉했다는 사실에 주목한다. 바로 영화 〈킹콩King Kong〉이다. 영화 촬영

네스호 인근 도로를 가로지르는 네시. 근대 최초의 네시 목격담인
스파이서의 증언을 바탕으로 재구성한 그림이다.

을 위해 외딴섬을 찾아간 제작진의 모험을 다룬 이 블록버스터 영화에는 거대한 고릴라 '콩' 외에 여러 무시무시한 공룡들 역시 등장한다. 코넌 도일의 동명 소설을 원작으로 한 1925년 작 영화 〈잃어버린 세계The Lost World〉에서 스톱모션 애니메이션을 담당했던 특수효과 전문가 윌리스 오브라이언Willis O'Brien의 솜씨에 힘입어, 이 생생한 괴물들은 당대의 관객들을 한껏 전율시키며 영화의 기록적인 흥행에 큰 힘을 보탰다.[689] 태고의 생존자라는 소재를 적극적으로 활용한 이 대작 영화의 성공이 같은 해 현실에서 시작된 태고의 생존자 신화의 인기에도 적잖이 영향을 끼쳤으리라는 추측은 지극히 자연스럽다. 하지만 록스턴은 이보다 한 발짝 더 나아간다. 그의 주장에 의하면 〈킹콩〉은 단지 네시의 인기에만 기여한 것이 아니다. 네스호의 괴물을 탄생시킨 스파이서의 목격담은 어쩌면 〈킹콩〉에서 직접 영감을 받은 결과물인지도 모르니까.[690]

 루퍼트 굴드가 『네스호의 괴물과 다른 괴물들The Loch Ness Monster and Others』에 실은 스파이서와의 인터뷰 내용에 따르면, 우연히 〈킹콩〉이 화제에 오르자 스파이서는 자신이 본 괴물과 해당 영화에 등장한 공룡이 매우 흡사했다고 말한 바 있다.[691] 그가 말한 공룡은 다름 아닌 브론토사우루스다. 〈킹콩〉 속 브론토사우루스는 **콩고의 브론토사우루스**가 그랬듯이 용각류 공룡이 물속에 살았으리라는 옛 가설에 바탕을 둔 괴물로, 우리가 익히 아는 네스호의 괴물처럼 수면 밖으로 긴 목을 불쑥 내밀며 등장해 뗏목을 뒤집고 사람을 마구 내던진다. 이어지는 장면은 더더욱 의미심장하다. 혼비백산해 뭍으로 도망치는 선원들을 뒤쫓으며 브론토사우루스는 화면을 왼쪽에서 오른쪽으로 가로지르는데, 긴 목은 물결 치듯 위아래로 흔들리고 발과 꼬리는 가려져서 보이지 않는다. 흑백영화에 출연한 공룡답게 그 몸이 온통 어두운 회색임은 물론이다. 다시 말해 스파이서의 네시 목격담은 〈킹콩〉의 브론토사우루스 습격 장면과 놀랍도록 닮아 있다.[692]

어쩌면 스파이서는 정말 〈킹콩〉을 그대로 베껴 괴물 이야기를 지어냈는지도 모른다. 아니면 길을 건너던 사슴 무리를 보고서 〈킹콩〉 속 장면을 연상한 탓에 기억이 왜곡된 것인지도 모른다. 물론 이 모든 가능성은 어디까지나 정황증거를 바탕으로 한 추측일 뿐이고, 당사자가 세상을 떠난 지 오래인 이상 무엇이 진실인지 입증할 방법은 없다. 다만 우리는 계속 의심해 볼 수만 있을 뿐이다. 1933년에 세상을 뒤흔든 두 괴물 이야기가 서로 너무나 흡사하다는 사실이 과연 단순한 우연일 수 있을까? 하지만 만일 네스호의 괴물 신화를 탄생시킨 결정적 일화가 한 편의 영화로부터 싹튼 날조나 착각의 산물에 지나지 않는다면, 그 이래로 쉼 없이 쏟아지기 시작한 수없이 많은 증거는 다 무엇이란 말인가?

‡

네스호의 괴물 신화는 목격담만으로 구성된 것이 아니다. 네시를 찍었다고 알려진 사진과 영상이야말로 녀석이 실존한다는 믿음을 한 세기 가까이 끈질기게 지속시킨 일등 공신이다. 허나 그 모든 사진과 영상에도 불구하고 네시의 존재가 여태 확실히 증명되지 않았다는 점은 한 가지 외면하고 싶은 진실을 암시한다. 1933년 이래 카메라를 들고 네스호를 방문한 구름같이 많은 사람 가운데, 그곳에 산다는 괴물을 제대로 찍는 데에 성공한 사람은 단 한 명도 없었다는 진실 말이다.

네시가 찍혔다는 사진 중 가장 오래된 것은 1933년 11월에 12일에 휴 그레이Hugh Gray가 촬영한 사진이다.[693] 비록 사진 속 형체가 머리를 물속에 집어넣은 채 반쯤 떠 있는 목이 긴 짐승처럼 보이지 않는 것은 아니나, 로이 P. 매컬도 인정했다시피 이 흐릿하기 그지없는 사진을 가지고서는 어떤 제대로 된 결론도 내릴 수가 없다. 그레이가 네스호의 괴물을 무려 여섯 차례나 목격했다고 주장한 점도 미심쩍은 요소다.[694] 혹자는 그레이가 헤엄치는 개를 찍었을 뿐이라고 주장하는 한편, 네이시는 그것이 착시일 뿐이며 사진에 찍힌 동물은 백조라고 단언한다.[695]

이듬해 4월 21일에는 산부인과의사 로버트 케네스 윌슨 Robert Kenneth Wilson이 찍은 이른바 '외과의사의 사진'이 《데일리 메일》에 실렸다. 모든 네시 사진 가운데, 나아가 모든 괴물 사진 가운데 가장 유명하다고 말할 수 있을 이 사진에는 긴 목과 작은 머리를 지닌 동물처럼 보이는 새카만 형체가 찍혀 있다.[696] 상상력을 자극하는 단순하고도 강렬한 흑백 실루엣 덕택에 '외과의사의 사진'은 오늘날까지도 네시의 상징으로 여겨지지만, 냉정히 말해 사진 속 '괴물'은 본모습을 전혀 짐작할 수 없는 실루엣일 뿐이다. 배경을 잘라내지 않은 원본 사진을 보면 괴물의 크기가 지나치게 작다는 사실도 곧장 알 수 있다. 네시 연구가들이 최대로 추정한 사진 속 괴물

의 목 길이는 기껏해야 1.2미터이며, 실제 길이는 그 절반도 되지 않을 것으로 보인다.[697]

'외과의사의 사진'은 조작 의혹에 휩싸여 있기도 하다. 1975년에 이안 웨더렐Ian Wetherell은 문제의 사진을 찍은 사람이 바로 자신이며, 사진 속 괴물의 정체는 장난감 잠수함에 달아 놓은 고무 모형에 지나지 않는다고 주장했다. 1933년 12월에 네스호의 괴물 발자국을 꾸며낸 전력이 있는 아버지 마마두크Marmaduke가 자신과 함께 벌인 두 번째 장난의 산물이 바로 '외과의사의 사진'이라는 이야기였다. 1994년에는 이안의 이복형제인 크리스티안 스펄링Christian Spurling이 사망 직전에 마찬가지 내용을 고백했다는 네시 연구가 데이비드 마틴David Martin과 알래스테어 보이드Alastair Boyd의 발표도 나왔다. 비록 웨더렐과 스펄링의 '고백'도 네스호의 괴물 자체와 마찬가지로 물증이 없기는 매한가지지만, 이들의 주장을 거짓말이라고 여기는 괴물 연구가 칼 슈커Karl Shuker조차도 사진에 찍힌 형체가 전혀 살아 있는 동물처럼 보이지 않는다는 사실만큼은 인정한다.[698] 설령 장난감 잠수함 이야기가 사실이 아니라 한들, '외과의사의 사진' 역시 네스호의 괴물이 실존한다는 증거가 될 수는 없다.

1960년 4월 23일에 촬영된 항공공학자 팀 딘즈데일Tim Dinsdale의 유명한 네시 영상도 사정은 크게 다르지 않다. 《에브리바디스 매거진Everybody's Magazine》에 실린 네시 이야기를 읽고 갑작스레 열의에 사로잡혀 몇 달 뒤 정말로 네스호로 향한 딘즈데일은, 고작 일주일 만에 그토록 원하던 괴물 영상을 찍는 데에 성공함으로써 괴물 신화에 커다란 한

획을 그었다. 1966년에 영국 합동공중정찰정보센터Joint Air Reconnaissance Intelligence Centre, JARIC의 사진 전문가들이 딘즈데일의 영상 속에서 헤엄치는 까만 덩어리를 "아마도 살아 있는 물체"라고 결론 내린 일이 특히 결정적이었다.⁶⁹⁹ 하지만 로널드 빈즈Ronald Binns가 『네스호의 수수께끼 풀리다The Loch Ness Mystery Solved』에서 지적하듯 JARIC은 문제의 덩어리가 속도와 형태 면에서 활주형 모터보트와 유사하다고 분석했으며, 단지 딘즈데일이 설마 모터보트를 알아보지 못했을 리 없다는 이유로 그 정체를 생물로 추측했을 뿐이다. 영상 속 '괴물'이 90미터 밖에서 지나가는 자동차 소리를 아랑곳하지 않는 것도, 괴물의 존재를 눈치챘어야 할 자동차 운전자가 마찬가지로 아무 반응을 보이지 않은 것도 미심쩍은 요소다.⁷⁰⁰

좀 더 그럴듯해 보이는 증거로는 1970년대에 찍힌 일련의 수중 사진을 꼽을 수 있다. 변호사 로버트 라인스Robert Rines가 이끄는 응용과학학회Academy of Applied Science의 촬영 팀이 1972년과 1975년 두 차례에 걸쳐 확보한 이들 사진에는 네시의 마름모꼴 지느러미, 긴 목과 몸통, 머리 등을 연상시키는 형체가 찍혀 있었다. 이에 깊은 감명을 받은 조류학자 피터 스콧Peter Scott은 《네이처》에 라인스와 공동으로 기고한 글에서 네시에게 '마름모꼴 날개를 지닌 네스호 괴물'을 뜻하는 학명 네시테라스 롬보프테릭스Nessiteras rhombopteryx를 붙여주기까지 했다.⁷⁰¹ 하지만 훗날 밝혀진 바에 따르면 1972년에 촬영된 지느러미 사진은 사실 컴퓨터로 적잖은 편집을 거친 결과물이었으며, 1975년의 두 사진은 호수 바닥의 썩은 나무 조각 따위를 찍은 것으로 추측된다.⁷⁰²

이 외에도 네스호 괴물의 증거라고 알려진 목격담·사진·영상 등은 전부 열거하기 힘들 정도로 많아, 그 하나하나를 전부 설명하려면 아마 책을 몇 권이나 써도 부족할 것이다. 〈공식 네스호의 괴물 목격 사례 등록부The Official Loch Ness Monster Sightings Register〉 홈페이지에 등록된 '증거'의 개수는 565년 성 골룸바의 일화에서부터 2020년대의 사진에 이르기까지 무려 1,100건이 넘는다.[703] 하지만 그중에서 괴물의 존재를 입증할 수 있을 만큼 뚜렷한 증거는 단 하나도 없다. 네스호의 괴물이라는 장대한 신화의 베일 뒤편에 산더미처럼 쌓인 것이라고는 고작해야 믿지 못할 목격담과 날조된 사진, 알아볼 수 없는 영상 한 무더기뿐이다.

‡

스파이서의 목격담이 세상을 강타한 1933년부터 현재까지, 네스호는 아마 지구상 그 어떤 곳하고도 비교되지 않을 만큼 많은 괴물 사냥꾼을 불러들인 장소일 것이다. 단지 세상에서 가장 유명한 괴물이 목격되는 장소이기 때문만은 아니다. 매우 큰 호수일 뿐 외딴 오지는 결코 아니며, 오히려 스파이서 부부가 차를 몰고 휴가를 갈 수 있었을 만큼 접근성이 좋다는 점도 분명 적잖이 기여했을 테니까. 그런 곳을 찾는 괴물 사냥꾼이 단지 카메라를 든 관광객뿐일 리는 없다. 대규모 조사단, 장기간 촬영용 특수 설비, 수중카메라, 잠수함, 음파탐지기, DNA 샘플 채취 장비……. 어쩌면 네스호는 세상에서 가장 다양하고 또 철저한 방법으로 조사된 호수일지도 모른다.

1934년에 에드워드 마운틴Edward Mountain은 사람 스무 명을 고용해 하루에 열 시간씩 꼬박 5주 동안 네스호를 관측했지만, 그 성과는 물결 사진 여러 장과 괴물인지 아닌지 알 수 없는 사진 한 장이 전부였다.[704] 1960년대에 영국의 비영리 단체 네스호현상조사국The Loch Ness Phenomena Investigation Bureau Ltd.은 고성능 카메라 두 대를 동원해 네스호의 일부를 5개월 동안 24시간 내내 촬영하고,[705] 시료 채취용으로 개조한 작살과 석궁을 든 채 배 위에서 시간을 보내고,[706] 심지어 잠수함에도 비슷한 작살을 달아 내려보내는 등[707] 네시를 찾기 위한 수단이란 수단은 모조리 동원했지만 결과는 하나같이 실망스러웠다. 음파탐지기를 이용한 조사에서만큼은 빠르게 헤엄치는 낯선 물체가 포착되어 흥분을 불러일으켰으나,[708] 다른 단체와 연구진이 그 전후 여러 차례 음파탐지기로 호수 전체를 샅샅이 훑었을 때는 어떠한 대형동물의 단서도 발견되지 않았다.[709] 2018년에 에이드리언 샤인의 네스호 프로젝트Loch Ness Project가 여러 대학의 과학자들과 협력해 벌인 환경 DNA 분석 결과도 마찬가지였다. 호숫물에서 채취한 DNA 시료 속에는 수장룡은 물론 거대한 메기나 철갑상어의 흔적도 전혀 없었고, 다만 뱀장어의 DNA는 잔뜩 확인되었으니 혹시 네스호의 괴물이 아주 큰 뱀장어일지도 모른다는 희미한 가능성만이 남았을 뿐이다.[710]

　만일 네스호에 괴물이 실존한다면, 당연히 그 개체수가 한 마리뿐일 리는 없다. 네시라는 종이 백 년 가까이 멸종을 피해 유지되려면 아무리 적어도 십수 마리는 필요할 것이다. 그만한 규모의 대형동물 개체군이 과연 앞서 설명한 온갖 조사 수단으로부터, 한순간도 쉬지 않고 호수를 바라보는 무수한 관광객의 시선으로부터 이렇게까지 철저하게 모습을 감출 수 있을까? 네스호의 괴물이 정말로 살아남은 수장룡이라면 이는 더욱 말이 되지 않는다. 공기호흡을 위해 물 밖으로 고개를 내민 수장룡 무리의 모습은 진작 괴물 사냥꾼들의 눈에 띄었을 테니까. 세상에서 가장 집요하고 꼼꼼한 괴물 사냥이 벌어진 장소임에도 정작 발견되었어야 할 괴물은 코빼기도 보이지 않은 수수께끼의 호수에 대해, 어쩌면 우리는 역설적이게도 이렇게 평할 수 있을지 모른다. 네스호는 오히려 지구상의 그 어느 호수보다도 괴물이 서식할 리 없는 장소라고.

‡

오늘날 네스호가 위치한 장소는 겨우 수천 년 전만 해도 두꺼운 빙하에 덮여 있었다. 애당초 태고의 생존자가 살아남아 있을 만한 호수가 아닌 셈이다.[711] 그곳에 사는 물고기의 양 또한 대형 포식 동물 무리를 먹여 살리기에는 너무나 적다.[712] 괴물이 바다에 살다가 가끔 네스호에 얼굴을 비칠 뿐이라는 주장도 수긍하기는 어렵다. 널리 알려진 속설과는 달리 네스호에 바다와 연결된 수중 터널 따위는 없으며, 네스호의 고도는 해수면보다 15미터 이상 높으니 설령 터널이 있었다 한들 괴물이 수압을 이겨내고 호수까지 헤엄쳐 들어오기는 불가능할 것이다. 네스호와 바다를 연결하는 가장 주된 물길인 네스강은 너무 얕은 데다 인근 도시 인버네스 한가운데를 통과해 흐르기에, 드물게 목격되는 물개나 돌고래라면 모

를까 거대한 괴물이 몰래 지나다니는 일은 마찬가지로 일어나기 힘들다.[713]

그렇다면 어째서 네스호에서는 계속해서 괴물이 목격되어 온 것일까? 아마 우리가 괴물을 계속해서 상상해 왔기 때문이리라. 네스호를 찾는 사람은 누구나 괴물 이야기를 안다. 그곳에 산다는 괴물의 모습도 각종 '증거'와 이를 바탕으로 한 대중매체 덕택에 생생히 떠올릴 수 있다. 자연스레 눈앞의 네스호에서 괴물이 나타나기를 기대하고, 그 무시무시한 생김새를 호수 풍경 위에 가만히 그려본다. 그러는 가운데 문득 물결이 인다. 나무토막이 떠오른다. 물새가 고개를 쭉 내민다. 물고기가 수면 근처에서 펄떡인다. 사슴이나 수달이 호수를 헤엄쳐 건넌다. 어선이 멀찍이서 지나간다……. 그 모든 광경이 괴물을 상상하는 사람의 눈에 과연 어떻게 비칠지는 자명하다. 사진이며 영상에 재빨리 담은 흐릿한 형체가 어떤 모습으로 보일지도 마찬가지다. 그러니 네스호의 괴물이 진정 도사린 곳은 호수의 차가운 물밑이 아니다. 1933년의 운명적인 목격담으로부터 시작된 근대 괴물 신화의 짙디짙은 신기루 너머다.

이 책에서는 네스호에 우리가 생각하는 괴물만큼은 결코 존재하지 않는다고 결론지으려 한다. 이는 결코 억지스럽거나 과격한 단정이 아니며, 오히려 현재까지의 모든 조사 결과와 정황증거를 바탕으로 내놓을 수 있는 가장 합리적이고 안전한 답에 가깝다. 허나 이러한 결론에 대체 무슨 힘이 있을까? 제아무리 확고한 근거를 들어 괴물의 존재를 부정하고 또 부정한들 네스호는 앞으로도 줄곧 괴물의 은신처로 알려질 텐데. 이미 근대 괴물의 상징으로 자리 잡은 이 신화적인 짐승은 결코 완전히 퇴치당하지 않을 것이며, 스코틀랜드는 매년 4천만 파운드를 벌어오는[714] 이 매력적인 마스코트를 절대 버리지 않을 것이고, 관광객들은 오늘도 내일도 괴물을 꿈꾸며 호숫가에 머물다가 괴물 기념품과 티셔츠를 사서 돌아갈 것이다. 그러니 분명 네스호에서는 언제까지고 괴물이 목격되리라. 네스호가 영영 말라붙지 않는 한, 그 깊은 물이 감춘 괴물에 대한 환상은 영원하리니.

1937

†

괴물을 부풀리는 방법

낸터킷 바다 괴물

Nantucket Sea Monster

네스호의 괴물이 근대 괴물 전설의 새로운 장을 열어젖힌 것은 사실이지만, 신세대 스타가 등장했다고 해서 한때 이름을 날렸던 옛날 괴물들이 곧장 무대에서 내려온 것은 아니었다. 최소한 미국 매사추세츠에서는 그랬다. 매사추세츠는 19세기를 대표하는 괴물인 큰바다뱀이 이상하리만큼 자주 등장한 지역이다. 특히 1817년 8월 글로스터Gloucester에서는 "머리가 4갤런 술통만큼 큰" 약 12미터 길이의 바다뱀 목격담이 빗발치는 바람에 뉴잉글랜드 린나이우스학회The Linnaean Society of New England가 조사에 나서는 일도 있었다. 얼마 뒤에 두 소년이 이상하게 생긴 뱀을 발견해 가져오자 이를 새끼 큰바다뱀이라고 여긴 학회에서는 '대서양의 휘어진 뱀'이라는 뜻의 학명 스콜리오피스 아틀란티쿠스Scoliophis atlanticus까지 붙여주었다가, 그 정체가 기형 검은채찍뱀Coluber constrictor으로 밝혀지는 바람에 웃음거리가 되고 말았다.[715] 이 '글로스터 큰바다뱀' 사건 이후로도 매사추세츠 앞바다에서는 바다 괴물이 종종 눈에 띄어서 19세기는 물론 20세기 중반까지도 목격담이 기록된 바 있다.[716]

그러니 1937년 여름, 왕년의 미국 포경 산업 중심지로서 『모비딕Moby-Dick』에도 그 이름이 언급된[717] 매사추세츠 남단의 낸터킷섬에서 또 하나의 바다 괴물 소식이 들려온 것 자체는 그다지 유난한 일이 아니었다. 마침 파란농어Pomatomus saltatrix 철을 맞이해 배를 띄운 주민이 많았음을 고려하면 더더욱 그랬다. 8월 7일 자 《인콰이어러 앤드 미러The Inquirer and Mirror》에 실린 문제의 소식은 빌 맨빌Bill Manville이 신문사 사무실로 찾아와 들려주었다는 증언을 바탕으로 한 것이었는데, 이에 따르면 그 주 수요일 섬 동쪽 끝으로부터 약 3.2킬로미터 떨어진 지점에서 나타난 괴물은 "대단히 이상한 녹색 빛깔"을 띤 듯했고, 무시무시하게 생긴 머리를 물 밖으로 5~6미터쯤 치켜들었다가 사라지기를 반복하더니 방향을 틀어 먼바다로 떠나갔다. 신문사 직원들은 이 이야기에 웃음을 지을 뿐이었지만 맨빌은 진지했다. 오직 자신의 증언을 입증해 줄 다른 목격자가 나서기만을 바랄 따름이었다.[718]

맨빌의 바람은 오래지 않아 이루어졌다. 바로 한 주 뒤인 14일 《인콰이어러 앤드 미러》에는 괴물 목격담 두 건이 추가로 실렸다. 첫 번째는 사업가이자 운동선수 에드 크로커Ed Crocker가, 두 번째는 길버트 맨터Gilbert Manter가 각각 다른 날에 파란농어를 잡으러 바다에 나갔다가 거대한 녹색 괴물을 맞닥뜨렸다는 내용이었다. 두 사람의 묘사는 맨빌의 증언과 거의 일치하면서도 한층 자세했다. 30미터쯤 되는 몸길이나 등에 돋아난 혹 이외에도 크로커는 괴물의 머리에 달린 뿔과 긴 꼬리를, 맨터는 몸 옆면의 밝은 줄무늬를 똑똑히 기억하고 있었다. 괴물이 머리를 물 밖으로 한두 번 치켜들고는 사라졌다는 맨터의 언급 역시 맨빌의 첫 목격담을 연상시켰다.[719] 이쯤이면 무언가가 낸터킷섬 주변의 바다를 배회하고 있다는 사실만큼은 틀림없어 보였다.

괴물 소식은 이것으로 끝이 아니었다. 14일 자 보도의 백미는 그 주 화요일에 함께 해변으로 나간 크로커와 맨터가 괴물의 발자국을 발견했다는 소식이었다. 모래사장에 찍힌 길이 1.7미터, 너비 1.1미터의 발자국에는 물갈퀴가 달려 있어서 커다란 오리의 발을 연상케 했다. 문제의 발자국과 이를 측정하는 두 발견자의 모습은 "바다 괴물 흔적의 최초이자 유일한 사진 기록"으로서 신문 지면에 고스란히 실렸다. 이외에도 기사에는 신문사 차원에서 보스턴과 뉴욕의 저명한 학자들에게 연락해 보았다거나, 최초 목격자인 맨빌이 매사추세츠 수렵 관리인에게 바다 괴물을 사냥해도 되는지의 여부와 현상금에 대해 물었다거나, 답변을 받는 대로 수렵단을 꾸릴 예정이며 이미 여럿이 배를 내주기로 했다는 등의 흥미진진한 언급이 가득했다.

물론 왕년의 지역구 스타 이야기도 빼놓을 수 없었다. 1833년에 낸터킷 주민들이 큰바다뱀을 사냥하고자 배를 띄웠던 일을 들먹이며,《인콰이어러 앤드 미러》는 당시와 달리 이번에는 더 빠른 배와 결의에 찬 사람들이 있으니 괴물 녀석도 훨씬 빠르게 도망쳐야 하리라는 자신만만한 예측으로 보도를 마무리했다.[720] 최신 목격담 속 기이한 생명체를 한때 미국에서 가장 유명했던 바다 괴물과 은근슬쩍 동치시킨 것이다. 네스호의 괴물이 평정해 버린 듯했던 시대에 벌어진 큰바다뱀의 놀라운 귀환이었다.

‡

하지만 뿔에다가 물갈퀴까지 달고서 화려하게 돌아온 큰바다뱀의 전성기는 결코 길지 않았다. 최초의 목격으로부터 2주 뒤인 8월 18일 목요일, 섬 남쪽 해변에 괴물이 나타났다는 소식을 듣고 몰려든 주민들의 눈앞에서 놈이 정체를 숨김없이 드러내 버렸기 때문이었다.[721] 과거의 **스트론사 짐승**이나 **세인트오거스틴 괴물**, 혹은 먼 훗날인 1996년 낸터킷에 떠밀려 올 글롭스터인 '낸터킷 블롭Nantucket Blob'⁷²²과는 달리 이번에는 과학자가 나설 필요조차도 없었다. 모래사장에 떡 하니 자리를 잡은 거대한 괴물의 정체는 어린아이도 대번에 알 수 있을 만큼 명백했다. 그것은 전설 속 큰바다뱀도, 썩어 문드러져 원형을 알 수 없게 된 고래나 상어 따위의 사체도 아니었다. 빵빵하게 부푼 녹색 몸통과 우스꽝스러운 눈을 지닌 아주 커다란 풍선 인형이었다.

해변에서 이 황당한 광경을 목도한 낸터킷 주민들은 아마 사건의 전모를 곧장 눈치챘으리라. 누군가가 이미 사건의 진상에 대한 소문을 퍼뜨려 놓기도 했거니와,⁷²³ 그러지 않았다 한들 커다란 용을 닮은 풍선 인형이 대체 어디서 튀어나온 것인지 알 사람은 다 알았을 테니까. 낸터킷에서 그리 멀지 않은 뉴욕의 대형 백화점 체인 메이시스Macy's는 오늘날까지도 매년 추수감사절에 초대형 풍선 인형들을 이끌고 도시를 가로지르는 성대한 퍼레이드를 여는데, 해변에 나타난 괴물은 바로 전해에 이 퍼레이드에서 선보인 인형이었다. 그리고 마침 당시 낸터킷에는 1927년부터 메이시스백화점을 위해 추수감사절 퍼레이드용 풍선 인형을 설계해 주던 장인이 머물고 있기도 했다. 섬에 별장과 가게를 두고서 여름을 보내러 종종 방문하던 그 사람의 이름은 토니 사르그Tony Sarg†. 북미 근대 인형술의 아버지라고 일컬어지는 전설적인 인형 제작자였다.⁷²⁴

† 본명은 앤서니 프레드릭 사르그Anthony Frederick Sarg이다.

토니 사르그의 삶은 언제나 도전으로 가득했다. 1880년 과테말라에서 태어나 7세 때 독일로 이주한 그는 본래 아버지의 뜻에 따라 군인으로서 사회생활을 시작했지만 20대 중반에 예술가가 되고자 장교 자리를 내던졌고, 어머니의 조국인 영국 런던에서 삽화가의 길을 걷다가 꼭두각시 인형극에 푹 빠져 직접 인형을 만들고 공연을 열기에 이르렀다. 그러다가 제1차 세계대전이 발발하자 그는 독일계가 활동하기 힘들어진 영국을 등지고 뉴욕으로 이주해 새로이 명성을 쌓아 올렸다. 삽화와 인형극 양쪽에서 이름을 날리게 된 뒤에도 사르그는 모험적인 시도를 멈추지 않았다. 회사와 스튜디오를 세워 인형극 사업을 계속 확장하는가 하면 디즈니 이전 애니메이션의 여명기에 과감히 뛰어들어 인형극을 응용한 실루엣 영화를 만들기도 했고, 상점의 디스플레이나 인테리어 등의 설계 의뢰도 받았다. 인형극에 쓸 꼭두각시가 아닌 퍼레이드용 대형 풍선 인형을 디자인한 것도 이러한 도전의 일환이었을 것이다.[725]

그리고 대망의 1937년, 사르그는 또 한 차례의 도전에 나섰다. 지난해의 퍼레이드에 썼던 인형으로 괴물 소동을 일으켜 대중의 이목을 끈다는 기발한 광고 계획을 짜낸 것이다. 섬을 홍보하면서 주민들에게 즐길 거리도 주고자 했던 《인콰이어러 앤드 미러》의 편집자와 지역사회의 유력 인사 여럿이 이에 힘을 보탰고, 낸터킷 출신 창업주를 둔 메이시스 백화점도 상호를 직접 언급하지 않는 조건으로 작전에 동의했다. 괴물을 목격했다고 알린 세 사람 역시 사르그의 협력자였다. 최초 목격자로는 바다에 나가 있는 시간이 긴 어부 맨

빌이 정해졌고, 맨터는 발자국 발견 장소로 낙점된 해변 근처에 산다는 이유로, 크로커는 맨터와 종종 함께 고기잡이를 나간다는 이유로 각각 발탁되었다. 낸터킷 바깥의 여러 신문사도 계획에 동참해 괴물 소식을 전국에 알리기로 입을 맞췄다.[726] 극장 대신 현실을 무대로 삼은 전무후무한 초대형 인형극의 막은 바로 이렇게 올라갔다.

다시 말해 낸터킷 바다 괴물 소동은 사업가, 지역사회, 그리고 언론의 이해관계가 일치해 이루어진 일종의 대형 광고 캠페인이었다. 일종의 선구적인 바이럴 마케팅이었다고 일컬을 만한 이 캠페인은 아쉽게도 완전히 계획대로 흘러가지만은 않았다. 8월 21일 자 기사를 통해 인형극의 전모를 밝히면서, 《인콰이어러 앤드 미러》는 약속을 깨고 비밀을 떠벌려 버린 한 신문사에 대한 분노를 감추지 않았다.[727] 하지만 때이른 폭로가 가져온 타격에도 불구하고 사르그의 계획은 사람들에게 즐거움을 제공한다는 소기의 목적만큼은 확실히 달성했다. 수백 명의 아이와 그 가족들이 낸터킷 남쪽 해변에 찾아와 소문의 괴물을 구경했고, 축제 현장에 직접 발걸음한 사르그도 괴물 앞에서 구경꾼들과 함께 사진을 찍었다.[728] 이렇게 온 섬의 아이들을 전부 즐겁게 해주고 나서야 괴물은 비로소 낸터킷을 떠났다. 그리고 그해 추수감사절, 녀석은 새로이 빨갛게 칠해진 채로 퍼레이드 행렬에 합류해 뉴욕의 하늘을 다시 한번 멋지게 가로질렀다.[729]

‡

1937년의 낸터킷 바다 괴물 소동은 이처럼 더없이 유쾌한 이야기로 마무리되었지만, 여기에 꺼림칙한 지점이 전혀 없는 것은 아니다. 사건의 경위를 설명하면서 《인콰이어러 앤드 미러》는 아무도 괴물 소동 때문에 해를 입지 않았고, 섬 주민 대다수도 나쁘게 생각하지 않았으며, 메이시스백화점이 이번 일을 상업적으로 이용하려 들지도 않았다는 점을 특히 강조했다.[730] 이는 당시에도 기업과 언론이 합작한 바이럴 광고의 부작용을 염려하는 목소리가 있었음을 암시한다. 만약에 어느 언론사가 미리 비밀을 폭로해 놓지 않았더라면, 그리하여 괴물 소문이 보다 성공적으로 미국 전역에 널리 퍼졌더라면, 《인콰이어러 앤드 미러》의 해명이 미처 닿지 못한 곳에서 낸터킷 바다 괴물은 아직까지도 큰바다뱀의 실존을 증명하는 사례로서 꾸준히 회자되고 있었을지 모른다. 밝혀진 지 오래였던 진상은 잊힌 채 소문만이 남아 괴물 마니아들을 오래도록 홀렸던 1891년의 **크로포즈빌 괴물**처럼 말이다. 그런 면에서 낸터킷 바다 괴물에게는 끝까지 운이 따랐던 셈이다.

하지만 괴물을 만들어 낸 인형 장인의 운은 머지않아 다하고 말았다. 토니 사르그는 1939년에 파산했고, 그의 인형들은 빚을 갚기 위해 이리저리 팔려나갔다. 언제나 한없이 도전적이었던 사업 확장의 대가였다. 이에 굴하지 않고서 그는 1941년에 그림책 『토니 사르그의 놀라운 책Tony Sarg's Surprise Book』을 출간해 다시금 큰 성공을 거두었으나[731] 안타깝게도 그것이 마지막 도전이었다. 이듬해인 1942년 2월 17일, 토니

사르그는 61세의 나이로 숨을 거두었다. 충수돌기 파열 수술의 후유증이었다.⁷³²

비록 주인은 세상을 떠났을지언정, 낸터킷 바다 괴물은 처음 나타났을 때처럼 오늘날에도 그 우스꽝스러운 얼굴을 곳곳에 내밀고 있다. 동명의 고전을 리메이크한 폴 피그Paul Feig 감독의 2016년 작 코미디영화 〈고스트버스터즈 Ghostbusters〉에 다른 퍼레이드용 풍선 인형들과 함께 모습을 비추는가 하면,⁷³³ 낸터킷 역사협회Nantucket Historical Association가 2024년 주최한 "사르그의 여름Summer of Sarg" 행사에서는 옛 모습을 그대로 재현한 채 해변에 전시되기도 했다.⁷³⁴ 한편 즐거우면서도 찝찝했던 1937년의 괴물 소동은 달시 패티슨Darcy Pattison과 피터 윌리스Peter Willis의 2017년 작 그림책 『바다 괴물 대소동: 가짜 뉴스 이야기The Nantucket Sea Monster: A Fake News Story』로도 만들어졌다. 이 책은 단지 낸터킷 바다 괴물 사건을 그림으로 소개하는 데에서 그치지 않고, 이를 언론의 자유와 가짜 뉴스 문제에 연관 지어 설명하면서 과연 사르그의 홍보 전략이 옳았는지 질문을 던지기까지 한다.⁷³⁵ 아이들을 마냥 즐겁게만 하리라고 생각했던 괴물 인형이 훗날의 아이들에게 무엇을 가르쳐 줄지 알았다면 토니 사르그는 과연 어떻게 느꼈을까? 슬퍼했을까, 아니면 기뻐했을까?

1938

†

세상이
뒤집힌다

〈우주전쟁〉 속 화성인

*Martians in
"The War of the Worlds"*

1938년 10월 30일,[736] 미국 동부 표준시로는 오후 8시. 시민들이 핼러윈 전야의 한가로운 일요일 오후를 즐기며 라디오방송에 귀를 기울이는 가운데 세기의 사건이 서서히 막을 올렸다. 라디오방송은 당대의 대중적인 여가 활동이었다. 1923년에는 미국 가정 중 1%만이 라디오 수신기를 보유하고 있었지만, 14년 뒤에는 그 비율이 75%로 껑충 뛰었다.[737] 인구 비율로 따지면 낮에는 92%, 밤에는 83%의 미국인이 사는 곳에 라디오 신호가 닿았다.[738] 당시 미국의 인구수가 약 1억 2천만 명이었으니,[739] 그날의 방송은 거의 1억 명의 미국인이 들을 수 있었던 셈이다.

이들 중 대다수가 채널을 맞춘 방송은 유명 복화술사 에드거 버겐Edgar Bergen과 그의 인형 찰리 맥카시Charlie McCarthy가 출연하는 NBC의 〈체이스 앤드 샌본 아워The Chase & Sanborn Hour〉였다. 하지만 제아무리 시청률 34.7%를 자랑하는 최고의 인기 방송이라 해도 모든 청취자를 잡아둘 수야 없는 법이었다. 순전한 취향 때문에 혹은 채널을 돌리다가 우연히, 어떤 사람들은 CBS에서 제공하는 시청률 3.6%의 〈머큐리 방송 극단The Mercury Theatre on the Air〉을 택했다. 이제부터 들을 방송이 역사적으로 얼마나 유명해질지 꿈에도 상상하지 못한 채로.

그해 7월에 〈일인칭 단수First Person Singular〉라는 제목으로 첫선을 보인 〈머큐리 방송 극단〉은 유명 고전 문학작품을 라디오드라마로 각색해 선보이는 코너였다. 3년 뒤면 역사상 최고의 영화 중 하나로 손꼽히는 〈시민 케인Citizen Kane〉[740]의 감독이자 주연을 맡아 불멸의 명성을 남길 오손 웰스Orson

Welles가 기획·제작·방송 전 과정을 주도하는 가운데, 〈머큐리 방송 극단〉은 셰익스피어의 희곡에서 셜록 홈스 이야기까지 다양한 장르의 드라마를 미국인들의 거실로 매주 실감 나게 전달했다. 그러나 이번 방송은 시작부터 어딘가 달랐다. 아나운서의 짤막한 소개와 시그널 음악인 차이콥스키의 〈피아노협주곡 1번 Piano Concerto No. 1〉 한 소절에 뒤이어, 진행자 웰스는 "인간보다 위대한 지성을 가졌으나 인간만큼이나 필멸하는"[741] 존재들이 줄곧 지구를 지켜보고 있다는 극의 서두를 담담히 읽었다. 평소보다 훨씬 조용하고 음산한 첫머리였다. 그리고 청취자가 만일 이 첫머리를 깜박 놓쳤거나 뒤늦게 채널을 돌려 방송을 듣기 시작했다면, 이후 이어질 무시무시한 이야기의 정체를 알아낼 단서는 어디에도 없을 예정이었다.

웰스의 나레이션 다음으로 흘러나온 것은 뜬금없는 일기예보 한 토막, 그리고 뉴욕의 호텔에서 연주되는 오케스트라 중계였다. 유명 탱고곡 〈라 쿰파르시타 La Cumparsita〉를 당시 유행하던 느린 댄스음악풍으로 편곡한 이 연주가 독서나 설거지 같은 일요일 오후의 일상 활동에 썩 괜찮은 배경음악이 되어주었는지, 추후의 여론조사에 따르면 이날 〈머큐리 방송 극단〉 청취자의 60%는 음악 시작 이후에 방송을 듣기 시작한 사람이었다. 그러나 음악 감상 시간은 오래가지 않았다. 이윽고 오케스트라 소리가 빠르게 잦아들더니 때아닌 뉴스 속보가 터져 나온 것이다. 시카고의 한 천문대에서 파렐 Farrell 교수가 화성 표면의 기묘한 연쇄 가스폭발을 관측했다는 속보였다. 총구의 푸른 불꽃을 연상시키는 문제의 폭발은 지구를 향해 굉장한 속도로 뿜어지고 있다는 듯했다. 짧은 속보 뒤에 계속된 오케스트라 중계는 얼마 뒤 프린스턴대학교 천문대에서 진행되는 리처드 피어슨Richard Pierson 교수와의 인터뷰에 자리를 내주었고, 이후로는 영영 재개되지 않았다.

갑작스러운 소식에 긴장한 청취자들이 귀를 곤두세우는 가운데, 피어슨 교수는 화성에서 일어난 일이 단순한 대기 현상일 뿐이라고 추측하며 기자를 안심시켰다. 하지만 안심도 잠시, 이번에는 뉴저지주의 한 농장에 미지의 물체가 떨어졌다는 소식이 도착했다. 아무리 보아도 운석 같지 않은 직경 약 27미터의 황백색 원통형 물체였다. 기자가 농장주를 인터뷰하느라 분주한 사이 원통에서는 묘한 소리가 들려오기 시작했고, 물체 표면이 식으면서 나는 소리에 불과하다는 피어슨의 추측은 이번에도 어김없이 빗나갔다. 물체가 열리고 있었다. 그 안에서 나타난 것은 곰만큼 크고 젖은 가죽처럼 반질거리는, 검은 뱀 같은 눈을 지녔으며 V 자 입에서는 침이 뚝뚝 떨어지는 기괴한 촉수 괴물들이었다.

무시무시한 것은 괴물들의 생김새만이 아니었다. 이윽고 놈들은 거울 같은 장치로 열 광선을 발사해 모여든 사람들과 주변 일대를 마구 불태우기 시작했다. 이 미증유의 재난에 주방위군이 출동하자, 원통형 물체는 방패처럼 생긴 금속 구조물을 치켜세우고 긴 다리를 뻗어 무시무시한 살인 기계로 변신했다. 기계가 뿜어 대는 열 광선 앞에서는 군대도 속수무책이었다. 설상가상으로 지구에 도달한 기계는 한 대가 아니었으며, 이들이 지닌 무기도 열 광선만이 아니었다. 죽음의 진군을 막기 위해 용감히 나선 제22야전포병연대의 군인들을 방독면조차 소용없는 검은 연기가 덮쳤다. 전선과 다리와 철도를 파괴하며 특급열차 같은 속도로 다가오는 기계들을 멈출 방법은 어디에도 없어 보였다.[742] 라디오가 전하는 소식은 명백했다. 화성인들이 지구를 침공하고 있었다. 인류의 운명은 이제 바람 앞의 등불이나 마찬가지였다. 피할 수 없는 공포가 청취자들의 마음을 서서히 사로잡았다⋯⋯.

이튿날 아침, 아무 일도 없었다는 듯이 해가 떠오른 가운데 미국 곳곳의 신문은 간밤의 사건을 대대적으로 보도했다. 화성인 침공에 대한 보도가 아니었다. 침공 소식을 듣고 겁에 질린 군중이 일으켰다는 전국적인 소동에 대한 보도였다.[743] 《뉴욕 타임스The New York Times》는 "집단 히스테리의 파도가 라디오 청취자들을 사로잡았"다면서 방송 때문에 벌어진 각종 천태만상을 낱낱이 알렸다. 어디서는 젖은 수건으로 얼굴을 가린 군중이 거리로 쏟아져 나오는 바람에 교통이 마비되었고, 또 어디서는 화성인을 막기 위해 자원입대하겠다는 사람이 등장했으며, 음독자살을 시도하는 아내를 남편이 진정시키는 사건도 있었다는 듯했다.[744] 《인디애나폴리스 스타The Indianapolis Star》는 교회에 뛰어들어가 "뉴욕이 파괴되었다" "세상의 종말이 온 것 같다"라고 선포한 여성의 일화를, 《볼티모어 선The Baltimore Sun》은 식료품점에서 거의 폭동이 일어날 뻔했다는 소식을 각각 전했다.[745] 하지만 가장 충격적인 소식은 따로 있었다. 바로 이 모든 소동의 시발점인 화성인 이야기가 사실조차 아니었다는 소식이었다.

〈머큐리 방송 극단〉의 다른 모든 방송과 마찬가지로, 1938년 10월 30일의 '화성인 침공' 방송은 그저 고전소설을 각색한 라디오드라마에 불과했다. 방송 시작 부분에서 아나

운서가 소개했다시피 그 원작은 약 40년 전에 쓰인 허버트 조지 웰스의 과학소설 『우주전쟁The War of the Worlds』으로, 진행자 오손 웰스의 음산한 나레이션 역시 소설의 첫 문단[746]을 그대로 가져온 것뿐이었다. '피어슨 박사'의 목소리 역시 그의 연기였다. 당연히 열 광선을 쏘아 대는 화성인들의 살인 기계 따위는 어디에도 없었다. 대중매체를 타고 퍼진 단 하나의 헛소문이 고작 하룻밤 새 세상을 뒤집어 놓은 셈이었다.

‡

1938년의 〈우주전쟁〉 방송 사건은 대중매체가 얼마나 큰 영향력을 지녔는지, 이를 향유하는 대중이 얼마나 거짓에 속기 쉬운지를 단적으로 보여주는 하나의 교훈적인 우화로서 오늘날에도 심심찮게 화두에 오른다. 이 사건이 라디오방송으로 사람들을 속여 넘긴 최초의 사례는 아니다. 추리소설의 법칙을 제시한 것으로도 잘 알려진 로널드 녹스는 1926년 1월에 BBC에서 가상의 폭동에 대한 뉴스를 흉내 낸 라디오드라마 〈바리케이드 방송Broadcasting the Barricades〉을 내보냈는데, 이 내용의 진위를 묻는 전화가 쏟아지는 바람에 BBC는 결국 사과문을 발표해야 했다.[747] 오늘날 녹스의 〈바리케이드 방송〉은 가짜 뉴스가 방송으로 퍼진 첫 번째 사례로 꼽힌다.[748]

뒤이어 1930년 10월 독일에서는 수상 암살 사건을 다룬 〈수상이 살해당했다!Der Minister ist ermordet!〉가, 〈우주전쟁〉 방송 정확히 한 달 전인 1938년 9월 30일 미국 시카고에서는 방송국에 잠입한 공산주의자 스파이의 행각을 소재로 한 〈진홍색

원통형 물체가 열리며 화성인이 모습을 드러내는
〈우주전쟁〉 라디오드라마의 한 장면. 이후 화성인들은
열 광선과 살인 기계로 무자비한 학살을 저지른다.

마법사The Crimson Wizard)가 비슷한 소란을 일으켰다. 뉴스 형식을 빌렸지만 특별히 소란으로 이어지지는 않았던 당대의 라디오드라마로는 미국 극작가 아치볼드 매클리시의 〈도시의 몰락The Fall of the City〉과 〈공습Air Raid〉도 주목할 만하다. 전자는 1937년에, 후자는 〈우주전쟁〉 방송 단 4일 전에 전파를 탄 작품이다.[749] 하지만 이처럼 충분한 선례에도 불구하고 〈우주전쟁〉 사건은 유명함과 황당함이라는 측면에서 앞선 유사 사건 전부를 까마득히 압도한다. 어떻게 그토록 많은 사람이 화성인 침공 따위의 터무니없는 소식에 속아 넘어간 것일까?

그 이유를 하나로 특정하기는 힘들다. 외계인 침략자라는 SF 특유의 소재를 사실적으로 그려낸 원작의 힘, 그럼에도 출간된 지 40년이 지나 어쩔 수 없이 시대에 뒤떨어졌던 이 영국 소설을 한 주 만에 당대 미국 배경의 박진감 넘치는 재난 드라마로 각색해 낸 각본가 하워드 코흐Howard Koch의 노력을 우선 거론하지 않을 수는 없으리라. 물론 웰스의 공로도 과소평가해서는 안 된다. 〈바리케이드 방송〉 사건에 대해 알았고 〈도시의 몰락〉에 출연했으며 〈공습〉의 리허설 현장에도 있었던 그가 〈우주전쟁〉 드라마를 가짜 뉴스라는 형태로 완성하는 데에 얼마나 큰 영향을 끼쳤을지는 쉽게 짐작할 수 있다.

여기에 시대적인 배경도 빼놓을 수 없는 요소다. 1938년은 나치 독일이 체코슬로바키아의 주데텐란트Sudetenland 지역 양도를 요구하며 본격적인 침략전쟁의 야욕을 드러낸 해다. 비록 당장의 전쟁 위기는 9월 30일에 뮌헨협정이 체결되며 잦아들었으나, 프랑스와 독일이 히틀러의 요구를 수용하며 이루어진 일시적 평화는 살얼음판처럼 불안하기 짝이 없는 것이었다.[750] 대서양 건너편에서 시시각각 급변하는 위기일발의 국제 정세를 따라잡고자 미국인들은 라디오방송에 의지할 수밖에 없었다. 1938년 한 해 동안 미국의 라디오 청취자 수는 무려 39%나 급증했고, 위기의 절정이었던 그해 9월에 하루라도 뉴스를 듣지 않고 넘어간 사람은 채 8%가 되지 않았다.[751] 자연히 당시 청취자들은 방송 중간중간에 터져 나오는 긴급 속보에도 익숙해질 대로 익숙해졌다. 실제로 〈우주전쟁〉 방송을 접한 청취자 중에는 그 내용이 독일군의 침공과 관련된 것이라고 이해한 사람도 있었다.

물론 그처럼 착각한 청취자가 대다수는 아닐 것이다. 〈우주전쟁〉이 이전의 유사한 방송들과 달리 화성인의 침공이라는 비현실적 사건을 소재로 삼고서도 큰 소동을 일으킬 수 있었던 것은, 역시 당대 사람들이 화성인의 존재 가능성을 어느 정도는 받아들였기 때문이라고밖에 생각할 수 없다. 1835년 《선》의 '장대한 달 사기극' 이후 한 세기가 흐른 뒤에도 똑같은 거짓말에 또 속았을 만큼 지구 밖 생명체에 대한 미국인들의 믿음은 여전히 굳건했던 셈이다. 하지만 '장대한 달 사기극'과 〈우주전쟁〉 방송을 무작정 동일선상에 놓기 앞서 한 가지 염두에 두어야 할 사실이 있다. **달의 박쥐인간**이 우주를 지적 생명체로 가득 찬 공간으로 상상했던 다수우주론에 영향을 받은 괴물이었다면, 웰스의 화성인은 다른 어떤 행성도 위성도 아닌 화성에 지적 생명체가 산다는 발상에서 나온 괴물이라는 점이다. 놈들이 하필 '화성인'이었다는 사실은 한 번쯤 짚고 넘어갈 만한 가치가 있다.

‡

오늘날에도 '화성인'은 마치 외계인의 대표 주자처럼 여겨져, 외계인처럼 괴짜 같은 사람을 일컫는 단어로까지 종종 쓰일 정도다. 이러한 인식이 자리 잡은 배경에는 화성의 '운하'에 대한 해묵은 논쟁이 있다. 19세기 말에서 20세기 초에 걸쳐 천문학 애호가들을 두근거리게 했던 이 논쟁의 시작은 1877년, 이탈리아의 천문학자 조반니 스키아파렐리가 화성 표면에서 강과 바다를 닮은 어두운 흔적들을 발견한 일이었다. 화성을 거미줄처럼 치밀하게 가로지르는 이 수수께끼의 흔적들을 스키아파렐리는 '수로Canali[†]'라고 불렀다.[752]

스키아파렐리가 발견한 '수로'의 정체에 대해 가장 급진적인 추측을 내놓은 인물은 프랑스의 과학저술가 카미유 플라마리옹이다. 외계 생명체의 존재를 굳게 믿었으며 **오르괴유 운석**이 그 증거일 가능성을 주장하기도 했던 플라마리옹은, 1892년 펴낸 『행성 화성과 그 거주 가능성La Planète Mars et ses Conditions d'Habitabilité』에서 스키아파렐리의 '수로'가 어쩌면 화성의 지적 생명체들이 물을 끌어오려 하천공사를 벌일 흔적일지도 모른다는 추측을 내놓았다. 나아가 그는 화성에 인류보다 더 발전한 문명이 존재할 수 있다고까지 주장했다.[753] 이탈리아어 'Canali'가 영어로 번역되는 과정에서 하필이면 인공 운하를 뜻하는 'Canal'로 바뀐 일도, 수에즈운하가 1869년에 완공되고 파나마운하가 1881년에 착공되는 등 운

[†] 단수형은 canale이다.

하 건설이 당대의 주요 화제였다는 사실도 이러한 주장에 힘을 실어주었다.[754] 화성을 생각할 때마다 사람들은 자연스레 운하를, 나아가 그 운하를 만든 존재들을 함께 상상하게 된 것이다.

화성의 운하에 매혹된 사람 가운데는 퍼시벌 로웰Percival Lowell이라는 미국인도 있었다. 명문가에서 태어나 하버드대학교를 졸업한 로웰은 조선과 연이 깊은 인물이기도 했다. 조선이 태극기를 정식 국기로 선포하고 조일통상장정을 체결하는 등 근대화를 위해 필사적으로 손을 뻗던 1883년에,[755] 그는 조선이 미국에 파견한 사절인 보빙사를 공식 서기관으로서 보좌하며 외교 안내 역할을 수행한 바 있다. 이때의 공로로 그해 말 고종에게 초대를 받아 조선에서 겨울을 보낸 그는 한반도의 지리와 문화, 제물포†에서 서울로 향하는 여정, 가부장제와 여성의 사회적 지위 등을 상세히 관찰한 뒤 『조선, 고요한 아침의 나라Chosön, The Land of the Morning Calm』라는 책으로 펴냈다.[756] 이처럼 낯선 땅과 사람에 대한 호기심으로 가득했던 그가 조선보다 수만 배 멀리 떨어진 행성에까지 관심을 가진 것은 어쩌면 당연한 일인지도 모른다. 조선 유람으로부터 10년이 흐른 1893년, 친척에게 크리스마스 선물로 플라마리옹의 책을 받고서 그 내용에 푹 빠져든 로웰은 곧장 부와 영향력을 총동원해 애리조나주 플래그스태프Flagstaff에 손수 천문대를 짓기 시작했다. 물론 화성을 직접 관측하기 위해서였다.[757]

---

† 오늘날 인천에 있었던 조선시대 포구이다.

천문대에서 화성 관측에 몰두한 지 얼마 지나지 않아, 로웰은 지적 생명체의 작품이라고밖에 설명할 수 없는 체계적인 직선 형태의 운하를 여럿 찾아냈다.[758] 화성인들이 메마른 화성 땅에서 농사를 짓고자 만든 것이 틀림없었다.[759] 자신의 관측 내용을 확신한 그는 1895년에 출간한 『화성Mars』에서 "화성에 생명체가 거주하고 있음은 논제의 결론이 아니라 서론에 불과하"며, "그곳에 생명체가 존재한다는 건조한 사실보다 더욱 중요한 것은 그들이 어떤 모습을 하고 있을지"라고 단언하기에 이르렀다. 온 행성에 걸친 운하를 건설한 것으로 미루어보아 화성인들의 정치체계와 기술력이 인류보다 우월하리라는 추측도 빼놓지 않았다.[760] 이처럼 과감한 단언에는 당연히 반박도 뒤따라서, 1907년에 앨프리드 러셀 월리스는 『화성은 거주 가능한가?Is Mars Habitable?』를 펴내 로웰의 주장을 조목조목 비판하기도 했다.[761]

오늘날 우리는 월리스가 옳았음을 알고 있다. 로웰의 시대보다 훨씬 발전된 망원경을 갖고서도, 심지어는 화성에 탐사선을 보내기에 이르렀는데도 그곳에서 물이 흐르는 거대한 운하의 흔적을 발견할 수는 없었으니까. 스키아파렐리와 로웰이 기록한 '운하' 중 일부는 화성의 실제 계곡이나 화산 등을 착각한 결과로 보이며, 나머지는 아마 눈의 착각과 상상력이 빚어낸 한낱 신기루일 것이다.[762] 하지만 사실이든 아니든 이들의 주장이 화성에 대한 대중의 인식에 끼친 영향만큼은 결코 부정할 수 없다. 로웰의 추측 속 화성인들이 고도로 발전된 문명을 이룩했으면서도 척박한 땅에서 살아남고자 몸부림치는 존재였다는 점은 특히 주목할 만하다. 그런 존재들이 언젠가 보다 풍부한 물과 뒤떨어진 문명을 지닌 이웃 행성에 침략의 손길을 뻗칠지도 모른다는 상상은 전혀 부자연스럽지 않으니까. 허버트 조지 웰스는 로웰이 『화성』을 출간한 1895년에 『우주전쟁』의 집필을 시작했다.[763] 이 소설에는 "스키아파렐리와 같은 사람들"이 화성 표면의 자국을 꼼꼼히 관찰했으면서도 그것들의 움직임은 제대로 해석하지 못했다는 언급이 직접적으로 등장한다.[764]

물론 라디오방송의 전성기에 화성의 운하 이야기는 이미 수십 년 전 화제에 불과했다. 그러나 1930년대가 막을 올린 지 얼마 지나지 않아, 이번에는 태양계의 다른 한쪽 구석으로부터 로웰의 발견에 한 차례 더 이목을 집중시킬 대발견이 일어났다. 주인이 1916년에 사망한 이후로도 줄곧 천문학 연구의 산실이 되어온 로웰천문대Lowell Observatory에서, 1930년 2월 18일에 클라이드 윌리엄 톰보가 그때까지 알려지지 않았던 천왕성 너머의 천체를 발견한 것이다. 과거 로웰이 '행성 X'라고 일컬으며 그 존재를 예측한 바 있던 태양계의 아홉 번째 행성인 명왕성[†]이었다.[765] 미국인 천문학자가 미국 천문대에서 새로운 행성을 발견한 이 사건은 미국인들이 우주 저편에 무수히 떠돌고 있을 낯선 세계의 존재를, 그리고 퍼시벌 로웰이라는 괴짜가 남긴 유산을 다시금 떠올리도록 했으리라.

그러니 〈우주전쟁〉 방송은 여러모로 절묘한 시기에 절묘한 방법으로 지구에 당도했다고 볼 수 있다. 19세기부터 계속된 논쟁을 통해 대중의 머릿속에 뿌리내려 온 화성인이

---

† 현재는 왜행성으로 분류된다.

라는 개념이 명왕성의 발견으로 말미암아 새삼 환기되지 않았더라면, 두 번째 세계대전의 전운이 유럽 전역에 감돌면서 침략전쟁이라는 소재가 그 어느 때보다 사실적으로 다가오지 않았더라면 화성인들의 살인 기계 이야기가 그토록 많은 미국인들에게 진실되게 다가가지는 않았을 테니까. 여기에 당대 사람들이 속보를 접하는 창구로서 무엇보다 신뢰하던 라디오라는 새롭고 빠른 대중매체의 힘이 결합된 순간, 비로소 〈우주전쟁〉 방송에는 단 하룻밤 만에 세상을 뒤집어 놓을 수 있는 마력이 깃들었다고 말할 수 있으리라.

‡

허나 〈우주전쟁〉 소동이 오늘날 희대의 가짜 뉴스 사건으로 널리 알려진 데에는 라디오보다 훨씬 유서 깊은 대중매체의 공로가 컸다. 바로 신문이다. A. 브래드 슈워츠A. Brad Schwartz나 W. 조셉 캠벨W. Joseph Campbell과 같은 역사가들이 밝힌 바에 따르면, 당시에 미국 전역의 신문이 보도한 '소동'의 규모는 사실 대단히 과장되어 있었다.[766] 정말 화성인이 침공했다고 믿어 겁에 질린 청취자가 없지는 않았으나, 이들이 몽땅 거리로 뛰쳐나오는 바람에 벌어졌다는 전국적 대혼란이란 그 실체가 불분명한 허상이었다는 것이다. 이는 〈우주전쟁〉 방송에 의한 것으로 알려진 교통사고나 사망자가 전혀 없다는 점으로도 미루어 짐작할 수 있다. 그뿐만이 아니다. 사건 이후 웰스와 〈머큐리 방송 극단〉은 청취자들로부터 1,400통에 육박하는 편지를 받았지만, 슈워츠의 조사에 의하면 그중 방송 때문에 집에서 도망쳤다는 내용이 담긴 편지는 단 여섯 통뿐이었다.

즉 대다수의 청취자가 방송을 듣자마자 벌인 행동은 패닉에 빠져 무작정 도망치는 일이 아니었다. 그들은 오히려 믿기 힘든 재난 소식을 들은 사람이 할 법한 훨씬 합리적인 행동에 나섰다. 방송을 듣지 못한 주변인들에게 소식을 적극적으로 전하는 한편, 그 진위를 파악하고자 방송국·경찰서·신문사 등 믿을 만한 기관에 연락해 보는 일이었다. 공교롭게도 바로 이런 행동이 방송의 여파를 실제보다 훨씬 크게 느껴지게끔 했다. 뒤늦게야 소식을 접하고서 채널을 CBS에 맞췄거나 아예 이웃의 이야기로만 상황을 파악한 사람들은 방송에서 말한 재난의 정체를 곧장 눈치채지 못했고, 자연스레 화성인의 침략이 아니라 더욱 현실적인 재난을 떠올렸기에 더 쉽게 겁을 먹었다. 신문사의 사정도 크게 다르지 않았다. 소식을 들은 사람들이 제각기 사실 확인에 나선 결과 주요 신문사에는 하룻밤 새 수백 통의 전화가 쏟아졌다.[767] 때아닌 문의 폭주에 당황한 직원들이 전국적인 대혼란을 상상한 것도 무리는 아니었다.

다시 말해 이튿날 아침신문에 실린 "집단 히스테리의 파도"는 일종의 착시현상에 불과했다. 실제로 일어난 일은 어디까지나 소수에 의한 국지적 소요에 불과했지만, 밀려든 문의 전화 탓에 사건의 규모를 오판한 신문사에서 그 오판에 들어맞는 자극적인 일화 한 줌만을 바탕으로 사건 전체를 일반화하고 근거 없는 추측을 곁들여 보도한 탓에 마치 세상이 뒤집어졌던 듯한 착각이 빚어진 것이다. 한편 캠벨은 이러한 과장 보도의 배경에 경쟁 매체인 라디오의 신뢰성을 공격하려는 의도가 있었다고 추측하지만,[768] 슈워츠는 당시에 두 매체 사이의 갈등이 격화되기보다는 오히려 해소되는 분위기였으며 미국 라디오방송국의 약 30%는 신문사의 소유였음을 지적한다. 물론 기자들이 어느 정도 의도적으로 사건을 부풀렸다고 해도, 그들이 〈우주전쟁〉 소동을 실제보다 더 크게 인식했으리라는 정황이 달라지지는 않는다. 라디오에 속아 넘어간 대중의 부화뇌동이라는 허구의 재난을 사실로 받아들임으로써 그들은 자신조차 모르게 또 하나의 장대한 거짓말을, 말하자면 '가짜 뉴스에 대한 가짜 뉴스'를 만들어 내고만 셈이다.

　이렇게 시작된 가짜 뉴스의 여파는 방송 자체의 여파보다도 훨씬 거셌다. 방송 이튿날 웰스는 기자들 앞에서 결코 대중을 속일 의도가 없었다는 해명과 사과를 쏟아내야 했다. 라디오방송을 규제해야 한다는 주장도 당연하다는 듯이 빗발쳤고, 아이오와주 상원의원 클라이드 L. 허링Clyde L. Herring은 이를 기회로 아이들에게 유해한 자극적인 방송을 검열해야 한다며 목소리를 높였다. 일각에선 미국 민주주의의 취약성을 걱정하는 의견도 나왔다. 화성인이 침공했다는 황당한 방송조차 대중을 휘두를 수 있다면, 유럽에서 기세를 더해가던 히틀러나 무솔리니 등 파시스트 독재자들의 선동이 어떤 두려운 결과를 가져올지는 뻔한 일이었으니까. 한편 프린스턴대학교의 심리학자 해들리 캔트릴Hadley Cantril은 〈우주전쟁〉 소동을 심리학적으로 접근하고자 했다. 1940년에 당시까지의 연구 결과를 종합해 펴낸 『화성 침공The Invasion from

Mars』에서 그는 대중이 화성인의 침공을 사실로 믿어 극단적인 행동에 나선 이유를 분석하고 나섰지만,[769] 이 역시 실제 사건의 규모를 오판하고 신문이 보도한 자극적인 사례만을 취사선택한 결과였다.[770]

어쩌면 일어나지도 않았던 '패닉'을 놓고 벌어진 이 모든 격론이야말로 웰스의 〈우주전쟁〉이 낳은 진정한 패닉이었는지 모른다. 지금까지 알던 세상이 송두리째 무너지기 직전의 폭풍 전야 속에서는 누구나 앞으로 닥쳐올 일의 원인과 대책을 알고 싶어 하게 마련이었다. 화성인들은 바로 그러한 시대적 불안감의 한복판을 향해 떨어져 내려왔다. 누군가에게는 라디오라는 강력한 선동 도구의 모습으로, 또 누군가에게는 너무나 손쉽게 속아 넘어가는 대중의 모습으로, 자신이야말로 이제부터 세상을 무너뜨릴 괴물이라고 온몸으로 주장하면서. 그토록 두렵고도 솔깃한 해답 앞에서 어떤 답도 주지 않는 평범한 진실이 눈에 들어올 리 없었다. 종말을 부르짖는 예언자처럼 누구라도 그저 두려워할 수밖에, 자신의 생각이 옳았노라고 외칠 수밖에 없었다.

‡

그러한 외침이 완전히 엇나간 것만은 또 아니었다. 비록 전국적인 소동이 일어나지는 않았다고 한들, 당시 웰스의 〈우주전쟁〉에 속아 넘어간 사람은 틀림없이 여럿 있었으니까. 첫 방송 당시에 다행히 큰 사고가 일어나지 않았을 뿐 〈우주전쟁〉은 얼마든지 대혼란을 일으킬 만한 마력을 지닌 이야기였다. 그 증거로 1944년 칠레에서 같은 각본을 각색해 방송했을 때는 전기기술자 한 사람이 그만 심장마비로 목숨을 잃었다고 전해지며, 1949년 에콰도르에서는 방송에 속았다는 사실을 알고 분노한 청취자들이 폭도로 변해 방송국을 습격하고 불을 지르는 바람에 그만 여러 사람이 목숨을 잃는[71] 참사가 빚어졌다. 이 정도면 라디오라는 매체의 힘을 경계한 사람들의 목소리도 조금 정도는 옳았다고 말할 수 있으리라.

단지 세상이 하룻밤 새 단번에 뒤집히지 않았을 뿐, 〈우주전쟁〉 소동은 분명 한 시대의 마지막을 알리는 사건이었다. 기괴한 화성인들이 살인 기계를 타고 나타나 인류를 위협하는 일은 앞으로도 결코 일어나지 않을 예정이었다. 그러나 감히 상상하기조차 힘든 변화와 위협이라면 이제부터 얼마든지 닥쳐올 터였고, 이를 알리는 소식 또한 전에 없이 빠른 속도로 사회에 무자비하게 쏟아질 터였다. 1938년 10월 30일의 방송은 단지 그 예고편에 불과했다. 과학기술의 발전이 드리운 그늘에 온갖 괴물이 득시글거렸던 기나긴 근대의 끝자락에서 마침내 새로운 세계가, 현대가 다가오고 있었다.

1939

†

가능한 괴물, 불가능한 괴물

로우

Row

가상의 **화성인** 침공 사태를 다룬 〈우주전쟁〉 라디오방송 바로 이듬해, 히틀러의 나치 독일이 폴란드를 침공하면서 현실에서도 기어이 진짜 전쟁이 벌어지고 말았다.[772] 지난번 세계대전이 끝난 날로부터 겨우 20여 년 만에 재개된, 세상을 영원히 뒤바꿔 놓을 두 번째 세계대전이었다. 훗날인 1986년 창립된 영국 현대사학회 Institute of Contemporary British History는 2차 세계대전이 끝난 1945년을 오늘날 우리가 살아가는 '현대사'의 시작점으로 정의했다.[773] 비록 이 정의가 결코 절대적이지는 않을지라도 그 함의에는 누구나 동의할 수밖에 없을 것이다. 우리 모두는 좋든 싫든 제2차 세계대전이 불러온 변화의 여파 속에서, 그 이전과는 전혀 다른 질서 속에서 살고 있으니까.

그처럼 거대한 변화가 막 시작되던 해인 1939년, 한 마리의 묘한 괴물이 어지러운 세상에 슬그머니 모습을 드러냈다. 엄청나게 많은 사람을 속여 넘긴 괴물은 아니었다. 대단한 센세이션을 불러일으켜 세상을 뒤집어 놓은 괴물도 아니었다. 이 괴물 자체만을 놓고 말하자면 차라리 그 정반대라고 해도 좋을 정도다. 그럼에도 근대 괴물 이야기를 주제로 한 책의 마지막 항목에서 소개하기에 이보다 더 적절한 괴물은 달리 없다. 왜냐하면 근대사를 수놓은 온갖 괴물들의 연대기는 이 보잘것없는 괴물이 퇴치당하면서 비로소 마무리되었기 때문이다. 1735년 함부르크에서 근대 동물학과 괴물의 본격적인 사투가 그 막을 올린 지 장장 200년, 세계대전의 불길한 군홧발 소리와 더불어 마침내 괴물들의 '현대'가 싹을 틔우려 하고 있었다.

‡

문제의 괴물 이야기를 세상에 처음으로 알린, 그럼으로써 본의 아니게 근대 괴물의 연대기에 끝을 고하고 만 인물은 '식인종'이라는 별명을 지닌 탐험가 찰스 밀러Charles Miller다. 자동차, 선박, 비행기 등 온갖 교통수단의 테스트 주행이나 경주에서 조종사로 활약했다는 화려한 경력을 지닌 밀러는 언제나 모험을 꿈꾸는 인물이기도 했다. 네덜란드령 동인도군 소속의 아버지 덕택에 뉴기니의 유일한 백인 아이로서 유년기를 보내는 동안 그곳의 야생에 깊이 매혹된 탓이었다. 이미 젊어서부터 여러 차례 뉴기니를 찾은 바 있던 그는 한때 미국에 자리를 잡고서 할리우드의 카메라맨으로 일하기도 했지만, 결국에는 자신과 마찬가지로 모험을 동경하는 사교계 여성 레오나 제이Leona Jay와 의기투합해 다시 한번 뉴기니로 떠나기에 이르렀다. 이 여정 도중에 두 사람은 자바에서 부부의 연을 맺기도 했다.[774] 뉴기니의 정글이 이들의 신혼여행지가 된 셈이다.

1939년에 출간된 찰스 밀러의 모험기 『식인종 캐러밴Cannibal Caravan』에 따르면, 바로 이 신혼여행에서 밀러 부부는 예상 밖의 놀라운 조우를 연달아 경험했다. 그중 첫 번째는 뉴기니섬 정중앙을 가로지르는 눈 덮인 스테렌Sterren산맥† 근방에서 이전까지 세상에 알려지지 않았던 원주민들과 맞닥뜨린 일이었다. '루Wroo'라는 이름의 지도자가 이끄는 이 낯

---

† 네덜란드령 뉴기니 시절의 명칭. 오늘날에는 스타Star산맥이라고도 불린다.

선 사냥꾼 집단을 권총으로 위협해 포로로 잡은 밀러는, 이들의 안내를 받아 산맥의 서쪽 사면으로 기나긴 길을 걸어간 끝에 마침내 원주민 마을에까지 발을 들였다. 주민들이 "입 안에 도토리를 가득 채운 다람쥐가 지저귀는 듯한 소리"로 키리리Kirrirri라고 부르는 마을이었다.[775]

키리리에서 레오나 밀러는 다른 부족의 아기를 구워 여성들끼리 나눠 먹는 식인 의식을 목격하고 큰 충격을 받기도 했지만, 정작 그가 본 가장 의미심장한 광경은 따로 있었다. 열다섯 살도 안 돼 보이는 소녀가 잠든 아기를 등에 업은 채, 코끼리의 상아나 코뿔소 뿔을 닮은 낯선 물건으로 코코넛 껍질을 벗기는 모습이었다. 이 이야기에 흥미가 동해 마을을 둘러보던 찰스는 곧 길이가 46센티미터에 달하고 깔때기처럼 속이 텅 빈 뾰족한 문제의 '상아'를 여럿 찾아냈다. 하지만 대체 뉴기니에 서식하는 어떤 짐승이 이런 물건을 달고 있단 말인가? 루가 그림을 그려서 설명해 준 바에 따르면 그 정체는 "로오오우" 하는 포효 소리를 본떠서 '로우'라고 불리는 무려 12미터 길이의 육중한 도마뱀이었다. 놀라운 것은 그 덩치만이 아니었다. 그림 속 로우는 긴 목과 꼬리를 지닌 데다 머리 뒤에는 넓게 펼쳐진 덮개가, 등에는 큼지막한 삼각형 비늘 여럿이 솟아난 모습을 하고 있었다. 레오나가 상아 또는 뿔이라고 생각했던 것은 사실 꼬리 끝을 골무처럼 감싼 가시였다. 이처럼 기이한 특징으로 중무장한 로우의 모습에서 찰스는 곧장 박물관에 전시된 공룡 복원도를 떠올렸다.

살아남은 공룡일지도 모르는 짐승을 카메라에 담겠다는 원대한 꿈을 품고서, 이튿날 밀러 부부는 키리리 사람들과 동행해 로우가 살고 있다는 장소로 향했다. 사흘에 걸쳐 고원 지대를 행군한 끝에 다다른 그곳은 두 고원 사이의 삼각주에 형성된 늪지대였다. 루의 말에 따라 고원 위를 무릎으로 조심스레 기어 나아가며 갈대로 덮인 늪지대를 내려다보던 중, 찰스는 문득 갈대가 움직이는 것을 보았다. 뒤이어 생전 처음 느껴 보는 공포가 그의 몸을 마비시켰다. 뒤이어 시선을 향한 레오나도 마찬가지였다. 〈잃어버린 세계〉나 〈킹콩〉과 같은 영화에서나 보았던 광경이 바로 눈앞에서 펼쳐지고 있었다. 갈대밭 위로 불쑥 머리를 내민 채 끝이 뾰족한 꼬리를 휘두르면서, "공룡시대의 거대한 유산"이 늪지대를 가로질러 성큼성큼 나아가는 광경이었다.

밀러 부부가 목격한 로우는 네발로 걷는 동물이었지만, 찰스가 카메라를 조작하자 소리를 들은 듯 뒷다리로 몸을 세우더니 뱀처럼 긴 목과 악어거북처럼 부리로 된 입을 일행 쪽으로 향하기도 했다. 이후로도 녀석은 두 차례 그렇게 번쩍 일어났고, 덕분에 찰스는 머리 둘레의 뼈로 된 테두리와 등뼈를 따라 솟은 골판을 눈에 똑똑히 담을 수 있었다. 문제는 장갑판 같은 불규칙적인 비늘로 덮인 로우의 몸 빛깔이 하필이면 주변의 갈대와 똑같은 연한 황갈색이라는 점이었다. 그 어떤 필터로도 놈의 모습을 배경과 분리해 낼 수 없으리라는 사실을 찰스는 오래지 않아 깨달았다. 로우가 키 작은 유칼립투스 덤불 뒤로 사라져 갈 때까지 그는 계속해서 카메라의 셔터를 눌렀지만 그뿐이었다. 저런 괴수를 상대로는 소총이나 벌레 퇴치용 오일이나 마찬가지일 것이라는 생각에, 밀러 일행은 식은땀에 젖은 채 로우가 훨씬 더 많이 있다는 서식

지를 뒤로했다.[776]

‡

당연히 이 경이로운 증언을 곧이곧대로 믿기는 힘들다. 뉴기니의 외딴 산속에서 식인종 부족의 도움을 받아 거대한 공룡을 목격했다는 밀러의 목격담은 앞서 여러 차례 살펴본 태고의 생존자 이야기, 특히 **콩고의 브론토사우루스**와 같은 오지의 공룡 이야기를 더욱 극적으로 부풀린 결과물처럼 들린다. 더욱 수상쩍은 점은 물증의 부재다. 할리우드의 카메라맨답게 찰스 밀러는 『식인종 캐러밴』에 아내인 레오나 및 여러 부족의 원주민들을 촬영한 사진 서른 장 이상을 실었지만, 그토록 열심히 찍었다는 로우의 사진만큼은 책 어디에서도 찾아볼 수 없다. 살아남은 공룡을 찍은 사진이라면 아무리 흐릿하더라도 실을 가치가 있었을 텐데 말이다. 그뿐만 아니라 키리리 마을에서 여럿 발견했다는 로우의 꼬리 가시 사진도, 하다못해 키리리 마을이나 주민을 찍은 사진도 『식인종 캐러밴』에는 전혀 실려 있지 않다. 이 정도면 찰스가 키리리 마을과 로우 이야기를 통째로 꾸며냈으리라고 의심하기에는 충분하다.

수상쩍은 정황은 더 있다. 괴물 연구가 칼 슈커는 1941년에 출간된 레오나 밀러의 책 『식인종과 난초Cannibals and Orchids』에 로우 이야기가 짤막한 문단 몇 개로만 실려 있으며, 그중 로우를 직접 묘사한 분량은 몸길이를 언급한 문장 단 하나뿐이라는 사실을 지적한다. 살아남은 공룡을 목

머리 뒤에는 덮개가, 등에는 골판이, 꼬리 끝에는 가시가 달린
뉴기니의 공룡 로우. 마치 제각기 다른 공룡 여럿을
뒤섞어 놓은 듯한 모습이다.

격하고 공포에 질렸던 사람의 회상치고는 너무나 빈약한 셈이다.[777] 찰스의 묘사 속 로우가 미국 작가 로버트 E. 하워드 Robert E. Howard의 1936년 작 판타지소설 「붉은 못 Red Nails」에 등장하는, "길고 비늘 덮인 목"과 "톱니가 돋은 등뼈"와 "거대한 전갈처럼 길고 가시가 돋친 꼬리"를 지닌 용[778]과 기묘하리만치 닮았다는 사실 역시 특기할 만하다. 한편 2012년에 괴물 연구가 브라이언 어윈 Brian Irwin은 로우처럼 목이 길고 등에 일종의 프릴이 돋은 공룡을 목격했다는 파푸아뉴기니 주민들의 증언을 보고한 바 있으나,[779] 현대의 여러 공룡 사냥꾼들이 그렇듯 어윈 역시 창조론 신봉자인 만큼[780] 그의 주장에 대단한 신빙성이 있다고 보기는 힘들다.

이처럼 뉴기니의 공룡 로우는 사진도 발자국도 하나 없이 신뢰하기 힘든 극소수 목격담으로만 세상에 알려진, 진지하게 믿기에는 너무나 황당무계한 온갖 괴물 중 하나일 뿐이다. 하지만 이 책의 서두에서 소개한 **함부르크의 히드라**도 결국에는 조잡한 짜깁기 박제일 뿐 아니었는가? 새 시대의 막을 여는 괴물이 반드시 세상에서 가장 그럴듯할 필요는 없는 법이다. 중요한 것은 누가 어떻게 이 괴물을 퇴치함으로써 역사에 이름을 새겼는가 하는 것이니까. 그리고 곧 깨닫게 되겠지만, 우리는 이미 그 이름을 알고 있다.

‡

두 번째 세계대전이 발발하고 로우가 『식인종 캐러밴』을 통해 데뷔한 1939년에, 벨기에의 브뤼셀자유대학교에서 프랑스 태생의 한 젊은 동물학도가 박사학위를 받았다. 어릴 적아서 코넌 도일의 『잃어버린 세계』와 쥘 베른의 『지구 속 여행』을 읽으며 꿈을 키웠던 그의 학위논문 주제는 아프리카 토착 포유류인 땅돼지Orycteropus afer의 치아 연구였다. 틀림없이 동물학자가 파고들 만한 주제였지만, 안타깝게도 이 새내기 학자가 동물 이빨 연구에 마음껏 집중하기에는 세상의 흐름이 썩 좋지 않았다. 졸업하자마자 시작된 전쟁의 소용돌이 한복판에서 그는 프랑스군에 징집되어 나치에게 붙잡혔다가 탈출하는 고초를 겪기도 했고, 벨기에의 일간지 《르 수아르Le Soir》의 필진으로 일하며 '땡땡의 모험Les Aventures de Tintin' 시리즈의 작가이자 에르제Hergé라는 필명으로 널리 알려진 조르주 레미Georges Remi와 친분을 쌓기도 했다. 전쟁이 끝난 뒤에도 그의 앞길은 여전히 막막한 채였다. 학자로서는 도무지 일자리를 찾을 길이 없었던 전후의 파리에서 그는 과학저술가, 재즈 음악가, 코미디언 등의 여러 직업을 전전하며 생계를 이어갔다. 베르나르 외벨망이라는 이름의 이 불운한 동물학자는 그렇게 학계에 이름을 남기는 일 없이 영영 잊힐 듯 보였다.[781]

하지만 외벨망은 그렇게 잊힐 운명이 아니었다. 제2차 세계대전의 종전으로부터 10년이 지난 뒤인 1955년, 그는 한 권의 책을 펴냄으로써 자신의 이름을 역사에 영원히 남기는 데에 성공했다. 『미지의 동물을 찾아서Sur la Piste des Bêtes Ignorées』†라는 제목으로 출간된[782] 이 책의 주제는 땅돼지처럼 존재가 알려진 동물이 아니라 전설, 신화, 목격담 속 미지

---

† 영문 제목은 On the Track of Unknown Animals이다.

의 동물들이었다. 그러나 외벨망은 과거 찰스 포트가 그러했 듯 진기한 괴물 이야기를 잔뜩 모아 소개하는 데에서 그치지 않고 자신의 전공인 동물학을 한껏 활용하여 이야기 속 괴물 하나하나를 과학적으로 분석하고자 했다. 과학의 힘으로 괴물들의 존재를 부정하기 위해서가 아니었다. 외벨망의 목적은 정확히 그 반대였다.

"잃어버린 세계가 온 세상에 있다"라는 야심 찬 선언으로 책의 첫머리를 장식한 뒤, 『미지의 동물을 찾아서』에서 외벨망은 크게 세 가지 근거를 들어 괴물들의 존재 가능성을 옹호한다. 첫째는 미지의 동물이 숨어 있을 만한 생태계가 지구상에 얼마든지 남아 있다는 점이고, 둘째는 '고생물학의 아버지' 조르주 퀴비에가 1812년에 "새로운 사족보행 동물이 발견될 가능성은 거의 없다"라고 예측한 이후에도 두 종의 고릴라, 말레이맥 Tapirus indicus, 자이언트판다 Ailuropoda melanoleuca, 오카피 Okapia johnstoni 등의 크고 인상적인 신종이 계속 발견되어 왔다는 사실이다. 마지막으로 외벨망은 투구게나 실러캔스처럼 '살아 있는 화석'이라 불리는 생물들을 열거하며 과거 멸종했다고 알려진 고생물이 아직 생존해 있을지도 모른다는 주장을 펼친다.[783] 즉 미지의 동물은 어디에나 존재할 수 있고 언제든 발견될 수 있으며, 현존하는 그 어떤 종하고도 다른 모습일 수 있다는 것이다.

뒤이어 소개되는 것은 동서고금의 갖가지 괴물 이야기 속에서 외벨망이 손수 골라낸 미지의 동물 후보들이다. 히말라야의 설인, 뉴질랜드의 와이토레케 Waitoreke, **드 루아의 유인원**, **매머드**, 동아프리카의 난디곰 Nandi Bear, 탄자니아의 콩가마토Kongamato······. 단지 호사가가 아니라 학위를 지닌 동물학자로서 외벨망은 이들 각각이 정말 실존하는 동물일지, 만일 그렇다면 과연 정체는 무엇일지를 꼼꼼히 추론해 나간다. 알프스 일대에서 목격되어 온 다리 달린 독사 텟젤부름Tetzelwurm은 어쩌면 신종 독도마뱀이나 거대한 도롱뇽이 아닐까?[784] 호주의 사막에서 금을 찾는 광부들이 목격했다는 3미터 크기의 '토끼' 이야기 뒤에는 멸종했다고 여겨지는 유대류 디프로토돈Diprotodon이 도사리고 있지 않을까?[785] 강물의 흐름을 뒤틀고 마른 땅을 늪으로 바꾼다는 브라질의 거대 괴수 미뇨카오Minhocão의 정체도 마찬가지로 절멸을 피한 거대 아르마딜로 글립토돈Glyptodon이라면?[786] 이러한 온갖 가설을 통해 외벨망은 단지 이야기 속 괴물들이 실존한다고 주장하는 것을 넘어서, 그들을 동물학의 언어로 설명하고 또 분류하고자 했다.

이는 과거 린나이우스가 『자연의 체계』의 '모순적인 동물' 항목에서 벌인 시도를 뒤집어 엎는 일이나 마찬가지였다. 린나이우스가 '동물'과 '괴물'을 구분해 후자를 동물학의 영역에서 영영 추방함으로써 근대 동물학의 체계를 세웠다면, 외벨망은 그렇게 쫓겨난 괴물들을 다시 동물학의 영역으로 불러들임으로써 괴물 연구를 동물학 체계의 일부분인 '진짜' 과학으로 만들려 했으니까. 문제는 몇몇 괴물이 실존할지도 모른다는 가설을 그럴싸하게 내놓았다고 해서 괴물 연구가 곧장 과학이 되는 것은 아니라는 사실이었다. 과학이란 제시된 가설을 하나하나 의심하고 검증하면서 합당한 것과 그렇지 못한 것을 구분하는 과정이니까. 그러니 외벨망이 괴물 연구를 엄연한 과학이라고 주장하기 위해서는, 먼저 자신이 아무 괴물 이야기나 다 믿고서 마구잡이로 근거를 갖다 대는 맹목적 신봉자가 아니라 옥석을 가릴 줄 아는 비판적 사고방식의 소유자임을 보여줄 필요가 있었다. 다시 말해 결국에는 그도 린나이우스처럼 사실과 허구, 진지하게 검토할 만한 소문과 무시해도 좋은 거짓말, '가능한 괴물'과 '불가능한 괴물' 사이 어디쯤에 선을 그어야 했다.

‡

그리고 바로 여기에서 뉴기니의 공룡 로우가 다시 등장한다. 괴물 연구가 진정한 의미의 과학임을 입증하기 위해 외벨망이 제시한 '불가능한 괴물'의 본보기가 바로 로우이기 때문이다. 다른 수많은 괴물들처럼 실존 가능성을 공들여 옹호하고 정체를 추측하는 대신, 그는 『미지의 동물을 찾아서』의 한 장 전체를 할애해 로우의 존재를 철저히 부정해 보였다. 물증도 없고 교차 검증할 다른 목격담도 없는, 설상가상으로 카레이서나 파일럿 경력은 있을지언정 과학자로서의 입지는 전무한 인물에게서 나온 증언은 그야말로 "도무지 수용할 수 없는 증거의 전형적인 예시"였으니까. 이러한 이야기를 구태여 책에 실음으로써 외벨망은 얼핏 터무니없게만 들리는 괴물 연구에도 엄연히 과학적인 판단 기준이 있음을 알리려 한 셈이다.

　　로우의 실존에 대한 외벨망의 가장 강력한 반론은 물론 동물학적 분석이었다. 그는 찰스 밀러의 묘사 속 로우가 대형 용각류의 긴 목과 꼬리, 각룡류의 머리 주위를 두른 뼈 방패, 검룡류를 연상시키는 골판을 모두 지니고 있다는 사실을 지적했다. 분류학적으로 너무나 다른 이 모든 공룡들의 특징이 괴물 한 마리에 모조리 집약되어 있다는 건 동물학자가 보기에 정말이지 말도 안 되는 일이었다. 이들 공룡의 주요 서식지가 뉴기니섬과 별다른 연이 없다는 점 역시 마찬가지였다. 따라서 로우는 정말로 살아남은 공룡이 아니라 대중적으로 유명한 공룡들을 짜깁기해 만들어 낸 이른바 "초현실주의적 공룡"일 가능성이 가장 높으며, 이에 반대되는 증거가 나오지 않는 한은 그저 "동물지리학에 무지한 제작자가 만든 나쁜 SF 영화를 불완전하게 떠올린 결과물"로 치부해야 하리라고 외벨망은 단호히 결론지었다.[787]

다른 누구도 아닌 괴물 연구의 선구자가 손수 감행한 1955년의 이 기념비적인 괴물 퇴치는, 여러 측면에서 1735년 린나이우스의 히드라 퇴치를 연상시킨다. 함부르크의 히드라와 뉴기니의 로우는 모두 분류학적으로 동떨어진 여러 동물의 특징이 한데 합쳐진 괴물이었고, 린나이우스와 외벨망은 바로 그 사실을 짚어 괴물의 존재를 부정했다. 히드라를 퇴치한 린나이우스의 방법론이 근대 동물학의 기틀을 다진 저서 『자연의 체계』로 계승되었듯이, 바로 그 동물학을 근거로 삼아 로우를 퇴치한 외벨망의 방법론은 『미지의 동물을 찾아서』를 학술적 괴물 연구의 시발점으로 자리매김하게끔 했다.

그러니 어떤 측면에서 히드라와 로우는 전부 하나의 학문을 정립하기 위해 희생된 제물이나 마찬가지였다. 다만 그

희생 제의가 불러온 결과만큼은 정반대였다. 히드라 퇴치가 과학의 이름으로 '불가능한 괴물'을 색출하는 근대적 괴물 퇴치의 서곡이었던 반면, 장장 220년 뒤에 일어난 로우 퇴치는 그렇게 불가능하다고 낙인찍힌 괴물들 가운데서 '가능한 괴물'을 골라내 과학의 이름으로 인정하려는 시도의 일환이었으니까. 역사가들이 말하는 현대사의 시작으로부터 꼬박 10년 만에, 드디어 괴물들에게도 새로운 시대의 빛이 비춘 것이다.

‡

이쯤이면 『미지의 동물을 찾아서』가 출간되고 로우가 퇴치당한 1955년이야말로 곧 괴물들의 현대가 시작된 해였노라고 선언해도 좋을 듯하다. 하지만 그러기에 앞서 한 가지 짚고 넘어가야 할 점이 있다. 한때 땅돼지의 치아를 연구했던 동물학도 외벨망은 대체 어떤 계기로 괴물 연구라는 낯선 길에 뛰어든 것일까? 세계대전의 후폭풍을 지나는 동안 그에게 과연 무슨 일이 일어난 것일까? 이 질문의 해답, 즉 현대 괴물 연대기의 진정한 첫 발짝을 찾기 위해서는 시간을 조금 거슬러 올라야 한다. 모든 일의 씨앗은 세계대전이 끝난 지 얼마 지나지 않은 1948년에 뿌려졌다. 플로리다의 강가에서, 그리고 어느 잡지의 기사 속에서, 괴물 이야기를 누구보다 사랑해 마지않았던 또 한 사람의 선구자에 의해.

우리는 그 사람의 이름도 이미 알고 있다.

1948: 종장

●

샌더슨이 스와니강 가에서
발자국을 마주하다

"공룡이 살아 있을지도 모른다There Could be Dinosaurs".

1948년의 어느 날, 진한 붉은색으로 적힌 이 짧고 강렬한 문장이 베르나르 외벨망의 눈에 마치 운명처럼 들어왔다. 그해 1월 3일에 발행된 미국의 주간지 《새터데이 이브닝 포스트The Saturday Evening Post》에 실린 기사의 제목이었다. 동물학 박사학위 보유자로서 이처럼 황당한 제목을 단 기사를 그냥 지나칠 수 없었는지, 혹은 원래부터 이런 종류의 화제에 상당히 흥미가 있었는지, 외벨망은 일단 그 내용을 꼼꼼히 읽어보기로 결심했던 듯하다. 그리고 다음 순간, 지면을 가득 채운 가지각색의 믿기 힘든 이야기가 연이어 그의 뇌리를 강타했다.

당시 외벨망이 읽었던 이야기 중 상당수는 **콩고의 브론토사우루스** 항목에서 소개한 것들이다. 《케이프 아르거스》에 코뿔소를 뜯어 먹는 거대 파충류 사진이 실렸다는 소문, 하겐베크가 전해 들은 "반은 코끼리이고 반은 용"인 괴물의 존재, 르파주가 사냥을 나갔다가 목격했다는 수수께끼의 짐승, 독일 탐사대의 보고에 등장하는 '모켈레음벰베'⋯⋯. 기사는 이 모든 증언과 목격담이 죄다 거짓말이나 착각의 산물일 리 없으니, 모름지기 "참된 과학자 정신"을 지닌 사람이라면 공룡이 멸종했다고 단언해서는 안 된다고 결론지었다.[788] 이 얼핏 터무니없게 들리는 결론을 외벨망은 곧장 거부하지 못했다. 기사를 쓴 인물이 탐험과 저술 활동으로 유명한 자연과학자였기 때문이다. 이런 인물이 공룡 이야기를 마구잡이로 꾸며냈을 리가 있을까? 당연한 의문이 젊은 동물학자의 마음을 저주처럼 단단히 사로잡았다.

그날 이후 장장 몇 년에 걸쳐, 외벨망은 기사에 등장한 모든 이름과 일화를 하나하나 검증하는 지난한 작업에 매진했다. 결과는 틀림없었다. 기사의 내용은 전혀 꾸며낸 것이 아니었다. 다시 말해 아프리카 대륙 깊숙한 곳에는 정말 공룡이, 적어도 공룡과 매우 닮은 동물들이 살아남아 있을지도 몰랐다. 이 놀라운 진실 앞에서 외벨망은 비로소 자신의 사명을 깨달았다. 이제부터 그는 책을 써야만 했다. 아직 과학이 그 존재를 밝혀내지 못한 미지의 동물들에 대한 책을. 한때 땅돼지의 치아를 연구했던 동물학자가 현대적 괴물 연구라는 전인미답의 가시밭길을 향해 발걸음을 옮기는 순간이었다.[789]

☦

같은 해 2월 말, 미국 플로리다주 클리어워터의 백사장 위에서도 무언가가 서서히 발걸음을 옮기기 시작했다. 《클리어워터 선 The Clearwater Sun》의 29일 자 기사에 의하면 그 전조는 사흘 전, 이름을 밝히지 않은 남자가 경찰서에 전화를 걸어 "웬 커다란 바다 짐승"이 해변에서 여자친구를 겁먹게 했다고 주장한 일이었다. 그로부터 이틀 뒤 해변에는 정말로 이상한 짐승의 발자국이 나타났다. 바다로부터 나와 해안을 따라 수십 미터 이상 이어지다가 도로 물속으로 사라진 직경 약 20센티미터의 이 낯선 발자국에는[790] 《세인트피터즈버그 타임스 The St. Petersburg Times》의 보도대로 "세 개의 커다란 발톱"이 선명했다. 인근의 방조제에는 짐승이 기어오르려 애썼던 듯 긁힌 자국도 남아 있었다.[791]

악어의 발자국이었을까, 아니면 바다거북이 알을 낳으러 기어간 흔적이었을까? 어쩌면 둘 다 아닐지도 몰랐다. 《클리어워터 선》의 기사에는 멀지 않은 빅 패스Big Pass에서 낚시를 하다가 둥근 얼굴에 회색 몸통을 지닌 "바다거북도 악어도 돌고래도 아닌" 흉측한 동물과 마주쳤다는 얼 헤이즈 Earl Hayes의 증언도 함께 실려 있었다.[792] 일주일 뒤 같은 신문은 발자국을 남긴 것이 바다의 여신이나 만화 속 공룡일지도 모른다는 장난스러운 추측 한 무더기를 쏟아내며, 과거 남아프리카의 해안에서 비슷한 발자국을 목격했다는 탐험가 알레코 릴리우스Aleko Lilius의 주장 또한 슬쩍 소개했다.[793] 이들의 말이 사실이라면 아무래도 플로리다의 바닷속에는 정말로 괴물이 떠돌고 있는 듯했다.

그해 내내 괴물은 플로리다 곳곳에 잊을 만하면 한 번씩 흔적을 남겼다. 3월 19일 밤에는 인디언 락스Indian Rocks의 해안에 어김없이 "세 발가락이 달린 커다란 발자국"이 나타났고,[794] 며칠 뒤에는 클리어워터 해변 남쪽의 댄스Dan's섬과 북쪽의 허니문Honeymoon섬에서도 각각 발자국이 목격되었다는 보도가 나왔다.[795] 7월 26일에는 비행학교 직원 둘을 포함한 주민 네 사람이 상공에서 괴물을 직접 목격하기도 했다. 해안 근처의 물속을 움직이고 있던 괴물은 검은 통나무를 닮은 털북숭이 몸통에 희고 뭉툭한 다리나 지느러미 따위가 달려 있었으며, 얼굴은 멧돼지 비슷한 모양새였다.[796] 뒤이어 10월 17일에는 클리어워터로부터 제법 떨어진 스와니강 근처에서도 발자국이 발견되었다. 이전과 마찬가지로 세 발가락 모양이 선명한 발자국이었다.[797]

하지만 스와니강의 발자국 소식을 전한 《세인트피터즈버그 타임스》의 10월 21일 자 보도에서 정말로 주목해야 할 내용은 따로 있었다. 작은 글상자 안에 별개의 기사로 갈무리된, 뉴욕의 한 작가가 소문이 무성한 괴물을 직접 조사하고자 조만간 플로리다를 방문할 계획이라는 내용이었다. 기사에는 해당 작가가 광범위한 조사 결과 세계 각지에서 유사한 발자국이 발견되었다는 사실을 알아냈을 뿐 아니라, 얼마 전에는 《새터데이 이브닝 포스트》에 공룡의 생존 가능성을 다룬 기사를 실었다는 언급도 적혀 있었다. 외벨망을 괴물 연구의 길로 초대한 셈인 이 중요한 인물의 이름을 《세인트피터즈버그 타임스》는 에반Evan으로 잘못 표기했다.[798] 그러나 이 책의 독자들은 이미 정확한 이름을 여러 번 읽었을 것이다. 아무래도 괴물 이야기의 역사에 대한 책을 쓰면서 이반 테렌스 샌더슨이라는 사람을 언급하지 않을 길은 없으니까.

‡

이반 테렌스 샌더슨의 삶은 하나의 기나긴 모험담과도 같았다. 1911년에 에든버러에서 태어난 그는 케임브리지대학교에서 동물학과 식물학을 전공했지만,[799] 훗날 함께 현대 괴물 연대기의 서막을 열어젖힐 외벨망과는 달리 박사학위를 받을 만큼 학업에 끈질기게 매달릴 만한 사람은 아니었다. 1932년에 대학을 졸업한 뒤 그는 대신 탐험가의 길을 택해, 아프리카와 중앙아메리카 등지에서 여러 자연과학 탐사를 이끌며 표본을 수집했다. 이때의 탐사 경험담을 엮어 펴낸 두 권의 책 『동물의 보물Animal Treasure』과 『카리브해의 보물Caribbean Treasure』은 샌더슨에게 대중적인 호평을 안겨주었다.[800] 제2차 세계대전 기간을 영국의 정보기관에서 보내면서도 그는 동물에 관한 책을 계속해서 써냈으며, 전후 미국으로 이주한 뒤부터는 잡지나 방송을 통해서도 왕성하게 이름을 알렸다.[801] 그 덕분에 1948년 무렵 샌더슨은 WNBC의 라디오방송과 텔레비전 토크쇼에서 동물 전문가 역할을 맡는 전국적 유명 인사로 막 발돋움한 참이었다.[802]

하지만 사실 샌더슨의 동물학은 위험한 영역에 걸쳐 있었다. 그의 첫 번째 저서인 『동물의 보물』은 서아프리카 탐사 도중에 현지인들이 '올리티아우Olitiau'라고 부르는 독수리만 한 거대 박쥐를 목격했다는 믿기 힘든 경험담[803] 등이 고스란히 담긴, 당시 동물학자들이 지적했듯 과장과 오류로 점철된 책이었다.[804] 이처럼 정확한 사실보다 흥미진진한 이야기를 추구하는 성향은 주류 학계가 배척하는 '기이한' 주제에 대한 흥미로도 곧잘 이어지는 법이다. 아니나 다를까, 미국으로 건너간 이후 샌더슨은 포트주의자학회에 가입하거나 잡지에 괴물 이야기를 당당하게 싣는 등 본격적인 이단아의 행보를 시작했다.[805]

1946년까지의 샌더슨은 《새터데이 이브닝 포스트》에 동물의 이주 행동을 소개하는 "대이동의 신비 The Mystery of Migration"[806]나 매머드가 최근까지 살아 있었으리라는 추측에 선을 긋는 "매머드의 수수께끼 The Riddle of The Mammoths"[807] 등을 기고하는 인물이었다. 허나 1947년에 그는 같은 잡지 지면에 "바다 괴물을 비웃지 마시오 Don't Scoff at Sea Monsters"[808]를 내걸어서 큰바다뱀의 존재를 열렬히 변호했고, 이듬해에는 공룡이 살아 있다는 주장을 내놓기에 이르렀다. 플로리다의 괴물 이야기가 샌더슨의 귓가에 들려온 것은 공교롭게도 그 직후였다. 대중적으로 유명한 동물 전문가로서 동시에 자신만이 아니라 먼 유럽의 다른 동물학자마저 끌어들여 현대적 괴물 연구의 싹을 틔운 선구자로서, 그는 수수께끼의 발자국이라는 형태로 던져진 이 임무를 받아들이지 않을 수 없었다.

샌더슨, 《뉴욕 헤럴드 트리뷴 New York Herald Tribune》의 기자 존 오라일리 John O'Reilly, 그리고 방송국 직원 둘로 이루어진 조사단이 플로리다에 당도한 것은 11월 초의 일이었다.[809] 그 달 16일까지 계속된 조사 기간 동안[810] 샌더슨은 스와니강에 남은 발자국을 꼼꼼히 측정하고 사진으로 찍어두는 한편, 과거 비슷한 발자국이 발견되었던 사건이나 실러캔스처럼 멸종했다고 알려진 생물이 발견된 사례 등을 기자에게 설명하며 괴물의 실존 가능성을 은근히 밀어주기도 했다.[811] 2주에 걸친 조사의 최종 성과는 53쪽에 달하는 보고서와 라디오방송이었다.[812] 비록 발자국을 남긴 범인이 진짜 괴물이라는 결정적인 증거를 손에 넣지는 못했지만, 이 정도면 제법 나쁘지 않은 수확이라고 할 만했다.

괴물 연구가로 막 탈바꿈한 샌더슨이 처음으로 괴물을 뒤쫓은 이 기념비적인 사건은, 11월 14일 자 《세인트피터즈버그 타임스》에 실린 한 장의 사진으로도 남았다. 석고로 본 뜬 넓적한 삼지창 모양 발자국을 샌더슨이 양손으로 받쳐 들고 있는 이 사진에 기자가 붙인 제목은 기묘하게도 "큰발Bigfoot이 남긴 도전장"이었다.[813] 정확히 10년 뒤에 등장해 같은 별명으로 불리며 세상을 뒤흔들 한 괴물의 존재를 예고하듯이, 즉 근대를 지나온 괴물들의 발걸음이 현대를 가로질러서도 쭉 계속될 것임을 암시하듯이.

‡

그러나 1948년에 샌더슨의 괴물 연구는 아직 조심스레 첫 발짝을 떼고 있을 뿐이었다. 그가 플로리다의 발자국을 진지하게 조사한 것은 틀림없다. 그럼에도 당시에 샌더슨은 섣불리 과감한 결론을 내리기보다 차라리 애매한 영역에 머물기를 택했던 듯하다. 《세인트피터즈버그 타임스》 기자에게는 괴물이 얼마든지 존재할 수 있다고 주장했던 그였으나, 정작 11월 11일 자 《뉴욕 헤럴드 트리뷴》에 실린 입장은 발자국이 날조의 산물이라는 것이었다. 여기에는 조사에 동행한 오라일리가 발자국의 정체를 지역 주민의 장난이라고 확신한 영향도 있었을 것이다.[814] 이 때문에 포트주의자학회의 소식지 《다우트》에는 샌더슨의 의견이 인터뷰마다 바뀐다는 점을 비꼬는 글[815]이 실리기도 했다. 어쩌면 괴물이 우글거리는 환상적인 세계로 더욱 깊이 나아가려는 찰나에, 샌더슨은 미처 마음을 정하지 못해 걸음을 주저하고 있었는지도 모른다.

머뭇거림의 시간은 길지 않았다. 1948년 이후 샌더슨은 거칠 것 없이 환상의 세계로 진군했다. 비록 『고래를 따라가라 Follow the Whale』나 『원숭이 왕국 The Monkey Kingdom』과 같은 대중 동물학 서적 집필을 완전히 그만둔 것은 아니었지만,[816] 이제 그의 주된 활동 구역은 괴물 이야기가 인기를 끄는 남성용 모험 잡지나 초자연현상 전문지 따위였다. 장장 20년 이상 이들 지면에 꾸준히 글을 기고하면서 샌더슨은 괴물 전문가로서의 입지를 단단히 굳혔다.[817] 이러한 활동은 그가 뿌린 씨앗으로부터 비롯된 현대적 괴물 연구의 물결과도 자연스레 어우러졌다.

1958년 10월 5일, 《홈볼트 타임스 The Humboldt Times》는 불도저 기사 제리 크루 Jerry Crew가 캘리포니아 블러프 크릭 Bluff Creek의 작업 현장에서 발견한 미지의 커다란 발자국 이야기를 보도함으로써 새 시대를 상징하는 괴물 신화의 막을 올렸다. "큰 발", 즉 "빅풋"이라는 직관적인 별명, 그리고 석고로 본 뜬 괴물 발자국을 양손으로 받쳐 든 크루의 사진이 역사에 영원히 기록되는 순간이었다.[818] 괴물 연구의 성서인 외벨망의 『미지의 동물을 찾아서』가 영어로 번역 출간된 것은 그 이듬해였다.[819] 아니, 이제는 단순한 '괴물 연구'가 아니었다. 린나이우스가 자연의 체계에 들어맞지 않는 괴물들을 퇴치하면서 기틀을 닦은 학문이 근대 생물학이라면, 퇴치당한 괴물들을 다시 자연의 체계에 편입시키고자 두 동물학자의 손에서 시작된 현대적 괴물 연구도 그 일부로 불려야 마땅했다. 그리고 모든 학문 분야에는 근사한 이름이 필요한 법이었다.

외벨망이 고안한 괴물 연구의 새 이름은 '숨어 있는 동물들에 대한 학문'을 의미하는 '은서동물학Cryptozoology'이었다. 1959년에 외벨망의 동료 루시앙 블랑쿠Lucien Blancou가 자신의 저서 『세계수렵지리학Géographie cynégétique du monde』을 "은서동물학의 대가" 외벨망에게 헌정한다고 적으면서 처음 문헌에 등장한 이 단어는 이후 세계적으로 널리 통용되며 사전에도 정식으로 등재되기에 이르렀다.[820] 한편 샌더슨은 자신이 학생 시절에 같은 단어를 만든 적이 있다고 외벨망에게 주장했던 듯하다.[821] 실제로 누가 먼저 은서동물학이라는 명칭을 쓰기 시작했든, 중요한 것은 이후 두 사람이 이 새롭고도 급진적인 학문 분야의 기틀을 함께 다져나갔다는 사실이다. 1961년에 출간된 샌더슨의 『설인: 살아난 전설Abominable Snowmen: Legend Come to Life』은 빅풋이나 설인과 같은 미지의 유인원을 연구하는 은서동물학의 하위 분과 '설인학ABSMery'의 탄생을 알렸고,[822] 1965년에는 358건의 목격담 속 바다 괴물을 '긴목' '여러혹' '왕뱀장어' 등 아홉 유형으로 분류한[823] 외벨망의 린나이우스적 역작 『큰바다뱀Le Grand Serpent-de-Mer』이 세상에 나왔다. 모두 은서동물학의 이름에 걸맞은, 괴물이 실존한다고 주장하는 데서 그치지 않고 그들을 체계적 연구의 대상으로 삼으려는 대담한 시도의 산물이었다.

‡

두 사람의 연구가 항상 뜻을 같이한 것은 아니었다. 외벨망은 **드 루아의 유인원**이 미지의 신종 영장류일지 모른다고 주장한 반면, 샌더슨은 녀석이 평범한 거미원숭이일 뿐이라고 단언했다. 한편 샌더슨은 "공룡이 살아 있을지도 모른다"에서 르파주의 공룡 목격담을 무비판적으로 소개했지만, 외벨망은 이것이 당대에 이미 거짓말로 밝혀졌다는 사실을 폭로했다. 1968년 말에 미국의 축제 구경거리로 모습을 드러낸 얼음 속 원시인간 사체,[824] 이른바 '미네소타 얼음인간Minnesota Iceman'을 함께 조사하면서도 둘의 견해는 어김없이 어긋났다. 샌더슨은 진짜 원시인간 사체가 도중에 정교한 모형으로 교체되었다고 주장한 반면, 외벨망은 녹았던 것을 다시 얼리면서 모양이 조금 바뀌었을 뿐 사체는 줄곧 진짜였다는 주장을 고수했다.[825]

하지만 아마 외벨망과 샌더슨의 의견이 가장 결정적으로 갈린 분야는 은서동물학 바깥의 더욱 기묘한 세계였을 것이다. 어디까지나 동물학자로서 괴물 연구에 온 힘을 쏟고자 했던 외벨망과 다르게, 샌더슨의 연구는 '비과학적'이라고 여겨지는 거의 모든 주제를 향해 끝없이 뻗어나갔다. 1965년에 '생명과학 및 지질과학 연구 진흥을 위한 이반 T. 샌더슨 재단The Ivan. T. Sanderson Foundation for Advanced Studies in the Biosciences and Geosciences'을 세워 초자연현상 연구에 박차를 가한 그는 2년 뒤 단체의 이름을 미지조사학회Society for the Investigation of the Unexplained로 바꾸며[826] 정체성을 한층 분명히 했다. 은서동물학은 결국 그의 무수한 관심사 중 하나일 뿐이었다. 큰바다뱀이나 설인 말고도 밝혀내야 할 비밀은 산더미처럼 많았다.

UFO, 고대문명, 초능력……. 샌더슨이 손댄 분야에는 어김없이 세상에서 가장 놀랍고도 황당한 가설이 우르르 싹텄다. UFO의 정체가 생체 로봇이라거나,[827] 해저에 고도로 발전한 문명이 숨어 있다거나,[828] 개미가 텔레파시로 의사소통을 할 수 있다는[829] 등의 가설이었다. 한편 그는 자신만의 독특한 주장을 설명할 새 용어를 만드는 데에도 힘썼다. '시대와 장소에 맞지 않는 유물Out-Of-Place Artifacts'을 뜻하는 '오파츠OOPArts,'[830] '하늘에서 떨어진 것들Falls from the skies'을 뜻하는 '패프러츠키스Fafrotskies'[831] 등은 그가 고안한 단어로 알려져 있다. 이와 같은 행적이 동료 외벨망에게 좋게 비치지 않았음은 틀림없다. 훗날 외벨망은 샌더슨이 열정과 유머와 이따금 번뜩이는 천재성을 지녔으나 통탄스럽게도 "생색꾼에 선천적 거짓말쟁이"였다는 신랄한 평을 남겼다.[832]

이처럼 동료를 내버려둔 채 머나먼 미지의 세계로 끝없이 나아가는 동안에도, 샌더슨은 자신의 긴긴 여정이 시작되었던 1948년의 첫 발짝을 결코 잊지 않았다. 다만 바뀐 것은 태도뿐이었다. 스와니강 가의 발자국을 마주한 지 20년이 지날 무렵에 그는 과거보다 훨씬 용감한, 무모한, 혹은 뻔뻔한 사람이 되어 있었다. 이는 곧 당시에 애매하게 얼버무렸던 결론을 똑바로 발표할 준비가 되었다는 뜻이기도 했다. 1967년에서 1968년에 걸쳐 샌더슨은 초자연현상 전문지 《페이트Fate》에 "세발가락Three-Toes" 괴물을 다룬 글 두 편을 연달아 실었다.[833] 알레코 릴리우스 등이 세계 각지에서 목격했다는 발가락 셋 달린 괴물의 발자국,[834] 그리고 자신이 플로리다에서 조사한 발자국 이야기를 소개하는 글이었다. 이 글에서 샌더슨은 발자국이 날조의 산물일 가능성을 완전히 내던졌을 뿐 아니라 당시에 자신이 괴물을 직접 목격했다는 주장까지 펼쳤다. 비행기로 강 상공을 탐사하던 도중 "탁한 누런색의 육중한 생물"이 강바닥을 헤집으며 꿈틀거리는 모습을 보았다는 이야기였다.[835]

그뿐만이 아니었다. 샌더슨의 글에는 20년 전에 발자국을 남기고 사라진 괴물의 정체에 대한 놀라운 가설도 담겨 있었다. 과거 측정한 발자국의 크기와 목격자들의 증언을 종합한 끝에, 그는 '세발가락'이 사실 몸길이 4.6미터에 육박하는 거대한 펭귄이었노라고 당당히 선언했다. 거대 펭귄이라면 얼마든지 바다에서 나와 해변을 산책할 수 있으며, 헤엄치는 펭귄을 공중에서 보면 목격담 속 괴물과도 매우 흡사하리라는 것이 그의 주장이었다. 나아가 그는 최근 뉴질랜드에서 2미터 키의 펭귄 화석이 발견된 바 있으니 그 두 배의 몸집을 지닌 펭귄이 있어도 이상하지 않다는 실로 해괴한 논리까지 펼쳤다.[836] 1972년에 펴낸 책 『미지를 조사하다 Investigating the Unexplained』에서도 이러한 주장은 똑같이 되풀이되었다.[837] 자신이 뒤쫓았던 첫 번째 괴물에 대한 그의 최종적인 결론이었다. 이듬해인 1973년 2월 19일, 이반 테렌스 샌더슨은 암으로 숨을 거두었다.[838]

1948: 종장

✢

하지만 샌더슨이 걸어간 길만큼은 아직 끝난 것이 아니었다. 평생 미지의 세계를 헤맸던 그의 유산은 주인 없는 발자취처럼 계속 이어졌다. 은서동물학도 그러한 유산 중 하나다. 1974년부터 1980년까지 외벨망은 미네소타 얼음인간이나 아프리카의 괴물 등을 다룬 책 세 권을 더 펴냈고, 1982년에는 국제은서동물학회International Society of Cryptozoology의 초대 회장이 되었다. 부회장은 **네스호의 괴물**과 **콩고의 공룡** 연구로 유명한 로이 P. 매컬이었다. 소식지와 학술지를 펴내고 괴물 탐사에 참여하며 은서동물학의 인정과 발전을 위해 분투했던 국제은서동물학회의 활동은 안타깝게도 외벨망이 숨을 거둔 2001년을 전후로 잦아들었지만,[839] 그전에 적어도 뚜렷한 성과 하나만큼은 남겼다. 1983년 국제은서동물학회 소식지 여름호에서 존 E. 월John E. Wall은 자극적이고 오해의 소지가 지대한 '괴물' 등의 단어를 대체할 말로 '크립티드Cryptid'를 제시했다. 정체가 밝혀지지 않은 모든 생물을 두루 일컫는 이 신조어는[840] 오늘날까지도 거뜬히 살아남아 '괴물'의 다른 표현으로서 널리 쓰이고 있다.

물론 은서동물학이 남긴 유산이 '크립티드'라는 단어 하나만은 아니다. 괴물 연구를 제대로 된 과학의 반열에 올려놓고자 했던 선구자들의 발자취는 근대를 거쳐 현대로 이어진 괴물들의 서사 곳곳에 선명히 새겨져 있다. 첫 등장 이래 70년 가까운 세월을 넘어 은서동물학자들의 손으로 되살아나 논쟁을 불러일으켰던 **세인트오거스틴 괴물** 이야기가 그

적절한 예시라고 하겠다. 은서동물학의 역사와 명암에 얽힌 더 자세한 내용은 아무래도 추파카브라스나 빅풋처럼 현대에 등장한 괴물 이야기를 통해 살펴보는 것이 가장 좋겠지만, 아쉽게도 이는 근대 괴물의 연대기를 주제로 삼은 책에서 다룰 만한 내용이 아니다. 그러니 1948년 이후의 괴물들이 이어갈 연대기의 두 번째 막에 대해서도 언젠가 책을 쓸 날이 오길 바란다. 실제로는 존재하지 않았던 괴물들이 등장하는 흥미진진한 이야기라면 앞으로도 잔뜩 남아 있으니까.

‡

하지만 1948년에 등장한 괴물 이야기의 마무리만큼은 지금 해두는 것이 순리일 듯하다. 사건 발생 40년 뒤인 1988년 6월 11일, 《탐파 베이 타임스Tampa Bay Times》는 과거에 플로리다를 들썩이게 한 세발가락 괴물의 정체가 마침내 밝혀졌음을 선언했다. 샌더슨이 말한 거대 펭귄은 아니었다. 해변에 발자국을 남긴 것은 동네 주민 토니 시뇨리니Tony Signorini와 알 윌리엄스Al Williams였다. 신문에 보도된 시뇨리니의 고백에 따르면 당시 동업자였던 윌리엄스는 악명 높은 장난꾼으로, '세발가락'의 발자국은 어느 날 공룡 발자국 사진을 보고 영감을 얻은 윌리엄스와 자신이 특제 금속 신발을 신고서 여기저기 찍어놓은 가짜 괴물 흔적에 불과했다. 그 증거로서 시뇨리니는 문제의 금속 신발을 기자에게 보여주기도 했다. 기사에는 괴물의 두 발을 신고서 모래사장에 앉아 미소를 짓는 시뇨리니의 사진까지 실려 있었다.[841]

이 허탈한 결론은 사실 진작부터 예견된 것이나 마찬가지였다. 괴물 소식이 처음 보도된 날에 이미 지역신문은 "'유머 감각이 출중한' 어느 특정 주민"을 배후로 지목한 바 있었고,[842] 샌더슨의 조사에 동행했던 오라일리도 장난꾼 윌리엄스가 가장 유력한 범인임을 알아챘다.[843] 한편 당시에 목격되었다는 괴물의 묘사는 대체로 매너티의 특징과 일치한다.[844] 거대 펭귄의 최후를 알린 국제은서동물학회 소식지가 논평했듯이, 플로리다의 괴물 발자국 사건은 소위 전문가라는 사람조차 아마추어의 어설픈 장난에 얼마든지 속아 넘어갈 수 있음을 알려주는 교훈적인 사례일 뿐이다.[845] 이 책에서 소개한 많은 괴물 이야기가 그러했듯이 말이다.

그러나 진실이 밝혀진 뒤에도 거대 펭귄은 은서동물학의 세계를 완전히 떠나지 않았다. 마이클 뉴턴Michael Newton처럼 녀석의 존재를 여전히 결사적으로 옹호한 은서동물학자가 있었기 때문이다. 뉴턴은 시뇨리니의 고백이 사실이라는 증거가 어디에도 없고, 그와 윌리엄스가 정말 모든 발자국을 만들었으리란 법도 없으니만큼, 스와니강 가의 발자국이 거대한 짐승의 것이라는 샌더슨의 분석을 결코 무시해서는 안 된다고 말한다.[846] 그렇다면 역시 지구상 어딘가에는 전설의 세발가락 괴물이 실존하는 것일까? 뼈도 가죽도 남기는 일 없이 오로지 발자국만을 점점이 흘리는 4.6미터 키의 펭귄이? 그렇게 믿기로 결정한다면 아마 더 이상 긴 말은 필요치 않으리라. 지금껏 보아온 바와 같이 우리는 괴물 이야기를 믿는 데에 굉장한 소질이 있으니까. 1735년에 린나이우스가 **함부르크의 히드라**를 퇴치한 이래로도 우리는 얼마든지 더 불가능한 괴물을, 더 매력적인 괴물을 상상하고 또 굳게 믿어왔으니까.

토니 시뇨리니는 2013년에 91세를 일기로 사망했다. 괴물 신발은 그의 아들이 물려받았다.[847]

한편 거대 펭귄의 존재는 여전히 입증되지 않은 채이다.

감사의 말

그 누구보다도 과학평론가 이인식 선생님께 가장 먼저 감사를 드린다. 『신비동물원』(2001)이 대단히 정확하고 엄밀하게 쓰인 책이었기 때문은 단연코 아니다. 이제 나는 그 책에 실린 괴물 이야기의 허점과 오류를 거의 빠짐없이 짚을 수 있다. 하지만 『신비동물원』에서 세계 곳곳에 숨은 미지의 생물들과 그들을 연구하는 학문의 존재를 접하지 않았더라면 애당초 괴물 이야기에 푹 빠진 아이로 자라나지 못했을 테니, 당연히 이 책이 세상에 나오지도 못했을 것이다. 이 책을 쓰는 과정은 『신비동물원』을 읽고 은서동물학자가 되기를 꿈꾸었던 어린 시절의 나를 놓아주는 과정이기도 했으니까. 언젠가는 내 책도 누군가의 인생을 그만큼 바꿔놓을 수 있길 바란다.

    낸터킷도서관Nantucket Atheneum의 수석참고사서 링컨 서버Lincoln Thurber에게도 꼭 감사의 말을 전하고 싶다. 이 책의 항목 하나는 오로지 그의 도움 덕택에 가까스로 제때 완성

할 수 있었기 때문이다. 해외의 자료에 접근하기 위해 인터넷에 거의 전적으로 의존할 수밖에 없는 입장에서, 옛날 신문과 잡지를 읽을 수 있는 디지털 아카이브 페이지가 갑작스레 서비스를 일시 중단하는 일처럼 까마득한 재난은 없다. 지푸라기라도 잡는 심정으로 메일을 보내 낸터킷 바다 괴물에 대한 자료를 요청했을 때 링컨 서버는 흔쾌히 PDF 파일 한 무더기를 보내주었고, 얼마 뒤 아카이브 페이지가 복구되었다는 소식을 따로 알려주기도 했다. 세상에 그와 같은 사람이 남아 있기에 인류는 아직 불벼락으로 멸망하지 않은 것이라고 생각한다.

괴물 애호가 동료의 귀중한 도움 이야기도 빼놓을 수 없다. 전자책으로 힘들게 구한 베르나르 외벨망의 『아프리카 최후의 용들Les Derniers Dragons d'Afrique』에서 어처구니없게도 당장 필요한 페이지 하나가 쏙 빠져 있다는 사실을 깨닫고 좌절한 내게, 블루스카이의 Legendary Cryptids(@bestcryptids.bsky.social) 계정주는 빠진 페이지의 내용을 검증할 수 있는 자료를 여럿 보내주었다. 그 보답이라기에는 다소 미묘하지만, 아무튼 해당 계정주의 유튜브 채널 "Truth is Scarier than Fiction"은 은서동물학에서도 가장 기묘한 축에 드는 괴물 이야기가 궁금하다면 반드시 확인해야 할 귀중한 자료의 보고임을 알리는 바이다.

물론 책이란 산더미처럼 쌓인 자료만으로는 만들어지지 않는다. 아니, 오히려 자료를 무작정 쌓으면 쌓을수록 책이 완성될 날은 점점 기약 없이 멀어질 뿐이다. 한동안 이 책은 정확히 그런 굴레에 빠져 있었다. 마감을 미루고 또 미루

감사의 말

며 몸부림치는 작가를 질질 끌고서 기나긴 작업의 마지막 순간까지 인도해 주신 출판사 및 에이전시 관계자 전원에게, 그리고 멋진 삽화가 실릴 원고가 완성되기만을 줄곧 기다리셨을 최재훈 선생님께 깊은 감사와 사죄를 드린다. 최후의 마감일 전날에야 쓰고 있는 이 구구절절한 감사의 말이 여태까지의 지난함을 아주 조금이나마 보상할 수 있었으면 한다.

밤이 늦도록 이어지는 집필 작업의 말동무가 되어준 친구들에게도 고맙다는 말을 남긴다. 인터넷 너머의 작가 지인이 비싼 책값, 19세기의 사소한 괴물 이야기를 기록한 자료의 미비함, 텍스트 인식이 통하지 않는 서체 따위를 가지고서 끝없이 불평불만을 늘어놓는데도 내치지 않고 견뎌준 데에 감사한다. 마침 독일 유학 중이라는 이유로 독일어권 학자의 이름 표기법이나 독일어 논문 속 문장의 정확한 의미 따위를 여러 차례 답해주어야 했던 특정 친구에게는 더더욱. 모두의 고생이 담겼다 해서 모두에게 재미있는 책이 되란 법은 없지만, 만일 그렇다면 기쁘겠다.

감사의 말에 부모님이 언급되는 일이야 어느 책에나 흔하지만, 이 책의 경우에는 낳아주시고 길러주신 은혜를 운운하는 것 이상의 구체적인 감사가 필요하다. 『신비동물원』을 읽고서 괴물 연구의 꿈을 꾸던 어린 이산화가 영어판 『미지의 동물을 찾아서』를 선물로 받았던 날을 아직도 생생히 기억한다. 현재 등 뒤 책장에 꽂혀 있는 문제의 선물은 이 책을 쓰는 동안 백 번은 족히 넘게 들춰본 매우 유용한 참고 자료였다. 괴물이나 음모론 따위의 각종 이상한 주제에만 관심을 갖는 자식을 너그럽게 봐주신 것으로도 모자라, 현대 괴물 연구의 역사에서 가장 중요한 책이자 현재 전자책으로 구매하려면 무려 45.83달러가 드는 문헌을 일찌감치 구비할 수 있도록 해주신 데에 정말로 가슴 깊이 감사드린다. 말이 나왔으니 말인데, 아무래도 45.83달러 어치의 은혜는 조만간 직접 갚는 편이 좋을 듯하다.

마지막 감사의 말은 애인의 몫으로 남겨두었다. 이는 동시에 이 책의 모든 항목을 가장 먼저 읽고 평가해 준 1호 독자의 몫이기도 하다. 집필 작업이 길어질 때의 가장 큰 고통은 독자의 감상을 당장 들을 수가 없다는 사실, 그 때문에 내가 제대로 쓰고 있는 것인지 전혀 확신이 서지 않는다는 사실로부터 온다. 새 괴물에 대한 글을 써낼 때마다 곧장 읽고 지적하고 응원해 주는 사람이 곁에 있지 않았더라면 이 책은 결코 완성되지 못했을 것이다. 매일 고맙다고 말하고는 있지만, 역시 감사의 말에 적는 것만큼 확실하게 고맙다는 마음을 표할 방법은 없을 듯하기에 이 지면을 빌려 다시금 말한다. 정말로, 항상, 변함없이, 고맙다.

2025. 01. 09.

이산화.

주

서장

1. Wilfrid Blunt and William T. Stearn, *The Compleat Naturalist: A Life of Linnaeus* (New York: Viking Press, 1971), 93–94; Stephen T. Asma, *On Monsters: An Unnatural History of Our Worst Fears* (Oxfordshire: Oxford University Press, 2009), 123–24.

2. Adolf Erik Nordenskiöld, *An Account of a Copy from the 15th Century of a Map of the World Engraved on Metal, Which Is Preserved in Cardinal Stephan Borgia's Museum at Velletri; Copied from Ymer*, 1891 (Stockholm: A.L. Norman, 1891).

3. Thomas Browne, *Pseudodoxia Epidemica: Or Enquiries Into Very Many Received Tenents And Commonly Presumed Truths* (London: T.H., 1646), 104–78.

4. Karen Magnuson Beil, *What Linnaeus Saw: A Scientist's Quest to Name Every Living Thing* (New York: Norton Young Readers, 2019), 77; Staffan Müller-Wille, "Carolus Linnaeus," Encyclopædia Britannica, July 20, 1998, https://www.britannica.com/biography/Carolus-Linnaeus.

5. Blunt and Stearn, *The Compleat Naturalist: A Life of Linnaeus*, 167.

6. Ibid., 96–101.

7. Carl Linnæus, *Systema Naturæ, Sive Regna Tria Naturæ Systematice Proposita per Classes, Ordines, Genera, & Species* (Lugduni Batavorum: Haak, 1735), 10.

8. Kristina Lamothe, "Order from Chaos: Linnaeus Disposes," Hunt Institute for Botanical Documentation, 2002, https://www.huntbotanical.org/OrderFromChaos/OFC-Pages/intro.shtml.

9. Linnæus, *Systema Naturæ, Sive Regna Tria Naturæ Systematice Proposita per Classes, Ordines, Genera, & Species*, 1.

10. Ibid., 10.

11. Carl Linnæus, *Systema naturæ in quo naturæ regna tria, secundum classes, ordines, genera, species, systematice proponuntur. Editio secunda, auctior.* (Kiesewetter, 1740), 65–66

12. Carl Linnæus, *Systema Naturæ per Regna Tria Naturæ, Secundum Classes, Ordines, Genera, Species, Cum Characteribus, Differentiis, Synonymis, Locis. Tomus I. Editio Decima, Reformata* (Salvius, 1758), 212.

13 Rachna Tiwari and Tate Tunstall, "AmphibiaWeb Pseudis Paradoxa: Paradox Frog," AmphibiaWeb, January 8, 2002, https://amphibiaweb.org/species/5225.

1758 동굴인간

14 Londa Schiebinger, "Why Mammals Are Called Mammals: Gender Politics in Eighteenth-Century Natural History," *The American Historical Review* 98, no. 2 (April 1993): 382, https://doi.org/10.2307/2166840.

15 The Editors of Encyclopaedia Britannica, "Gaspard Bauhin," Encyclopædia Britannica, July 20, 1998, https://www.britannica.com/biography/Gaspard-Bauhin.

16 Andrew Polaszek, *Systema Naturae 250 - The Linnaean Ark* (CRC Press, 2010), 189; Kronestedt, Torbjörn, "Carl Clerck and What Became of His Spiders and Their Names," in *European Arachnology* 2008, ed. Wolfgang Nentwig, Martin Entling, and Christian Kropf (Bern: Stämpfli Publications AG,, 2010), 105–77.

17 Linnæus, *Systema Naturæ per Regna Tria Naturæ, Secundum Classes, Ordines, Genera, Species, Cum Characteribus, Differentiis, Synonymis, Locis. Tomus I. Editio Decima, Reformata*, 20.

18 Ibid., 24.

19 Herodotus, *The Histories*, trans. Alfred D. Godley, vol. 4 (Cambridge: Harvard University Press, 1920), ch.8; Pliny the Elder, *The Natural History*, trans. John Bostock and Henry T. Riley, vol. 5 (London: Taylor and Francis, 1855), ch.8.

20 John van Wyhe and Peter C. Kjærgaard, "Going the Whole Orang: Darwin, Wallace and the Natural History of Orangutans," *Studies in History and Philosophy of Science Part C: Studies in History and Philosophy of Biological and Biomedical Sciences* 51 (June 1, 2015): 53–63; Carl Niekerk, "Man and Orangutan in Eighteenth-Century Thinking: Retracing the Early History of Dutch and German Anthropology," *Monatshefte* 96, no. 4 (2004): 477–502.

21 Andrew Curran, "Rethinking Race History: The Role of the Albino in the French Enlightenment Life Sciences," *History and Theory* 48, no. 3 (2009): 151–79.

22 James Edward Smith, *A Selection of the Correspondence of Vinneus and Other Naturalists from the Original Manuscripts*, vol. 1 (London: Longman, Hurst, Rees, Orme, and Brown, 1821), 88–89.

23 Isabelle Charmantier, "Black Lives in the Linnean Society Collections: Amelia Newsham," The Linnean Society of London, October 19, 2020, https://www.linnean.org/news/2020/10/19/black-lives-in-the-linnean-society-collections-amelia-newsham.

24 Carl Linnæus and Johann Friedrich Gmelin, *Caroli a Linné Systema Naturae per Regna Tria Naturae, Secundum Classes, Ordines, Genera, Species, Cum Characteribus, Differentiis, Synonymis, Locis. Tomus I. Editio Decima Tertia, Aucta, Reformata*. (Lipsiae: Beer, 1788), 26.

25 Kathleen Chater, "Lewsham [Newsham], Amelia (b. c. 1748, d. in or after 1798), White Negress," Oxford Dictionary of National Biography, September 23, 2010, https://doi.org/10.1093/ref:odnb/98525; Charmantier, "Black Lives in the Linnean Society Collections: Amelia Newsham."

1758 지옥분노벌레

26 Linnæus, *Systema Naturæ per Regna Tria Naturæ, Secundum Classes, Ordines,*

Genera, Species, Cum Characteribus, Differentiis, Synonymis, Locis. Tomus I. Editio Decima, Reformata, 647.

27 Sir Arthur de Capell Brooke, *A Winter in Lapland and Sweden: With Various Observations Relating to Finmark and Its Inhabitants Made During a Residence at Hammerfest, Near the North Cape* (London: John Murray, 1827), 94–95.

28 Peter Simon Pallas, "Comparative View of Some Dangerous Diseases, Supposed to Be Occasioned by Insects, Which Prevail in Sweden, Russia, Siberia, and the Adjacent Countries," *The Philosophical Magazine* 7 (1800): 138–44; Daniele C. Solander, "Furia Infernalis, Vermis et Ab Eo Concitari Solitus Morbus, Descripti," *Nova Acta Regiae Societatis Scientiarum Upsaliensis* 1 (1773): 44–58.

29 Edward Daniel Clarke, *Travels in Various Countries of Europe, Asia and Africa: Scandinavia* (London: T. Cadell and W. Davies, 1824), 258–59.

30 Pallas, "Comparative View of Some Dangerous Diseases."

31 Brooke, *A Winter in Lapland and Sweden*, 99–100.

32 Pallas, "Comparative View of Some Dangerous Diseases."

33 Brooke, *A Winter in Lapland and Sweden*, 97.

34 "Entomologie Und Helminthologie Des Menschlichen Koerpers, &c," *Edinburgh Medical and Surgical Journal* 8, no. 31 (July 1, 1812): 317–24.

35 Henry David Inglis, *A Personal Narrative of a Journey Through Norway, Part of Sweden, and the Islands and States of Denmark* (Edinburgh: Constable and Company, 1829), 213–16.

36 Brooke, *A Winter in Lapland and Sweden*, 100–101.

37 "What Is Joni Mitchell's Mysterious Illness Morgellons Disease?," *The Independent*, February 5, 2024, https://www.independent.co.uk/life-style/health-and-families/joni-mitchell-health-illness-morgellons-disease-grammys-b2490474.html; Brigid Schulte, "Figments of the Imagination?," *The Washington Post*, January 20, 2008, https://www.washingtonpost.com/archive/lifestyle/2008/01/20/figments-of-the-imagination/63b3938c-b1a8-4a51-9331-a0e9356b96e0/.

38 Brian Fair, "Morgellons: Contested Illness, Diagnostic Compromise and Medicalisation," *Sociology of Health & Illness* 32, no. 4 (2010): 597–612, https://doi.org/10.1111/j.1467-9566.2009.01227.x; David T. Robles et al., "Morgellons Disease and Delusions of Parasitosis," *American Journal of Clinical Dermatology* 12, no. 1 (February 1, 2011): 1–6, https://doi.org/10.2165/11533150-000000000-00000.

39 Michele L. Pearson et al., "Clinical, Epidemiologic, Histopathologic and Molecular Features of an Unexplained Dermopathy," *PLoS ONE* 7, no. 1 (January 25, 2012): e29908, https://doi.org/10.1371/journal.pone.0029908.

1763 찰턴멧노랑나비

40 Dick Vane-Wright and Paul Ernest Sutton Whalley, "Linnaeus' Fabulous Butterfly," *The Linnean* 1 (January 1, 1985): 19–24; James Petiver, *Gazophylacii Naturae & Artis Decas Prima* (London: Batesman, 1702), 16.

41 James Delbourgo, "Slavery in the Cabinet of Curiosities: Hans Sloane's Atlantic World," January 1, 2007.

42 "Sir Hans Sloane," The British Museum, https://www.britishmuseum.org/about-us/british-museum-story/sir-hans-sloane; Arthur MacGregor, "Sloane, Sir Hans,

Baronet (1660–1753), Physician and Collector," Oxford Dictionary of National Biography, September 23, 2004, https://doi.org/10.1093/ref:odnb/25730.

43　Judith A. Marshall, "The Orthopteroid Insects Described by Linnaeus, with Notes on the Linnaean Collection," *Zoological Journal of the Linnean Society* 78, no. 4 (August 1, 1983): 375–96.

44　Carl Linnæus and Boas Johansson, *Centuria Insectorum Rariorum* (Upsaliae: [s.n.], 1763), 23.

45　Vane-Wright and Whalley, "Linnaeus' Fabulous Butterfly."

46　Carl Linnæus, *Systema Naturae per Regna Tria Naturae, Secundum Classes, Ordines, Genera, Species, Cum Characteribus, Differentiis, Synonymis, Locis. Tomus I. Pars II. Editio Duodecima Reformata* (Salvius, 1767), 765.

47　Søren Ludvig Tuxen, "The Entomologist, J. C. Fabricius," *Annual Review of Entomology* 12, no. 1 (1967): 1–15.

48　Johann Christian Fabricius, *Entomologia Systematica : Emendata et Aucta, Secundum Classes, Ordines, Genera, Species, Adjectis Synonimis, Locis, Observationibus, Descriptionibus*, vol. 3 (Hafniae: impensis Christ. Gottl. Proft, 1793), 212–212.

49　Pinar Noorata, "Entire Alphabet Found on the Wing Patterns of Butterflies," My Modern Met, November 13, 2013, https://mymodernmet.com/kjell-bloch-sandved-butterfly-alphabet/.

50　Vane-Wright and Whalley, "Linnaeus' Fabulous Butterfly"; Michael A. Salmon, Peter Marren, and Basil Harley, *The Aurelian Legacy: British Butterflies and Their Collectors* (University of California Press, 2000), 66–67.

51　Nora McGreevy, "British Museum Moves Bust of Founder, Who Profited From Slavery," *Smithsonian Magazine*, August 28, 2020, https://www.smithsonianmag.com/smart-news/british-museum-moves-bust-founder-who-profited-enslavement-180975680/.

52　Gareth Harris, "Debate Flares as British Museum Moves Bust of Slave-Owning Founder Hans Sloane," *The Art Newspaper*, August 25, 2020, https://www.theartnewspaper.com/2020/08/25/debate-flares-as-british-museum-moves-bust-of-slave-owning-founder-hans-sloane.

1770 튀르크인

53　이 항목에 서술된 내용의 주된 출처는, 별도의 주석이 없는 한 아래 세 권의 책이다.

- Karl Gottlieb von Windisch, *Inanimate Reason, Or a Circumstantial Account of That Astonishing Piece of Mechanism, M. de Kempelen's Chess-Player; Now Exhibiting at No. 8 Saville-Row, Burlington Gardens* (Bladon, 1784).
- Gerald M. Levitt, *The Turk*, Chess Automaton (Jefferson, North Carolina London: McFarland, 2000).
- Tom Standage, *The Turk: The Life and Times of the Famous Eighteenth-Century Chess-Playing Machine*, First Edition, Second Printing (New York: Walker Books, 2002).

54　Kenneth Harkness and Jack Starley Battel, "This Made Chess History 1. The Automaton Chessplayer's Debut," *Chess Review*, February 1947.

55　Ibid.

56　Linnæus, *Systema Naturæ per Regna Tria Naturæ, Secundum Classes, Ordines, Genera, Species, Cum Characteribus, Differentiis, Synonymis, Locis. Tomus I.*

Editio Decima, Reformata, 6.

57   Jessica Riskin, "Machines in the Garden," in *Nature Engaged: Science in Practice from the Renaissance to the Present*, ed. Mario Biagioli and Jessica Riskin (New York: Palgrave Macmillan US, 2012), 22–26, https://doi.org/10.1057/9780230338029_12.

58   Ibid., 30–32.

59   Alistair M. C. Isaac, "Computational Thought from Descartes to Lovelace," in *The Routledge Handbook of the Computational Mind* (Routledge, 2018), 10; Duane P. Schultz and Sydney Ellen Schultz, *A History of Modern Psychology*, 10th edition (Cengage Learning, 2011), 23–25; Bianca Westermann, "The Biomorphic Automata of the 18th Century. Mechanical Artworks as Objects of Technical Fascination and Epistemological Exhibition," *Figurationen* 17, no. 2 (December 2016): 123–37, https://doi.org/10.7788/figurationen-2016-0211.

60   Westermann, "The Biomorphic Automata of the 18th Century."; Nicolas Reeves and David St-Onge, "Genealogy of Artificial Beings: From Ancient Automata to Modern Robotics," in *Foundations of Robotics: A Multidisciplinary Approach with Python and ROS*, ed. Damith Herath and David St-Onge (Singapore: Springer Nature, 2022), 16, https://doi.org/10.1007/978-981-19-1983-1_1.

61   Jessica Riskin, "The Defecating Duck, or, the Ambiguous Origins of Artificial Life," *Critical Inquiry* 29, no. 4 (June 2003): 599–633, https://doi.org/10.1086/377722; Westermann, "The Biomorphic Automata of the 18th Century."

62   Reeves and St-Onge, "Genealogy of Artificial Beings," 15.

63   Riskin, "The Defecating Duck, or, the Ambiguous Origins of Artificial Life."

64   Julien Offray de la Mettrie, *Man a Machine*, trans. Gertrude Carman Bussey (Chicago: The Open Court Publishing Co., 1912; Project Gutenburg, May 16, 2016), https://www.gutenberg.org/files/52090/52090-h/52090-h.htm.

65   Homer Dudley and T. H. Tarnoczy, "The Speaking Machine of Wolfgang von Kempelen," *The Journal of the Acoustical Society of America* 22, no. 2 (March 1, 1950): 151–66, https://doi.org/10.1121/1.1906583.

66   Terrance Riley, "Composing for the Machine," *European Romantic Review* 20, no. 3 (July 1, 2009): 367–79, https://doi.org/10.1080/10509580902986344.

67   Ibid.

68   Kristin Franseen, "Mälzel and Mechanical Music in Beethoven's Vienna," 2014, https://hdl.handle.net/1813/111401; Riley, "Composing for the Machine."

69   George Thomas Ealy, "Of Ear Trumpets and a Resonance Plate: Early Hearing Aids and Beethoven's Hearing Perception," *19th-Century Music* 17, no. 3 (April 1, 1994): 262–73, https://doi.org/10.2307/746569.

70   "'Wellington's Victory or the Battle of Vittoria' Op. 91," Beethoven-Haus Bonn, https://www.beethoven.de/en/work/view/6170289125720064/%26quot%3BWellington%26%2339%3Bs+Victory+or+the+Battle+of+Vittoria%26quot%3B+op.+91.

71   Riley, "Composing for the Machine."

72   Emily Iuliano Dolan, "The Origins of the Orchestra Machine," *Current Musicology*, no. 76 (September 6, 2003), https://doi.org/10.7916/cm.v0i76.5026.

73   Riley, "Composing for the Machine."

74   John F. Ohl and Joseph Earl Arrington, "John Maelzel, Master Showman of Automata and Panoramas," *The Pennsylvania Magazine of History and Biography* 84, no. 1 (1960): 56–92.

75 Henri Decremps, *La Magie Blanche Dévoilée ou Explication* (Paris: Cailleau, 1784), 86–87.

76 Philip Thicknesse, *The Speaking Figure and the Automaton Chess-Player: Exposed and Detected* (London: John Stockdale, 1784), 10–11.

77 Jean Eugène Robert-Houdin, *Memoirs of Robert-Houdin. Ambassador, Author, and Conjuror. Written By Himself.* Copyright Edition., trans. Frederic Charles Lascelles Wraxall, vol. 1 (London: Champman and Hall, 1859), 176–79.

78 Edgar Allan Poe, "Maelzel's Chess Player," *Southern Literary Messenger: Devoted To Every Department Of Literature And The Fine Arts* 2, no. 5 (April 1836): 318–26.

79 W. K. Wimsatt, "Poe and the Chess Automaton," *American Literature* 11, no. 2 (1939): 138–51, https://doi.org/10.2307/2920639.

80 Poe, "Maelzel's Chess Player."

81 Allan G. Bromley, "The Evolution of Babbage's Calculating Engines," *Annals of the History of Computing* 9, no. 2 (April 1987): 113–36, https://doi.org/10.1109/MAHC.1987.10013.

82 Poe, "Maelzel's Chess Player."

83 Francisco González de Posada, Francisco A. González Redondo, and Alfonso Hernando González, "Leonardo Torres Quevedo: Pioneer of Computing, Automatics, and Artificial Intelligence," *IEEE Annals of the History of Computing* 43, no. 3 (July 2021): 22–43, https://doi.org/10.1109/MAHC.2021.3082199.

84 David Heath and Derek Allum, "The Historical Development of Computer Chess and Its Impact on Artificial Intelligence," in *Proceedings of the 4th AAAI Conference on Deep Blue Versus Kasparov: The Significance for Artificial Intelligence*, AAAIWS'97-04 (AAAI Press, 1997), 63–68.

85 Nathan Ensmenger, "Is Chess the Drosophila of Artificial Intelligence? A Social History of an Algorithm," *Social Studies of Science* 42, no. 1 (February 2012): 5–30, https://doi.org/10.1177/0306312711424596.

86 "Deep Blue (Computer) vs Garry Kasparov (1996)," chessgames.com, https://www.chessgames.com/perl/chessgame?gid=1070874.

1784 파과 호수의 괴물

87 "Gravure.," *Journal de Paris*, no. 290 (October 16, 1784): 1223.

88 "Notre Âge, Assurément, Court de Meveille En Merveille..," *Mercure de France*, no. 43 (October 23, 1784): 162–65.

89 Hunter Oatman-Stanford, "Fashion to Die For: Did an Addiction to Fads Lead Marie Antoinette to the Guillotine?," *Collectors Weekly*, May 11, 2015, https://www.collectorsweekly.com/articles/fashion-to-die-for/.

90 Augustin Challamel, *The History of Fashion in France: Or, The Dress of Women From the Gallo-Roman Period to the Present Time*, trans. Frances Cashel Hoey and John Lillie (New York: Scribner and Welford, 1882), 167.

91 Stella Blum, Eighteenth-Century French Fashion Plates in Full Color: 64 Engravings from the "Galerie Des Modes," 1778-1787 (New York: Courier Dover Publications, 2016), xiii; C. D. Brenner, "The Eighteenth-Century Vogue of 'Malbrough' and Marlborough," *The Modern Language Review* 45, no. 2 (1950): 177–80.

92 Challamel, *The History of Fashion in France: Or, The Dress of Women From the*

Gallo-Roman Period to the Present Time, 173.

93 Caroline Weber, *Queen of Fashion : What Marie Antoinette Wore to the Revolution* (New York: Henry Holt and Company, 2006), 106; Challamel, *The History of Fashion in France: Or, The Dress of Women From the Gallo-Roman Period to the Present Time*, 173-74.

94 Katharina Van Cauteren, *The Mere-Monster of Lake Tagua Tagua* (Antwerp: The Phoebus Foundation Chancellery vzw, 2020), 83.

95 Louis Gabriel Michaud, ed., *Biographie universelle ancienne et moderne*, vol. 67 (Paris: Louis Gabriel Michaud, 1840), 236; Mathieu-François Pidansat de Mairobert, Barthélemy François Joseph Mouffle d'Angerville, and Louis Petit de Bachaumont, *Mémoires secrets pour servir à l'histoire de la République des Lettres en France*, vol. 27 (London: John Adamson, 1786), 67-68.

96 Cauteren, *The Mere-Monster of Lake Tagua Tagua*, 25-27.

97 Charles Darwin, *Voyages of the Adventure and Beagle*, vol. 3 (London: Henry Colburn, 1839), 323; Claude Gay, "Aperçu Sur Les Recherches d'histoire Naturelle Faites Dans l'Amérique Du Sud et Principalement Dans Le Chili, Pendant Les Années 1830 et 1831," *Annales Des Sciences Naturelles*, no. 28 (March 1833): 369-93.

98 Philippe Langellier Bellevue Halbert, "'Heretofore Considered Legendary': The Harpy of 1784 and Meanings of Monstrosity in Eighteenth-Century France" (Undergraduate Honors Thesis, College of William and Mary, 2011), 47.

99 Mathieu-François Pidansat de Mairobert, Barthélemy François Joseph Mouffle d'Angerville, and Louis Petit de Bachaumont, *Mémoires secrets pour servir à l'histoire de la République des Lettres en France*, vol. 28 (London: John Adamson, 1786), 136; Oscar de Poli, *Louis XVIII*, 4th edition (Paris: Journal la Civilisation, 1880), 88.

100 Halbert, "Heretofore Considered Legendary," 12-13.

101 Cauteren, *The Mere-Monster of Lake Tagua Tagua*, 73.

102 Ibid., 80.

103 Eugène Hatin, *Histoire politique et littéraire de la presse en France*, vol. 8 (Paris: Poulet-Malassis et de Broise, 1861), 103-4.

104 Louis XVIII, *Description Historique D'Un Monstre Symbolique, Pris vivant sur les bords du Lac Fagua, près Santa-Fé, par les soins de Francisco Xaveiro de Meunrios, Comte de Barcelonne & Vice-Roi du Nouveau Mexique* (Paris, 1784), 6-12.

105 Mathieu-François Pidansat de Mairobert, Barthélemy François Joseph Mouffle d'Angerville, and Louis Petit de Bachaumont, *Mémoires secrets pour servir à l'histoire de la République des Lettres en France*, 1786, 28:136; Poli, *Louis XVIII*, 88; Pierre Jean Baptiste Nougaret, *Anecdotes du règne de Louis XVI*, vol. 2 (Paris, 1791), 13; Michaud, *Biographie universelle ancienne et moderne*, 67:236.

106 Lynn Hunt, "The Many Bodies of Marie-Antoinette: Political Pornography and the Problem of the Feminine in the French Revolution," in *Marie Antoinette: Writings on the Body of a Queen*, ed. Dena Goodman and Thomas E. Kaiser (Oxfordshire: Routledge, 2003), 124-27.

107 Halbert, "Heretofore Considered Legendary," 48.

108 The Editors of Encyclopaedia Britannica, "Louis XVIII," Encyclopædia Britannica, July 20, 1998, https://www.britannica.com/biography/Louis-XVIII.

109 The Editors of Encyclopaedia Britannica, "Marie-Antoinette," Encyclopædia Britannica, July 20, 1998, https://www.britannica.com/biography/Marie-

Antoinette-queen-of-France.

110　Calvin J. Heusser, "Quaternary Pollen Record from Laguna De Tagua Tagua, Chile," *Science* 219, no. 4591 (1983): 1429–32; W. Bollaert, "On the Occurrence of Bones of Mastodon in Chile," *Quarterly Journal of the Geological Society* 13 (1857): 291–93; Rafael Labarca et al., "Taguatagua 1: New Insights into the Late Pleistocene Fauna, Paleoenvironment, and Human Subsistence in a Unique Lacustrine Context in Central Chile," *Quaternary Science Reviews* 238 (June 15, 2020).

111　Benjamin Radford, *Tracking the Chupacabra: The Vampire Beast in Fact, Fiction, and Folklore*, Kindle edition (New Mexico: University of New Mexico Press, 2011).

112　Graeme Smith, "Kitten-Eater Controversy Litters Battle for Ontario," *The Globe and Mail*, September 13, 2003, https://www.theglobeandmail.com/news/national/kitten-eater-controversy-litters-battle-for-ontario/article18430647/.

1808 스트론사 짐승

113　John Barclay, "Remarks on Some Parts of the Animal That Was Cast Ashore on the Island of Stronsa, September 1808," *Memoirs of the Wernerian Natural History Society* 1 (1811): 418–44.

114　Ibid.; Bernard Heuvelmans, *In the Wake of the Sea-Serpents*, trans. Richard Garnett (New York: Hill & Wang, 1968), 118.

115　Royal Society, "Proceedings of Learned Societies," *The Philosophical Magazine*, 1, 32, no. 126 (1808): 184–90.

116　Daniel Loxton and Donald R. Prothero, *Abominable Science!: Origins of the Yeti, Nessie, and Other Famous Cryptids* (New York: Columbia University Press, 2015), 186–205.

117　Heuvelmans, *In the Wake of the Sea-Serpents*, 95.

118　Ibid., 100.

119　Charles G. M. Paxton, Erik Knatterud, and Sharon Hedley, "Cetaceans, Sex and Sea Serpents: An Analysis of the Egede Accounts of a 'Most Dreadful Monster' Seen off the Coast of Greenland in 1734," *Archives of Natural History* 32 (April 1, 2005): 1–9.

120　Erich Pontoppidan, *The Natural History of Norway*, trans. Andreas Berthelson, vol. 2 (London: A. Linde, 1755), 195–208.

121　Loxton and Prothero, *Abominable Science!*, 207–11.

122　Royal Society, "Proceedings of Learned Societies," *The Philosophical Magazine*, 1, 33, no. 129 (1809): 88–91.

123　Henry De la Beche and William Conybeare, "Notice of the Discovery of a New Fossil Animal, Forming a Link between the Ichthyosaurus and Crocodile, Together with General Remarks on the Osteology of the Ichthyosaurus.," *Transactions of the Geological Society of London* 5 (1821): 559–94.

124　H. S. Torrens, "Anning, Mary (1799–1847), Fossil Collector and Dealer," Oxford Dictionary of National Biography, September 23, 2004, https://www.oxforddnb.com/display/10.1093/ref:odnb/9780198614128.001.0001/odnb-9780198614128-e-568.

125　Everard Home, "An Anatomical Account of the Squalus Maximus (of Linnaeus), Which in the Structure of Its Stomach Forms an Intermediate Link in the

Gradation of Animals between the Whale Tribe and Cartilaginous Fishes," *Philosophical Transactions of the Royal Society of London* 99 (1809): 206–20.

126 William B. Ashworth, Jr., "Scientist of the Day - Everard Home," The Linda Hall Library, May 6, 2022, https://www.lindahall.org/about/news/scientist-of-the-day/everard-home.

127 Home, "An Anatomical Account of the Squalus Maximus."

128 Loxton and Prothero, *Abominable Science!*, 213.

129 Barclay, "Remarks on Some Parts of the Animal That Was Cast Ashore on the Island of Stronsa, September 1808."

130 Anthonie Cornelis Oudemans, *The Great Sea-Serpent* (Leiden: E. J. Brill, 1892), 74–75.

131 Heuvelmans, *In the Wake of the Sea-Serpents*, 127–30.

132 Robert Bakewell, *An Introduction to Geology*, ed. Benjamin Silliman, 2nd American edition (Connecticut: Hezekiah Howe & Co., 1833), 213.

133 Heuvelmans, *In the Wake of the Sea-Serpents*, 128; Oudemans, *The Great Sea-Serpent*, 77.

134 初見健一,「70年代最大のUMA騒動「ニューネッシー」と「シーラカンス」の思い出 / 昭和こどもオカルト回顧録,」webムー, August 23, 2022, https://web-mu.jp/column/1856.

135 "Collected Papers on the Carcass of an Unidentified Animal Trawled off New Zealand by the Zuiyo-Maru" (Tokyo: La Société franco-japonaise d'Océanographie, January 1, 1978).

136 Charles G. M. Paxton and Darren Naish, "Did Nineteenth Century Marine Vertebrate Fossil Discoveries Influence Sea Serpent Reports?," *Earth Sciences History* 38, no. 1 (April 1, 2019): 16–27.

1822 피지 인어

137 E. A. Myers, *The Ituraeans and the Roman Near East: Reassessing the Sources* (Cambridge: Cambridge University Press, 2010), 176.

138 강민경,「한국 인어 서사의 전승 양상과 그 의미 고찰」,『도교문화연구』 37 (November 2012): 367–90.

139 Terence Hanbury White, *The Book of Beasts : Being a Translation from a Latin Bestiary of the Twelfth Century* (Wisconsin: Parallel Press, 2002), 250–51.

140 Browne, *Pseudodoxia Epidemica*, 169–71.

141 J. L. Baughman, "Some Early Notices on American Manatees and the Mode of Their Capture," *Journal of Mammalogy* 27, no. 3 (1946): 234–39, https://doi.org/10.2307/1375433; Sanchez, Jean-Pierre, "Myths and Legends in the Old World and European Expansionism on the American Continent," in *European Images of the Americas and the Classical Tradition*, ed. Wolfgang Haase and Reinhold Meyer, The Classical Tradition of Americas 1 (Berlin: Walter de Gruyter, 1993).

142 Lisbet Koerner, *Linnaeus: Nature and Nation* (Harvard University Press, 1999), 93.

143 Eugene Willis Gudger, "Jenny Hanivers, Dragons and Basilisks in the Old Natural History Books and in Modern Times," *The Scientific Monthly* 38, no. 6 (1934): 511–23; S. Peter Dance, *Animal Fakes and Frauds* (Berkshire: Sampson Low, 1976), 17–30.

144 Martha Chaiklin, "Simian Amphibians: The Mermaid Trade in Early Modern Japan," in *Large and Broad: The Dutch Impact on Early Modern Asia; Essays in*

Honor of Leonard Blussé, ed. Yōko Nagazumi (Tokyo: Tokyo Bunko, 2010), 254.

145 "【関西の議論】これは人魚のミイラなのか、高野山の麓に安置される「ミステリー」の正体は…近江国「人魚伝説」と絡み合う秘話," 産経ニュース, September 26, 2014, https://www.sankei.com/article/20140829-VKO4BMHGO5IMNP6OE4JWGJEKFA/; 加藤敬史 et al., "圓珠院所蔵「人魚のミイラ」研究最終報告" (Okayama: 圓珠院所「人魚のミイラ」究チーム, February 7, 2023).

146 "Figure; Storage Box," British Museum, https://www.britishmuseum.org/collection/object/A_As1942-01-1; Chaiklin, "Simian Amphibians," 254.

147 Beatrice Laurent, "Monster or Missing Link? The Mermaid and the Victorian Imagination," *Cahiers Victoriens et Édouardiens* 85 (May 30, 2017).

148 이 항목에 서술된 피지 인어의 역사는, 별도의 주석이 없는 한 아래의 두 문헌을 참고하여 재구성한 것이다.

- Jan Bondeson, "The Feejee Mermaid," in *The Feejee Mermaid and Other Essays in Natural and Unnatural History* (New York: Cornell University Press, 1999), 36–63.
- Steven C. Levi, "P. T. Barnum and the Feejee Mermaid," *Western Folklore* 36, no. 2 (1977): 149–54.

149 Yoko Matsui, "Japanese-Dutch Relations in the Tokugawa Period," *Transactions of the Japan Academy* 72 (April 11, 2018): 139–54, https://doi.org/10.2183/tja.72.Special_Issue_139.

150 Eric Axelson, "Cape Town," Encyclopædia Britannica, March 27, 2024, https://www.britannica.com/place/Cape-Town.

151 Laurent, "Monster or Missing Link?"

152 Bernth Lindfors, "P.T. Barnum and Africa," *Studies in Popular Culture* 7 (1984): 18–27; James R. Wright Jr., "How the Public Autopsy of a Slave Joice Heth Launched P.T. Barnum's Career as the Greatest Showman on Earth," *Clinical Anatomy* 31, no. 7 (2018): 956–65, https://doi.org/10.1002/ca.23276; Harriet A. Washington, *Medical Apartheid: The Dark History of Medical Experimentation on Black Americans from Colonial Times to the Present* (New York: Doubleday, 2006), 86.

153 Lindfors, "P.T. Barnum and Africa."

154 Wright Jr., "How the Public Autopsy of a Slave Joice Heth Launched P.T. Barnum's Career as the Greatest Showman on Earth."

155 Joe Nickell, *Secrets of the Sideshows* (Kentucky: University Press of Kentucky, 2005), 333–36.

1835 달의 박쥐인간

156 James Eric Black, "In Defense of Vespertilio-Homo: Finding the Truth in the 1835 Moon Hoax," in *Sensationalism: Murder, Mayhem, Mudslinging, Scandals, and Disasters in 19th-Century Reporting*, ed. David B. Sachsman (New Jersey: Transaction Publishers, 2013), 223–40.

157 David A. Copeland, "A Series of Fortunate Events: Why People Believed Richard Adams Locke's 'Moon Hoax,'" *Journalism History* 33, no. 3 (October 1, 2007): 140–50, https://doi.org/10.1080/00947679.2007.12062738.

158 Black, "In Defense of Vespertilio-Homo."

159 "The Great Moon Hoax of 1835 (Text) Day One: Tuesday, August 25, 1835," Museum of Hoaxes, accessed April 11, 2024, http://hoaxes.org/text/display/the_

great_moon_hoax_of_1835_text.

160 "The Great Moon Hoax of 1835 (Text) Day Two: Wednesday, August 26, 1835," Museum of Hoaxes, http://hoaxes.org/text/display/the_great_moon_hoax_of_1835_text/P1.

161 "The Great Moon Hoax of 1835 (Text) Day Three: Thursday, August 27, 1835," Museum of Hoaxes, http://hoaxes.org/text/display/the_great_moon_hoax_of_1835_text/P2.

162 "The Great Moon Hoax of 1835 (Text) Day Four: Friday, August 28, 1835," Museum of Hoaxes, http://hoaxes.org/text/display/the_great_moon_hoax_of_1835_text/P3.

163 "The Great Moon Hoax of 1835 (Text) Day Five: Saturday, August 29, 1835," Museum of Hoaxes, http://hoaxes.org/text/display/the_great_moon_hoax_of_1835_text/P4.

164 "The Great Moon Hoax of 1835 (Text) Day Six: Monday, August 31, 1835," Museum of Hoaxes, http://hoaxes.org/text/display/the_great_moon_hoax_of_1835_text/P5.

165 Michael J. Crowe, *The Extraterrestrial Life Debate, 1750-1900* (New York: Dover Publications, 2011), 212.

166 Black, "In Defense of Vespertilio-Homo"; "Locke among the Moonlings," *Southern Quarterly Review* 24 (1853): 501–14; Crowe, *The Extraterrestrial Life Debate, 1750-1900*, 213.

167 Harriet Martineau, *Retrospect of Western Travel*, vol. 3 (London: Saunders and Otley, 1838), 23.

168 William N. Griggs, *The Celebrated "Moon Story,": Its Origin and Incidents* (New York: Bunnell and Price, 1852), 25–26.

169 Copeland, "A Series of Fortunate Events."

170 István Kornél Vida, "The 'Great Moon Hoax' of 1835," *Hungarian Journal of English and American Studies (HJEAS)* 18, no. 1/2 (2012): 431–41.

171 Crowe, *The Extraterrestrial Life Debate, 1750-1900*, 3–10.

172 Gale E. Christianson, "Kepler's Somnium: Science Fiction and the Renaissance Scientist," *Science Fiction Studies* 3, no. 1 (1976): 79–90.

173 Crowe, *The Extraterrestrial Life Debate, 1750-1900*, 41.

174 Ibid., 64–66.

175 Ibid., 203.

176 Michael J. Crowe, "A History of the Extraterrestrial Life Debate," *Zygon* 32, no. 2 (1997): 147.

177 Crowe, *The Extraterrestrial Life Debate, 1750-1900*, 196–97.

178 Ibid., 187.

179 Thomas Dick, *Celestial Scenery: Or, The Wonders of the Planetary System Displayed; Illustrating the Perfections of the Deity and a Plurality of Worlds* (New York: Harper & brothers, 1838), 305.

180 Donald Brazeal, "Precursor to Modern Media Hype: The 1830s Penny Press," *The Journal of American Culture* 28 (November 8, 2005): 405–14, https://doi.org/10.1111/j.1542-734X.2005.00243.x.

181 Henrik Örnebring and Anna Maria Jönsson, "Tabloid Journalism and the Public Sphere: A Historical Perspective on Tabloid Journalism," *Journalism Studies* 5,

no. 3 (August 1, 2004): 283–95, https://doi.org/10.1080/1461670042000246052.

182　James L. Crouthamel, "The Newspaper Revolution in New York 1830-1860," *New York History* 45, no. 2 (1964): 91–113.

183　Brian Thornton, "The Moon Hoax: Debates About Ethics in 1835 New York Newspapers," *Journal of Mass Media Ethics* 15, no. 2 (June 1, 2000): 89–100, https://doi.org/10.1207/S15327728JMME1502_3.

184　Ulf Jonas Bjork, "'Sweet Is the Tale': A Context for the New York Sun's Moon Hoax," *American Journalism* 18, no. 4 (October 1, 2001): 13–27.

185　Mario Castagnaro, "Lunar Fancies and Earthly Truths: The Moon Hoax of 1835 and the Penny Press," *Nineteenth-Century Contexts* 34, no. 3 (July 1, 2012): 253–68, https://doi.org/10.1080/08905495.2012.691822.

186　Edgar Allan Poe, "Richard Adams Locke," in *The Works of Edgar Allan Poe*, vol. 3 (New York: W. J. Widdleton, 1849), 121.

187　Castagnaro, "Lunar Fancies and Earthly Truths."

188　Poe, "Richard Adams Locke," 126.

189　Ibid., 122.

190　Vida, "The 'Great Moon Hoax' of 1835"; Castagnaro, "Lunar Fancies and Earthly Truths"; Bjork, "Sweet Is the Tale"; Thornton, "The Moon Hoax."

191　Matthew Goodman, *The Sun and the Moon: The Remarkable True Account of Hoaxers, Showmen, Dueling Journalists, and Lunar Man-Bats in Nineteenth-Century New York* (New York: Basic Books, 2008), 49–50.

192　Ibid., 54–62.

193　Ibid., 53.

194　Ibid., 44–45, 72–76.

195　Ibid., 82.

196　Castagnaro, "Lunar Fancies and Earthly Truths."

197　Goodman, *The Sun and the Moon*, 265–67.

198　Ibid., 273–77.

199　Griggs, The Celebrated "Moon Story," 30.

200　Goodman, *The Sun and the Moon*, 293–95.

201　Ibid., 297.

202　Steven W. Ruskin, "A Newly-Discovered Letter of J.F.W. Herschel Concerning the 'Great Moon Hoax,'" *Journal for the History of Astronomy* 33, no. 1 (February 1, 2002): 71–74, https://doi.org/10.1177/002182860203300108.

203　Dick, *Celestial Scenery*, 272–73.

204　Neil Harris, *Humbug: The Art of P. T. Barnum* (Chicago: University of Chicago Press, 1981), 25; Black, "In Defense of Vespertilio-Homo."

205　Phineas Taylor Barnum, *The Humbugs of the World: An Account of Humbugs, Delusions, Impositions, Quackeries, Deceits and Deceivers Generally, in All Ages* (New York: Carleton, 1866), 259.

206　"Edgar Allan Poe — 'The Literati of New York City,'" The Edgar Allan Poe Society of Baltimore, https://www.eapoe.org/works/info/pmlny.htm.

207　Poe, "Richard Adams Locke," 121–25.

208　Ibid., 127.

209　Lydia G. Fash, "Fake News!!! Poe's Balloon Story and the Penny Papers!," *ESQ: A*

Journal of Nineteenth-Century American Literature and Culture 66, no. 3 (2020): 445–79.

1840 미주리움

210 이 항목에 서술된 코흐와 미주리움의 일대기는, 별도의 주석이 없는 한 아래의 논문을 주로 참고하여 재구성한 것이다.

- R. Bruce McMillan, "Albert C. Koch's Missourium and the Debate over the Contemporaneity of Humans and the Pleistocene Megafauna of North America," *Earth Sciences History* 41, no. 2 (December 1, 2022): 410–39, https://doi.org/10.17704/1944-6187-41.2.410.

211 Albert Carl Koch, *Description of Missourium, or Missouri Leviathan*, 2nd edition (Kentucky: Prentice and Weissinger, 1841), 5–6; R. Bruce McMillan, "Man and Mastodon: A Review of Koch's 1840 Pomme de Terre Expeditions," in *Prehistoric Man and His Environments: A Case Study in the Ozark Highland*, ed. W. Raymond Wood (New York: Acadenuc Press, 1976), 84.

212 Stephen M. Rowland, "Thomas Jefferson, Extinction, and the Evolving View of Earth History in the Late Eighteenth and Early Nineteenth Centuries," in *The Revolution in Geology from the Renaissance to the Enlightenment*, ed. Gary D. Rosenberg (Colorado: Geological Society of America, 2009), 228.

213 Assefa Mebrate, "Long-jawed gomphotheres of North America" (Ph.D. dissertation, University of Kansas, 1987); Keith Stewart Thomson, *The Legacy of the Mastodon: The Golden Age of Fossils in America* (Connecticut: Yale University Press, 2008), 27.

214 Paul Semonin, *American Monster: How the Nation's First Prehistoric Creature Became a Symbol of National Identity* (New York: NYU Press, 2000), 123–27; George Gaylord Simpson, "The Beginnings of Vertebrate Paleontology in North America," *Proceedings of the American Philosophical Society* 86, no. 1 (1942): 130–88.

215 Rowland, "Thomas Jefferson, Extinction, and the Evolving View of Earth History in the Late Eighteenth and Early Nineteenth Centuries," 228.

216 Ibid., 235; Georges Cuvier, "Mémoires Sur Les Espèces d'Éléphants Vivants et Fossiles," *Mémoires de l'Institut Des Sciences et Arts* 2 (1800): 1–22.

217 "Proving Extinction: Cuvier and the Elephantimorpha," *Biodiversity Heritage Library* (blog), October 13, 2015, https://blog.biodiversitylibrary.org/2015/10/proving-extinction-cuvier-and-the-elephantimorpha.html.

218 Lee Alan Dugatkin, "Buffon, Jefferson and the Theory of New World Degeneracy," *Evolution: Education and Outreach* 12, no. 1 (June 6, 2019): 15, https://doi.org/10.1186/s12052-019-0107-0.

219 Rowland, "Thomas Jefferson, Extinction, and the Evolving View of Earth History in the Late Eighteenth and Early Nineteenth Centuries," 240–41.

220 Megan Rich, "The Peale Museum: America's First Natural History Museum Features a Mastodon," *Park Paleontology News* 16, no. 1 (2024); Semonin, *American Monster*, 449.

221 Ellis L. Yochelson, "Mr. Peale and His Mammoth Museum," *Proceedings of the American Philosophical Society* 136, no. 4 (1992): 487–506.

222 Koch, *Description of Missourium*, 7–8.

223 Semonin, *American Monster*, 213–14.

224　Ibid., 460.
225　Richard Owen, "Report on the Missourium Now Exhibiting at the Egyptian Hall," *Proceedings of the Geological Society of London* 3(2), no. 87 (1842): 689–95.
226　Richard Owen, "Report on British Fossil Reptiles, Part II," *Report of the British Association for the Advancement of Science, 11th Meeting*, 1842, 60–204; Grace Costantino, "The Birth of Dinosaurs: Richard Owen and Dinosauria," *Biodiversity Heritage Library* (blog), https://blog.biodiversitylibrary.org/2015/10/the-birth-of-dinosaurs-richard-owen-and-dinosauria.html.
227　Owen, "Report on the Missourium Now Exhibiting at the Egyptian Hall."
228　Richard Owen, *A History of British Fossil Mammals, and Birds* (London: John Van Voorst, 1846), 298, https://doi.org/10.5962/bhl.title.13248.
229　William Lindsay, "'Mammoth' Task," *Curator: The Museum Journal* 34, no. 4 (1991): 261–72, https://doi.org/10.1111/j.2151-6952.1991.tb01472.x; Lu Allington-Jones, "Mastodon and on and On…a Moving Story," *Journal of Natural Science Collections* 5 (February 1, 2018): 110–14; Kerry Lotzof, "Missouri Leviathan: The Making of an American Mastodon," Natural History Museum, https://www.nhm.ac.uk/discover/the-making-of-an-american-mastodon.html.

1845 히드라르코스

230　이 책에 인용된 모든 성경 구절은 대한성서공회의 개역개정 번역을 따랐다. 다만 개역개정 성서에서 '리워야단'이라고 표기된 부분만큼은 편의상 '레비아탄'으로 옮겼음을 밝힌다.
231　Koch, Description of Missourium, 13–19.
232　이 항목에 서술된 코흐와 히드라르코스의 일대기는, 별도의 주석이 없는 한 아래의 논문을 주로 참고하여 재구성한 것이다.
　　- R. Bruce McMillan, "Albert Koch's Hydrarchos: A Hoax or a Bona Fide Collection of Bones," *Earth Sciences History* 42 (January 1, 2023): 84–101, https://doi.org/10.17704/1944-6187-42.1.84.
233　Richard Harlan, "Notice of Fossil Bones Found in the Tertiary Formation of the State of Louisiana," *Transactions of the American Philosophical Society* 4 (1834): 397–403, https://doi.org/10.2307/1004838; Richard Harlan, "Description of the Remains of the 'Basilosaurus', a Large Fossil Marine Animal, Recently Discovered in the Horizontal Limestone of Alabama," *Transactions of the Geological Society Pennsylvania* 1 (1835): 348–57; Jun Ebersole and Lewis Dean, "The History of Late Cretaceous Vertebrate Research in Alabama," *Bulletin of the Alabama Museum of Natural History* 31 (May 1, 2013): 3–50.
234　Richard Owen, "Observations on the Basilosaurus of Dr. Harlan (*Zeuglodon cetoides*, Owen)," *Transactions of the Geological Society of London* 6, no. 1 (1841): 69–79.
235　Riley Black, *Written in Stone: Evolution, the Fossil Record, and Our Place in Nature*, 1st edition (New York: Bellevue Literary Press, 2010), 147.
236　Ibid., 150.
237　Benjamin Owen, *Hydrarchos!! (Broadside)*, 1845, Library of Congress, https://www.loc.gov/resource/rbpe.11903100; Henry Hall Sherwood, ed., "The Hydrarchos, or, Great Fossil Sea-Serpent," *New York Dissector* 2, no. 4 (October 1845): 216–23.
238　Albert Carl Koch, *Description of the Hydrarchos Harlani*, 2nd edition (New York: Benjamin Owen, 1845), 10–13.

239 M. F. Ashley Montagu and C. Bernard Peterson, "The Earliest Account of the Association of Human Artifacts with Fossil Mammals in North America," *Proceedings of the American Philosophical Society* 87, no. 5 (1944): 407–19; Ebersole and Dean, "The History of Late Cretaceous Vertebrate Research in Alabama."

240 Oudemans, *The Great Sea-Serpent*, 239; Chandos Michael Brown, "A Natural History of the Gloucester Sea Serpent: Knowledge, Power, and the Culture of Science in Antebellum America," *American Quarterly* 42, no. 3 (1990): 402–36, https://doi.org/10.2307/2712941.

241 Sherwood, "The Hydrarchos, or, Great Fossil Sea-Serpent."

242 R. Bruce McMillan, "Albert C. Koch's Missourium and the Debate over the Contemporaneity of Humans and the Pleistocene Megafauna of North America," *Earth Sciences History* 41, no. 2 (December 1, 2022): 410–39, https://doi.org/10.17704/1944-6187-41.2.410.

243 Albert Carl Koch, *Do Not Neglect Seeing The Truly Extraordinary Exhibition Now Open In Niblo's Garden, During the Fair.* (Broadside), 1845, Duke Digital Repository, https://repository.duke.edu/dc/eaa/B0177.

244 Sherwood, "The Hydrarchos, or, Great Fossil Sea-Serpent."

245 "Dr.Koch's Hydrargos," *The New York Evangelist*, September 25, 1845.

246 Koch, *Description of the Hydrarchos Harlani*, 15–22.

247 Stephen M Rowland, "Thomas Jefferson, Extinction, and the Evolving View of Earth History in the Late Eighteenth and Early Nineteenth Centuries," in *The Revolution in Geology from the Renaissance to the Enlightenment*, ed. Gary D. Rosenberg (Colorado: Geological Society of America, 2009), 240–42.

248 Georges Cuvier, *A Discourse on the Revolutions of the Surface of the Globe, and the Changes Thereby Produced in the Animal Kingdom* (Philadelphia: Carey & Lea, 1831), 5–12; Martin J. S. Rudwick, *Georges Cuvier, Fossil Bones, and Geological Catastrophes: New Translations and Interpretations of the Primary Texts* (Illinois: University of Chicago Press, 2008), ix.

249 Ralph O'Connor, "Victorian Saurians: The Linguistic Prehistory of the Modern Dinosaur," *Journal of Victorian Culture* 17, no. 4 (December 1, 2012): 492–504, https://doi.org/10.1080/13555502.2012.738896.

250 Jeffries Wyman, "A Communication," *Proceedings of the Boston Society of Natural History* 2 (1848): 65–68.

251 Lukas Rieppel, "Albert Koch's *Hydrarchos* Craze: Credibility, Identity, and Authenticity in Nineteenth-Century Natural History," in *Science Museums in Transition: Cultures of Display in Nineteenth-Century Britain and America*, ed. Carin Berkowitz and Bernard Lightman (Pennsylvania: University of Pittsburgh Press, 2017), 156.

252 Albert Carl Koch, *Description of the Family of Animals Now Extinct, But Known to the Scientific World Under the Appellation of Hydrachen* (Illinois: Daily Tribune Office, 1863), 9.

253 Ibid., 15.

254 Rieppel, "Albert Koch's *Hydrarchos* Craze," 156–58.

255 Ibid., 160.

256 David F. Coppedge, "Leviathan Was Real," Creation Evolution Headlines, January 22, 2024, https://crev.info/2024/01/leviathan-was-real.

257 David Catchpoole, "Mokele-Mbembe: A Living Dinosaur?," *Creation*, September

1999.

1854 수정궁의 이구아노돈

258 이 항목에 서술된 내용의 주된 출처는, 별도의 주석이 없는 한 아래의 책이다.
- Mark Witton and Ellinor Michel, *The Art and Science of the Crystal Palace Dinosaurs* (Wiltshire: The Crowood Press, 2022).

259 "The Park's History," Crystal Palace Park Trust, https://www.crystalpalaceparktrust.org/topics/the-parks-history.

260 Bill Addis, "The Crystal Palace and Its Place in Structural History," *International Journal of Space Structures* 21, no. 1 (March 1, 2006): 3–19, https://doi.org/10.1260/026635106777641199.

261 Alexander Chase-Levenson, "Annihilating Time and Space: Eclecticism and Virtual Tourism at the Sydenham Crystal Palace," *Nineteenth-Century Contexts* 34, no. 5 (December 1, 2012): 461–75, https://doi.org/10.1080/08905495.2012.738087.

262 Ibid.

263 William Elgin Swinton, "Gideon Mantell and the Maidstone *Iguanodon*," *Notes and Records of the Royal Society of London* 8, no. 2 (January 1997): 261–76, https://doi.org/10.1098/rsnr.1951.0020; William A.S. Sarjeant, Justin B. Delair, and Martin G. Lockley, "The Footprints of *Iguanodon*: A History and Taxonomic Study," *Ichnos* 6, no. 3 (December 1, 1998): 183–202, https://doi.org/10.1080/10420949809386448.

264 Richard Owen, "Report on British Fossil Reptiles, Part II," *Report of the Eleventh Meeting of the British Association for the Advancement of Science*, 1842, 60–204.

265 James A. Secord, "Monsters at the Crystal Palace," in *Models: The Third Dimension of Science*, ed. Soraya de Chadarevian and Nick Hopwood (California: Stanford University Press, 2004), 155–57, https://doi.org/10.1515/9781503618992-009.

266 Ibid., 155.

267 Gideon Algernon Mantell, *The Geology of the South-East of England* (London: Longman, Rees, Orme, Brown, Green, & Longman, 1833), 312–13; Gideon Algernon Mantell, *The Wonders of Geology*, vol. 1 (London: Relfe and Fletcher, 1839), 400.

268 Gideon Algernon Mantell, *Petrifactions and Their Teachings* (London: Henry G. Bohn, 1851), 309.

269 "Dinner in the Iguanodon," Friends of Crystal Palace Dinosaurs (blog), July 21, 2013, https://cpdinosaurs.org/blog/post/dinner-in-the-iguanodon.

270 "The Crystal Palace, at Sydenham," *The Illustrated London News*, January 7, 1854.

271 Secord, "Monsters at the Crystal Palace," 158.

272 Richard Owen, *Geology And Inhabitants Of The Ancient World* (London: Crystal Palace Library and Bradbury & Evans, 1854), 2–6.

273 Ibid., 17.

274 Victoria Coules and Michael J. Benton, "The Curious Case of Central Park's Dinosaurs: The Destruction of Benjamin Waterhouse Hawkins' Paleozoic Museum Revisited," *Proceedings of the Geologists' Association* 134, no. 3 (June 1, 2023): 344–60, https://doi.org/10.1016/j.pgeola.2023.04.004.

275   Michael Benton, "A Brief History of Dinosaur Paleobiology," in *The Scientific American Book of Dinosaurs*, ed. Gregory S. Paul (New York: St. Martin's Press, 2000), 10–44.

276   Peter A. Austen, "Wealden Ornithischian ('Bird-Hipped') Dinosaurs," *Hastings & District Geological Society Journal* 19 (December 8, 2013): 6–17; Francisco Javier Verdú et al., "New Systematic and Phylogenetic Data about the Early Barremian *Iguanodon galvensis* (Ornithopoda: Iguanodontoidea) from Spain," *Historical Biology* 30, no. 4 (May 19, 2018): 437–74, https://doi.org/10.1080/08912963.2017.1287179.

1857 황제벼룩

277   Thomas John Bold, "Notice of Insects Added to Our Fauna, during the Year 1856," *Transactions of the Tyneside Naturalists' Field Club* 3 (May 19, 1857): 295–97.

278   Theodore D. A. Cockerell, "The Entomological Society of London," *The Scientific Monthly* 38, no. 4 (1934): 332–42.

279   "February 3rd, 1857.," *Journal of the Proceedings of the Linnean Society* 2 (1858): iv.

280   "May 4, 1857.," *Proceedings of the Entomological Society of London* 4 (1858): 69–75; Edward Newman, *The Zoologist: A Popular Miscellany of Natural History*, vol. 15 (London: John Van Voorst, 1857), 5762.

281   Martin J. S. Rudwick, *The Meaning of Fossils: Episodes in the History of Palaeontology* (Illinois: University of Chicago Press, 1985), 119.

282   Peter J. Bowler, *Evolution: The History of an Idea*, 3rd edition (California: University of California Press, 2003), 134–40.

283   Cockerell, "The Entomological Society of London."

284   Robert McLachlan, "*Pulex imperator* Westwood," *Entomologische Nachrichten* 20, no. 11 (1894): 161–62.

285   Ibid.

286   Colin Favret, "Jean-Henri Fabre: His Life Experiences and Predisposition Against Darwinism," *American Entomologist* 45, no. 1 (January 1, 1999): 38–48, https://doi.org/10.1093/ae/45.1.38.

287   Richard Fallon, "The Illustrated Natural History Lectures of Benjamin Waterhouse Hawkins given in Britain, 1850s–1880s," *Archives of Natural History* 50, no. 2 (October 1, 2023): 347–69, https://doi.org/10.3366/anh.2023.0866.

288   Gene Kritsky, "Entomological Reactions to Darwin's Theory in the Nineteenth Century," *Annual Review of Entomology* 53, no. Volume 53, 2008 (January 1, 2008): 345–60, https://doi.org/10.1146/annurev.ento.53.103106.093436.

289   Daniel Strain, "8.7 Million: A New Estimate for All the Complex Species on Earth," *Science* 333, no. 6046 (August 26, 2011): 1083, https://doi.org/10.1126/science.333.6046.1083.

290   Nigel E. Stork, "How Many Species of Insects and Other Terrestrial Arthropods Are There on Earth?," *Annual Review of Entomology* 63, no. Volume 63, 2018 (January 7, 2018): 31–45, https://doi.org/10.1146/annurev-ento-020117-043348.

1864 오르괴유 운석

291   Garrett Tenney, "Exclusive: NASA Scientist Claims Evidence of Alien Life on Meteorite," *Fox News*, March 27, 2015, https://www.foxnews.com/science/

exclusive-nasa-scientist-claims-evidence-of-alien-life-on-meteorite.

292　Ian Sample, "Nasa Scientist Claims Evidence of Extraterrestrial Life," *The Guardian*, March 6, 2011, sec. Science, https://www.theguardian.com/science/2011/mar/06/nasa-scientist-evidence-extraterrestrial-life; Charles Cooper, "NASA Scientist: Evidence of Alien Life on Meteorite," *CBS News*, March 7, 2011, https://www.cbsnews.com/news/nasa-scientist-evidence-of-alien-life-on-meteorite/.

293　"Richard Hoover," NASA Astrobiology Institute, https://astrobiology.nasa.gov/nai/directory/hoover-richard/index.html.

294　Richard Hoover, "Fossils of Cyanobacteria in CI1 Carbonaceous Meteorites: Implications to Life on Comets, Europa, and Enceladus," *Journal of Cosmology* 13 (January 1, 2011): 3811–43.

295　이 항목에 서술된 오르괴유 운석 연구의 역사는, 별도의 주석이 없는 한 아래의 논문을 참고하였다.
- Matthieu Gounelle and Michael E. Zolensky, "The Orgueil Meteorite: 150 Years of History," *Meteoritics & Planetary Science* 49, no. 10 (2014): 1769–94, https://doi.org/10.1111/maps.12351.

296　Crowe, *The Extraterrestrial Life Debate, 1750-1900*, 373; Mark Brake, "On the Plurality of Inhabited Worlds: A Brief History of Extraterrestrialism," *International Journal of Astrobiology* 5, no. 2 (April 2006): 99–107, https://doi.org/10.1017/S1473550406002989.

297　Crowe, *The Extraterrestrial Life Debate, 1750-1900*, 383.

298　Richard Gordon and Jesse McNichol, "Recurrent Dreams of Life in Meteorites," in Genesis - In *The Beginning: Precursors of Life, Chemical Models and Early Biological Evolution*, ed. Joseph Seckbach, Cellular Origin, Life in Extreme Habitats and Astrobiology 22 (Dordrecht: Springer, 2012), 551, https://doi.org/10.1007/978-94-007-2941-4_29.

299　Bartholomew Nagy, Warren G. Meinschein, and Douglas J. Hennessy, "Mass Spectroscopic Analysis of the Orgueil Meteorite: Evidence for Biogenic Hydrocarbons," *Annals of the New York Academy of Sciences* 93, no. 2 (1961): 27–35, https://doi.org/10.1111/j.1749-6632.1961.tb30508.x.

300　George Claus and Bartholomew Nagy, "A Microbiological Examination of Some Carbonaceous Chondrites," *Nature* 192, no. 4803 (November 1961): 594–96, https://doi.org/10.1038/192594a0.

301　S. L. Miller and J. Oró, "Harold C. Urey 1983–1981," *Journal of Molecular Evolution* 17, no. 5 (September 1, 1981): 263–64, https://doi.org/10.1007/BF01795747.

302　Harold C. Urey, "Life-Forms in Meteorites: Origin of Life-like Forms in Carbonaceous Chondrites Introduction," *Nature* 193, no. 4821 (March 1962): 1119–23, https://doi.org/10.1038/1931119a0.

303　Michael H. Briggs and G. Barrie Kitto, "Complex Organic Micro-Structures in the Mokoia Meteorite," *Nature* 193, no. 4821 (March 1962): 1126–27, https://doi.org/10.1038/1931126a0.

304　Frank Fitch, Henry P. Schwarcz, and Edward Anders, "'Organized Elements' in Carbonaceous Chondrites," *Nature* 193, no. 4821 (March 1962): 1123–25, https://doi.org/10.1038/1931123a0.

305　Bartholomew Nagy, George Claus, and Douglas J. Hennessy, "Organic Particles Embedded in Minerals in the Orgueil and Ivuna Carbonaceous Chondrites," *Nature* 193, no. 4821 (March 1962): 1129–33, https://doi.org/10.1038/1931129a0.

306 Edward Anders and Frank W. Fitch, "Search for Organized Elements in Carbonaceous Chondrites," *Science* 138, no. 3548 (December 28, 1962): 1392–99, https://doi.org/10.1126/science.138.3548.1392; Edward Anders et al., "Contaminated Meteorite," *Science* 146, no. 3648 (November 27, 1964): 1157–61, https://doi.org/10.1126/science.146.3648.1157.

307 Anders et al., "Contaminated Meteorite."

308 Carl-Henrik Brogren, "Louis Pasteur—The Life of a Controversial Scientist with a Prepared Mind, Driven by Curiosity, Motivation, and Competition," *APMIS* 132, no. 1 (2024): 7–30, https://doi.org/10.1111/apm.13325.

309 Louis Pasteur, "On Spontaneous Generation," *Revue Des Cours Scientifics* 1 (April 23, 1864): 257–64; John Farley and Gerald L. Geison, "Science, Politics and Spontaneous Generation in Nineteenth-Century France: The Pasteur-Pouchet Debate," *Bulletin of the History of Medicine* 48, no. 2 (1974): 161–98.

310 Anders et al., "Contaminated Meteorite."

311 Anders and Fitch, "Search for Organized Elements in Carbonaceous Chondrites."

312 "NASA Shoots down Alien Fossil Claims," *ABC News*, March 7, 2011, https://www.abc.net.au/news/2011-03-08/nasa-shoots-down-alien-fossil-claims/2666046.

313 Paul Z. Myers, "Did Scientists Discover Bacteria in Meteorites?," *Pharyngula* (blog), March 6, 2011, https://scienceblogs.com/pharyngula/2011/03/06/did-scientists-discover-bacter; Rosemary J. Redfield, "Is This Claim of Bacteria in a Meteorite Any Better than the 1996 One?," *RRResearch* (blog), March 6, 2011, http://rrresearch.fieldofscience.com/2011/03/is-this-claim-of-bacteria-in-meteorite.html.

314 Philip Ball, "The Aliens Haven't Landed," *Nature*, March 8, 2011, https://doi.org/10.1038/news.2011.147; Mike Martin, "'Alien Life' Claim Hampered by Journal's Dubious Reputation," *TechNewsWorld*, March 7, 2011, https://www.technewsworld.com/story/alien-life-claim-hampered-by-journals-dubious-reputation-72006.html.

315 M. J. Burchell, "Panspermia Today," *International Journal of Astrobiology* 3, no. 2 (April 2004): 73–80, https://doi.org/10.1017/S1473550404002113; Yuko Kawaguchi, "Panspermia Hypothesis: History of a Hypothesis and a Review of the Past, Present, and Future Planned Missions to Test This Hypothesis," in *Astrobiology: From the Origins of Life to the Search for Extraterrestrial Intelligence*, ed. Akihiko Yamagishi, Takeshi Kakegawa, and Tomohiro Usui (Singapore: Springer, 2019), 420, https://doi.org/10.1007/978-981-13-3639-3_27.

316 Richard Hoover et al., "Diatoms in the Orgueil Meteorite," *Paleontological Journal* 52 (December 1, 2018): 1647–50, https://doi.org/10.1134/S0031030118130051; Richard Hoover et al., "ENAA and SEM Investigations of Carbonaceous Meteorites: Implications to the Distribution of Life and Biospheres," *Academia Journal of Scientific Research* 9, no. 5 (August 2021): 96–104, https://doi.org/10.15413/ajsr.2021.0107.

317 A. Rozanov et al., *The Orgueil Meteorite* (Atlas of Microfossils) (Moscow: Типография офсетной печати, 2020).

1869 카디프 거인

318 Ronald Hendel, "The Landscape of Memory: Giants and the Conquest of Canaan," in *Collective Memory and Collective Identity: Deuteronomy and the Deuteronomistic History in Their Context*, ed. Johannes Unsok

Ro and Diana Edelman (Berlin: De Gruyter, 2021), 263–88, https://doi.org/10.1515/9783110715101-011.

319 이 항목에 서술된 카디프 거인의 일대기는, 별도의 주석이 없는 한 아래의 두 책을 참고하여 재구성한 것이다.

- Scott Tribble, *A Colossal Hoax: The Giant from Cardiff That Fooled America* (Maryland: Rowman & Littlefield Publishers, 2009).
- Jim Murphy, *The Giant and How He Humbugged America*, Illustrated edition (New York: Scholastic Press, 2012).

320 Paul Matzko, "The Second Great Awakening - Timeline Event," The Association of Religion Data Archives, https://www.thearda.com/us-religion/history/timelines/entry?etype=1&eid=326.

321 Nancy F. Cott, "Young Women in the Second Great Awakening in New England," *Feminist Studies* 3, no. 1/2 (1975): 15–29, https://doi.org/10.2307/3518952; Matthew Bowman, "Raising the Dead: Mormons, Evangelicals, and Miracles in America," *The John Whitmer Historical Association Journal* 27 (2007): 75–97.

322 Isaiah Ellis, "Infrastructure and American Religion: Sites, Methods, and Theories for a Changing Field," *Religion Compass* 17, no. 8 (2023): e12475, https://doi.org/10.1111/rec3.12475; Richard Carwardine, "The Second Great Awakening in the Urban Centers: An Examination of Methodism and the 'New Measures'," *The Journal of American History* 59, no. 2 (1972): 327–40, https://doi.org/10.2307/1890193.

323 Jason Colavito, *The Mound Builder Myth: Fake History and the Hunt for a "Lost White Race"* (Oklahoma: University of Oklahoma Press, 2020), Preface.

324 Nicholas A. Timmerman, "Contested Indigenous Landscapes: Indian Mounds and the Political Creation of the Mythical 'Mound Builder' Race," *Ethnohistory* 67, no. 1 (January 1, 2020): 75–95, https://doi.org/10.1215/00141801-7888741.

325 Colavito, *The Mound Builder Myth*, 115–16.

326 Ibid., 75–77.

327 Ibid., 83–85.

328 Ibid., 241–43.

329 James R. Wright Jr., "How the Public Autopsy of a Slave Joice Heth Launched P.T. Barnum's Career as the Greatest Showman on Earth," *Clinical Anatomy* 31, no. 7 (2018): 956–65, https://doi.org/10.1002/ca.23276.

330 Phineas Taylor Barnum, *Life of P. T. Barnum, Written by Himself; Including His Golden Rules for Money-Making* (New York: The courier Company, Printers, 1888), 241, 266.

331 Christine Sellers, "The Hoax Is On You: A Short Question About a Tall Tale," *The Library of Congress* (blog), August 25, 2011, https://blogs.loc.gov/law/2011/08/the-hoax-is-on-you-a-short-question-about-a-tall-tale; Garson O'Toole, "Quote Origin: There's a Sucker Born Every Minute," Quote Investigator®, April 11, 2014, https://quoteinvestigator.com/2014/04/11/fool-born; Barry Popik, "There's a Sucker Born Every Minute (NY Gambler Slang, but Not P. T. Barnum)," May 29, 2005, https://barrypopik.com/new_york_city/entry/theres_a_sucker_born_every_minute_ny_gambler_slang_but_not_p_t_barnum.

332 Justin Chang, "Review: 'The Greatest Showman' Turns Hugh Jackman's P.T. Barnum into a Hero, and Cons the Audience in the Process," *Los Angeles Times*, December 20, 2017, sec. Movies, https://www.latimes.com/entertainment/movies/la-et-mn-greatest-showman-review-20171220-story.html; Lewis Gilbert, "The

Greatest Showman - History's Greatest Lie!," UK Film Review, August 6, 2018, https://www.ukfilmreview.co.uk/forum/film-reviews/the-greatest-showman-history-s-greatest-lie.

333   Nancy Tartaglione, "This Is $400M+: 'The Greatest Showman' Hits WW Milestone On Feel-Good Legs," *Deadline*, March 29, 2018, https://deadline.com/2018/03/the-greatest-showman-crosses-400-million-global-box-office-fox-marketing-analysis-future-plans-1202353898/.

334   "The Cadiff Giant," The Farmers Museum, https://www.farmersmuseum.org/cardiff-giant.

335   "Marvin's Marvelous Mechanical Museum, Farmington Hills, Michigan," RoadsideAmerica.com, https://www.roadsideamerica.com/story/2121.

1874 마다가스카르의 식인 나무

336   "From Asa Gray 12 May 1874," Darwin Correspondence Project, https://www.darwinproject.ac.uk/letter/?docId=letters/DCP-LETT-9455.xml.

337   Asa Gray, "Insectivorous Plants. I.," *The Nation*, April 2, 1874; Asa Gray, "Insectivorous Plants. II.," *The Nation*, April 9, 1874.

338   Ken Thompson, *Darwin's Most Wonderful Plants: Darwin's Botany Today* (London: Profile Books, 2018), Introduction.

339   "Crinoida Dajeeana," *The New York World*, April 28, 1874.

340   Wolfram Adlassnig, Marianne Peroutka, and Thomas Lendl, "Traps of Carnivorous Pitcher Plants as a Habitat: Composition of the Fluid, Biodiversity and Mutualistic Activities," *Annals of Botany* 107, no. 2 (February 1, 2011): 181–94, https://doi.org/10.1093/aob/mcq238.

341   "General Gossip of Authors and Writers," *Current Literature*, August 1888.

342   "Wonderful Stories-The Man-Eating Tree," *Current Literature*, August 1888.

343   E. P. Kuhl, "Sidney Lanier and Edward Spencer," *Studies in Philology* 27, no. 3 (1930): 462–76.

344   B. H. William, "Sacrificed to a Man-Eating Plant," *The Washington Times*, September 26, 1920.

345   Chase Salmon Osborn, *Madagascar: Land of the Man-Eating Tree* (New York: Republic Publishing Compnay, 1924), 1–4.

346   "Seek Sacrificial Tree," *Tipton Daily Tribune*, August 19, 1932.

347   Willy Ley, *Willy Ley's Exotic Zoology* (New York: Bonanza Books, 1987), 68–74; Maureen Searcy, "Roy Mackal's Wild Speculation," *The Core*, Summer 2021, https://mag.uchicago.edu/science-medicine/roy-mackals-wild-speculation.

348   Ley, *Willy Ley's Exotic Zoology*, 329–33; Joseph Villari, "The Folklore of Man-Eating Plants," *Carnivorous Plant Newsletter* 38 (June 1, 2009): 49–53, https://doi.org/10.55360/cpn382.jv848.

349   James O. Luken, "Habitats of *Dionaea muscipula* (Venus' Fly Trap), Droseraceae, Associated with Carolina Bays," *Southeastern Naturalist* 4, no. 4 (December 2005): 573–84, https://doi.org/10.1656/1528-7092(2005)004[0573:HODMVF]2.0.CO;2.

350   James William Buel, *Sea and Land: An Illustrated History of the Wonderful and Curious Things of Nature Existing Before and Since the Deluge* (Pennsylvania: Historical Publishing Company, 1887), 475–77.

351 "A Blood-Sucking Plant," *The Philadelphia Times*, December 9, 1889.

1891 크로포즈빌 괴물

352 "A Strange Phenomenon," *The Daily Journal*, September 5, 1891.

353 Karen Bazzani Zach, "Martin - William K.," Montgomery County GenWeb site, http://ingenweb.org/inmontgomery/bios%20m/--martin---william-k.-.html.

354 Louisa Iarocci, "The Ice House: Industry and Ritual in the Nineteenth-Century Frozen Water Trade," in *Architecture and Extraction in the Atlantic World, 1500-1850*, ed. Luis J. Gordo Peláez and Paul B. Niell (Routledge, 2023); Andrew Robichaud, "Frozen Over: Making Ice and Knowing Nature in Nineteenth-Century America," *Environmental History*, July 1, 2022, https://doi.org/10.1086/720343.

355 "A Strange Phenomenon."

356 Barry Morton, "Feature Story: Murder, Masonry, and Popular Justice in Gilded Age Indiana: The Trial of the Reverend William F Pettit," *HistoricalCrimeDetective.Com* (blog), August 2016, https://www.historicalcrimedetective.com/murder-and-masonry-dr-barry-morton.

357 "Mr. Switzer Saw the Spook," *The Daily Journal*, September 7, 1891.

358 "The Ghost Club," *Sacramento Daily Record-Union*, October 31, 1891.

359 "Squirmed Like a Serpent," *The Indianapolis Journal*, September 7, 1891.

360 "A Substitute for the Sea Serpent," *The Brooklyn Daily Eagle*, September 10, 1891.

361 "Asking About the Spook," *The Daily Journal*, September 11, 1891.

362 "Famous," *The Daily Journal*, September 9, 1891.

363 Garth Haslam, "1891, September 5: The Crawfordsville Monster," Anomalies: the Strange & Unexplained, September 4, 2017, http://anomalyinfo.com/Stories/1891-september-5-crawfordsville-monster.

364 이 항목에 서술된 찰스 호이 포트의 일대기와 그의 저서에 대한 평가는, 별도의 주석이 없는 한 아래의 책을 주로 참고하였다.

- Jim Steinmeyer, *Charles Fort: The Man Who Invented the Supernatural*, Reprint edition (New York: Punguin Group, 2008).

365 Charles Fort, *Lo!*, ebook edition (London: Global Grey, 2018), 104–5.

366 Joshua Blu Buhs, "Vincent and Margaret Gaddis as Forteans," *From an Oblique Angle* (blog), January 6, 2015, http://www.joshuablubuhs.com/1/post/2015/06/vincent-and-margaret-gaddis-as-forteans.html.

367 Phillip J. Hutchison and Herbert J. Strentz, "Journalism Versus the Flying Saucers: Assessing the First Generation of UFO Reportage, 1947–1967," *American Journalism* 36, no. 2 (April 3, 2019): 150–70, https://doi.org/10.1080/08821127.2019.1602418.

368 "Who 'Discovered' Space Animals?," *CSI News Letter*, December 15, 1957; Justin Mullis, "Jordan Peele's 'NOPE': Cryptids in the Clouds?," *AIPT* (blog), February 8, 2023, https://aiptcomics.com/2023/02/08/jordan-peele-nope-cryptids-ufos-uap.

369 Vincent H. Gaddis, *Mysterious Fires and Lights* (New York: Davic McKay Company, Inc, 1967), 21, 27, 32–33.

370 Larry Arnold, "Appendix IV: The Critters in History," in *The Cosmic Pulse of Life: The Revolutionary Biological Power Behind UFOs*, by Trevor James Constable, updated fourth edition, ebook edition (California: The Book Tree, 2008).

371	Jerome Clark, *Encyclopedia of Strange and Unexplained Physical Phenomena* (Michigan: Gale Research Inc., 1993), 61–62.
372	"The Spook Explained," *The Daily Journal*, September 8, 1891.
373	"Some Odd Bits.," *The Wheeling Daily Intelligencer*, August 3, 1891
374	Chandler Lighty, "The Crawfordsville Monster," *Hoosier State Chronicles: Indiana's Digital Newspaper Program* (blog), October 26, 2015, https://blog.newspapers.library.in.gov/crawfordsville-monster; *The Crawfordsville Monster	An Example of "Fake News,"* 2018, https://www.youtube.com/watch?v=gl2zOD3hZgw.
375	"Charles Fort - His Life and Times," Charles Fort Institute, https://blogs.forteana.org/fortbiog.html.
376	Joshua Blu Buhs, *Think to New Worlds: The Cultural History of Charles Fort and His Followers* (Chicago: University of Chicago Press, 2024), 7–9.
377	Wilson Chapman, "The 65 Best Sci-Fi Movies of the 21st Century, from 'Melancholia' and 'M3GAN' to 'Asteroid City,'" *IndieWire*, March 5, 2024, https://www.indiewire.com/feature/best-sci-fi-movies-science-fiction-film-1201817994; Joe Willams, "The 10 Best Sci-Fi Movies of the 21st Century," *Far Out*, April 20, 2023, https://faroutmagazine.co.uk/10-best-sci-fi-movies-of-the-21st-century.
378	Mullis, "Jordan Peele's 'NOPE.'"

1892 늪살무사

379	Gayathri Gopal et al., "The Concept of Big Four: Road Map from Snakebite Epidemiology to Antivenom Efficacy," *International Journal of Biological Macromolecules* 242 (July 1, 2023): 124771, https://doi.org/10.1016/j.ijbiomac.2023.124771; Nesarajan Joseph et al., "Updated Review on Venomous Snakebites, Therapeutic Uses and Future Prospects of Indian Traditional Medicine," *Natural Resources for Human Health* 2 (January 7, 2022), https://doi.org/10.53365/nrfhh/145144; Ashis K. Mukherjee, "Green Medicine as a Harmonizing Tool to Antivenom Therapy for the Clinical Management of Snakebite: The Road Ahead," *The Indian Journal of Medical Research* 136, no. 1 (July 2012): 10–12.
380	Arthur Conan Doyle, "The Adventure of the Speckled Band," *The Strand Magazine*, February 1892.
381	Arthur Conan Doyle, "How I Made My List," *The Strand Magazine*, June 1927; Arthur Conan Doyle, *The Adventures of Sherlock Holmes*, ed. Richard Lancelyn Green (Oxford University Press, 1998), 362.
382	Doyle, "The Adventure of the Speckled Band."
383	Christina N. Zdenek et al., "Sound Garden: How Snakes Respond to Airborne and Groundborne Sounds," *PLOS ONE* 18, no. 2 (14 2023): e0281285, https://doi.org/10.1371/journal.pone.0281285.
384	Carl Gans, "How Snakes Move," *Scientific American* 222, no. 6 (1970): 82–99.
385	S. S. Van Dine, "S. S. Van Dine Sets Down Twenty Rules for Detective Stories," *American Magazine*, September 1928; George N. Dove, "The Rules of the Game," *Studies in Popular Culture* 4 (1981): 67–72.
386	Arthur Conan Doyle, *The New Annotated Sherlock Holmes*, ed. Leslie S. Klinger, vol. 1 (New York: W. W. Norton & Company, 2007), 259–61.
387	Laurence Monroe Klauber, "The Truth About the Speckled Band," *The Baker

Street Journal 3, no. 2 (1948): 149–57.

388 Joel W. Hedgpeth, "Re-Examination of the Adventure of the Lion's Mane," *The Scientific Monthly* 60, no. 3 (1945): 227–32; Wilton Marion Krogman, "Sherlock Holmes as an Anthropologist," *The Scientific Monthly* 80, no. 3 (1955): 155–62.

389 Terry J. Martin, "Detection, Imagination, and the Introduction to 'The Murders in the Rue Morgue,'" *Modern Language Studies* 19, no. 4 (1989): 31–45, https://doi.org/10.2307/3194774; Lawrence Frank, "The Murders in the Rue Morgue: Edgar Allan Poe's Evolutionary Reverie," *Nineteenth-Century Literature* 50, no. 2 (September 1, 1995): 168–88, https://doi.org/10.2307/2933690.

390 Arthur Conan Doyle, "The Adventure of the Sussex Vampire," *The Strand Magazine*, January 1924.

1896 세인트오거스틴 괴물

391 Alexandra K. Schnell et al., "How Intelligent Is a Cephalopod? Lessons from Comparative Cognition," *Biological Reviews* 96, no. 1 (2021): 162–78, https://doi.org/10.1111/brv.12651.

392 John R. Bower et al., "*Enteroctopus dofleini*, Giant Pacific octopus," in *Octopus Biology and Ecology*, ed. Rui Rosa et al. (Massachusetts: Academic Press, 2024), 369–95, https://doi.org/10.1016/B978-0-12-820639-3.00011-X; 국립생물자원관, "문어," 한반도의 생물다양성, https://species.nibr.go.kr/home/mainHome.do?cont_link=009&subMenu=009002&contCd=009002&pageMode=view&ktsn=120000044102; 국립수산과학원, "문어(*Enteroctopus dofleini*)," e-연구바다 수산생명자원정보센터, https://www.nifs.go.kr/portal/bt/frctA/actionSpeciesSearchView.do?taxonId=10283.

393 Steve O'Shea, "The Giant Octopus *Haliphron atlanticus* (Mollusca: Octopoda) in New Zealand Waters," *New Zealand Journal of Zoology* 31, no. 1 (January 1, 2004): 7–13, https://doi.org/10.1080/03014223.2004.9518353.

394 Craig R. McClain et al., "Sizing Ocean Giants: Patterns of Intraspecific Size Variation in Marine Megafauna," *PeerJ* 3 (January 13, 2015): e715, https://doi.org/10.7717/peerj.715; Rui Rosa et al., "Biology and Ecology of the World's Largest Invertebrate, the Colossal Squid (*Mesonychoteuthis hamiltoni*): A Short Review," *Polar Biology* 40, no. 9 (September 1, 2017): 1871–83, https://doi.org/10.1007/s00300-017-2104-5.

395 Bernard Heuvelmans, *The Kraken and the Colossal Octopus* (London: Kegan Paul, 2003), 119–21.

396 Howard Phillips Lovecraft, "The Call of Cthulhu," *Weird Tales*, 1928.

397 Heuvelmans, *The Kraken and the Colossal Octopus*, 152–69; Pierre Denys-Montfort, *Histoire Naturelle, Generale Et Particulière, des Mollusques, Animaux Sans Vertèbres Et A Sang Blanc.*, vol. 2 (Paris: L'Imprimerie de F. Dufart, 1802), 256–413; Georges Cuvier, *Le Règne Animal Distribué d'Après Son Organisation, Pour Servir de Base à l'Histoire Naturelle Des Animaux Et d'Introduction à l'Anatomie Comparée*, 2nd edition, vol. 3 (Paris: Deterville, 1830), 392–93.

398 이 항목에 서술된 세인트오거스틴 괴물 발견 당시의 정황과 이후의 연구 내용은, 별도의 주석이 없는 한 아래의 문헌을 주로 참고하여 재구성한 것이다.

 - Gary S. Mangiacopra, "*Octopus giganteus* Verrill: A New Species of Cephalopod," *Of Sea and Shore*, Spring 1975.

 - Heuvelmans, *The Kraken and the Colossal Octopus*, 273–79.

399 Addison Emery Verrill, "The Colossal Cephalopods of the North Atlantic," *The*

American Naturalist 9, no. 1 (1875): 21–36; Addison Emery Verrill, "The Colossal Cephalopods of the North Atlantic. II," *The American Naturalist* 9, no. 2 (1875): 78–86; Addison Emery Verrill, *Report on the Cephalopods of the Northeastern Coast of America* (Washington: Government Printing Office, 1882).

400 Addison Emery Verrill, "A Gigantic Cephalopod on the Florida Coast," *Annals and Magazine of Natural History* 19, no. 110 (February 1, 1897): 240–240, https://doi.org/10.1080/00222939708680533.

401 Addison Emery Verrill, "Additional Information Concerning the Giant Cephalopod of Florida.," *The American Journal of Science*, 4, 3, no. 14 (1875): 162–63.

402 Addison Emery Verrill, "The Florida Monster," *Science* 5, no. 114 (March 5, 1897): 392–392, https://doi.org/10.1126/science.5.114.392.

403 Addison Emery Verrill, "The Florida Sea-Monster," *Science* 5, no. 116 (March 19, 1897): 476–476, https://doi.org/10.1126/science.5.116.476.a.

404 Addison Emery Verrill, "The Florida Sea-Monster," *The American Naturalist* 31, no. 364 (1897): 304–7; Addison Emery Verrill, "The Supposed Great Octopus of Florida: Certainly Not a Cephalopod," *The American Journal of Science*, 4, 3, no. 16 (June 1, 1897): 355–56, https://doi.org/10.1080/00222939708680668.

405 Fort, *Lo!*, 84–85; John A. Keel, *Strange Creatures From Time and Space* (Connecticut: Fawcett Publications, Inc., 1970), 249.

406 Forrest Glenn Wood, "An Octopus Trilogy. Part 1: Stupefying Colossus of the Deep," *Natural History*, March 1971; Joseph F. Gennaro, Jr., "An Octopus Trilogy. Part 2: The Creature Revealed," *Natural History*, March 1971.

407 Forrest Glenn Wood, "An Octopus Trilogy. Part 3: In Which Bahamian Fishermen Recount Their Adventures with the Beast," *Natural History*, March 1971.

408 Roy P. Mackal, "Biochemical Analysis of Preserved *Octopus giganteus* Tissue," *Cryptozoology*, no. 5 (1986): 55–62.

409 Gary S. Mangiacopra et al., "History Repeating Itself: Part II Ignored - Rediscovered - Ignored Again! - And Final Vindication for *Octopus giganteus* 1909-1994," *Of Sea and Shore*, Winter 1995.

410 S. K. Pierce et al., "On the Giant Octopus (*Octopus giganteus*) and the Bermuda Blob: Homage to A. E. Verrill," *The Biological Bulletin* 188, no. 2 (April 1995): 219–30, https://doi.org/10.2307/1542087.

411 Gary S. Mangiacopra, "A Letter to the Editor," *Of Sea and Shore*, Spring 1996; Gary S. Mangiacopra et al., "An Open Forum on the *Biological Bulletin*'s Article of the *Octopus giganteus* Tissue Analysis," *Of Sea and Shore*, Spring 1996.

412 Sidney Pierce et al., "Microscopic, Biochemical, and Molecular Characteristics of the Chilean Blob and a Comparison with the Remains of Other Sea Monsters: Nothing but Whales," *The Biological Bulletin* 206 (July 1, 2004): 125–33, https://doi.org/10.2307/1543636.

413 "About," Gary Mangiacopra Archive, https://garymangiacopraarchive.com/about.

414 Tim the Yowie Man, "Solving a Sea Monster Mystery," *Australian Geographic*, May 4, 2022, https://www.australiangeographic.com.au/news/2022/05/solving-a-sea-monster-mystery.

1899 콘라디 매머드

415 Bill Gulliver, "Montgomery County News.," *The Crawfordsville Review*, June 14, 1890.

416 "Montgomery County News.," *The Crawfordsville Review*, July 26, 1890.

417 Henry Carey, *The Tragedy of Chrononhotonthologos: Being the Most Tragical Tragedy That Ever Was Tragediz'd by Any Company of Tragedians*. (Edinburgh, 1734), 2.

418 William Kirby, *On the Power Wisdom and Goodness of God as Manifested in the Creation of Animals and in Their History Habits and Instincts*, vol. 1 (London: William Pickering, 1835), 36.

419 "Fabulous Monsters," *The Ladies' Repository*, August 1869; "The Scientific Course of Lectures," *The College Courant* 6, no. 6 (1870): 96–97.

420 Darren Naish, *Hunting Monsters: Cryptozoology and the Reality Behind the Myths* (London: Arcturus Publishing Limited, 2015), 38.

421 Anthony J. Stuart et al., "The Latest Woolly Mammoths (*Mammuthus primigenius* Blumenbach) in Europe and Asia: A Review of the Current Evidence," *Quaternary Science Reviews* 21, no. 14 (August 1, 2002): 1559–69, https://doi.org/10.1016/S0277-3791(02)00026-4; Adrian M. Lister and Andrei V. Sher, "The Origin and Evolution of the Woolly Mammoth," *Science* 294, no. 5544 (November 2, 2001): 1094–97, https://doi.org/10.1126/science.1056370.

422 Wouter J. Bonhof and Alexander J. E. Pryor, "Proboscideans on Parade: A Review of the Migratory Behaviour of Elephants, Mammoths, and Mastodons," *Quaternary Science Reviews* 277 (February 1, 2022): 107304, https://doi.org/10.1016/j.quascirev.2021.107304; Christina Papageorgopoulou, Karl Link, and Frank J. Rühli, "Histology of a Woolly Mammoth (*Mammuthus primigenius*) Preserved in Permafrost, Yamal Peninsula, Northwest Siberia," *The Anatomical Record* 298, no. 6 (2015): 1059–71, https://doi.org/10.1002/ar.23148; Anastasia Kharlamova et al., "Preserved Brain of the Woolly Mammoth (*Mammuthus primigenius* (Blumenbach 1799)) from the Yakutian Permafrost," *Quaternary International, VIth International Conference on Mammoths and their Relatives*, Part 2, 406 (June 25, 2016): 86–93, https://doi.org/10.1016/j.quaint.2014.09.073.

423 David Reamer, "Mystery Meat of 1951: Did an Exclusive Club Eat a Frozen Woolly Mammoth from the Aleutians?," *Anchorage Daily News*, May 8, 2023, sec. Alaska Life, https://www.adn.com/alaska-life/2023/05/07/mystery-meat-of-1951-did-an-exclusive-club-eat-a-frozen-woolly-mammoth-from-the-aleutians.

424 Bernard Heuvelmans, *On the Track of Unknown Animals*, trans. Richard Garnett (London and New York: Kegan Paul International, 1995), 420–23.

425 Henry Tuckman, "The Killing of the Mammoth," *McClure's Magazine*, October 1899.

426 Frederic A. Lucas, "The Truth about the Mammoth," *McClure's Magazine*, February 1900.

427 Ibid.

428 "Contents of McClure's Magazine. Volume XIII. May, 1899, to October, 1899.," *McClure's Magazine*, October 1899; Rudyard Kipling, "The Flag of Their Country," *McClure's Magazine*, May 1889.

429 Lucas, "The Truth about the Mammoth."

430 Richard Fallon, "Discovering the Living Fossil Short Story in the Late Nineteenth Century," *Comparative American Studies An International Journal* 21, no. 1–2

(April 2, 2024): 53–69, https://doi.org/10.1080/14775700.2023.2247781.

431　Gary Hoppenstand, "Dinosaur Doctors and Jurassic Geniuses: The Changing Image of the Scientist in the Lost World Adventure," *Studies in Popular Culture* 22, no. 1 (1999): 1–14.

432　Lucas, "The Truth about the Mammoth."

433　Georges Dupuy, "Le Monstre de 'Partridge Creek,'" *Je Sais Tout*, February 15, 1908; Georges Dupuy, "The Monster of 'Partridge Creek,'" *The Strand Magazine*, July 1908.

434　Richard Lydekker, "Zoology," *Knowledge & Illustrated Scientific News*, September 1908.

435　Benjamin Radford, "'Woolly Mammoth' Video a Hoax, Original Footage Proves," *Live Science*, February 13, 2012, https://www.livescience.com/18440-woolly-mammoth-video-hoax.html; Waffles, "Woolly Mammoth Film From 1943: Real or Hoax?," wafflesatnoon, August 26, 2016, https://wafflesatnoon.com/1943-wooly-mammoth-film.

436　Pasqualino Loi, Joseph Saragusty, and Grazyna Ptak, "Cloning the Mammoth: A Complicated Task or Just a Dream?," in *Reproductive Sciences in Animal Conservation: Progress and Prospects*, ed. William V. Holt, Janine L. Brown, and Pierre Comizzoli (New York: Springer, 2014), 489–502, https://doi.org/10.1007/978-1-4939-0820-2_19.

437　David Cyranoski, "Cloning Comeback," *Nature* 505, no. 7484 (January 1, 2014): 468–71, https://doi.org/10.1038/505468a.

1904 영리한 한스

438　David A. H. Wilson, *The Welfare of Performing Animals: A Historical Perspective* (Berlin: Springer, 2015), 9–18.

439　Albert R. Rogers, *The Story of Beautiful Jim Key*, 1901.

440　Karl Krall, *Denkende Tiere: Beiträge zur Tierseelenkunde auf Grund eigener Versuche* (Leipzig: Verlag Von Friedrich Engelmann, 1912), 10–14.

441　Ibid., 17.

442　Oskar Pfungst, *Clever Hans (The Horse of Mr. von Osten): A Contribution to Experimental Animal and Human Psychology*, trans. Carl L. Rahn (New York: Henry Holt and Company, 1911), 18–22.

443　Krall, *Denkende Tiere*, 17–18; Pfungst, *Clever Hans*, 18.

444　Krall, *Denkende Tiere*, 19–21.

445　Pfungst, *Clever Hans*, 24–27; Britt von den Berg, "Die 'Neue Tierpsychologie' Und Ihre Wissenschaftlichen Vertreter" (PhD dissertation, Hannover, Tierärztliche Hochschule Hannover, 2008), 79.

446　Krall, *Denkende Tiere*, 27–28.

447　Johannes Abresch and Helmut E. Lück, "Der Kluge Hans, Oskar Pfungst Und Die Hirnrinde," in *Arbeiten Zur Psychologiegeschichte*, ed. Horst Gundlach (Göttingen: Hogrefe, 1994), 83–94.

448　Pfungst, *Clever Hans*, 8–9.

449　Ibid., 30–50.

450　Ibid., 253–54, 258–59.

451　Fabio De Sio and Chantal Marazia, "Clever Hans and His Effects: Karl Krall and the Origins of Experimental Parapsychology in Germany," *Studies in History and Philosophy of Science Part C: Studies in History and Philosophy of Biological and Biomedical Sciences* 48 (December 1, 2014): 94–102, https://doi.org/10.1016/j.shpsc.2014.07.005; Daniel Gethmann, "Levels of Communication: The Talking Horse Experiments," *Science in Context* 33, no. 4 (December 2020): 473–90, https://doi.org/10.1017/S0269889721000156.

452 Pfungst, *Clever Hans*, 44–45.

453 Ibid., 50–52.

454 Ibid., 102–16.

455 Ibid., 1, 261–65.

456 De Sio and Marazia, "Clever Hans and His Effects."

457 Wolfgang G. Bringmann and Johannes Abresch, "Clever Hans: Fact or Fiction?," in *A Pictorial History of Psychology*, ed. Wolfgang G. Bringmann et al. (Chicago: Quintessence Publishing Co, Inc, 1997), 79.

458 Michael Trestman, "Clever Hans, Alex the Parrot, and Kanzi: What Can Exceptional Animal Learning Teach Us About Human Cognitive Evolution?," *Biological Theory* 10, no. 1 (March 1, 2015): 86–99, https://doi.org/10.1007/s13752-014-0199-2; Juliane Kaminski, Josep Call, and Julia Fischer, "Word Learning in a Domestic Dog: Evidence for 'Fast Mapping,'" *Science* 304, no. 5677 (June 11, 2004): 1682–83, https://doi.org/10.1126/science.1097859; Gabriella E. Smith et al., "Use of Augmentative Interspecies Communication Devices in Animal Language Studies: A Review," *WIREs Cognitive Science* 14, no. 4 (2023): e1647, https://doi.org/10.1002/wcs.1647; Charles Seife, "The Real Meaning of Koko's Purported Nipple Fetish," *Slate*, June 21, 2018, https://slate.com/technology/2018/06/koko-the-ape-obituaries-are-overlooking-her-nipple-fetish-and-other-important-things.html.

459 Teresa Schmidjell et al., "Do Owners Have a Clever Hans Effect on Dogs? Results of a Pointing Study," *Frontiers in Psychology* 3 (December 26, 2012), https://doi.org/10.3389/fpsyg.2012.00558; Dávid Péter Kovács, William McCorkindale, and Alpha A. Lee, "Quantitative Interpretation Explains Machine Learning Models for Chemical Reaction Prediction and Uncovers Bias," *Nature Communications* 12, no. 1 (March 16, 2021): 1695, https://doi.org/10.1038/s41467-021-21895-w; David Wallis and Irène Buvat, "Clever Hans Effect Found in a Widely Used Brain Tumour MRI Dataset," *Medical Image Analysis* 77 (April 1, 2022): 102368, https://doi.org/10.1016/j.media.2022.102368; Christopher J. Anders et al., "Finding and Removing Clever Hans: Using Explanation Methods to Debug and Improve Deep Models," *Information Fusion* 77 (January 1, 2022): 261–95, https://doi.org/10.1016/j.inffus.2021.07.015.

460 Abresch and Lück, "Der Kluge Hans, Oskar Pfungst Und Die Hirnrinde."

461 Krall, *Denkende Tiere*, 7.

462 Ibid., 7, 35, 59–63.

463 Ibid., 349.

464 Bringmann and Abresch, "Clever Hans: Fact or Fiction?," 80–81; De Sio and Marazia, "Clever Hans and His Effects."

465 Krall, *Denkende Tiere*, 82–88.

466 De Sio and Marazia, "Clever Hans and His Effects."

467 Stefano Vezzani, "The Elberfeld Horses," *Skeptical Inquirer*, April 2013.

468 Maurice Maeterlinck, *The Unknown Guest*, trans. Alexander Teixeira de Mattos

(London: Methuen & Co., Ltd., 1914), 200–201.

469 Dennis E. Showalter and John Graham Royde-Smith, "World War I," Encyclopædia Britannica, January 12, 2000, https://www.britannica.com/event/World-War-I.

470 Heinrich Ernst Ziegler, "Mitteilungen an Die Mitglieder," *Mitteilungen Der Gesellschaft Für Tierpsychologie* 3, no. 2–3 (1915): 90; Berg, "Die 'Neue Tierpsychologie' Und Ihre Wissenschaftlichen Vertreter," 90; Gethmann, "Levels of Communication."

471 Heinrich Ernst Ziegler, "Zur Erinnerung an Das Pferd Muhamed," *Mitteilungen Der Gesellschaft Für Tierpsychologie* 2 (1921): 46–50.

472 Laasya Samhita and Hans J Gross, "The 'Clever Hans Phenomenon' Revisited," *Communicative & Integrative Biology* 6, no. 6 (November 9, 2013): e27122, https://doi.org/10.4161/cib.27122.

473 De Sio and Marazia, "Clever Hans and His Effects."

474 Gethmann, "Levels of Communication."

475 Bringmann and Abresch, "Clever Hans: Fact or Fiction?," 80.

1912 필트다운인

476 Charles Darwin, *On the Origin of Species*, 1st edition (London: John Murray, 1859), 490.

477 Ibid., 448.

478 Ian Tattersall, "Charles Darwin and Human Evolution," *Evolution: Education and Outreach* 2, no. 1 (March 2009): 28–34, https://doi.org/10.1007/s12052-008-0098-8.

479 Julia R. R. Drell, "Neanderthals: A History of Interpretation," *Oxford Journal of Archaeology* 19, no. 1 (2000): 1–24, https://doi.org/10.1111/1468-0092.00096; Matthew R. Goodrum, "The Beginnings of Human Palaeontology: Prehistory, Craniometry and the 'Fossil Human Races,'" *The British Journal for the History of Science* 49, no. 3 (September 2016): 387–409, https://doi.org/10.1017/S0007087416000674.

480 G.j. Sawyer and Blaine Maley, "Neanderthal Reconstructed," *The Anatomical Record Part B: The New Anatomist* 283B, no. 1 (2005): 23–31, https://doi.org/10.1002/ar.b.20057.

481 Gert-Jan Bartstra, "*Homo erectus erectus*: The Search for His Artifacts," *Current Anthropology* 23, no. 3 (June 1982): 318–20, https://doi.org/10.1086/202837.

482 Chris Stringer, "The Status of *Homo heidelbergensis* (Schoetensack 1908)," *Evolutionary Anthropology: Issues, News, and Reviews* 21, no. 3 (2012): 101–7, https://doi.org/10.1002/evan.21311.

483 Peter C. Kjærgaard, "'Hurrah for the Missing Link!': A History of Apes, Ancestors and a Crucial Piece of Evidence," *Notes and Records of the Royal Society* 65, no. 1 (January 12, 2011): 83–98, https://doi.org/10.1098/rsnr.2010.0101.

484 이 항목에 서술된 필트다운인 사건의 진행 및 세부사항은, 별도의 주석이 없는 한 아래 두 권의 책을 주로 참고하여 재구성한 것이다.

- Joseph Sidney Weiner, *The Piltdown Forgery* (New York: Dover Publications, Inc., 1980).

- Miles Russell, *The Piltdown Man Hoax: Case Closed* (Gloucestershire: The History Press, 2013).

485   Isabelle De Groote et al., "New Genetic and Morphological Evidence Suggests a Single Hoaxer Created 'Piltdown Man,'" *Royal Society Open Science* 3, no. 8 (August 10, 2016): 160328, https://doi.org/10.1098/rsos.160328.

486   Kenneth P. Oakley, "The Piltdown Problem Reconsidered," *Antiquity* 50, no. 197 (March 1976): 9–13, https://doi.org/10.1017/S0003598X00070563.

487   Charles Dawson and Arthur Smith Woodward, "On the Discovery of a Palæolithic Human Skull and Mandible in a Flint-Bearing Gravel Overlying the Wealden (Hastings Beds) at Piltdown, Fletching (Sussex)," *Quarterly Journal of the Geological Society of London* 69 (March 1913): 117–51, https://doi.org/10.1144/GSL.JGS.1913.069.01-04.10.

488   Keith Stewart Thomson, "Marginalia: Piltdown Man: The Great English Mystery Story," *American Scientist* 79, no. 3 (1991): 194–201.

489   Smith Woodward, *The Earliest Englishman* (London: Watts & Co., 1948), 44–47.

490   Thomson, "Marginalia"; Stephen K. Donovan, "The Triumph of the Dawsonian Method," *Proceedings of the Geologists' Association* 127, no. 1 (April 1, 2016): 101–6, https://doi.org/10.1016/j.pgeola.2016.02.004.

491   "Discussion on the Piltdown Skull, 1915," The Geological Society of London, https://www.geolsoc.org.uk/Library-and-Information-Services/Collection-Highlights/The-Societys-portrait-and-bust-collection/Discussion-on-the-Piltdown-Skull-1915.

492   Phillip V. Tobias et al., "Piltdown: An Appraisal of the Case against Sir Arthur Keith [and Comments and Reply]," *Current Anthropology* 33, no. 3 (June 1992): 243–93, https://doi.org/10.1086/204069.

493   Dawson and Woodward, "On the Discovery of a Palæolithic Human Skull and Mandible"

494   Gerrit S. Miller, "Thw Jaw of the Piltdown Man," *Smithsonian Miscellaneous Collections* 65, no. 12 (1915): 1–31.

495   William Plane Pycraft, "The Jaw of the Piltdown Man: A Reply to Mr. Gerrit S. Miller," *Science Progress* 11, no. 43 (1917): 389–409.

496   Arthur Smith Woodward, "Fourth Note on the Piltdown Gravel, with Evidence of a Second Skull of *Eoanthropus dawsoni*," *Quarterly Journal of the Geological Society of London* 73 (April 1917): 1–10, https://doi.org/10.1144/GSL.JGS.1917.073.01-04.03.

497   Gerrit S. Miller, "The Piltdown Jaw," *American Journal of Physical Anthropology* 1, no. 1 (1918): 25–52, https://doi.org/10.1002/ajpa.1330010103.

498   Donovan, "The Triumph of the Dawsonian Method."

499   Chris Manias, "*Sinanthropus* in Britain: Human Origins and International Science, 1920–1939," *The British Journal for the History of Science* 48, no. 2 (June 2015): 289–319, https://doi.org/10.1017/S0007087414000909.

500   Phillip V. Tobias, "Eighty Years After the Discovery of the Taung Skull Revolutionised Paleoanthropology," *Anthropologie* 43, no. 2/3 (2005): 121–28.

501   Raymond A. Dart, "*Australopithecus africanus*: The Man-Ape of South Africa," *Nature* 115, no. 2884 (February 1, 1925): 195–99, https://doi.org/10.1038/115195a0.

502   Roger Lewin, *Bones of Contention: Controversies in the Search for Human Origins* (New York: Simon & Schuster Inc., 1987), 51–52.

503   Woodward, *The Earliest Englishman*, 86.

504   Kenneth P. Oakley and C. Randall Hoskins, "New Evidence on the Antiquity

of Piltdown Man," *Nature* 165, no. 4193 (March 1950): 379–82, https://doi.org/10.1038/165379a0.

505 Robert J. Weimer, Kenneth Page Oakley, and Wildrid Edward Le Gros Clark, "The Solution of the Piltdown Problem," *Bulletin of the British Museum* (Natural History) Geology 2, no. 3 (1953): 139–46; Pls. 8-9.

506 Robert J. Weimer et al., "Further Contributions to the Solution of the Piltdown Problem," *Bulletin of the British Museum* (Natural History) Geology 2, no. 6 (1955): 225–87; Pls. 27-31, https://doi.org/10.5962/p.313848.

507 David G. Bate, "An Annotated Select Bibliography of the Piltdown Forgery," Open report (British Geological Survey, January 1, 2014), 1.

508 Tobias et al., "Piltdown."

509 Bate, "An Annotated Select Bibliography of the Piltdown Forgery," 37.

510 "Piltdown Review Points Decisive Finger at Forger Dawson," *BBC News*, August 10, 2016, sec. Science & Environment, https://www.bbc.com/news/science-environment-37021144.

511 De Groote et al., "New Genetic and Morphological Evidence Suggests a Single Hoaxer Created 'Piltdown Man.'"

512 Ibid.

513 Donovan, "The Triumph of the Dawsonian Method."

514 Woodward, *The Earliest Englishman*, 59.

515 De Groote et al., "New Genetic and Morphological Evidence Suggests a Single Hoaxer Created 'Piltdown Man.'"

516 Glenn Branch and Eugenie C. Scott, "Peking, Piltdown, and Paluxy: Creationist Legends about Paleoanthropology," *Evolution: Education and Outreach* 6, no. 1 (September 19, 2013): 27, https://doi.org/10.1186/1936-6434-6-27.

1917 코팅리 요정

517 이 책에 서술된 코팅리 요정 이야기는, 별도의 주석이 없는 한 아래의 두 문헌을 참고하여 재구성한 것이다.

- Paul Smith, "The Cottingley Fairies: The End of a Legend," in *The Good People: New Fairylore Essays*, ed. Peter Narváez (Kentucky: The University of Kentucky Press, 1997), 371–405.

- Inuma Kaori, "Towards Fairy Ontology: Writing/Reading the Cottingley Fairies" (PhD dissertion, Hitotsubashi University, 2020).

518 "'Midg' Camera Used to Make the First Two 'Cottingley Fairies' Photographs in 1917," Science Museum Group Collection, https://collection.sciencemuseumgroup.org.uk/objects/co469836/midg-camera-used-to-make-the-first-two-cottingley-fairies-photographs-in-1917.

519 Charles F, Emmons, "The Spiritualist Movement," in *Handbook of Death and Dying*, vol. 1 (California: SAGE Publications, 2003), 59; Georgina Byrne, *Modern Spiritualism and the Church of England, 1850-1939* (Woodbridge: The Boydell Press, 2010), 2; Edward M. Brown, "Neurology and Spiritualism in the 1870s," *Bulletin of the History of Medicine* 57, no. 4 (1983): 563–77.

520 Li Liu, "Evolutionism Combined with Spiritualism: A. R. Wallace's Approach," *Journal of Cambridge Studies* 5 (2010), https://doi.org/10.17863/CAM.1366.

521 Joscelyn Godwin, "Blavatsky and the First Generation of Theosophy," in

Handbook of the Theosophical Current, ed. Olav Hammer and Mikael Rothstein (Leiden: Brill, 2013), 15–17, https://doi.org/10.1163/9789004235977_003; Stephen Prothero, "From Spiritualism to Theosophy: 'Uplifting' a Democratic Tradition," *Religion and American Culture: A Journal of Interpretation* 3, no. 2 (1993): 197–216, https://doi.org/10.2307/1123988.

522　Mark Bevir, "The West Turns Eastward: Madame Blavatsky and the Transformation of the Occult Tradition," *Journal of the American Academy of Religion LXII*, no. 3 (October 1, 1994): 747–68, https://doi.org/10.1093/jaarel/LXII.3.747.

523　Helena Petrovna Blavatsky, *The Theosophical Glossary* (California: Theosophical Publishing House, 1918), 103.

524　Joy Dixon, *Divine Feminine: Theosophy and Feminism in England*, The Johns Hopkins University Studies in Historical and Political Science 119 (Maryland: Johns Hopkins University Press, 2003), 24–25.

525　Ibid., 1, 5.

526　R. A. Gilbert, *The Golden Dawn and The Esoteric Section* (London: Theosophical History Centre, 1987), 11.

527　Joe Cooper, "The Case of the Cottingley Fairies," *The Unexplained: Mysteries of Mind Space & Time*, 1981.

528　Arthur Conan Doyle, *The Coming of the Fairies* (New York: George H. Doran Company, 1922), 15.

529　Andrew Norman, *The Real Sir Arthur Conan Doyle: The Creator of Sherlock Holmes* (Yorkshire: White Owl, 2023), 60–61.

530　Ibid., 7; Daniel Stashower, *Teller of Tales: The Life of Arthur Conan Doyle*, ebook edition (New York: Henry Holt & Company, 2014), 95.

531　Stashower, *Teller of Tales*, 160–61.

532　Norman, *The Real Sir Arthur Conan Doyle*, viii; Catherine Wynne, "Arthur Conan Doyle and Psychic Photographs," *History of Photography* 22, no. 4 (December 1998): 385–92, https://doi.org/10.1080/03087298.1998.10443903.

533　Stashower, *Teller of Tales*, 344.

534　Norman, *The Real Sir Arthur Conan Doyle*, 2–3, 139, 156–57; Stashower, *Teller of Tales*, 153.

535　Doyle, *The Coming of the Fairies*, 26.

536　Ibid., 95–96.

537　Arthur Conan Doyle, "Fairies Photographed," *The Strand Magazine*, December 1920.

538　Arthur Conan Doyle, "The Evidence for Fairies," *The Strand Magazine*, March 1921.

539　Kaori Inuma, "Fairies to Be Photographed!: Press Reactions in 'Scrapbooks' to the Cottingley Fairies," *Correspondence: Hitotsubashi Journal of Arts and Literature* 4 (February 2019): 53–84, https://doi.org/10.15057/30055.

540　Doyle, *The Coming of the Fairies*, 60–64.

541　Ibid., 77–81.

542　Ibid., 83–88.

543　Joe Cooper, "The Reappearance of the Fairies," *The Unexplained: Mysteries of Mind Space & Time*, 1981, e-copy from Donald Simanek's Pages, https://

dsimanek.vialattea.net/cooper.htm.

544　Doyle, *The Coming of the Fairies*, 13–14.

545　Joe Cooper, "The Cottingley Fairies Revisited," *The Unexplained: Mysteries of Mind Space & Time*, 1981, e-copy from Donald Simanek's Pages, https://dsimanek.vialattea.net/cooper.htm.

546　Francesca Bihet, "Fairies and Folklore: The History of Fairies in the Folklore Society 1878-1945 by Francesca Bihet" (PhD dissertation, Chichester University, 2020), 255.

547　Alfred Noyes, "A Spell for Fairy," in *Princess Mary's Gift Book* (London: Hodder & Stoughton, 1914), 101–4.

548　Arthur Conan Doyle, "Bimbashi Joyce," in *Princess Mary's Gift Book* (London: Hodder & Stoughton, 1914), 23–30.

549　James Randi, *Flim-Flam! Psychics, ESP, Unicorns, and Other Delusions* (Maryland: Prometheus Books, 1982), 31–32.

550　Mary Losure, *The Fairy Ring: Or Elsie and Frances Fool the World* (Massachusetts: Candlewick Press, 2012), 160, 176.

551　Cooper, "The Cottingley Fairies Revisited."

552　Joe Cooper, "Cottingley: At Last the Truth," *The Unexplained: Mysteries of Mind Space & Time*, 1982, e-copy from Donald Simanek's Pages, https://dsimanek.vialattea.net/cooper.htm.

553　Ibid.

554　Losure, *The Fairy Ring*, 161–77.

555　Norman, *The Real Sir Arthur Conan Doyle*, 97.

556　Stashower, *Teller of Tales*, 357, 362.

557　Margalit Fox, "Geoffrey Crawley, 83, Dies; Gently Deflated a Fairy Hoax," *The New York Times*, November 6, 2010, sec. World, https://www.nytimes.com/2010/11/07/world/europe/07crawley.html.

558　Randi, *Flim-Flam!*, 27–30.

559　"Fairy Fool Sparks Huge Response," *BBC News*, April 1, 2007, http://news.bbc.co.uk/2/hi/uk_news/england/derbyshire/6514283.stm; "April Fool Fairy Sold on Internet," *BBC News*, April 11, 2007, http://news.bbc.co.uk/2/hi/uk_news/england/derbyshire/6545667.stm.

1919 콩고의 브론토사우루스

560　Paul Brown, "The Dog and the Dinosaur," *Medium* (blog), April 11, 2023, https://medium.com/longium-longform/the-dog-and-the-dinosaur-d9e5e3d7edc2; Heuvelmans, *On the Track of Unknown Animals*, 520, 524–25; Bernard Heuvelmans, *Les Derniers Dragons d'Afrique, Bêtes ignorées du Monde 1* (Paris: Plon, 1978), 115–16, 119, 124–25.

561　George M. Eberhart, *Mysterious Creatures: A Guide to Cryptozoology* (California: ABC-CLIO, 2002), 345–48.

562　Ibid., 163–65.

563　Ibid., 323.

564　Gary Hoppenstand, "Dinosaur Doctors and Jurassic Geniuses: The Changing Image of the Scientist in the Lost World Adventure," *Studies in Popular Culture* 22, no. 1 (1999): 1–14.

565 Richard Fallon, "Discovering the Living Fossil Short Story in the Late Nineteenth Century," *Comparative American Studies An International Journal* 21, no. 1–2 (April 2, 2024): 53–69, https://doi.org/10.1080/14775700.2023.2247781.

566 "A Remarkable Saurian," *San Jose Daily Mercury*, July 27, 1883.

567 Carl Hagenbeck, *Beasts and Men*, trans. Hugh S. R. Elliot and A. G. Thacker (London: Longmans, Green, and Company, 1912), 95–97.

568 Hilke Thode-Arora, "The Hagenbeck Ethnic Shows: Recruitment, Organization, and Academic and Popular Responses," in *Staged Otherness: Ethnic Shows in Central and Eastern Europe, 1850–1939*, ed. Dagnosław Demski and Dominika Czarnecka, 45-75 (Budapest: Central European University Press, 2021); Martin Parker, "The Genealogy of the Zoo: Collection, Park and Carnival," *Organization* 28, no. 4 (July 1, 2021): 604–20, https://doi.org/10.1177/1350508420910573.

569 Loxton and Prothero, *Abominable Science!*, 270–72; Heuvelmans, *Les Derniers Dragons d'Afrique*, 219–22, 287–88; "Mysterious Animal," *The West Australian*, February 11, 1910.

570 "Brontosaurus Still Lives," *The Washington Post*, January 23, 1910.

571 Heuvelmans, *On the Track of Unknown Animals*, 540–41; Heuvelmans, *Les Derniers Dragons d'Afrique*, 192–93.

572 Heuvelmans, *Les Derniers Dragons d'Afrique*, 194, 290; Heuvelmans, *On the Track of Unknown Animals*, 540; Loxton and Prothero, *Abominable Science!*, 272.

573 Loxton and Prothero, *Abominable Science!*, 270; Naish, *Hunting Monsters*.

574 Harvey M. Feinberg and Joseph B. Solodow, "Out of Africa," *The Journal of African History* 43, no. 2 (2002): 255–61.

575 Heuvelmans, *On the Track of Unknown Animals*, 521.

576 Heuvelmans, *Les Derniers Dragons d'Afrique*, 117–18.

577 Heuvelmans, *On the Track of Unknown Animals*, 522; Loxton and Prothero, *Abominable Science!*, 276.

578 Alírio Karina, "Uncertain Objects and Ethnographic Possibilities: Thinking through the Smithsonian-Universal African Expedition," *Safundi* 21, no. 1 (January 2, 2020): 1–29, https://doi.org/10.1080/17533171.2019.1681175.

579 Heuvelmans, *On the Track of Unknown Animals*, 522; Heuvelmans, *Les Derniers Dragons d'Afrique*, 118.

580 Loxton and Prothero, *Abominable Science!*, 267–68; Ulrich Merkl, *Dinomania: The Lost Art of Winsor McCay, The Secret Origins of King Kong, and the Urge to Destroy New York* (Washington: Fantagraphics Books, 2015), 77–78; Michael P. Taylor, "Sauropod Dinosaur Research: A Historical Review," *Geological Society, London, Special Publications* 343, no. 1 (January 2010): 361–86, https://doi.org/10.1144/SP343.22.

581 Heuvelmans, *On the Track of Unknown Animals*, 525.

582 "A Modern St. George Off to Hunt The Dragon," *The Weekly Kansas City Star*, February 4, 1920.

583 Victor Forbin, "Les Patientes Recherches Des Savants, Leurs Travaux Laborieux Ont Permis de Reconstituer Les Squelettes Des Animaux de l'époque Tertiaire.," *Sciences et Voyages*, May 27, 1920.

584 Loxton and Prothero, *Abominable Science!*, 275–76.

585 Heuvelmans, *On the Track of Unknown Animals*, 525.

586 "Congo Fintion," *The Farmer and Settler*, March 11, 1921.

587   Arthur Davison, "Subscriber Number One," *Northern Rhodesia Journal* 1, no. 5 (1952): 46–54.

588   Stelios Michalopoulos and Elias Papaioannou, "Scramble For Africa And Its Legacy, The," in *The New Palgrave Dictionary of Economics*, ed. Palgrave Macmillan, Online edidtion (London: Palgrave Macmillan, 2016), https://doi.org/10.1057/978-1-349-95121-5_3041-1.

589   Muriel Evelyn Chamberlain, *The Scramble for Africa*, 3rd edition(ebook) (Oxfordshire: Routledge, 2013).

590   Wilhelm Bölsche, *Drachen: Sage und Naturwissenschaft* (Stuttgart: Kosmos, 1929), 49–51.

591   Willy Ley, *The Lungfish and the Unicorn: An Excursion Into Romantic Zoology* (New York: Modern age books, 1941), 138–39.

592   "Kasai Rex," Encyclopaedia of Cryptozoology, July 25, 2019, https://cryptidarchives.fandom.com/wiki/Kasai_rex.

593   Heuvelmans, *On the Track of Unknown Animals*, 526–29; Heuvelmans, *Les Derniers Dragons d'Afrique*, 131–33.

594   Searcy, "Roy Mackal's Wild Speculation."

595   Roy P. Mackal, *A Living Dinosaur?: In Search of Mokele-Mbembe* (Leiden: E. J. Brill, 1987), 235, 250, 255, 267, 273; Naish, *Hunting Monsters*, 173–78.

596   Loxton and Prothero, *Abominable Science!*, 284–87.

597   Ibid., 288–97.

598   David Catchpoole, "Mokele-Mbembe: A Living Dinosaur?," *Creation*, September 1999; Brian Thomas, "A Real Jurassic World?," Institute for Creation Research, August 4, 2015, https://www.icr.org/article/real-jurassic-world.

599   Brown, "The Dog and the Dinosaur"; Simon de Bruxelles, "'My War Hero Grandfather Was a Famous Dinosaur Hunter,'" *The Telegraph*, April 23, 2023, https://www.telegraph.co.uk/news/2023/04/23/war-hero-grandfather-famous-dinosaur-hunter/.

1926 보스로돈

600   Edward Hindle, "John Graham Kerr. 1869-1957," *Biographical Memoirs of Fellows of the Royal Society* 4 (1958): 155–66.

601   피터 포브스, 『현혹과 기만: 의태와 위장』, 이한음 옮김 (서울: 까치글방, 2012), 119–23.

602   John Graham Kerr, "*Bothrodon pridii*, an Extinct Serpent of Gigantic Dimensions," *Proceedings of the Royal Society of Edinburgh* 46 (January 1927): 314–15, https://doi.org/10.1017/S0370164600022094.

603   John Graham Kerr, *A Naturalist in the Gran Chaco* (Cambridge University Press: University Press, 1950).

604   Kerr, "*Bothrodon pridii*, an Extinct Serpent of Gigantic Dimensions."

605   Raymond T Hoser, "A Formal Five-Way Division of the Gaboon Viper Species Complex: *Bitis (Macrocerastes) gabonica* (Duméril, Bibron and Duméril, 1854) and a Two-Way Division of the Nose-Horned Viper Species Complex *Bitis (Macrocerastes) nasicornis* (Shaw, 1802) (Serpentes:Viperidae:Bitisini).," *Australasian Journal of Herpetology*, no. 16 (July 10, 2013): 25–31.

606   Kelvin K P Lim, Tzi Ming Leong, and Francis L K Lim, "The King Cobra,

Ophiophagus hannah (Cantor) in Singapore (Reptilia: Squamata: Elapidae)," *Nature in Singapore*, no. 4 (2011): 143–56.

607   Kerr, "*Bothrodon pridii*, an Extinct Serpent of Gigantic Dimensions."
608   Kerr, *A Naturalist in the Gran Chaco*, 103–4.
609   Raymond Lee Ditmars, *Snakes of the World* (New York: The Macmillan Company, 1931), 94–95.
610   David Heppel, "Gigantic Serpent Really a Gastropod!," *The Conchologists' Newsletter*, no. 16 (March 1966): 108–9.
611   Malcolm Peaker, "Not a Giant Snake - Just a Broken Mollusc Shell. Sir John Graham Kerr's Howler: How Was the Misidentification Perpetuated?," *Zoology Jottings* (blog), March 27, 2018, https://zoologyweblog.blogspot.com/2018/03/not-giant-snake-just-broken-mollusc.html.
612   Hindle, "John Graham Kerr. 1869-1957."

1929 드 루아의 유인원

613   Jamie Lewis and Andrew Bartlett, "The Shape of Bigfoot: Transmuting Absences into Credible Knowledge Claims," *Cultural Sociology*, August 5, 2024, 17499755241264879, https://doi.org/10.1177/17499755241264879.
614   Bernardo Urbani and Angel L. Viloria, Ameranthropoides loysi *Montandon 1929: The History of a Primatological Fraud* (Buenos Aires: LibrosEnRed, 2008), 18–19.
615   Ibid., 31–32.
616   Eugène Pittard, "Prospecteurs. Explorateurs Suisses," *Journal de Genève*, March 1921.
617   David R. Begun, "Planet of the Apes," *Scientific American*, August 2003.
618   Heuvelmans, *On the Track of Unknown Animals*, 369.
619   Ibid., 374–345.
620   Filippo Aureli and Colleen M. Schaffner, "Spider Monkeys," *Current Biology* 20, no. 15 (August 10, 2010): R624–26, https://doi.org/10.1016/j.cub.2010.06.040.
621   R. Eric Miller and Murray E. Fowler, *Fowler's Zoo and Wild Animal Medicine*, 1st edition, vol. 8 (Missouri: Elsevier, 2014), 305.
622   George Montandon, "Un Singe d'apparence Anthropoïde En Amérique Du Sud.," *Comptes Rendus Hebdomadaires Des Séances de l'Académie Des Sciences* 188, no. 11 (1929): 815–17.
623   Urbani and Viloria, Ameranthropoides loysi *Montandon 1929*, 33.
624   François de Loys, "A Gap Filled in the Pedigree of Man?," *The Illustrated London News*, June 15, 1929.
625   Urbani and Viloria, Ameranthropoides loysi *Montandon 1929*, 39.
626   De Loys, "A Gap Filled in the Pedigree of Man?"
627   Montandon, "Un Singe d'apparence Anthropoïde En Amérique Du Sud."; George Montandon, "Découverte d'un singe d'apparence anthropoïde en Amérique du Sud," *Journal de la Société des Américanistes* 21, no. 1 (1929): 183–95, https://doi.org/10.3406/jsa.1929.3665.
628   Urbani and Viloria, Ameranthropoides loysi *Montandon 1929*, 41.
629   Arthur Keith, "The Alleged Discovery of an Anthropoid Ape in South America," *Man* 29 (1929): 135–36, https://doi.org/10.2307/2790525.

630 Adolf Remane, *Untitled Review*, *Anthropologischer Anzeiger* 6, no. 3 (1930): 215–215; Stephanie Oppenheim, "Nochmals Ameranthropoides Loysi (Montandon)," *Naturwissenschaften* 17, no. 35 (August 1, 1929): 689–689, https://doi.org/10.1007/BF01506133.

631 Ángel Viloria, Franco Urbani, and Bernardo Urbani, "Francois de Loys (1892-1935) y Un Hallazgo Desdeñado: La Historia de Un Escándalo Antropológico," *Interciencia* 23 (January 1, 1998): 94–100, 128.

632 Francis M. Ashley-Montagu, "The Discovery of a New Anthropoid Ape in South America?," *The Scientific Monthly* 29, no. 3 (1929): 275–79.

633 Nello Beccari, "Seconda Lettera Del Prof. Nello Beccari Dalla Guiana Britannica," *Bollettino Della Società Geografica Italiana* 9 (December 31, 1932): 515–24; Corrado Gini, "Vecchie e Nuove Testimonianze o Pretese Testimonianze Sulla Esistenza Di Ominidi o Subominidi Villosi," *Genus* 18, no. 1/4 (1962): 13–54.

634 Urbani and Viloria, Ameranthropoides loysi *Montandon* 1929, 49–54.

635 Heuvelmans, *On the Track of Unknown Animals*, 376, 394.

636 Ivan T. Sanderson, *Abominable Snowmen: Legend Come to Life* (Pennsylvania: Chilton Company, 1961), 169–72.

637 Urbani and Viloria, Ameranthropoides loysi *Montandon* 1929, 20.

638 Ibid., 63.

639 Luis Eduardo Traviezo Valles, "Enrique Tejera: microbiólogo responsable, honesto e incansable," *Medicina* 42, no. 3 (October 3, 2020): 491–98, https://doi.org/10.56050/01205498.1544.

640 Urbani and Viloria, Ameranthropoides loysi *Montandon* 1929, 64.

641 Ibid., 95–99.

642 The Editors of Encyclopaedia Britannica, "Plantain," *Encyclopædia Britannica*, July 20, 1998, https://www.britannica.com/plant/plantain.

643 Montandon, "Un Singe d'apparence Anthropoïde En Amérique Du Sud."

644 Valles, "Enrique Tejera."

645 Urbani and Viloria, Ameranthropoides loysi *Montandon* 1929, 98.

646 John Hennessey, "George Montandon, the Ainu and the Theory of Hologenesis," *Science in Context* 35 (December 18, 2023): 1–19, https://doi.org/10.1017/S0269889723000157.

647 Ibid.; Alessandro Ottaviani, "Race, Ethnicity and Antisemitism in George Alexis Montandon between Kulturkreislehre, Hologenesis and Mendelism," *Nuncius* 32, no. 1 (2017): 212–52, https://doi.org/10.1163/18253911-03201008; Alice L. Conklin, *In the Museum of Man: Race, Anthropology, and Empire in France, 1850–1950* (New York: Cornell University Press, 2013), 174–75.

648 George Montandon, *L'ologenèse humaine (Ologénisme)* (Paris: Librairie Félix Alcan, 1928), 72–74; Conklin, *In the Museum of Man*, 175.

649 Montandon, *L'ologenèse humaine (Ologénisme)*, 74–75.

650 Montandon, "Découverte d'un singe d'apparence anthropoïde en Amérique du Sud"; Richard Delisle, *Debating Humankind's Place in Nature, 1860-2000: The Nature of Paleoanthropology* (Oxfordshire: Routledge, 2016), 95.

651 De Loys, "A Gap Filled in the Pedigree of Man?"

652 Conklin, *In the Museum of Man*, 182.

653 Hennessey, "George Montandon, the Ainu and the Theory of Hologenesis."

654　George Montandon(as P. Montardit), "L'origine Des Types Juifs," *L'Humanité*, December 15, 1926; Conklin, *In the Museum of Man*, 180–81.

655　Conklin, *In the Museum of Man*, 184.

656　George Montandon, "L'ethnie Putain," *La Difesa Della Razza*, November 5, 1939.

657　Conklin, *In the Museum of Man*, 186.

658　Ibid., 285, 308.

659　George Montandon, *Comment Reconnaitre Le Juif?* (Paris: Nouvelles Éditions françaises, 1940).

660　Raymond Bach, "Identifying Jews: The Legacy of the 1941 Exhibition, 'Le Juif et La France,'" *Studies in 20th & 21st Century Literature* 23, no. 1 (January 1, 1999), https://doi.org/10.4148/2334-4415.1455.

661　Hennessey, "George Montandon, the Ainu and the Theory of Hologenesis"; Urbani and Viloria, Ameranthropoides loysi *Montandon* 1929, 25; Conklin, *In the Museum of Man*, 325.

662　Montandon, "Un Singe d'apparence Anthropoïde En Amérique Du Sud."

663　Urbani and Viloria, Ameranthropoides loysi *Montandon* 1929, 59.

664　Loren Coleman and Michel Raynal, "De Loys's Photograph: A Short Tale of Apes in Green Hell, Spider Monkeys, and *Ameranthropoides loysi* as Tools of Racism," *The Anomalist*, Autumn 1996.

665　로타르 프렌츠, 『그래도 그들은 살아 있다』, 이현정 옮김 (서울: 생각의나무, 2002), 246–51.

666　Dwight G. Smith and Gary S. Mangiacopra, "The Ameranthropoid Ape Revisited," *Crypto*, Hominology Special Number II (2002).

667　Urbani and Viloria, Ameranthropoides loysi *Montandon* 1929, 61.

1933 네스호의 괴물

668　The Editors of Encyclopaedia Britannica, "Loch Ness," Encyclopædia Britannica, May 4, 1999, https://www.britannica.com/place/Loch-Ness-lake-Scotland-United-Kingdom.

669　Jane Adey, "What Lurks in Crescent Lake? Meet Cressie, N.L.'s Water Monster," *CBC News*, November 2, 2019, https://www.cbc.ca/news/canada/newfoundland-labrador/water-monster-cressie-1.5340888.

670　"クッシーはあなたのそばに「住民台帳」登録100体紹介 北海道," 毎日新聞, June 18, 2024, https://mainichi.jp/articles/20240618/k00/00m/040/085000c.

671　Roy P. Mackal, *The Monsters of Loch Ness* (Illinois: The Swallow Press Inc., 1976), 211–13.

672　Frederick William Holiday, *The Great Orm of Loch Ness* (London: Faber and Faber Limited, 1968), 143–44.

673　Frederick William Holiday, *Serpents of the Sky, Dragons of the Earth* (Wisconsin: Horus House Press, 1973), 188.

674　Karl Shuker, *The Beasts That Hide from Man: Seeking the World's Last Undiscovered Animals* (New York: Paraview Press, 2002), 186.

675　Loxton and Prothero, *Abominable Science!*, 123–24.

676　Eberhart, *Mysterious*, 375–76; *The Monsters of Loch Ness*, 224.

677　The Editors of Encyclopaedia Britannica, "Saint Adamnan," Encyclopædia

Britannica, July 20, 1998, https://www.britannica.com/biography/Saint-Adamnan.

678 Loxton and Prothero, *Abominable Science!*, 135–37; Ronald Binns, *The Loch Ness Mystery Solved* (London: W. H. Allen & Co., 1984), 54.

679 Naish, *Hunting Monsters*, 87–88.

680 Gareth Williams, *A Monstrous Commotion: The Mysteries of Loch Ness* (London: Orion, 2015), 13–16; Loxton and Prothero, *Abominable Science!*, 126–29.

681 Binns, *The Loch Ness Mystery Solved*, 11–12, 76–83.

682 "Visitor's Experience near Foyers," *Inverness Courier*, August 4, 1933.

683 Loxton and Prothero, *Abominable Science!*, 130, 133, 138.

684 "Loch Ness Horror Seen On Land," *Daily Sketch*, December 7, 1933.

685 Holiday, *The Great Orm of Loch Ness*, 30–31; Rupert Thomas Gould, *The Loch Ness Monster and Others* (New York: University Books, 1969), 43–46.

686 Gould, *The Loch Ness Monster and Others*, 45.

687 "Visitor's Experience near Foyers."

688 Naish, *Hunting Monsters*, 85.

689 "King Kong," AFI Catalog of Feature Films, https://catalog.afi.com/Catalog/moviedetails/4005.

690 Loxton and Prothero, *Abominable Science!*, 129–30.

691 Gould, *The Loch Ness Monster and Others*, 46.

692 Loxton and Prothero, *Abominable Science!*, 131–32; "King Kong"; *King Kong (1933) - Something in the Water Scene (2/10) | Movieclips*, 2016, https://www.youtube.com/watch?v=0JVZ0bE8hpk.

693 Henry H. Bauer, *The Enigma of Loch Ness: Making Sense of a Mystery* (Illinois: University of Illinois Press, 1986), 14.

694 Mackal, *The Monsters of Loch Ness*, 95–96.

695 Naish, *Hunting Monsters*, 96.

696 Loxton and Prothero, *Abominable Science!*, 145.

697 Ibid., 148–49; Naish, *Hunting Monsters*, 93.

698 Karl Shuker, "The Loch Ness Monster And The Surgeon's Photograph - A Hoax, Or A Hoaxed Hoax? Presenting My Personal Opinion," *ShukerNature* (blog), March 19, 2021, https://karlshuker.blogspot.com/2021/03/the-loch-ness-monster-and-surgeons.html.

699 Binns, *The Loch Ness Mystery Solved*, 107–13.

700 Ibid., 121–23.

701 Peter Scott and Robert Rines, "Naming the Loch Ness Monster," *Nature* 258, no. 5535 (December 1, 1975): 466–68, https://doi.org/10.1038/258466a0.

702 Loxton and Prothero, *Abominable Science!*, 167–68; Naish, *Hunting Monsters*, 99–100.

703 "Home," The Official Loch Ness Monster Sightings Register, https://www.lochnesssightings.com/index.asp.

704 Mackal, *The Monsters of Loch Ness*, 97–98; Bauer, *The Enigma of Loch Ness*, 85.

705 Holiday, *The Great Orm of Loch Ness*, 64–68, 85–86.

706 Mackal, *The Monsters of Loch Ness*, 32–35.

707 Ibid., 42–48.

708 Ibid., 30–31.

709 Loxton and Prothero, *Abominable Science!*, 171–72.

710 Adrian Shine and Marylyn Shine, "The Loch Ness eDNA Project," Loch Ness Project, https://www.lochnessproject.org/FIELDWORKGROUNDTRUTH/eDNA%20LOCH%20NESS/eDNA%20LOCHNESS_index.html; "First eDNA Study Of Loch Ness Points To Something Fishy," University of Otago, September 5, 2019, https://www.otago.ac.nz/news/newsroom/first-edna-study-of-loch-ness-points-to-something-fishy.

711 Loxton and Prothero, *Abominable Science!*, 24.

712 Adrian Shine, "Postscript: Sturgeon or Surgeon?," *The Scottish Naturalist* 105 (1993): 271–82.

713 Loxton and Prothero, *Abominable Science!*, 161–62, 173.

714 Lorna J. Philip, "Selling the Nation: The Commodification of Monstrous, Mythical and Fantastical Creatures," *Scottish Geographical Journal* 140, no. 3–4 (October 1, 2024): 474–89, https://doi.org/10.1080/14702541.2024.2363780.

1937 낸터킷 바다 괴물

715 Heuvelmans, *In the Wake of the Sea-Serpents*, 149–55.

716 Ibid., 165–71, 175, 178, 196, 265–69, 464, 482, 527.

717 Nathaniel Philbrick, "'Every Wave Is a Fortune': Nantucket Island and the Making of an American Icon," *The New England Quarterly* 66, no. 3 (1993): 434–47, https://doi.org/10.2307/366005.

718 "A Sea Monster," *The Inquirer and Mirror*, August 7, 1937.

719 "Crockler Says He Saw The 'Critter' Last Week.," *The Inquirer and Mirror*, August 14, 1937; "Manter Claims To Have Seen Sea Monster.," *The Inquirer and Mirror*, August 14, 1937.

720 "The Sea Monster," *The Inquirer and Mirror*, August 14, 1937.

721 "About The 'Sea Monster,'" *The Inquirer and Mirror*, August 21, 1937.

722 Pierce et al., "Microscopic, Biochemical, and Molecular Characteristics of the Chilean Blob and a Comparison with the Remains of Other Sea Monsters."

723 "About The 'Sea Monster.'"

724 Lenore D. Miller and Haboush Plunkett, "Who Is Tony Sarg?," *Historic Nantucket*, 2023; The Nantucket Historical Association, "Tony Sarg, Nantucket and a Sea Monster," *The Inquirer and Mirror*, August 1, 2024, https://www.ack.net/history/tony-sarg-nantucket-and-a-sea-monster/article_6ad271ea-4e0e-11ef-932c-7f445358486c.html.

725 Miller and Plunkett, "Who Is Tony Sarg?"; The Nantucket Historical Association, "Tony Sarg, Nantucket and a Sea Monster"; "Tony Sarg Is Dead; Artist, Puppeteer," *The New York Times*, March 8, 1942; John Campopiano, "The Nantucket Sea Monster," American Experience, November 2017, https://www.pbs.org/wgbh/americanexperience/features/nantucket-sea-monster.

726 "About The 'Sea Monster.'"

727 Ibid.

728 "The Visit of Nantucket's 'Sea Monster' of 1937," *The Inquirer and Mirror*, August 28, 1937.

729 The Nantucket Historical Association, "Tony Sarg, Nantucket and a Sea Monster."

730 "About The 'Sea Monster.'"

731 Michael Mullen, "Tony Sarg: Illustrator and Puppeteer," *Movable Stationery*, April 1995.

732 Miller and Plunkett, "Who Is Tony Sarg?"

733 *Ghostbusters Balloon Sequence*, 2016, https://www.youtube.com/watch?v=ENpIbcO1NFk.

734 "NHA Announces Recreation Sea Monster Balloon Coming to the Island This Summer," *Nantucket Historical Association* (blog), May 14, 2024, https://nha.org/nha-announces-recreation-sea-monster-balloon-coming-to-the-island-this-summer.

735 Darcy Pattison, *The Nantucket Sea Monster: A Fake News Story* (Arkansas: Mims House, 2017), 31–32.

1938 〈우주전쟁〉 속 화성인

736 이 항목에 서술된 내용의 주된 출처는, 별도의 주석이 없는 한 아래의 책이다.

- A. Brad Schwartz, *Broadcast Hysteria: Orson Welles's War of the Worlds and the Art of Fake News*, Reprint edition (New York: Hill and Wang, 2015).

737 Robert D. Putnam, *Bowling Alone: The Collapse and Revival of American Community* (Simon & Schuster Inc., 2000), 217.

738 Steve Craig, "How America Adopted Radio: Demographic Differences in Set Ownership Reported in the 1930-1950 U.S. Censuses," *Journal of Broadcasting & Electronic Media* 48, no. 2 (June 1, 2004): 179–95, https://doi.org/10.1207/s15506878jobem4802_2.

739 "Statistical Abstract of the United States: 1938" (U. S. Department of Commerce Bureau of the Census, 1939), 5.

740 "What's so Good about Citizen Kane?," *BBC*, July 21, 2015, https://www.bbc.com/culture/article/20150720-whats-so-good-about-citizen-kane.

741 Howard Koch, "'The War of the Worlds' Radio Script from October 30, 1938," *Wellesnet*, October 9, 2013, https://www.wellesnet.com/the-war-of-the-worlds-radio-script.

742 Ibid.

743 W. Joseph Campbell, *Getting It Wrong: Debunking the Greatest Myths in American Journalism* (California: University of California Press, 2017), 29.

744 "Radio Listeners in Panic, Taking War Drama as Fact," *The New York Times*, October 31, 1938.

745 Campbell, *Getting It Wrong*, 40.

746 Herbert George Wells, *The War of the Worlds*, Tauchnitz Collection of British and American Authors 3274 (Leipzig: Bernhard Tauchnitz, 1898), 11–12.

747 John F. Barber, "The War of the Worlds Broadcast: Fake News or Engaging Storytelling?," in *Radio's Second Century: Past, Present, and Future Perspectives*, ed. John Allen Hendricks (New Jersey: Rutgers University Press, 2020), 99–103.

748 Joanna M. Burkhardt, "History of Fake News," *Library Technology Reports*, January 1, 2017; A. Brad Schwartz, "10 Hilarious Reminders That Fake News Is The Best News," *HuffPost*, May 6, 2015, https://www.huffpost.com/entry/fake-news_b_7217162.

749 Barber, "The War of the Worlds Broadcast," 99–107.

750 The Editors of Encyclopaedia Britannica, "Munich Agreement," Encyclopædia Britannica, July 20, 1998, https://www.britannica.com/event/Munich-Agreement.

751 Robert John Brown, *Manipulating the Ether: The Power of Broadcast Radio in Thirties America* (North Carolina: McFarland & Company, Inc., 1998), 168–69.

752 Kevin Zahnle, "Decline and Fall of the Martian Empire," *Nature* 412, no. 6843 (July 1, 2001): 209–13, https://doi.org/10.1038/35084148.

753 Camille Flammarion, *La Planète Mars et ses Conditions d'Habitabilité*, vol. 1 (Paris: Gauthier-Villars et fils, 1892), 591.

754 Anthony Enns, "Martian Channels: Imagining Interplanetary Communication at the Dawn of the Radio Age," *Radio Journal:International Studies in Broadcast & Audio Media* 17, no. 2 (October 1, 2019): 201–16, https://doi.org/10.1386/rjao_00005_1.

755 유승국, "태극기 (太極旗)," 한국민족문화대백과사전, https://encykorea.aks.ac.kr/Article/E0058892; 이원순, "조일통상장정 (朝日通商章程)," 한국민족문화대백과사전, https://encykorea.aks.ac.kr/Article/E0052539.

756 이지나 and 정희선, "P. 로웰(P. Lowell)의 여행기에 나타난 개화기 조선에 대한 시선과 표상 - 『Chosön, The Land of the Morning Calm』을 중심으로 -," 문화역사지리 29, no. 1 (2017): 21–41.

757 Jennifer Putnam and W. Sheehan, "A Complicated Relationship: An Introduction to the Correspondence between Percival Lowell and Giovanni Virginio Schiaparelli," *Journal of Astronomical History and Heritage* 24, no. 1 (March 1, 2021): 170–227.

758 Percival Lowell, *Mars* (Massachusetts: Houghton, Mifflin and Company, 1895), 153–54.

759 Ibid., 201.

760 Ibid., 209, 211.

761 Zahnle, "Decline and Fall of the Martian Empire."

762 Ibid.

763 Jennifer Malia, "'Public Imbecility and Journalistic Enterprise': The Satire on Mars Mania in H.G. Wells's The War of the Worlds," *Extrapolation* 50, no. 1 (January 2009): 80–101, https://doi.org/10.3828/extr.2009.50.1.7.

764 Wells, *The War of the Worlds*, 15.

765 "History of Pluto," Lowell Observatory, https://lowell.edu/discover/history-of-pluto.

766 Campbell, *Getting It Wrong*, 26–28.

767 Ibid., 35–36.

768 Ibid., 41–43.

769 Hadley Cantril, *The Invasion from Mars: A Study in the Psychology of Panic* (New Jersey: Princeton University Press, 1940), 189–201.

770 Jefferson Pooley and Michael J. Socolow, "The Myth of the War of the Worlds Panic," *Slate*, October 29, 2013, https://slate.com/culture/2013/10/orson-welles-war-of-the-worlds-panic-myth-the-infamous-radio-broadcast-did-not-cause-a-nationwide-hysteria.html.

771 Cecilia Alvear, "Martians Land in Quito," *HuffPost*, March 16, 2009, https://www.huffpost.com/entry/martians-land-in-quito_b_166776.

1939 로우

772 John Graham Royde-Smith, Thomas A. Hughes, and The Editors of Encyclopaedia Britannica, "World War II," Encyclopædia Britannica, August 23, 1998, https://www.britannica.com/event/World-War-II.

773 Brian Brivati, Julia Buxton, and Anthony Seldon, eds., *The Contemporary History Handbook* (Manchester: Manchester University Press, 1996), xvi; Peter Catterall, "What (If Anything) Is Distinctive about Contemporary History?," *Journal of Contemporary History* 32, no. 4 (October 1, 1997): 441–52, https://doi.org/10.1177/002200949703200402.

774 Charles Miller, *Cannibal Caravan* (New York: Lee Furman, Inc., 1939), 12–15.

775 Ibid., 150–61.

776 Ibid., 175–87.

777 Karl Shuker, "Seeking Neodinosaurs In New Guinea," *ShukerNature* (blog), March 13, 2019, https://karlshuker.blogspot.com/2019/03/seeking-neodinosaurs-in-new-guinea.html.

778 Robert E. Howard, "Red Nails," *Weird Tales*, July 1936.

779 Brian Irwin, "More Dino Sightings in Papua New Guinea," Creation Ministries International, August 23, 2012, https://creation.com/more-dino-sightings-in-papua-new-guinea.

780 "Brian Irwin," Creation Ministries International, https://creation.com/brian-irwin.

781 Brian Regal, *Searching for Sasquatch: Crackpots, Eggheads, and Cryptozoology*, Palgrave Studies in the History of Science and Technology (New York: Palgrave Macmillan, 2011), 20–23; Michael Newton, *Encyclopedia Of Cryptozoology: A Global Guide To Hidden Animals And Their Pursuers* (North Carolina: McFarland Publishing, 2005), 788; John Miller, "Zooheterotopias," in *The Globalization of Space*, ed. Mariangela Palladino and John Miller (Oxfordshire: Routledge, 2015), 149–64; Bernard Heuvelmans, *The Natural History Of Hidden Animals*, ed. Peter Gwynvay Hopkins (Oxfordshire: Routledge, 2010), 196.

782 Regal, *Searching for Sasquatch*, 20–21.

783 Heuvelmans, *On the Track of Unknown Animals*, 3–87.

784 Ibid., 10–17.

785 Ibid., 244–48.

786 Ibid., 356–62.

787 Ibid., 221–25.

종장

788 Ivan T. Sanderson, "There Could Be Dinosaurs," *The Satureday Evening Post*, January 3, 1948.

789 Heuvelmans, *The Natural History Of Hidden Animals*, 196; Bernard Heuvelmans, *Neanderthal: The Strange Saga of the Minnesota Iceman*, trans. Paul LeBlond (Texas: Anomalist Books, 2016), 255–56.

790 "Mysterious Critter Leaves Tracks on Beach; Name It and You Can Have It," *The Clearwater Sun*, February 29, 1948.

791 "Clearwater Has a Monster--Well, Footprints Anyway," *St. Petersburg Times*, February 29, 1948.

792 "Mysterious Critter Leaves Tracks on Beach; Name It and You Can Have It."

793 "Fact, Fiction Theories Advanced for 'Monster,'" *The Clearwater Sun*, March 7, 1948.

794 "'Monster' Has Now Moved To Indian Rocks," *The Clearwater Sun*, March 21, 1948.

795 Evans Kefauver, "'Monster's' Tracks Similar To 3-Toed Cuban Critter," *The Clearwater Sun*, March 26, 1948.

796 Ted Shurtleff, "That Monster's Here Again; 4 Fliers Say They Saw It," *St. Petersburg Times*, July 26, 1948.

797 Dick Bothwell, "The Monster's Tracks Have Popped Up Again," *St. Petersburg Times*, October 21, 1948.

798 "Monster May Rate National Publicity," *St. Petersburg Times*, October 21, 1948.

799 Regal, *Searching for Sasquatch*, 19.

800 Joshua Blu Buhs, "Ivan Terence Sanderson as a Fortean," *From an Oblique Angle* (blog), May 29, 2017, http://www.joshublubuhs.com/blog/ivan-terence-sanderson-as-a-fortean.

801 Ibid.; Newton, *Encyclopedia Of Cryptozoology*, 1679.

802 David Goudsward, *Sun, Sand, and Sea Serpents* (Texas: Anomalist Books, 2020), 222.

803 Ivan T. Sanderson, *Animal Treasure* (London: Macmillan and Co., Limited, 1937), 300–301.

804 Buhs, "Ivan Terence Sanderson as a Fortean."

805 Buhs, *Think to New Worlds*, 148.

806 Ivan T. Sanderson, "The Mystery of Migration," *The Saturday Evening Post*, July 13, 1944.

807 Ivan T. Sanderson, "The Riddle of the Mammoths," *The Saturday Evening Post*, December 7, 1946.

808 Ivan T. Sanderson, "Don't Scoff at Sea Monsters," *The Saturday Evening Post*, March 8, 1947.

809 Dick Bothwell, "Tracking the Cleaerwater Monster," *St. Petersburg Times*, November 14, 1948.

810 Ivan T. Sanderson, *"Things" and "More Things"* (Illinois: Adventures Unlimited Press, 2007), Part 2, 38.

811 Bothwell, "Tracking the Cleaerwater Monster."

812 Goudsward, *Sun, Sand, and Sea Serpents*, 223; Sanderson, *"Things" and "More Things,"* Part 2, 34.

813 Bothwell, "Tracking the Cleaerwater Monster."

814 Goudsward, *Sun, Sand, and Sea Serpents*, 222–23.

815 Tiffany Thayer, "Sanderson Reports," *Doubt*, April 1949.

816 Newton, *Encyclopedia Of Cryptozoology*, 1679.

817 Ibid.; Buhs, *Think to New Worlds*, 148; Robert Deis and Wyatt Doyle, "Clenched Fists, Big Feet, and Loch Ness Monster," in *Cryptozoology Anthology: Strange and Mysterious Creatures in Men's Adventure Magazines*, ed. Robert Deis, David Coleman, and Wyatt Doyle, Kindle edition (Pennsylvania: New Texture, 2015).

818 Andrew Genzoli, "Giant Footprints Puzzle Residents along Trinity River," *The*

Humboldt Times, October 5, 1958; Ralph Keyes, *The Hidden History of Coined Words* (Oxfordshire: Oxford University Press, 2021), 62–63; The Week Staff, "The Enduring Legend of Bigfoot," *The Week*, April 6, 2019, https://theweek.com/articles/833273/enduring-legend-bigfoot.

819 Naish, *Hunting Monsters*, 15.

820 Heuvelmans, *The Natural History Of Hidden Animals*, 199.

821 Heuvelmans, *In the Wake of the Sea-Serpents*, 508.

822 Joshua Blu Buhs, *Bigfoot: The Life and Times of a Legend*, Kindle edition (Illinois: University of Chicago Press, 2010).

823 Heuvelmans, *In the Wake of the Sea-Serpents*, 543–44.

824 Heuvelmans, *Neanderthal*, 4–5.

825 Ibid., 66–68, 71–73.

826 Buhs, "Ivan Terence Sanderson as a Fortean."

827 Ivan T. Sanderson, *Uninvited Visitors* (London: Tandem, 1969), 112–13.

828 Ivan T. Sanderson, *Invisible Residents* (London: Tandem, 1970), 199.

829 Sanderson, *"Things" and "More Things,"* Part 1, 153-160.

830 Sanderson, *Uninvited Visitors*, 183.

831 Ivan T. Sanderson, *Investigating the Unexplained: Disquieting Mysteries of the Natural World* (New Jersey: Prentice-Hall, Inc., 1972), 247.

832 Heuvelmans, *The Natural History Of Hidden Animals*, 187.

833 Buhs, *Think to New Worlds*, 149.

834 Sanderson, *"Things" and "More Things,"* Part 2, 27-33.

835 Ibid., Part 2, 38.

836 Ibid., Part 2, 52-54.

837 Sanderson, *Investigating the Unexplained*, 84, 86.

838 Newton, *Encyclopedia Of Cryptozoology*, 1680.

839 Ibid., 791–92, 845–46.

840 "Cryptoletters," *The ISC Newsletter*, Summer 1983.

841 Jan Kirby, "Clearwater Can Relax; Monster Is Unmasked," *Tampa Bay Times*, June 11, 1988; "Florida 'Giant Penguin' Hoax Revealed," *The ISC Newsletter*, Winter 1988.

842 "Clearwater Has a Monster--Well, Footprints Anyway."

843 Goudsward, *Sun, Sand, and Sea Serpents*, 223.

844 Ibid., 218, 221–22.

845 "Florida 'Giant Penguin' Hoax Revealed."

846 Newton, *Encyclopedia Of Cryptozoology*, 1872–73; Michael Newton, *Hidden Animals: A Field Guide to Batsquatch, Chupacabra, and Other Elusive Creatures* (California: Greenwood, 2009), 176–78.

847 Craig Pittman, "Two Feet from Clearwater's Past, Father's Funny Legacy Leaves a Deep Impression," *Tampa Bay Times*, January 5, 2014, https://www.tampabay.com/features/humaninterest/two-feet-from-clearwaters-past-fathers-funny-legacy-leaves-a-deep/2159682.

찾아보기

[인명]

J. R. H. 323
가드너, 에드워드 루이스 303~306, 308, 309, 312~314
가디스, 빈센트 222~224
가펠 (가상 인물) 327~332
→ 파주, 다비드 르
간스, 카를 232
갈릴레이, 갈릴레오 11
걸리버, 빌 253
게나로 주니어, 조셉 F. 246, 247
게스너, 콘라트 폰 9
게이, 클로드 78
게팅스, 프레드 310
고다드, 폴 134
고우, 데이비드 304
골리앗 182
굴드, 루퍼트 374, 375, 377
굴드, 스티븐 제이 293
그라츠, 파울 324
그랜트 박사 94
그레이, 빌 213~215, 225
그레이, 아사 200
그레이, 에드워드 휘터커 47
그레이, 웬트워스 D. 332
그레이, 존 에드워드 157
그레이, 휴 379

그루크, 요제프 62
그뤼튀센, 프란츠 폰 파울라 114
그리피스, 프랜시스 299~301, 306~308, 310~315
그리핀 박사 (가상 인물) 106, 107
→ 라이먼, 레비
그릭스, 윌리엄 120
그린웰, J. 리처드 248
그멜린, 요한 프리드리히 29
그자비에, 루이 스타니슬라스 79~81, 83
→ 루이 18세
기번스, 윌리엄 336
기어, 찰스 드 43
나기, 바솔로뮤 173, 175, 176, 178
나폴레옹 3세 171
네이시, 대런 97, 255, 371, 375, 379
노르덴셸드, 닐스 아돌프 에리크 208
노아 183
노이스, 앨프레드 310
녹스, 로널드 232, 233, 402
뉴웰, 윌리엄 185~187, 190, 192, 195
뉴턴, 마이클 443
닐, 패트릭 90~92, 94
다윈, 찰스 로버트 78, 107, 167, 168, 200, 201, 208~210, 283, 284
다윗 182
다인, S. S. 반 232, 233

494

다지, 바우 (가상 인물) 201
다트, 레이먼드 291
달, 윌리엄 힐리 243
대大 플리니우스 25, 325
던, 네이션 65
던스탠, 리로이 209
데모크리토스 114
데이, 벤저민 116
데카르트, 르네 54~56
뎃벤더, 프레드 253
도노반, 스티븐 K. 295
도브레, 가브리엘 오귀스트 171, 172
도슨, 아서 트레버 295
도슨, 찰스 285, 286, 288~290, 293~296
도일, 리처드 305
도일, 아서 코넌 223, 231, 232, 236, 237, 261, 293, 304~308, 310, 312~314, 377, 423
도일, 윌리엄 253
도일, 찰스 앨터몬트 305
돈 프로스페로 엘소 78
뒤탕, 루이 57
뒤퓌, 조르주 262
드니몽포르, 피에르 240, 241, 251
드라이저, 시어도어 220
드레이슨, 알프레드 304, 305
드와이트, 티모시 115
드크레, 앙리 66
디트마스, 레이먼드 리 343
딕, 토머스 115, 119~121
딘즈데일, 팀 380, 381
라마르크, 장바티스트 164
라무스, 요나스 90~92
라우슈니츠, 프라이헤어 폰 슈타인추 334
라이, 빌리 207, 334, 335
라이머, J. J. 326, 332, 333
라이먼, 레비 106, 107
라이엘, 찰스 284
라이트, 아서 300, 301
라이트, 엘시 299~301, 303, 306~315
라이트, 폴리 299, 303, 304
라인스, 로버트 381
라트케, 하인리히 97
래디 (개) 318~320, 337

랜디, 제임스 311, 315
랜킨, 존 196
랭, 맬컴 90
러브크래프트, 하워드 필립스 240, 251
러셀, 마일스 294
레드필드, 로즈마리 J. 178
레마네, 아돌프 354
레미, 조르주 423
레우키포스 114
레이, 존 9
레이날, 미셸 248, 365
레이타오, 메리 38
레인, J. M. 215
레케, 카를 (가상 인물) 201~203, 207
로베르우댕, 장외젠 67
로사, 다니엘레 361
로웰, 퍼시벌 407~409
로즈, 풀크 42
로지, 올리버 305
로크, 리처드 애덤스 118~123, 206
로크, 존 118
록스턴, 대니얼 91, 336, 375, 377
롱괴이, 샤를 르 모인 드 126
루 (뉴기니 원주민) 417~419
루아, 프랑수아 드 350~354, 356~359, 363, 365, 366
루이 16세 73, 76, 79, 81
루이 18세 79
　→ 그자비에, 루이 스타니슬라스
루이스, 메리웨더 130
루카스, 프레더릭 A. 261
루크레티우스 114
르파주 (가상 인물) 325, 326, 328~331, 335, 337, 429, 438
　→ 파주, 다비드 르
리데커, 리처드 262
리디, 조셉 147
리즈, H. L. 332
리코 (개) 276
린나이우스, 칼 4, 7~13, 15, 16, 23~30, 32~34, 36, 38, 41, 43, 44, 46~48, 52, 54, 56, 100, 108, 120, 138, 243, 267, 425~427, 437, 443
린네, 칼 폰 7
　→ 린나이우스, 칼
린치, 크리스틴 314

릴리우스, 알레코 431, 439
마로코 (말) 267
마르티네스멘도자, 헤로니모 357
마리 앙투아네트 58, 73, 75, 82~84
마리아 테레지아 51, 57, 58
마시, 오스니얼 찰스 159, 191, 192
마운틴, 에드워드 383
마이어스, 폴 Z. 178
마테를링크, 모리스 278, 279
마틴, 데이비드 380
마틴, 윌리엄 213, 214
마틴, 헨리 184, 186, 195
만지아코프라, 개리 S. 247, 248, 250, 366
말로, 찰스 (가상 인물) 318
매컬, 로이 P. 207, 246, 247, 335, 336, 369, 370, 379, 441
매클리시, 아치볼드 404
매킨타이어, 마셜 213~215, 225
매튜스, 로버트 119
맥긴티, 달턴 84
맥도웰, 조셉 N. 146
맥밀런, 마거릿 308
맥카시, 찰리 (인형) 398
맨빌, 빌 388, 389, 390
맨터, 길버트 389, 394
맨텔, 기디언 154, 155
멍크, 크리스토퍼 42
메리 공주 310
메트리, 쥘리앵 오프루아 드 라 56, 59
멜리에스 172
멜첼, 요한 네포무크 59~65, 69
멩게스, 요제프 322
모건, 존 피어폰트 328
모리어티, 제임스 (가상 인물) 237
모세 183
모어만, 프레드릭 184, 195
몰, 알베르트 274
몽탕동, 조르주 352~354, 358~366
뫼비우스, 카를 270
무솔리니, 베니토 412
무하메드 (말) 278~280
물먼, 엘리자베스 337
뮐러, 요하네스 145, 147
미즌, 길버트 랭 90
미첼, 사일러스 65, 68
미첼, 조니 38

미첼, 존 커즐리 65, 67
밀러, 게릿 스미스 289, 290
밀러, 레오나 418~420
→ 제이, 레오나
밀러, 찰스 417~420, 422, 426
바너드, 조지 194
바넘, 피니어스 테일러 105~108, 120, 121, 141, 157, 192~194, 196~198, 322
바우힌, 가스파르 24
바클레이, 존 96
배비지, 찰스 69, 70
뱅크스, 조셉 94
버겐, 에드거 398
버카트, 에드워드 184, 186
버턴, 레지널드 조지 319
버턴, 로버트 215, 217
번스타인, 알렉스 70
베넷, 제임스 고든 118
베른, 쥘 260, 423
베릴, 애디슨 에머리 242~244, 246, 248, 346
베서, 존 필립 223
베이크웰, 로버트 97
베인스, 댄 315
베카리, 넬로 355
베토벤, 루트비히 판 61, 62
보나파르트, 나폴레옹 60, 61
보마르셰, 피에르 76
보아르네, 외젠 드 60, 61, 63
보이드, 알래스테어 380
보인턴, 존 190, 191
보캉송, 자크 드 55, 56
본티누스, 야코뷔스 27, 28
볼드, 토머스 존 163, 164
뵐셰, 빌헬름 334
부비에, 외젠 루이 359
부엘, 제임스 W. 208
뷔퐁, 조르주루이 르클레르 드 126~128
뷰티풀 짐 키 (말) 268
브라운, 토머스 6
브라운, 폴 337
브루노, 조르다노 114
브루스터, 데이비드 68
브릭스, 마이클 H. 175
블라바츠키, 헬레나 페트로브나 303
블랑쿠, 루시앙 437

비셋, 새뮤얼 267
빈즈, 로널드 381
빌로리아, 앙헬 L. 366
빙켈, 디트리히 62, 63
샤르그, 토니 391~396
사이먼 부인 332, 333
살레, 헨리 184, 195
새퍼, 로버트 311
샌더슨, 이반 테렌스 223, 250, 355, 356, 429, 432~443
샌베드, 셸 46
샤르댕, 피에르 테야르 드 285, 286, 290, 293, 294
샤인, 에이드리언 373, 383
샤프하우젠, 헤르만 283
선지자 머사이어스 119
  → 매튜스, 로버트
설, 애쉬빌 190
성 골룸바 371, 382
성 아담난 371
세바, 알베르투스 4
세이어, 애벗 핸더슨 340
세이어, 티파니 220
셰러, 조지 90
셰퍼슨, 클라우드 A. 310
솔란데르, 다니엘 C. 33, 34, 36~38
쇤베크, 리하르트 270
숌부르크, 한스 323, 324
슈워츠, A. 브래드 410, 412
슈커, 칼 380, 420
슈툼프, 카를 271, 273~275, 277
슐룸베르거, 윌리엄 63, 64, 69
스넬링, 해럴드 304, 306
스마트, 메이 337
스미스, 드와이트 G. 366
스미스, 엘리엇 295
스미스, 필모어 191
스위처, 조지 W. 215, 217, 218, 220, 221, 222
스콧, 피터 381
스키아파렐리, 조반니 406, 408, 409
스택풀, 헨리 드 베르 308
스티븐스, 레스터 318~320, 329, 336~338
스티븐스, 릴 338
스파이서, 조지 372~378, 382

스펄링, 크리스티안 380
스펜서, 에드먼드 204, 206~209
스펜서, 에드워드 204
  → 스펜서, 에드먼드
스펜서, 윌리엄 186
스폴딩, 윌리엄 311
슬론, 한스 39, 42~44, 48
시뇨리니, 토니 442~444
시크니스, 필립 67
실리먼, 벤저민 140
실링스, 카를 게오르크 270, 273
아낙사고라스 179
아널드, 래리 224
아널드, 케네스 222, 223
아리스토텔레스 324
아이리스 (가명) 306
  → 라이트, 엘시
알디브론티포스코포르니오 (가상 인물) 253
알렉스 (아프리카회색앵무) 275
애닝, 메리 93, 94
애슐리몬터규, 프랜시스 354
앤더스, 에드워드 175~178
앤스테드, 데이비드 토머스 153
앨런, 조엘 아사프 242
앨리스 (가명) 306
  → 그리피스, 프랜시스
어윈, V. Q. 215
어윈, 브라이언 422
에게데, 한스 90~92
에디슨, 토머스 앨바 328
에딩거, 루드비히 278
에르제 (필명) 423
  → 레미, 조르주
에머슨, 랠프 월도 195
에피쿠로스 114
엘러리, 스티븐 103, 104
영리한 한스 268, 269, 272, 275~277
  → 한스 (말)
오그든, 조셉 182, 184
오라일리, 존 434, 443
오브라이언, 윌리스 377
오스번, 체이스 샐먼 206, 207
오스텐, 빌헬름 폰 268~275, 277, 278
오언, 리처드 133, 134, 138, 139, 154~157

497

오클리, 케네스 291, 292, 294
오토, 카를 프란츠 193, 194, 195, 198
오펜하임, 스테파니 354
올, 존 64, 65
와이먼, 제프리스 145, 147
외벨망, 베르나르 248, 256, 328, 355, 423~430, 432, 433, 436~439, 441
요제프 2세 57, 58
요한손, 보아스 43
요한슨, J. R. 335
우드, J. H. 186
우드, 조지 193
우드, 포레스트 글렌 245, 246
우드워드, 아서 스미스 285, 286, 288~294, 296
우르바니, 베르나르도 366
우석, 황 263
워드, 헨리 A. 191
워싱턴, 조지 105, 193
워터슨, 데이비드 289
월, 존 E. 441
월리스, 앨프리드 러셀 208, 290, 301, 408
웨더렐, 마마두크 380
웨더렐, 이안 380
웨스트우드, 존 오바디아 163, 164, 166~168, 244, 346
웨스트콧, 아모스 193, 196
웨이, 세실 309
웰스, 오손 398, 399, 402, 404, 405, 410, 412, 413
웰스, 허버트 조지 402, 409
웰즐리, 아서 61
웹, 드윗 240, 243~245
위너, 조지프 292, 293
윌리스, 피터 396
윌리엄스, 알 442, 443
윌슨, 로버트 케네스 379
윌슨, 존 L. 242, 243
유리, 해럴드 클레이턴 175
이드스, 새뮤얼 배럿 101, 103~106
이브스, 어니 84
잉글리시, 헨리 데이비드 36, 37
자리프 (말) 278
잭슨, 앤드루 189
제이, 레오나 417

제퍼슨, 토머스 128, 142, 148, 255
조벨, 오이겐 270
조지 5세 310
존스, 윌리엄 48
차이콥스키, 표트르 399
찰턴, 윌리엄 41~44, 48
처칠, 윈스턴 340
처칠, 존 76
첩, 어니스트 찰스 323
체임버스, 로버트 166
치글러, 하인리히 에른스트 278, 280
카네기, 앤드루 329
카발리에, 알베르 176
카브레라, 앙헬 354
카스파로프, 가리 71
카트라이트, 에드먼드 59
칸지 (보노보) 276
칼론, 샤를 알렉상드르 드 82
캐럴, 찰스 64
캐리, 헨리 253
캔트릴, 해들리 412
캠벨, W. 조셉 410, 411
캠벨, 알렉스 372
캠벨, 제임스 153
커, 존 그레이엄 340~342, 345, 346
커비, 윌리엄 254
커티스, 우든 앨런 260
컨스터블, 트레버 제임스 223, 227
컬터 교수 253, 254
케베도, 레오나르도 토레스 70
케플러, 요하네스 114
켐펠렌, 볼프강 폰 51, 52, 56~60, 62, 66, 67, 69, 70
코레터, 던햄 241
코코 (고릴라) 276
코페르니쿠스, 니콜라우스 11, 114
코프, 에드워드 드링커 159
코흐, 알베르트 카를 125, 126, 129~135, 137~142, 144~148, 154, 182, 186
코흐, 하워드 404
콘라디, 호레이스 P. (가상 인물) 256, 257, 258, 262
콘래드, 조지프 318
콜럼버스, 크리스토퍼 100, 307
콜먼, 로렌 365
콜스 주니어, 가드너 197

찾아보기

콜스, 허버트 241
쿠퍼, 조 311~313
쿡, 존 288
퀴비에, 조르주 126, 127, 132, 138, 142, 143, 424
크랄, 카를 277~280
크로커, 에드 389, 394
크롤리, 제프리 311
크루, 제리 436
크룩스, 윌리엄 301
크벤슈테트, 베르너 343, 345, 346
클라크, 에드워드 34, 36~38
클라크, 윌프리드 르 그로스 292
클라크, 제롬 224
클레르크, 칼 24
클로버, 로렌스 먼로 234, 236
클로이츠, 프랑수아 스타니슬라스 171~173
클리프트, 윌리엄 104
클린턴, 드위트 189
클링거, 레슬리 S. 234
키, 윌리엄 268
키스, 아서 286, 288, 291, 293, 296, 354
키토, G. 배리 175
키플링, 조지프 러디어드 260
킬, 존 알바 245
킴벌, 모지스 105, 107
터커, 헨리 B. 182, 183, 186, 188
터크먼, 헨리 257, 258, 261, 263
테슬라, 니콜라 328
테헤라, 엔리케 357~360, 363, 364, 366
토머스, 유진 336
톰보, 클라이드 윌리엄 409
티모페예비치, 에르마크 256
파렐 교수 (가상 인물) 399
파벨 1세 57, 58
파브르, 장앙리 167
파브리치우스, 요한 크리스티안 44, 46, 48
파스퇴르, 루이 172, 173, 177
파우스티누스 279
파월 부인 303
파이크래프트, 윌리엄 289
파주, 다비드 르 332~335, 337
파크스, 앨버트 193

팔, 한스 (가상 인물) 117
팔라스, 페터 34
패티슨, 달시 396
팩스턴, 조셉 152
팩스턴, 찰스 G. M. 97
페트리 씨 90
페티버, 제임스 41~43
페팃, 윌리엄 F. 215
펠티에 52
포, 에드거 앨런 67, 68, 70, 117, 120~122, 204, 237
포르뱅, 빅토르 331
포트, 안나 227
포트, 찰스 호이 219~224, 226, 227, 245, 424
폭스, 매거릿 301
폭스, 케이트 301
폰토피단, 에리크 90, 92, 96, 240
폴리, 오스카 드 80
푸셰, 펠릭스 177
풍스트, 오스카르 273~277, 281
프라이드, 앤드루 341, 342, 345
프라이들로스키, 오멜린스 (가상 인물) 201, 207, 208, 210
프라이스, 리즈 103
프란츠 페르디난트 279
프랭클린, 벤저민 58
프렌츠, 로타르 365
프로테로, 도널드 336
프리드리히 빌헬름 4세 145
플라마리옹, 카미유 172, 406, 407
플로이드, 조지 48
플로트, 요한 카를 283
피그, 폴 396
피르호, 루돌프 284
피스, 존 89
피어스, 시드니 K. 247, 248, 250
피어슨, 리처드 (가상 인물) 400, 402
피올 172
피츠시몬스, 프레더릭 윌리엄 326, 327, 333
피치, 프랭크 W. 175
피터슨, 찰스 제이콥스 260
필, 조던 227
필, 찰스 윌슨 65, 130
필리도르, 앙드레 58
필립, 존 103

499

하겐베크, 카를 321~324, 329, 331, 334, 429
하그리브스, 비너스 285
하넘, 데이비드 194
하스, 윌스 드 191
하워드, 로버트 E. 422
한스 (말) 268~275, 277~281
한스 1 (말) 269
할란, 리처드 134, 139, 141, 145
할리퀸, 아멜리아 29
허링, 클라이드 L. 412
허셜, 윌리엄 110, 114
허셜, 존 110, 111, 113, 114, 116, 118, 121
허스트, V. 드 라 모트 207
헌리, 에이브 225
헌터, 윌리엄 126, 127, 132
헐, 조지 182~186, 188, 192, 195~197
헤라클레스 4
헤로도토스 25
헤스, 조이스 105, 106, 116, 121
헤이즈, 얼 431
헤켈, 에른스트 284
헨리크 (가상 인물) 201, 203
헬러, 에드먼드 328
호드슨, 제프리 308, 313
호일, 프레드 179
호킨스, 벤저민 워터하우스 153, 155~159, 167
호턴, 빌리 185
호프만, 프랑수아베르누이 76
혼벡, 존 225
홀, 제임스 191
홀리데이, 프레더릭 윌리엄 369, 370, 374
홀에드워즈, 존 307
홈, 에버러드 94, 96, 104
홈스, 셜록 (가상 인물) 230~237, 293, 399
후버, 리처드 브라이스 170, 171, 178, 179
휴렛, 모리스 308
흄, 데이비드 182
히틀러, 아돌프 404, 412, 416
힌들, 에드워드 346
힐, 프랭크 309
힐턴, 헨리 158

[표제]

『X』 220
『Y』 220
《가제트 드 프랑스》 82
『거인 제작자 또는 수수께끼의 안개』 196
「고공 공포」 223
〈고대 세계의 지질과 거주자들〉 157
《고디스 레이디스 북》 121
『고래를 따라가라』 436
〈고스트버스터즈〉 396
『곤충기』 167
〈공습〉 404
〈공식 네스호의 괴물 목격 사례 등록부〉 382
《과학과 여행》 331
『괴물 사냥』 371
「그 놀라운 코팅리 요정 사건」 311
「그들의 국기」 260
『그란차코의 자연과학자』 341, 346
『그래도 그들은 살아 있다』 365
『기독철학자』 115
「꿈」 114
《나는 모든 것을 안다》 262
《내추럴 히스토리》 246
『네스호의 괴물과 다른 괴물들』 377
『네스호의 괴물』 369
『네스호의 수수께끼 풀리다』 381
『네스호의 위대한 용』 369
《네이션》 200
〈네이션와이드〉 309
《네이처》 173, 175, 381
《노던 크로니클》 371
「노르웨이 자연사」 92, 240
《놀리지》 262
〈놉〉 227
《뉴 에라》 119
《뉴 월드》 119
《뉴욕 데일리 트리뷴》 185
《뉴욕 디섹터》 141, 143
《뉴욕 에반젤리스트》 141, 143
《뉴욕 월드》 200, 201, 204~206
《뉴욕 이브닝 스타》 117
《뉴욕 타임스》 401
《뉴욕 헤럴드 트리뷴》 434, 435
《뉴욕 헤럴드》 116, 118, 119

「뉴욕의 지식인들」 121
《다우트》 222, 223, 436
《데일리 메일》 319, 379
《데일리 스케치》 374
《데일리 익스프레스》 309
《데일리 저널》 213, 214, 218, 220, 224, 226
〈도시의 몰락〉 404
「동물의 보물」 433
「동물의 창조와 자연사와 습성과 본능 속에서 드러난 신의 힘과 지혜와 선함에 대하여」 254
'땡땡의 모험' 시리즈 423
〈라 쿰파르시타〉 399
「라메트리 호수의 괴물」 260, 321
《라이트》 304
「로!」 220, 245
《로디지아 헤럴드》 335
《뤼마니테》 363
《르 수아르》 423
「마다가스카르: 식인 나무의 땅」 206
〈말버러는 전장으로 떠났네〉 76
「말하는 인형과 자동인형 체스 선수: 폭로되고 간파되다」 67
「매머드 살해」 256, 258, 260~262, 321
《맥클루어스 매거진》 256, 258, 260, 261
〈머큐리 방송 극단〉 398, 399, 401, 410
《메르퀴르 드 프랑스》 57, 74, 75
「메리 공주님의 선물책」 310, 312
「멜첼의 체스 선수」 67, 68
「모르그가의 살인사건」 67, 237
「모비딕」 388
〈모스크바의 참화〉 61, 64
「모터보트로 아프리카 횡단하기」 324
「몽탕동(1929)의 아메란트로포이데스 로이시: 영장류학적 사기의 역사」 366
「무시무시한 과학!」 336, 375
《미국 과학 저널》 140, 243, 244
《미국 자연과학자》 244
〈미주리움, 혹은 미주리 레비아탄에 대한 설명〉 131, 137
「미지를 조사하다」 440
「미지의 동물을 찾아서」 423, 424, 426~428, 436

「미지의 손님」 279
「바다 괴물 대소동: 가짜 뉴스 이야기」 396
「바다와 육지」 208
《바다와 해안에 대하여》 247, 248
〈바르셀로나 백작이자 뉴멕시코 총독인 프란치스코 하비에로 데 뮤리오스에 의해 산타페 근방 파과 호숫가에서 생포된 상징적인 괴물에 대한 역사적 설명〉 79
〈바리케이드 방송〉 402, 404
「백 가지 진귀한 곤충」 43
「백마법 드러나다」 66
「버림받은 제작자들」 219
《버밍햄 위클리 포스트》 307
《버팔로 커리어》 191
《베를리너 타게블라트》 270
《베이커 스트리트 저널》 234
「베테랑 체스 선수의 최후」 68
〈벨트슈피겔〉 270
「보존된 옥토푸스 기간테우스 조직의 생화학적 분석」 247
《볼티모어 선》 401
《볼라와요 크로니클》 323
「붉은 못」 422
《브루클린 데일리 이글》 217, 218, 220, 226
"사르그의 여름" 396
《사이언스》 178, 244
《사이언티픽 먼슬리》 355
「사진 속 유령들」 310
《산호세 데일리 머큐리》 321
「살아 있는 공룡?: 모켈레음벰베를 찾아서」 335
「새로운 땅」 220
《새터데이 이브닝 포스트》 429, 432, 434
「생각하는 동물들」 278
《서던 리터러리 메신저》 67, 117
〈선〉 110, 112~120, 122, 123, 170, 206, 405
「설인: 살아난 전설」 437
「성 골룸바의 생애」 371
성경
 ―「민수기」 182
 ―「사무엘상」 182
 ―「사무엘하」 182

―「역대상」 182
―「요한계시록」 8, 138
―「욥기」 137, 138, 141, 147, 148
―「창세기」 143, 182
「세간의 오류들」 6, 100
「세계수렵지리학」 437
「세계의 뱀」 343
《세인트피터즈버그 타임스》 431, 432, 435
'셜록 홈스' 시리즈 231, 233, 236
―「기어다니는 남자」 236
―「사자의 갈기」 236
―「서식스의 흡혈귀」 237
―「얼룩무늬 끈」 231~233, 235~237
「소행성의 역학」 237
〈수상이 살해당했다!〉 402
《스트랜드 매거진》 231, 262, 305, 306, 308
「시공간에서 온 이상한 생물들」 245
《시러큐스 데일리》 185
〈시민 케인〉 398
《시카고 데일리 트리뷴》 195
「식인종 캐러밴」 417, 420, 422
「식인종과 난초」 420
「신비로운 불꽃과 빛」 223
《아노말리스트》 365
「아프리카 심장부의 사냥감과 야만인」 323
「암흑의 핵심」 318
〈어떻게 유대인을 알아볼 것인가?〉 364
《언익스플레인드》 311, 312
「얼룩무늬 끈의 진실」 234
《에든버러 과학 저널》 110, 118
《에든버러 쿠런트》 110
《에브리바디스 매거진》 380
《엘 유니버설》 357, 360
「여러 부분」 219
「연체동물 전반 및 각각의 자연사」 241
《영국 사진술 저널》 311
「요정들: 진짜 요정에 대한 책」 309
「요정의 도래」 308, 309
〈요정의 안식처〉 315
〈요정의 주문〉 310
「용: 신화와 과학」 334
〈우주전쟁〉 (라디오드라마) 402~405, 409~410, 412~414
―칠레·에콰도르 방송 414
「우주전쟁」 (소설) 402, 409
《우주학 저널》 170, 179
《워싱턴 타임스》 206
《워싱턴 포스트》 323, 354
「원숭이 왕국」 436
《웨스트민스터 가제트》 307
〈웰링턴의 승전〉 61, 62
〈위대한 쇼맨〉 197
"유대인과 프랑스" 364
「유명한 '달 이야기'」 120
《은서동물학》 247
《이스턴 프로빈스 헤럴드》 326
〈인간과 시민의 권리 선언〉 82
「인간기계론」 56
「인간의 유래와 성선택」 283
《인디애나폴리스 스타》 401
《인디애나폴리스 저널》 217
「인류의 홀로제네시스」 361, 362
《인버네스 커리어》 371, 372, 374, 375
《인종 방어》 363
《인콰이어러 앤드 미러》 388~390, 392, 394, 395
《일러스트레이티드 런던 뉴스》 156, 353, 354, 363
〈일인칭 단수〉 398
→ 〈머큐리 방송 극단〉
〈잃어버린 세계〉 (영화) 377, 419
「잃어버린 세계」 (소설) 232, 261, 293, 321, 423
「자연과 예술의 보고」 41
「자연사」 128
「자연의 창조사」 284
「자연의 체계」 9, 12, 14, 23, 31, 34, 425, 427
―초판 8, 9, 13, 52
―제2판 11
―제6판 11
―제10판 11, 12, 23~25, 27, 28, 32, 35, 41, 54, 267
―제12판 43
―제13판 29
《저널 드 제네베》 352
《저널 드 파리》 82
《저널 오브 커머스》 117

『저주받은 것들의 서』 220
『정글 북』 260
《젠틀맨스 매거진》 57, 103
『조선, 고요한 아침의 나라』 407
『존 오 런던』 308
『종의 기원』 107, 167, 283
『주석 달린 셜록 홈스』 234
"죽음은 정녕 끝인가?" 304
『지구 속 여행』 260, 321, 423
〈진홍색 마법사〉 402
『짐승과 인간』 321, 322
『창조의 자연사의 자취』 166
『천문학 연구와 독서』 172
『천상의 뱀과 지상의 용』 370
『천상의 풍경』 115, 121
《체스 먼슬리》 68
〈체이스 앤드 샌본 아워〉 398
『최초의 영국인』 291
『최후의 용』 260
『카리브해의 보물』 433
〈캘린더〉 310, 312, 313
《커런트 리터러처》 204, 206, 208
『커리어 앤드 인콰이어러』 119
『커머셜 어드버타이저』 117
《케이프 아르거스》 335, 429
『코팅리 요정 사건』 314
『코팅리 요정에 대한 회고』 314
『크로노호톤톨로고스』 253
《크로포즈빌 리뷰》 253
『크툴루의 부름』 240
『큰바다뱀』 437
《클리어워터 선》 430, 431
〈킹콩〉 375, 377, 378, 419
《타임스》 313, 325, 326, 328, 329, 332
『탐파 베이 타임스』 442
『토니 사르그의 놀라운 책』 395
《파머 앤드 세틀러》 332
『파트리지 크릭의 괴물』 262, 321
〈패션〉 76
《펀치》 157
《페이트》 439
『폐어와 유니콘』 334, 335
『폰 오스텐 씨의 말』 275
『푸른 산호초』 308
『피가로의 결혼』 76
〈피아노협주곡 1번〉 (차이콥스

키) 399
《피어슨스 매거진》 260
《필라델피아 타임스》 209
《필로소피컬 매거진》 34
〈필트다운 두개골에 대한 토의〉 288
〈필트다운 문제의 해답〉 292
『행성 화성과 그 거주 가능성』 406
『화성 침공』 412
『화성』 408, 409
『화성은 거주 가능한가?』 408
《훔볼트 타임스》 436

[장소 및 단체]

BBC 309, 402
CBS 398, 401
IBM 71
NASA 170, 178
NBC 398
WNBC 433
게베하, 남아프리카공화국 325
게이츠헤드, 영국 163, 164, 166
고생대박물관 158
국제은서동물학회 441, 443
그란차코, 남아메리카 340, 345
글래스고대학박물관 346
글렌모어 계곡, 영국 569
글로스터, 미국 388
낸터킷, 미국 250, 388~394
낸터킷 역사협회 396
네덜란드 국립민족학박물관 101
네스강, 영국 371, 384
네스호, 영국 369, 371, 372, 376, 379, 380, 382~386
네스호 프로젝트 383
네스호현상조사국 383
네안데르 계곡, 독일 283, 284
뉴기니 417, 418, 420~422, 426, 427
뉴델리, 인도 322
뉴올리언스, 미국 64, 130, 209
뉴욕, 미국 63, 106, 107, 110, 112, 116, 117, 121, 139, 141, 143, 145, 158, 173, 184, 186, 188, 189, 192, 194, 195, 197, 198, 204, 206, 217, 218, 301, 303, 322, 327, 328, 390~392, 394, 399, 401, 432

뉴잉글랜드 린나이우스학회 388
댄스섬, 미국 431
더블린, 아일랜드 134
도렛스, 영국 372
동물심리학학회 278, 280
드람스피요르덴, 노르웨이 91
드레스덴, 독일 145
라이프치히, 독일 145
라파스, 볼리비아 321
런던, 영국 28, 29, 42, 58, 59, 61, 103, 104, 107, 132, 134, 150, 152, 161, 232, 291, 303, 318, 325, 372, 392
런던 곤충학회 163, 166, 167
런던 린나이우스학회 47, 163
런던 신지학회 303
　— 블라바츠키 로지 303
런던 지질학회 133, 286, 289
레이니어산, 미국 222
로디즈홈만, 영국 88
로디지아 318, 323, 328, 329, 331, 337
로디지아박물관 323
로스홀트, 스웨덴 7
로열 더치 쉘 350
로웰천문대 409
로즈웰, 미국 222
루붐바시, 콩고민주공화국 327
루이스빌, 미국 131, 132
룬트대학교 33
마다가스카르 201, 207~209
마드리드, 스페인 78
마빈의 놀라운 기계 박물관 198
마셜우주비행센터 170
마우어, 독일 284
메네그란데, 베네수엘라 357
메이시스백화점 391, 392, 395
메인랜드, 영국 90
몽토방 자연사박물관 176
뭄바이, 인도 201
뮌헨, 독일 280
뮌헨대학교 280
미국 질병통제예방센터 38
미국박물관 107, 141
미지조사학회 438
발힌치, 미국 253
방웨올루 호수, 잠비아 323, 324, 331
버뮤다 74, 248

베르너자연사학회 90, 92, 96
베르니사르, 벨기에 159
베르사유궁전 58
베를린, 독일 145, 148, 268, 272, 273
베를린 자연사박물관 125
베를린대학교 275
　～고생물학박물관 343
벤네르-그렌 재단 291
보고타, 콜롬비아 78
보스턴, 미국 64, 145, 195, 197, 390
보스턴 자연사학회 145
보스턴박물관 105, 107
보트니아만, 북유럽 32
볼티모어, 미국 145, 204
봄베이, 인도 201
　→ 뭄바이, 인도
브래드포드, 영국 299, 303
브래드포드 신지학회 303
브로드웨이 106, 107, 140, 194
브뤼셀자유대학교 422
블러프 크릭, 미국 436
빅 패스, 미국 431
빈, 오스트리아 51, 59, 60
사라예보, 보스니아 헤르체고비나 279
산타페, 미국 75
생말로, 프랑스 241
생명과학 및 지질과학 연구 진흥을 위한 이반 T. 샌더슨 재단 438
　→ 미지조사학회
서머싯, 영국 118
서울, 대한민국 407
설퍼스프링스, 미국 125
세인트루이스, 미국 125, 146
세인트루이스 과학학회 146
세인트루이스박물관 125
세인트오거스틴, 미국 241, 243
세인트오거스틴 역사학회 및 과학연구원 242
센트럴파크 158
셰필드파크 290, 294
쇤브룬궁전 51, 56, 57, 66
수에즈운하 406
수정궁 152~159
수정궁 회사 153, 157, 158
수정궁공원 150~153, 156, 160, 161

순스발, 스웨덴 34
슈텔링엔, 독일 322
스미소니언박물관 256, 258, 261, 262
스미소니언-유니버설 아프리카 탐사대 327, 328, 332
스미소니언학회 245, 258, 318, 327, 329, 332
스와니강, 미국 429, 432, 434, 439, 443
스웨덴 왕립과학아카데미 36, 100
스카보로, 영국 306
스테렌 산맥, 뉴기니 417
스트론사, 영국 89, 90, 92, 95
스페인 국립도서관 78
시드넘 힐, 영국 153
시러큐스, 미국 185, 186, 190, 192, 193
시카고, 미국 148, 184, 186, 399, 402
시카고대학교 175, 246, 335
신지학협회 303
아나스타샤 해변, 미국 241
아바나, 쿠바 64, 74
아소르스 74
아이오나, 영국 371
아클리, 영국 340
아폴로 살롱 140, 195
아폴로홀 194
　→ 아폴로 살롱
애클리, 미국 182
에든버러, 영국 90, 433
에든버러 왕립학회 340
엘리자베스빌, 벨기에령 콩고 327
　→ 루붐바시, 콩고민주공화국
엘버펠트, 독일 278~280
엘클랜드, 미국 196
영국 자연사박물관 42, 134, 329, 338
　─ 힌츠홀 134
영국 합동공중정찰정보센터 381
영국 현대사학회 416
영국도서관 42
영국박물관 42~44, 47, 48, 134, 138, 157, 258, 285, 291
예일대학교 113, 115, 116, 140, 242
오논다가 카운티, 미국 184

오르괴유, 프랑스 171
오크니제도, 영국 89, 90
오하이오강, 미국 126
옥스퍼드대학교 292
온두라스만, 중앙아메리카 74
올버니, 미국 192, 194, 219
요크셔 텔레비전 310
우드대령박물관 148, 186
우드박물관 194
웁살라대학교 7
유니버설 영화 제작 회사 328
유대인문제총국 364
유령에 대한 믿음 진흥회 217
유콘강, 북아메리카 257
응용과학학회 381
이집션홀 132
인디언 락스, 미국 431
인버네스, 영국 390
인천, 대한민국 407
자바섬, 인도네시아 27, 284, 417
제22야전포병연대 400
제물포, 조선 407
중국박물관 65
채텀 라이즈, 뉴질랜드 239
초능력연구학회 305
카네기박물관 329
카디스, 스페인 74
카디프, 미국 185, 192
카라카스, 베네수엘라 357
카사이 계곡, 콩고민주공화국 335
카이로, 이집트 309, 327
카푸에, 잠비아 318
케미, 핀란드 36
케이프타운, 남아프리카공화국 103, 299, 318, 320, 327
케이프타운 런던 선교회 103
케임브리지대학교 118, 433
코닥 305
코팅리, 영국 299, 303, 306~308, 310, 311, 313, 314
콜론 개발 유한회사 350
콜롬비아 국립문서보관소 78
콜카타, 인도 309
쿠퍼스타운, 미국 197
쿳샤로 호수, 일본 369
크레센트 해변, 미국 243
크레센트 호수, 캐나다 369

크로포즈빌, 미국　212, 213, 215, 217, 218, 221~226, 253, 321
크로포즈빌 얼음 및 냉동 보관 회사　213
클리어워터, 미국　430~432
키리리, 뉴기니　418, 420
타과타과 호수, 칠레　78, 79, 83, 84
타라강, 남아메리카　350
타웅, 남아프리카공화국　290
탕가니카 호수, 중앙아프리카　331
태즈메이니아, 호주　250
터프 커피하우스　103
툴루즈, 프랑스　172
튀일리궁전　83
티부강, 남아메리카　357
파나마운하　406
파리, 프랑스　55, 58, 61~63, 73, 75~81, 83, 122, 241, 358, 359, 423
파리 과학아카데미　171, 353, 359
파머스박물관　197, 198
펠트호퍼 동굴, 독일　283
포드햄대학교　173
포여스 호텔　372
포츠머스 문학 및 과학 협회　304
포트 도지, 미국　184, 192
포트 유콘, 미국　257
포트엘리자베스, 남아프리카연방　325
　→ 게베하, 남아프리카공화국
포트엘리자베스박물관　326, 333
포트주의자학회　220, 222, 434, 436
폭스 뉴스　170, 171, 179
폼드테르강, 미국　125
풍구루메, 콩고민주공화국　325, 331, 332
프랑스 자연사박물관　171
프랑크푸르트, 독일　276
프린스턴대학교　400
플래그스태프, 미국　407
플로리다 마린랜드　245
피커딜리　132, 134
필라델피아, 미국　64, 70, 105, 106, 132, 145
필라델피아박물관　130
필트다운, 영국　285, 286, 288, 294
하버드대학교　145, 407
　ㅡ 피보디박물관　108
하이델베르크, 독일　284
하이즈빌, 미국　301
함부르크, 독일　4, 5, 7~9, 11, 322, 416
허니문섬, 미국　432
헌터박물관　104
희망봉, 남아프리카공화국　111, 113

[용어]

2003년 캐나다 온타리오주 총선　84
30년전쟁　4
UFO　212, 222~224, 227, 245, 370, 439
가봉북살무사　342
가시북살무사　230
　→ 빅 4
각룡　320, 328, 427
개구리물고기　8, 12
개속　10
거대 문어　239, 241~243, 246~248, 250, 251
　→ 세인트오거스틴 괴물
거대 펭귄　440, 442~444
검룡　318, 427
검은채찍뱀　388
격변설　143
고릴라　276, 271, 352, 377, 424
고생대　253
고생물학　97, 127, 142, 143, 148, 151, 158, 159, 161, 164, 254, 255, 261, 320, 341, 370, 424
곤충류　10
공룡　14, 143, 150~152, 154, 155, 157~159, 232, 254, 261, 262, 319~324, 326, 327, 329, 331~337, 341, 343, 377, 378, 418~422, 426, 427, 429~431, 433, 438, 442
　ㅡ 콩고의~　148, 207, 246, 255, 369, 441
　→ 브론토사우루스, 콩고의~
그리핀　5, 6
글롭스터　250, 251, 391
글립토돈　425
긴목　437
나이트의 여행　56
난디곰　424
남극하트지느러미오징어　239

506

찾아보기

남세균 170
남아메리카페어 340
내륙타이판 234
낸터킷 바다 괴물 387~396
낸터킷 블롭 391
네스호의 괴물 15, 93, 246, 335, 349, 368~386, 388, 390, 441
네시 349, 369~371, 373, 376~381, 383
　→ 네스호의 괴물
네시테라스 롬보프테릭스 381
　→ 네스호의 괴물
네안데르탈인 284, 286, 296
네피림 182
노움 301, 307, 312
녹색뱀속 341
뉴 네시 97
늪살무사 229~237
다수우주론 114, 115, 172, 405
단궁류 151
단일주의 289, 290
대기권 생명체 224, 225
대문어 239
　→ 문어(종명)
대왕오징어 239, 243
대홍수 143, 183
　— ~이전 143, 146, 148, 357
덩굴문어 243
도루돈 145
돌묵상어 94, 96, 97
동굴인간 22~30, 32, 41, 47, 267
두족류 239~241, 243, 244, 247
둔덕 건설자 신화 189, 191
드 루아의 유인원 30, 348~367, 424, 438
디디 355
디키노돈 151, 155
디프로토돈 425
디플로도쿠스 329
딥 블루 71
땅늘보 130, 150, 342, 343
땅돼지 423, 427
라디오방송 398, 402, 405, 409, 412, 416, 433, 434
러셀살무사 230
　→ 빅 4
레무리아 284

레비아탄 137~139, 141~143, 145~148, 154, 182
　— 미주리~ 123
　→ 미주리움
로우 415~428
마리몬다 358
　→ 흰이마거미원숭이
마스토돈 83, 126~128, 130~135, 137~139, 142, 148, 254, 285, 341
마함바 335
만국박람회 (1851) 152, 153
만지오코프라과 366
만텔리사우루스 159
만티코어 11
말레이맥 424
말버러 스타일 76
말코손바닥사슴 128
말하는 몽구스 제프 15
매너티 100, 443
매머드 127, 157, 255~263, 424, 434
　— 콘라디~ 252~263, 320, 370
메가테리움 150, 155
메갈로닉스 130, 142
메갈로사우루스 150, 151, 154, 155
메트로놈 61~63
멧노랑나비 41, 43, 44
멸종 127, 128, 130, 142, 143, 150, 152, 164, 254~256, 263, 283, 289, 320, 340, 362, 383, 424, 425, 430
명왕성 409, 410
모겔론스 38
모순적인 동물 8, 11, 15, 425
모켈레음벰베 320, 334~336, 430
모코이아 운석 175
목성 170
문어 (종명) 239
뮌헨협정 404
미네소타 얼음인간 438
미뇨카오 425
미주리움 124~135, 137~141, 145, 146, 148, 150, 154, 188, 254
미지의 땅 5, 6, 10, 127
밀러-유리 실험 175
밋지 (카메라) 300
바릴리움 159
바실로사우루스 139, 140, 145
박쥐인간 109~123, 170, 206, 232,

507

260, 405
배운 돼지 267
백색증 29
백악기 294
백조 목 플라스크 실험 177
벌레류 10, 30
범종설 179, 208
베스페르틸리오-호모 111, 112
 → 박쥐인간
베이징원인 290, 355
베헤못 138
보노보 276
보르자 지도 5
보빙사 407
보스로돈 339~347
보스로돈 프라이디 342
 → 보스로돈
분류학 9, 32, 43, 44, 54, 159, 163, 427
불타버린 관구 188
브론토사우루스 159, 318, 319, 322~324, 327~333, 336~338, 377~378
 ─ 콩고의~ 317~338, 370, 377, 420
비글호 항해 78
비행접시 222, 223
 → UFO
빅 4 230, 233
빅풋 255, 349, 436, 437, 442
뻐끔살무사 234
뼈 전쟁 159, 191
사라세니아 200
사라진 열 지파 189
사람벼룩 163
사자갈기해파리 236
사족류 10, 23
살아 있는 화석 424
서러브레드 269
설인 356, 424, 437, 439
설인학 437
세발가락 439, 440, 442, 443
세인트오거스틴 괴물 238~251, 346, 365, 366, 391, 441
셜로키언 233, 234, 237
소화하는 오리 55
수장룡 93, 97, 98, 261, 321, 370, 373, 383, 384

스코트 34
스콜리오피스 아틀란티쿠스 388
 → 큰바다뱀, 매사추세츠주
스테고사우루스 159
스트론사 짐승 88~98, 104, 128, 250, 390
스프링힐드 잭 15
식민지 29, 42, 48, 79, 103, 318, 333
식인 나무 199~210
식충식물 200, 201, 206~208
신생대 83, 256
신지학 303, 305
실러캔스 423, 434
실루리아기 253, 254
심령술 301, 303~305
쌍띠물떼새 225, 228
아메란트로포이데스 로이시 353
 → 드 루아의 유인원
아메리카독도마뱀 234
아메리카의 미확인생물 126
 → 마스토돈
아미노산 175, 177, 247, 248
아시아코끼리 127
아이누인 361
아프리카 쟁탈전 333
아프리카코끼리 127
아프리카회색앵무 275
알디 254, 321
 → 알디브론티포스키포르니아스티코스
알디브론티포스키포르니아스티코스 253
알로사우루스 159
애너그램 80
야수목 10
야테베오 209
양서류 8, 10, 110, 370
어룡 93, 94, 97, 151
어류 10, 23, 91, 184, 340
에멜라은투카 320, 335
에오안트로푸스 도스니 286
 → 필트다운인
에흐으시커 370
엔셀라두스 170
여러혹 437
영리한 한스 효과 276
영장목 24

오논다가족 190
오랑 우탕 27, 29
오랑우탄 28, 29, 111, 237, 292, 295, 297, 352
　— 보르네오오랑우탄 294
오르괴유 운석 169~180
오를로프 트로터 269
오스트랄로피테쿠스 아프리카누스 291
오카피 424
오케스트리온 61
　→ 판하르모니콘
오파츠 439
오하이오 동물 126
　→ 마스토돈
옥토푸스 기간테우스 243
　→ 세인트오거스틴 괴물
올리티아우 433
와이토레케 424
왕뱀장어 437
'외과의사의 사진' 349, 379, 380
요정 사체 315
용　8, 9, 255, 337, 372, 373, 375, 391
용각류 320, 324, 328, 329, 336, 427
우산뱀 230
　→ 빅 4
원숭이속 23, 29
위대한 옛것들 240
유니콘 8, 14
유로파 170
은구마모네네 335
은덴데키 335
은상가 324
은서동물학 437, 438, 441~443
음비엘루음비엘루음비엘루 320, 335
음코 부족 201, 203, 207
이구아노돈 151, 152, 154~157, 159~161
　— 수정궁의~ 149~161, 255
　— 이구아노돈 만텔리 155
　— 이구아노돈 베르니사르텐시스 159
이명법 24, 267
이중주의 289, 290, 292
이크티오사우루스 151, 155

이탄 172
이형세포 170
익룡 150~152, 255
인간형목 23, 24
인도코브라 230
　→ 빅 4
인어
　— ~박제 100, 101, 105~108
　→ 피지 인어
　— 세계 각지의 전설 11, 100
인체자연발화 219, 223
일곱다리문어 239
잃어버린 고리 284~288
잃어버린 세계 127
자동인형 51, 53~63, 65~70, 105
자바원인 284, 290, 355
　→ 호모 에렉투스 에렉투스
자연선택 166, 167, 200, 283, 285
자이언트판다 424
장대한 달 사기극 112, 119, 121, 123, 170, 206, 405
제1차 세계대전 279, 296, 299, 305, 306, 310, 314, 318, 340, 346, 361, 392
제2차 대각성 188, 189
제2차 세계대전 281, 309, 360, 364, 416, 423
제5차 대프랑스 동맹 전쟁 60
제니 하니버 101
조류鳥類 10, 125, 157
조류藻類 175
조일통상장정 407
존재의 위대한 사슬 107
중생대 93, 97, 157, 261, 293, 320, 370
즈이요마루호 97
지옥분노벌레 31~39, 41, 47, 212
지질학의 뜰 153, 154, 156~158
진화론 168, 208, 283, 297, 335, 337
차분기관 69
찰턴멧노랑나비 40~49, 212
창조론 183, 297, 336, 422
　— 젊은 지구~ 337
천왕성 110, 409
추파카브라스 84, 442
치라그라거미고둥 345

509

침팬지 29, 288~291, 352
카디프 거인 181~198
카사이 렉스 335
케라토사우루스 262
켈피 370
코모도왕도마뱀 335
코팅리 요정 15, 298~316
콜라겐 177, 247
콩가마토 425
쿨룰루 100
쿳시 369
크라켄 238, 240~243, 245, 246, 250, 251
크레시 369
크로포즈빌 괴물 211~228, 253, 375, 395
크리노이다 다지아나 200, 201, 206~208
　→ 식인 나무
크리터 223, 227
크립티드 441
크툴루 240, 251
큰바다뱀 91~97, 128, 140, 144, 218, 240, 391, 395, 434, 439
　— 매사추세츠주 388, 389
큰뿔사슴 155
큰태평양문어 239
　→ 문어(종명)
킹코브라 342
타웅의 아이 290, 291
　→ 오스트랄로피테쿠스 아프리카누스
태고의 생존자 252, 254, 255, 262, 263, 320, 321, 326, 370, 377, 384
　— ~패러다임 255, 260
털매머드 256
　→ 매머드
텔레파시 280, 439
텟젤부름 425
토성 115, 170
툴리몬스트룸 370
튀르크인 50~71, 106, 107, 117, 122, 131, 188
트로일라이트 176
트리케라톱스 159, 328
티라노사우루스 343
티카이코아 257, 258
　→ 매머드, 콘라디~

파과 호수의 괴물 72~84
파란농어 388, 389
파리지옥 206, 208
파필리오 에클립시스 43
　→ 찰턴멧노랑나비
판 베투스 289
판 트로글로디테스 29
　→ 침팬지
판하르모니콘 60~62
패터슨-김린 필름 349
패프러츠키스 439
페니 신문 116, 118, 123
포유류 23, 111, 145, 146, 151, 157, 289, 294, 326, 423
포트주의자 222, 223, 226, 227
포티언 219
푸리아 인페르날리스 32
　→ 지옥분노벌레
풀렉스 임페라토르 163
　→ 황제벼룩
프랑스혁명 77, 82~84, 241
프테로닥틸루스 150
플라이스토세 256
플랜틴 258
플레시오사우루스 93, 96, 97, 139, 370
피가로 스타일 76
피닉스 5, 6, 8, 14
피지 인어 99~108, 131, 141, 188
피커링호 101, 103
필트다운인 282~297, 301, 354
하얀 혹인 27~29
하이델베르크인 284~286, 294
하피 74, 76, 80~84
　— 그리스신화~ 74, 81
　— 18세기 프랑스 74, 80~84
　→ 파과 호수의 괴물
하피 스타일 76, 77
할시드루스 폰토피다니 92
　→ 스트론사 짐승
해석기관 69
핼러윈 217, 398
핼리혜성 110, 113
행성 X 409
　→ 명왕성
향유고래 240, 243, 244
현대사 416, 428

호모 사피엔스 24, 27
　→ 현생인류
호모 에렉투스 에렉투스 284
호모 트로글로디테스 24
　→ 동굴인간
홀로제네시스 361~363, 365
화석 83, 93, 94, 125, 127, 128, 130~135, 137~148, 150, 153~155, 157, 159, 161, 170, 171, 178, 184, 188, 190, 283~286, 288~296, 328, 329, 336, 340~345, 362, 440
화성 114, 170, 220, 399, 400, 405~409
화성의 운하 406~409
화성인 123, 397~414, 416
황제벼룩 162~168, 212, 244, 346, 375
현생인류 267
흑인의 목숨은 중요하다 48
흰이마거미원숭이 352
히드라 5, 7, 9, 13, 16, 108, 233, 427, 428
　→ 그리스신화 4, 5, 47
　→ 함부르크의~ 4~6, 9, 12, 25, 33, 46, 138, 422, 443
히드라르고스 실리마니 140
　→ 히드라르코스
히드라르코스 136~148, 150, 188, 195
히드라르코스 할라니 140
　→ 히드라르코스
히드라켄 146, 148, 186
히포캄푸스 91
힐라에오사우루스 154

근대 괴물 사기극

거짓말, 실수, 착각, 그리고 괴물 퇴치의 연대기

초판 1쇄 발행 2025년 5월 26일

지은이 이산화
본문 삽화 최재훈

펴낸이 박선경
기획/편집 이유나, 지혜빈
홍보/마케팅 박언경
디자인 studio forb
본문 조판 김남정
제작 디자인원(031-941-0991)
작가 전속 에이전시 그린북 에이전시

펴낸곳 도서출판 갈매나무
출판등록 2006년 7월 27일 제395-2006-000092호
주소 경기도 고양시 일산동구 호수로 358-39 (백석동, 동문타워 I) 808호
전화 031) 967-5596
팩스 031) 967-5597
블로그 blog.naver.com/kevinmanse
이메일 kevinmanse@naver.com
페이스북 www.facebook.com/galmaenamu
인스타그램 www.instagram.com/galmaenamu.pub

ISBN 979-11-91842-87-6 (03900)
값 30,000원

- 잘못된 책은 구입하신 서점에서 바꾸어드립니다.
- 본서의 반품 기한은 2030년 5월 31일까지입니다.